KB177668

임동석중국사상100

국어

國語

左丘明 撰 / 林東錫 譯註

象犀珠玉珎怪之物有悅於人之耳目而不適於用。金石草木絲麻五穀六材有適於用而用之則弊取之則竭。悅於人之耳目而適於用用之而不弊取之而不竭賢不肖之所得各因其才仁智之所見各隨其分而求無不獲者惟書乎

丁亥菊秋錄蘇坡李氏山房藏書記 丘堂呂元九

"상아, 물소 뿔, 진주, 옥. 진괴한 이런 물건들은 사람의 이목은 즐겁게 하지만 쓰임에는 적절하지 않다. 그런가 하면 금석이나 초목, 실, 삼베, 오곡, 육재는 쓰임에는 적절하나 이를 사용하면 닳아지고 취하면 고갈된다. 그렇다면 사람의 이목을 즐겁게 하면서 이를 사용하기에도 적절하며, 써도 닳지 아니하고 취하여도 고갈되지 않고, 똑똑한 자나 불초한 자라도 그를 통해 얻는 바가 각기 그 자신의 재능에 따라주고, 어진 사람이나 지혜로운 사람이나 그를 통해 보는 바가 각기 그 자신의 분수에 따라주되 무엇이든지 구하여 얻지 못할 것이 없는 것은 오직 책뿐이로다!"

《소동파전집》(34) 〈이씨산방장서기〉에서 구당(丘堂) 여원구(呂元九) 선생의 글씨

책머리에

옛날 사마천의 《사기》를 배우면서 〈태사공자서太史公自序〉에서 이러한 구절을 읽었다.

"옛 서백(주 문왕 희창)은 유리라는 옥에 갇힘으로써 《주역》을 연찬하였고, 공자는 진채에서 곤액을 당함으로써 《춘추》를 지었으며, 굴원은 축출을 당하였기에 〈이소〉를 지었고, 좌구명은 실명함으로써 《국어》를 남기게 되었고, 손자는 다리가 잘림으로써 《병법》을 논하게 되었고, 여불위는 촉으로 쫓겨났기에 《여람》(여씨춘추)을 전하게 되었으며, 한비자는 진나라에 죄수로 갇힘으로써 《한비자》의 〈세난〉과 〈고분〉 등의 글을 남기게 되었다. 《시》 3백 편은 대체로 현인과 성인이 분함을 발하여 그 때문에 지어지게 된 것이니, 이는 사람이란 누구나 막히고 맺힌 바가 있어 그 도를 소통시킬 수 없으므로 지난 일을 기술하고 다가올 일을 생각하게 되는 것이다."

(昔西伯拘羑里, 演周易; 孔子戹陳蔡作春秋; 屈原放逐, 著離騷; 左丘失明, 厥有國語; 孫子臏脚, 而論兵法; 不韋遷蜀, 世傳呂覽; 韓非囚秦, 說難·孤憤; 詩三百篇, 大抵賢聖發憤之所爲作也. 此人皆意有所鬱結, 不得通其道也, 故述往事, 思來者.)

이를 읽을 때 나는 굉장한 감명을 받았다. "그래, 막힘과 맺힘이 있어야 무언가를 남기고 기술하고 창작하는 것이다. 그러니 그 고통이나 노고는 이루 말할 수 없겠지만, 무언가를 통해 풀어내지 않고는 존재할 수 없는 안타까움이 결국 역사에 길이 남겨진 고전이요 예술이리라!"

따라서 사마천 자신도 '궁형'이라는 억울함을 당하지 않았다면 《사기》와 같은 위대한 저술은 세상에 태어나지 못하였을 것이다. 그런데 그 중 《국어》라는 책은 과연 좌구명이 확실한 저자인가를 차치하고라도 어떤 책이기에 사마천이 그토록 거론하여 '실명하였기에 남긴 위대한 저술'이라고 빗대었을까?

선진先秦 역사 기록 중에 동주의 전반기를 춘추라 한다. 이 춘추시대를 대표하는 기록으로는 당연히 《춘추좌전》이 있다. 그리고 이 《국어》가 그와 함께 쌍벽을 이루어 〈춘추외전〉이라 불리며 준경전準經典으로 대접을 받아왔다. 그러나 뒤에 《국어》의 저자를 좌구명으로 보던 견해는 여러 가지 근거로 수정되었고 지위도 사부史部 잡사류雜史類로 떨어졌다. 그럼에도 그 책이 가진 가치와 선진 산문으로써의 문학적 지위까지 더하여 수천 년 끊임없이 연구되고 주석과 고증 작업을 거쳐 오늘날까지 이어오게 된 것이다. 《국어》가 다룬 춘추시대 뒤를 이어 동주 후반기인 전국시대를 대표하는 기록은 당연히 유향劉向이 집록한 《전국책戰國策》이며, 이 두 책들은 사마천이 《사기》를 저술할 때 절대적인 기본 사료였다.

한대漢代 또 다른 이 책이 있었던 것으로 기록되어 있다. 즉 《한서》 예문지에 유향이 편찬한 《신국어新國語》 54편이 저록되어 있으나 지금 그 책은 전하지 못하고 있다. 그런가 하면 서진西晉시대 전국 위묘魏墓에서 출토된 《국어》는 초나라와 진나라의 사건을 기록한 것이었다고 《진서晉書》 속석전束晳傳에 전하는 것으로 보아, 전국시대에도 이미 이 《국어》가 널리 유포된 것임을 확인할 수 있고, 1971년 발굴이 시작된 호남湖南 장사長沙 마왕퇴馬王堆 3호 고분에서 나온 백서帛書 중에 잔권의 《어語》는 《춘추사어春秋事語》라 이름이 붙여졌고, 이는 바로 지금의 《국어》와 같은 유형의 책임이 밝혀지기도 하였다. 따라서 당시 '어語'라 이름 붙여진 자료들은 역사 기록이라기보다 토론이나 대화, 변론, 변석 등의 의미를 기준으로 한 것임을 알 수 있다. 그리고 그 체제는 나라별로 묶어 정리함으로써 당唐 유지기劉知幾의 《사통史通》에는 육가六家 중에 「국어가國語家」라는 새로운 형태의 첫 작품임을 인정하고 있다.

좌우간 《국어》 이 책은 지금 다시 정리하여 《좌전》, 《사기》 등과 대조하여 읽어 보면 많은 자료를 확보할 수 있으며, 그 문장 속의 언론과 언사를 통해 새롭고 훌륭한 표현을 얻을 수 있다. 특히 우리나라에도 지금 남아 있는 많은 판본을 보면 근세까지 중국의 판본을 수집하기도 하고, 별도로 우리나라에서 독자적으로 많은 출간을 해 온 점을 보면 널리, 그리고 정밀하게 읽혀 온 고전임에는 틀림없다.(해제 참조) 그런데 아직 완역본이 제대로 나오지 않은 것은 학문의 양적, 질적 발전과 시대 흐름에 비교해 보면 안타깝다 하지 아니할 수 없다.

　　나는 일찍이 《전국책》을 역주하고 나서 《국어》를 함께 하여 '춘추전국' 시대 기록이 연결되어 짝을 이루도록 작업을 하기로 작정했었지만 시간과 노력 부족으로 차일피일 미루어 오다가 『임동석중국사상100』에 이 책이 빠질 수 없다는 절박함에 모았던 자료를 펼쳐놓고 일 년을 꼬박 매달려 이제 얼추 얼개를 짓고 장황裝潢에 들게 되었다. 학식이 천루淺陋하여 제대로 원만한 성과를 얻지 못하였다고 자괴감을 갖는 것은 어느 책에서나 매번 마찬가지였다.
　　아무쪼록 강호제현의 질정과 편달을 바라며 누소漏疏한 부분은 후인들이 고쳐 새로운 연구서와 주석서를 내어 주기를 기다릴 뿐이다.

　　　　　　　　　　　　　莎浦 林東錫이 負郭齋에서 적음.

일러두기

1. 이 책은 《국어國語》(四部備要本 印本, 臺灣中華書局, 1983)를 저본으로 하고 〈사고전서四庫全書〉본(史部5. 雜史類), 〈사부총간四部叢刊〉본(史部, 上海 涵芬樓)과 조선시대 〈옥봉정사玉峯精舍〉본 등을 참고하고 상해사범대학고적정리조 上海師範大學古籍整理組 〈교점본校點本〉을 근거로 하여 전체를 완역한 것이다.

2. 현대 백화어 역주본도 수집하여 참고하였으며 큰 도움을 받았다. 특히 《신역국어독본新譯國語讀本》(易中天, 三民書局, 1995. 臺灣)과 그 외 《국어역주國語譯註》(薛安勤·王連生, 吉林文史出版社, 1991. 長春), 《국어역주國語譯注》(鄔國義·胡果文·李曉路, 上海古籍出版社, 1994. 上海) 등은 구체적인 주석과 번역에 많은 참고 내용을 제공해 주었음을 밝힌다.

3. 역대이래 243장의 구분을 따라 매 장마다 일련번호를 부여하고 괄호 안에 해당 권별 번호도 제시하여 찾아보기 쉽도록 하였다.

4. 각 8개 나라의 전면에 간단한 해제를 실어 이해에 도움이 되도록 하였다.

5. 제목은 원문을 밝히고 이를 간단히 번역하여 제시하였다.

6. 해석은 가능한 한 직역을 위주로 하였으나 일부 의역한 곳도 있다.

7. 한글 번역을 먼저 싣고 원문을 제시하였으며 원문의 문장 부호는 중국 현대 표점을 따랐다.

8. 주석은 인명, 지명, 사건명, 역사 내용 등을 위주로 하되, 기왕의 위소韋昭 주를 근거로 하였으며 이를 풀어 쓴 현대 주석도 참고하여 실었다.

9. 매 장마다 《좌전左傳》, 《사기史記》, 기타 경서經書, 사서史書 및 제자서 諸子書 등 관련 사항이나 전재된 문장을 실어 대조 및 연구에 도움이 되도록 하였다.

10. 부록으로 서발序跋과 춘추시대 기년표紀年表, 팔국八國 역사기록을 《사기》에서 전재하는 등 관련 자료를 실어 연구에 도움을 삼을 수 있도록 하였다.

11. 이 책의 역주에 참고한 주요 자료는 아래와 같다.

● 참고문헌

1. 《國語》, 韋昭(注) 〈四庫全書〉本(文淵閣) 史部 雜史類(五) 印本, 商務印書館, 臺灣.

2. 《國語補音》, 宋庠(補葺) 〈四庫全書〉本(文淵閣) 史部 雜史類(五) 印本 商務印書館, 臺灣.

3. 《國語》(韋氏解), 〈四部備要本〉(士禮居黃氏重雕本) 史部(印本), 臺灣中華書局, 1983. 臺灣.

4. 《校刊明道本韋氏解國語札記》, 黃丕烈 〈四部備要本〉(士禮居黃氏重雕本) 史部 (印本), 臺灣中華書局, 1983. 臺灣.

5. 《國語明道本考異》, 汪遠孫 〈四部備要本〉(士禮居黃氏重雕本) 史部(印本), 臺灣中華書局, 1983. 臺灣.

6. 《國語正義》, 清 董增齡(撰集), 巴蜀書社, 1985. 成都.

7. 《國語》, 四部叢刊本 初編 史部 上海涵芬樓 書同文 電子版, 北京.

8. 《國語》, 上海師範大學古籍整理組校點, 里仁書局, 1981. 臺灣.

9. 《國語》, 玉峯精舍 朝鮮板本(慶南 陜川 雙冊面 城山里), 學民文化社(印本), 1998. 大田.

10. 《國語譯註》, 薛安勤·王連生, 吉林文史出版社, 1991. 長春.

11. 《國語譯注》, 鄔國義·胡果文·李曉路, 上海古籍出版社, 1994. 上海.

12. 《新譯國語讀本》, 易中天, 三民書局, 1995. 臺灣.

13. 《國語》, 萬有文庫薈要本, 臺灣商務印書館, 1965. 臺灣.

14. 《國語》, 葉玉麟(選註), 臺灣商務印書館, 1967. 臺灣.

15. 《國語精華》, 世界書局, 1972. 臺灣.

16. 《國語精華》, 秦同培(譯), 國學整理社, 1974. 臺南.

17. 《國語》, 신지영·이정재 옮김, 홍익출판사, 1998. 서울.

18. 《史記》, 司馬遷

19. 《左傳薈要》

20. 《戰國策》 高誘(注)

21. 《吳越春秋》 東漢 趙曄

22. 《越絕書》 子貢(?)

23. 《十三經注疏》

24. 《二十五史》

25. 《史通》 劉知幾

26. 《新序》 劉向

27. 《說苑》 劉向

28. 《列女傳》 劉向

29. 《韓詩外傳》 韓嬰

30. 《呂氏春秋》 呂不韋

31. 《淮南子》 劉安

32. 《孔子家語》 王肅

33. 《莊子》

34. 《老子》

35. 《博物志》

36. 《新編諸子集成》

37. 《管子》

38. 《藝文類聚》

39. 《太平御覽》

40. 《四書集註》 朱熹

41. 《三才圖會》 明, 王圻·王思義(編集)

42.《四庫全書總目提要》(上下), 淸 阮元, 民國 胡玉縉 漢京文化社, 1981. 臺灣.

43.《春秋左傳詞典》, 楊伯峻·徐提(編), 中華書局, 1985. 北京.

44.《中國歷代紀年表》

45.《中國歷史地圖集》

46.《中國大百科全書》

◉ 기타 단편적으로 인용, 활용한 문헌은 기재를 생략함.

해 제

1. 《국어》

《국어》는 국별사國別史, 단대사斷代史의 기언체記言體 역사 산문이다. 《국어》의 '국國'은 고대 주周나라 때의 종주국 주 왕실과 제후국 노魯, 제齊, 진晉, 정鄭, 초楚, 오吳, 월越 등 모두 8나라를 말한다. 그리고 '어語'는 내용 기술이 '언사言辭', '기사記詞' 위주로 되어 있다는 뜻이다. 따라서 《국어》는 "각 나라별로 역사 사실을 당시 주고받은 말이나 변론, 언어, 대화 중심으로 기록한 책"쯤으로 정리할 수 있을 것이다.

시기는 대체로 서주西周 중기부터 동주東周 전반기인 춘추시대를 약간 넘어선 때까지이다. 구체적으로는 서주 목왕穆王 2년(B.C.990)부터 동주 정왕定王 16년(B.C.453)까지 약 538년간이며, 당시 역사 사실의 일부 단편적인 내용을 단속적斷續的으로 243장을 싣고 있다.

고대 역사 기술은 당연히 왕실 중심이었으며 기록을 맡은 자는 업무를 분장하였다. 즉 말이나 정령, 포고문, 대화, 의사 결정을 위한 토론 등을 기록하는 자와 행동, 혹 사건의 발생과 전개과정, 결말 등을 기록하는 자로 나누어졌던 것이다. 《예기禮記》 옥조玉藻편에 "임금의 행동은 좌사가 기록하고, 임금의 말은 우사가 기록한다"(動則左史書之, 言則右史書之)라 하였다. 이에 따라 좌사의 기록을 '기사記事'라 하고, 우사의 기록을 '기언記言'이라 하였다. 이에 《한서漢書》 예문지藝文志에는 "좌사는 말을 기록하고 우사는 사건을 기록하며, 사건을 기록한 것이 《춘추》이며 말을 기록한 것이 《상서》이다"(左史記言, 右史記事. 事爲春秋, 言爲尙書)라 하여 좌우가 바뀌기는 하였지만 업무 분장은 분명하였다. 청대 황이주黃以周는 《예서통고禮書通故》에서 좌사는 '내사內史', 우사는 '태사太史'라는 직함의 명칭이 이에 해당한다고 하였다.

여기서 《국어》는 바로 '기언'에 해당하는 사서이며 그에 따라 기술 형식이 대화, 토론, 변론, 변석辨析 등으로 되어 있다. 그러나 엄격히 말해 '기언'이라 해서 사건이 배제될 수 없으며, 기사라 해서 언사가 없을 수 없다. 따라서 기언체라 해도 사건이 바탕을 이루게 된다. 이 《국어》역시 사건이 축이 되어 골간을 이루고 언사가 살이 되어 수식과 인과관계 등을 형성하여 입체적인 모습을 보이게 되는 것이다.

　내용은 당연히 춘추시대 전후까지 포함하는 기간 동안 각국의 정치, 경제, 군사, 외교, 책략, 인물, 품평, 계모計謀, 여인, 교육, 조빙朝聘, 연음宴飮, 제사祭祀, 갈등, 회맹은 물론 당시 성행했던 오행五行, 예조豫兆, 점복占卜, 음양陰陽 등 형이상학적 사유까지 아주 폭넓게 포함하고 있다.

　《국어》는 이에 따라 장기간 "경부經部의 춘추류春秋類"에 소속시켜 2천여 년 동안 '준경準經典'으로 대접을 받아왔다. 그러다가 당唐 유지기劉知幾의 《사통史通》에서는 사체史體 육가六家의 독립적인 한 체로써 '국어가國語家'를 설정하여 국별사國別史의 대표적인 저술로 인정되기도 하였다. 그러나 청 건륭乾隆 때 〈사고전서四庫全書〉를 수찬하면서 드디어 "사부史部의 잡사류雜史類"로 낮추어져 경서經書가 아닌 사서史書로 소속이 변경되었다. 결국 지금은 '기언체'의 '국별', '단대사'의 사서로 위치를 확정짓게 된 것이다.

2. 《국어》와 《좌전》

《한서》 예문지에 "《春秋左氏傳》三十卷,《國語》二十一篇, 同爲魯太史左丘明著"라 하였고, 당 유지기의 《사통史通》에도 "左丘明旣爲〈春秋內傳〉, 又稽逸史, 纂別說, 分周魯齊晉鄭楚吳越八國史, 起周穆王, 終魯悼公, 爲〈春秋外傳〉《國語》"라 하여 〈춘추내전春秋內傳〉《左傳》과 〈춘추외전春秋外傳〉《國語》을 모두 좌구명 한 사람이 정리하고 편찬하여 내외內外의 완성본, 자매편으로 삼았다고 하였다. 그러나 《국어》와 《좌전》은 큰 줄기는, 당연히 춘추시대를 근간으로 한 역사 사실을 기록한 것이지만 둘 사이는 엄격한 차이가 있다. 우선 《좌전》은 편년체編年體이며 공자孔子의 《춘추》에 전傳을 붙인 것으로 소위 〈춘추삼전春秋三傳〉, 즉 《좌전》, 《공양전公羊傳》, 《곡량전穀梁傳》의 하나이다. 따라서 《춘추》 본연의 편년을 축조逐條하여 사건을 기술한 '기사체記事體'이다. 그리고 다루고 있는 시기도 《국어》가 《좌전》보다 훨씬 장기간으로써 앞뒤가 길며, 《국어》는 나라별 사건 파일을 정리하여 '기언체記言體' 형식으로 단속적으로 실어놓은 것이다. 한편 《국어》에는 당연히 《좌전》에 기록될 만한 것이 있었지만 실려 있지 않은 것도 상당수이다.

《좌전》은 노魯 은공隱公 원년(B.C.722)부터 노 애공哀公 27년(B.C.465)까지 257년간을 노나라 군주의 기년紀年을 시간 축으로 하여 당시 주 왕실과 각 제후국의 중대 역사 사건을 연대별로 기록하여, 구성이 비교적 확연하고 춘하추동 사계와 월별로 장절章節을 이루고 있다. 그에 비해 《국어》는 538년 기간으로 거의 《좌전》의 두 배에 해당한다. 그럼에도 이 긴 기간이 적절히 안배되어 있는 것이 아니라 몇몇 사안을 다룸으로써 기간의 길이는 별 의미를 갖지 못하고 있다. 따라서 《좌전》과 《국어》는 내외전內外傳으로 구분하는 것은 실제로 정확하게 대칭되는 것은 아니며, 서로 참조할 수 있는 두 종류의 사료라 보는 것이 타당할 듯하다.

3. 춘추시대 개황과 《국어》의 내용

《국어》가 다루고 있는 시기는 물론 서주 목왕부터 동주 정왕까지이지만 그 주된 역사는 춘추시대가 위주가 된다.

중국 고대 하夏, 은殷, 주周 삼대에서 주나라는 서주西周와 동주東周로 나뉜다. 그리고 동주는 다시 춘추시대(B.C.770년~B.C.474년)와 전국시대(B.C.475년~B.C.221년)로 구분된다. 유왕幽王이 죽은 후 제후들은 태자 의구宜臼를 왕으로 세웠는데, 이가 평왕平王이며 당시 호경鎬京이 참혹한 전화를 입었고, 서쪽 견융족이 압박하자 결국 평왕은 즉위 2년 만에 동도 낙읍洛邑으로 도읍을 옮기게 된다. 낙읍(낙양)이 지역적으로 서도 호경보다 동쪽에 위치하여 호경 시대의 '서주'와 구분하여 이때 이후를 '동주'라 하며 평왕이 그 첫 임금인 셈이다. 그리고 이 동주의 전반기 200여 년은 제후들이 패자霸者를 칭하며 다투던 시대로 흔히 이를 '춘추시대'라 한다.

이 '춘추시대'란 공자가 편한 《춘추》라는 책이 노魯 은공 원년(주 평왕 49년 B.C.722년)부터 노 애공 14년(주 경왕 39년, B.C.481년)이나 편의상 평왕 원년(B.C.770년)부터 주 경왕 44년(B.C.476년)의 기간을 말한다.

주나라가 동천한 후 주실은 겨우 낙읍 근처에만 통치권이 미치는 소국처럼 변하였고, 권위도 없어 강대한 제후들의 협조를 구하여 공주共主로써의 명분만 유지하고 있을 뿐이었다. 이에 각 제후들은 '존왕양이尊王攘夷'라는 구실아래 약소국의 제후를 겸병하거나 호령하여 패자로서의 위세를 자랑으로 삼게 되었다. 즉 이 시대는 힘이 천자에게 있지 아니하고, 제후 왕에게 옮겨진 시대였던 셈이다. 이들을 역사적으로 춘추오패春秋五霸라 부른다.

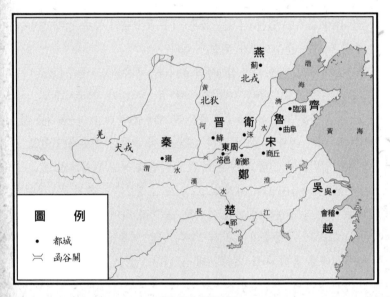

〈春秋時代形勢圖〉

秦始皇陵〈銅馬車〉1980 陝西 秦始皇陵 출토

즉 패자들이 차례로 나타났는데, 흔히 제齊 환공桓公, 송宋 양공襄公, 진晉 문공文公, 진晉 목공穆公, 초楚 장왕莊王을 들고 있다. 그러나 일부는 송 양공은 그 이름에 걸맞지 못하고, 진 목공은 서융西戎을 제패한 정도에 지나지 않는다고 보아 대신 오왕吳王 부차夫差와 월왕越王 구천(句踐, 勾踐)을 넣기도 한다. 좌우간 이들은 그 나름대로 중국 전체에 영향력을 발휘하였다.

우선 제1차로 패자를 자칭한 자는 제나라 환공이었다. 그는 지금의 산동성 북부를 근거로 관중管仲을 재상으로 삼아 내정을 개혁하고 국력을 신장하여 중원의 안정을 꾀한다는 구실 아래 패자가 되어(B.C.679년) 아홉 번이나 제후를 불러 회맹을 하였다.

제 환공이 죽고 그 아들들의 왕권 다툼으로 쇠약해지자 송 양공이 나타났다. 그러나 그는 역량이 부족하여 초나라와의 싸움에 크게 패하여 죽고 말았다.

제2차로 패자가 된 자는 진 문공이었으며 이는 산서山西 분하汾河 유역을 근거로 한 농업국으로, 생산을 늘리고 국력을 키워 명실 공히 패자로서의 면모를 과시하였다.(B.C.632년)

다음으로 진秦 목공(穆公, 繆公)이다. 진나라는 함양咸陽을 중심으로 서쪽에 치우쳐 중원 여러 나라의 회맹에 참가하지도 못하였으나 이때에 이르러 동진東進의 야심을 품고 우선 인근의 서융을 정복하고 국력을 키워 패자가 되었다.(B.C.623년)

다음으로 역시 남방에 치우쳐있던 초나라가 세력을 떨쳤다. 춘추 이전까지는 제후국은 공公, 후侯, 백伯, 자子 등 작위를 칭하며, 오직 주 왕실만 왕을 칭할 수 있었음에도 초나라는 왕王을 칭하며 북쪽으로 세력을 키워 패자가 되었으니 바로 초 장왕이었다.(B.C.597년) 이때부터 초楚나라와 진晉나라의 장기적인 쟁패가 시작되었으며, 그 틈을 타사 장강長江 하류의 오왕 부차가 먼저 패자를 칭하였고(B.C.482년), 뒤이어 월왕 구천이 패자가 되어(B.C.473년) 서로 치열한 경쟁으로 춘추 말기의 대단원을 장식하기도 하였다.

특히 오월의 항쟁은 월왕 구천을 보좌한 대부 문종文種과 범려范蠡, 오나라 부차를 도운 백비伯嚭와 오자서伍子胥의 일화가 역사적으로 항상 거론되곤 한다. 한편 이 춘추시대의 패자들은 중원의 정치에 영향을 미치기도 하였지만, 아울러 변방의 제(동방), 초(남방), 진(서방)은 중국 영토의 확장과 이민족과의 융합에 커다란 역할을 하여 중국 민족의 범위확대에 지대한 공헌을 한 것으로 평가할 수 있다.

越王 句踐 銅劍

吳王(光) 거울

　이에 우선 《국어》에 실린 내용을 나라별 분량과 해당 기간을 중심으로 간단히 살펴보면 아래와 같다.

(1) 〈주어周語〉(3권. 33장): 서주 목왕 2년(B.C.990)～동주 경왕敬王 10년(B.C.510) 480년간.

　　목왕의 견융犬戎 정벌, 여왕厲王의 비방 금지, 선왕宣王의 천무千畝 의식 폐지 등을 실어 서주 왕실의 쇠락을 예견하고 확인하는 과정을 주로 다루고 있다.

(2) 〈노어魯語〉(2권. 37장): 노 장공莊公 10년(B.C.684)～노 애공 12년(B.C.483) 201년간.

　　장문중臧文仲, 이혁里革, 공보문백公父文伯의 어머니, 공자의 품평 등에 대한 기록이 주를 이루고 있으며, 역시 주공周公을 이은 정통성을 부각시키려는 일면이 보인다.

(3) 〈제어齊語〉(1권. 8장): 제齊 환공桓公 즉위(B.C.685)부터 제 환공의 칭패稱霸 약 2, 3년간.

　　관중管仲과 제 환공의 정치 개혁, 제 환공의 패업 성취와 관중의 역할, 포숙아鮑叔牙의 인물됨 등을 다루고 있으며 당시 제나라의 영향력이 상당히 컸음에도 기록은 균형을 이루지 못하고 있다. 아울러 이곳의 기록은 거의가 《관자管子》에 전재되어 있다.

(4) 〈진어晉語〉(9권. 127장): 노 환공桓公 3년(B.C.709)~노 도공悼公 14년(B.C.453) 256년간.

가장 많은 권수와 분량을 차지하여 《국어》의 반 정도에 가깝다. 내용은 전반부는 진晉 헌공獻公의 공자들이 여희驪姬의 농간에 의해 망명과 복권, 입국과 즉위 등 이오夷吾와 중이重耳의 정치투쟁이 주를 이루고 있으며, 그를 둘러싼 20여 명 인물의 언행과 음모, 암살, 전쟁 등을 다루고 있다. 후반부는 진나라 경대부들의 활동, 그 중 범문자范文子, 숙향叔向, 조간자趙簡子 등을 기술하고 있으며, 춘추 말기 진나라 육경六卿이 뒤에 전국시대 삼진(三晉: 韓, 魏, 趙) 분열의 배경이 되는 이합집산의 전개과정이 복선으로 깔려 있다. 이처럼 《국어》를 《진사晉史》라 칭할 정도로 많이 차지하여 거의 반에 가까운 양이나 된다.

(5) 〈정어鄭語〉(1권. 2장): 시간적 요소를 담고 있지 않음.

오직 국가 흥망에 대한 사백史伯의 언론이 주나라 유왕幽王과 여왕의 고사를 들어 설명하는 것으로써, 역사 기록이라기보다 언론, 변어, 예조의 성격을 띠고 있다.

(6) 〈초어楚語〉(2권. 18장): 초楚 장왕莊王 즉위(B.C.613)~노 애공 16년(B.C.479) 130여 년간.

오직 영왕靈王과 소왕昭王의 사적을 중심으로 언사를 기록하고 있다.

(7) 〈오어吳語〉(1권. 9장): 노 애공 원년(B.C.494)~노 애공 22년(B.C.473) 22년간.

오왕 부차夫差의 월나라 정벌과 오자서伍子胥와의 갈등, 그리고 오나라 멸망을 다루고 있다.

(8) 〈월어越語〉(2권. 9장): 역시 오나라와 비슷한 시기와 기간임.

월왕 구천句踐이 문종文種과 범려范蠡를 모신으로 삼아 마침내 오나라를 멸망시키는 사건과 범려의 은퇴를 기록하고 있다.

이상으로 보아 전체 538년간 역사를 고르게 안배하여 기록한 것이 아니라, 당시 각 나라별 소장되어 있던 사료의 파일을 추려 재편집한 것이 아닌가 한다. 이처럼 8개 나라별로 구분하여 나라마다 독립적인 구성과 장절이 나뉘어 있으며, 나라별 분량의 조정이나 사건의 연결, 연대의 안배 등이 없이 역사 파일의 나열에 불과하다. 게다가 사건의 비중도 균형을 이루지 못하여 〈주어〉와 〈진어〉의 경우 주로 진 문공의 망명과 귀국, 그리고 패자가 된 일이 거의 전체를 차지하고 있으며, 〈노어〉와 〈초어〉의 경우 초 영왕의 찬탈사건을 두 나라 입장에서 달리 본 내용이다. 게다가 〈진어〉는 모두 9권으로 전체 21권의 반에 가까우며, 〈정어〉는 2장이 전체를 차지하여 정나라 역사 사실을 대표하여 담고 있다고 보기 어렵다. 이렇게 나라별로 역사 기간이 너무 차이가 많아 480여 년간의 긴 시간에 걸쳐 있는 나라도 있고, 22년에 짧은 나라나 2, 3년의 한 사건의 기록이 그 나라를 대표하기도 하고, 나아가 연도를 개념으로 삼을 수 없는 경우도 있다. 분량도 〈진어〉는 무려 9권임에 비해 〈정어〉는 2천 5백여 자의 단편 문장이 한 권으로써 한 나라를 대표하는 사건이라 여기기 어렵다. 그리고 춘추오패春秋五霸의 나라 중 진秦, 송末은 없으며, 그 외 영향력을 가졌던 연燕나라, 위衛, 진陳, 채蔡, 조曹 등은 낱권으로 등재되지 못하고 있다. 대신 춘추 말기 발흥하여 극적인 대립을 이루어 한 시대를 풍미했던 오나라, 월나라는 면모를 갖추기는 했으나, 기록과 사건 내용이 상호 교차, 혹은 중복되고 있다.

4. 편자編者와 좌구명左丘明

사마천司馬遷은 〈보임소경서報任少卿書〉에서 자신이 엄청난 시련을 거쳐 《사기史記》를 짓게 되었음을 강조하기 위하여 "좌구명은 실명함으로써 국어라는 책을 남기게 되었다"(左丘明失明, 厥有《國語》)라고 하였다. 그리고 《한서》 예문지에도 《좌씨전》과 《국어》는 함께 노나라 태사 좌구명이 지은 것이라 하였으며, 《국어》에 주를 달아 오늘날까지 널리 활용되는 삼국시대 오吳나라 위소韋昭도 역시 그 〈국어해서國語解叙〉에서 이렇게 말하고 있다.

"좌구명이 성인의 말을 터득으로 여기고 왕도의 의에 의탁하여 흐름을 삼으니, 그 연원이 심히 크고 침의沉懿가 아려雅麗하여 가히 명세命世의 재주요, 박물의 선작자善作者라 할 만하다. 그 명식明識이 고원하나 아사雅思를 모두 다 풀어내지 못하여, 그 때문에 다시 전세 목왕穆王 이래의 일을 채록하고 아래로 노 도공, 지백의 주벌이 이르기까지의 사건과 나라의 성패, 가언과 선어, 음양과 율려, 천시와 인사의 역순順逆과 역수를 기록하여 《국어》로 하였다. 그 문장이 경經에 주를 두지 않았으므로, 그 때문에 〈외전〉이라 부른다. 이에 천지를 포괄하고 화복을 깊이 헤아리며, 미세한 것을 밝혀내고 선악을 구분해 드러냄이 환연히 밝도다. 실로 경학과 함께 펼쳐 놓을 수 있는 것이니 특별히 제자학의 부류에 넣을 수 있는 정도에 그치는 것이 아니다."

(左丘明因聖言以攄意, 託王義以流藻, 其淵原深大, 沉懿雅麗, 可謂命世 之才・博物善作者也. 其明識高遠, 雅思未盡, 故復采錄前世穆王以來, 下訖魯悼・ 智伯之誅. 邦國成敗, 嘉言善語, 陰陽律呂, 天時人事逆順之數, 以爲《國語》. 其文不主於經, 故號曰〈外傳〉, 所以包羅天地, 探測禍福, 發起幽微, 章表善惡者, 昭然甚明. 實與經藝並陳, 非特諸子之倫也.)

한편 당 유지기도 좌구명의 작임을 인정한 채 《사통》에서 이렇게 부연하여 설명하고 있다.

"좌구명이 이윽고 〈춘추내전春秋內傳〉을 짓고 나서, 다시 일사逸史를 상고하여 따로 설설設說을 찬집하되, 주周, 노魯, 제齊, 진晉, 정鄭, 초楚, 오吳, 월越 8개 나라의 역사로 분류하였으며, 주周 목왕穆王으로부터 시작하여 노魯 도공悼公에서 끝을 맺었다. 이를 〈춘추외전春秋外傳〉 즉 《국어》라 하였다."

(左丘明旣爲〈春秋內傳〉, 又稽逸史, 纂別說, 分周魯齊晉鄭楚吳越八國史, 起周穆王, 終魯悼公, 爲〈春秋外傳〉《國語》.)

이리하여 무려 2천년을 두고 《국어》는 좌구명의 저작임을 의심하지 아니한 채 길게 이어왔다. 좌구명은 어떤 사람인가?

《논어論語》 공야장公冶長편에 "子曰:「巧言·令色·足恭, 左丘明恥之, 丘亦恥之. 匿怨而友其人, 左丘明恥之, 丘亦恥之.」"라 하였다. 이러한 단편적인 기록에 의하면 공자보다 연장자였다. 그런데 그가 공자의 《춘추春秋》 경문經文에 전傳을 붙여 사건을 부연 설명하여 기사체記事體로 삼은 것, 즉 《좌씨전》은 그 작업에 대한 기록이 없는 것만으로도 이미 의심의 여지가 있는데(우리나라 內閣本《논어》 협주(夾註)에 「或曰: '左丘明非傳春秋者耶?' 朱子曰: '未可知也.'」라 함.) 게다가 그 작업에 싣지 않은 일부를 따로 간직해 두었다가 이를 언사言辭에 맞추어 기언체記言體의 《국어》를 지었다는 것은 실로 증명해 내기가 상당히 어렵다. 이에 어떤 이는 춘추시대에 '고몽瞽矇'이라 칭하는 장님 사관史官의 직위가 있었는데, 이가 맡은 임무는 전문적으로 고금의 역사 내용을 외우고 강술하는 것이었으며, 좌구명이 바로 공자보다 약간 앞선 이 고몽의 직책을 맡았던 사람으로 보았다. 이에 그가 강술한 역사 내용을 뒷사람들이 기록으로 모아 이를 '어語'라 하였고, 다시 이를 나라별로 분류하여 〈주어〉, 〈노어〉, 〈제어〉 등으로 명칭을 붙였으며 이를 모은 것이 《국어》라 주장하기도 한다.(《中國大百科全書》 中國歷史篇)

그러나 이러한 추측도 역시 근거는 없다. 단지 "좌구명이 실명하였다"는 사마천의 기록을 근거로 상상력을 발휘한 것이 아닌가 한다.

그런가 하면 청대 〈사고전서제요四庫全書提要〉에서는 《국어》를 좌구명이 지은 것으로 인정하면서 《좌전》과 일부 다른 이유에 대하여 다음과 같이 설명하고 있다.

"내용 중에 《좌전》과 부합하지 않은 것이 있으나, 이는 마치 《신서新序》와 《설원說苑》이 똑같이 유향劉向 한 사람에게서 나왔지만 서로 어긋나는 것이 있는 것과 같다. 아마 옛사람의 저술은 각기 자신이 본 구문舊文에 근거하여 의심나는 것은 그대로 남겨두었기 때문일 것이다. 경솔히 고친 뒷사람들의 태도와는 달랐다."

(中有與《左傳》不符者, 猶《新序》·《說苑》同出劉向, 而時復牴牾, 蓋古人著書各據所見之舊文, 疑以存疑, 不似後人輕改也.)

그러나 현대에 이르러서는 좌구명 개인의 저술로 보지 않는 것이 일반적인 견해이다. 따라서 누가 《국어》를 지었는지는 확정적으로 말하기 어려우며 주왕실과 각 제후국의 사관이 각기 개별적으로 각국의 '어'를 기록하여 비치한 것이 있었을 것이며, 이를 전국 초기 누군가가 수집하여 그 원시자료를 정리하고 편집하여 묶은 것이 《국어》일 것으로 보고 있다. 다만 그 사람이 구체적으로 누구인가는 알 수 없다. 설령 좌구명이라 해도 틀린 것은 아니지만, 그 경우 좌구명은 자료제공자이거나 아니면 주편主編으로 참여한 대표 이름일 뿐이며, 자신 홀로 주도적으로 기술하거나 첨삭을 가한 것은 아닐 것으로 보고 있다.

5. 역대 연구와 판본 및 주석註釋

앞서 말한 대로 《국어》의 저자가 좌구명이라는 설에 대하여 일찍부터 회의를 품어 왔다. 즉 당대唐代 경학가 조광趙匡은 "《좌전》과 《국어》는 문체가 다르고 서서 또한 서로 어긋남이 많아 한 사람의 손에 의해 이루어진 것이 아니며 좌씨의 제자나 문인들이 정리한 것"이라는 가설을 내놓았다.

그러다가 송대宋代에 이르러 주희朱熹와 정초鄭樵 등은 "두 책은 체례體例와 용사用詞 등이 현격히 달라 좌구명 한 사람의 동일 저작이라 보기는 어렵다"는 견해를 피력하였다.

그 뒤 청대에 이르러 금문학자今文學者들, 즉 유봉록劉逢祿, 피석서皮錫瑞, 강유위康有爲 역시 이 문제를 거론하여 좌구명 개인 저작이 아님을 증명하고자 하였다. 이에 따라 수천 년을 두고 "《국어》 좌구명저"의 일반적 견해는 허물어 지기 시작하였으며 지금에 이르러서는 번역본, 주석서 등에 표제는 좌구명으로 하되 반드시 편자 미상의 내용을 함께 부기附記하는 상황에 이르게 된 것이다.

한편 《국어》의 판본은 현존 최고본最古本으로 송대 각본인 〈명도본〉(明道本: 북송 仁宗 明道 2년(1033)에 판각된 것)과 〈공서본〉(公序本: 宋, 宋庠의 판본, 公序는 송상의 字)이 있다. 그 중 〈명도본〉이 비교적 완정하여 단옥재段玉裁는 "《국어》 선본으로 이를 넘어서는 것이 없다"(國語善本無踰此)라 할 정도로 인정을 받아왔다.

지금 전하는 〈사부비요四部備要〉본과 〈총서집성叢書集成〉본이 있으며, 북경 대학 도서관에는 명대明代 가정嘉靖 각본이 소장되어 있다.

〈사부비요본〉은 청대 사례거士禮居 번각의 '명도본'이며 〈사부총간四部叢刊〉 본은 명대에 번각된 '공서본'이다.

다음으로 한대漢代 이래 가규賈逵, 왕숙王肅, 우번虞翻, 당고唐固, 공조孔晁 등이 주석이 있었으나, 이들의 작업은 모두 사라지고 대신 삼국 오나라 위소韋昭의

《국어해國語解》가 이들의 주석을 참작한 것으로 지금 가장 널리 활용되고 있다.

위소(204~273)는 《삼국지三國志》 전에는 '위요韋曜'로 되어 있으며, 이는 진晉 사마소(司馬昭: 晉 武帝 司馬炎의 아버지)의 이름을 피휘한 것이다. 그는 자가 홍사 (弘嗣, 宏嗣)였으며, 오군吳郡 운양雲陽 사람이다. 태자중서자太子中庶子, 중서랑 中書郎, 박사좨주博士祭酒, 시중侍中 등을 거쳐 고릉정후高陵亭侯에 봉해졌으며, 손호孫皓에 맞섰다가 결국 옥사하였다. 〈박혁론博弈論〉을 지었으며 《오서吳書》를 찬술하였고 《논어》, 《효경》, 《국어》에 주를 달았다. 저술로는 《관직훈官職訓》, 《변석명辯釋名》 등이 있다. 그의 전기는 《삼국지》 오지(20)와 《건강실록建康實錄》 (권4)에 자세히 실려 있다.

그는 동한 정중鄭衆, 가규 그리고 삼국시대 우번, 당고 등의 주석을 고르게 참고하여 지금까지 《국어》 주석의 가장 중요한 대본인 《국어해》를 남겨 전해 주고 있다. 그 뒤 송나라 때 송상宋庠은 《국어보음國語補音》을 남겨 지금 〈사고 전서〉에 실려 전하고 있다.

다음으로 청나라 때 들어서 고증학의 발달과 함께 《국어》에 대한 교주校注, 주석註釋, 교석校釋, 교증校證 작업이 활발하게 이루어졌다. 즉 단옥재段玉裁와 황비열黃丕烈은 〈명도본〉을 근거로 《교기校記》를 내었으며, 왕중汪中, 유태공 劉台拱, 고광기顧廣圻, 왕원손汪遠孫 등은 《교문校文》을 내어 세밀히 검토하는 작업을 거쳤다. 그리하여 홍량길洪亮吉의 《국어위소주소國語韋昭注疏》와 왕원손 汪遠孫의 《국어교주본삼종國語校注本三種》, 동증령董增齡의 《국어정의國語正義》, 진전陳瑑의 《국어집해國語集解》, 요내姚鼐의 《국어보주國語補注》, 왕후王煦의 《국어석문國語釋文》, 황모黃模의 《국어보위國語補韋》, 공려정龔麗正 《국어위소 주소國語韋昭注疏》 등이 가치를 더하였으며, 근대 오증기吳曾祺의 《국어위해보정 國語韋解補正》과 서원호徐元浩의 《국어집해國語集解》 등도 매우 정밀한 주석으로 평가받고 있다.

한편 현대에 이르러서는 1958년 상무인서관에서 명 가정본嘉靖本을 영인 출판하였고, 1978년 상해고적출판사에서는 교점본을 내어 일반인이 접근하기 쉽도록 하였다. 그 외에도 지금은 《국어역주國語譯註》(薛安勤·王連生, 吉林文史 出版社, 1991. 長春), 《국어역주國語譯注》(鄔國義·胡果文·李曉路, 上海古籍出版社, 1994. 上海), 《신역국어독본新譯國語讀本》(易中天 三民書局, 1995. 臺灣), 《국어國語》 (萬有文庫薈要本 臺灣商務印書館, 1965. 臺灣), 《국어정화國語精華》(世界書局, 1972. 臺灣) 《국어정화國語精華》(秦同培(譯) 國學整理社 1974 臺南) 등 다수의 백화어 번역 및 주석본이 쏟아져 나와 아주 유용하게 활용할 수 있다.

우리나라 고판본으로는 상당히 많은 종류가 판각 혹은 소장되어 전하고 있다. 그 중 중국에서 들어온 판본으로는 도광道光 23년(1897) 목판본, 만력萬曆 기미년己未年(1619) 지어識語가 있는 목판본, 광서光緖 6년(1880) 목판본 등이 국립도서관에 전하고 있으며, 조선 판본으로는 철종哲宗 10년(1859) 정리자整理字 본과 연대 미상의 무신자戊申字본, 숙종肅宗 연간 무신자戊申字본, 영조英祖 연간의 임진자壬辰字본이 있으며, 필사본筆寫本도 전하고 있으며, 지방판으로 경남 합천陜川의 옥봉정사玉峯精舍에서 펴낸 판본도 있다. 그리고 일본판으로는 문화文化 원년(1804) 목판본이 전하는 등 조선시대에도 매우 널리 알려졌으며, 많은 판본으로 보아 보편적으로 읽혀 온 책임을 알 수 있다.

國語卷第一

周語上

韋氏解

穆王將征犬戎，祭公謀父諫曰：不可。先王耀德不觀兵。夫兵戢而時動，動則威，觀則玩，玩則無震。是故周文公之頌曰：載戢干戈，載櫜弓矢，我求懿德，肆于時夏，允王保之。

先王之於民也，懋正其德而厚其性，阜其財求而利其器用，明利害之鄉，以文修之，使務利而避害，懷德而畏威，故能保世以滋大。昔我先王世后稷，以服事虞夏。及夏之衰也，棄稷不務，我先王不窋用失其官，而自竄于戎狄之閒。不敢怠業，時序其德，纂修其緒，修其訓典，朝夕恪勤，守以敦篤，奉以忠信，奕世載德，不忝前人。至于武王，昭前之光明而加之以慈和，事神保民，莫弗欣喜。商王帝辛，大惡于民，庶民

《國語》四部備要 史部(士禮居本)，中華書局 印本(臺灣)

國語正義卷第一

歸安董增齡撰集

周語上

穆王將征犬戎【解】穆王周康王之孫昭王之子穆王滿也征正也上討下之稱犬戎西戎之別名在荒服【疏】解上穆解

鄭子制行八生犬立王王犬
引傳西篇面并昆戎王昭至至
趙方高歐明夷荒至王王昭
盾戎曰誘身也山服滿○王
田天戎注名明海○是史滿
于子故犬犬生犬謂記○
首至知戎夷經白黃戎穆周是
一山於焉西賈生帝史王本史
謂雷西戎遽云犬苗記昭紀記
郎首戎之別周犬夷記漢王昭周
此犬戎別夷二生書位王本
地戎別周戎作南巡紀
則觴昌書會別龍馬史春狩昭
雷天水戎於龜龜史生秋不王
首子繩種生已返南
在河解犬呂戎索五卒巡
晉雷水戎氏山隱十於狩
麂首注戎融○矣江不
與引馱春繹吾上返
荒阿穆馬秋有云穆卒
服下天王壹云解【疏】解上穆解於江上穆王滿

《國語正義》清，董增齡 王利器(珍藏本)，巴蜀書社(印本)，1985. 成都

國語卷一

吳 韋昭 注

周語上

穆王將征犬戎 穆王昭王之子滿也犬戎西戎別名在荒服者也

祭公謀父諫曰不可 祭畿內之國周公之後為王卿士謀父字也諫止王也

先王耀德不觀兵 耀明也明德以示之兵不妄動故曰不觀兵 夫兵戢而時動動則威觀則玩玩則無震 戢藏也時動謂三時務農一時講武震懼也玩黷也黷則不懼

是故周文公之頌曰 周文公周公旦也作此詩以戒成王時遊於時夏之詩謂頌時邁之篇也

載戢干戈載櫜弓矢 載則也戢藏櫜韜也戈戟也言武王誅紂既定天下則斂藏其兵甲弓矢示不復用也

我求懿德肆于時夏允王保之 懿美也肆陳也時是也夏大也允信也言我武王求美德之士陳之於是大以信其保天下也

先王之於民也懋正其德而厚其性 懋勉也厚大也性情性也

阜其財求而利其器用 阜大也器用甲兵之屬也

明利害之鄉以文修之 鄉方也好以文修之文禮法也

使務利而避害懷德而畏威 畏威示之以刑罰懷德示之以賞賜

故能保世以滋大 滋益也保守也言能保守其國世益大也

昔我先王世后稷以服事虞夏 父子相繼曰世后稷官也棄為堯后稷官不窋繼之於夏后之世也

及夏之衰也棄稷不務 夏太康失國昆弟五人廢稷之官不修夏政故曰棄稷不務也

我先王不窋用失其官 不窋棄之子周之先王也至不窋失官去夏而竄於戎狄之間故曰用失其官

而自竄于戎狄之間 竄匿也戎狄北狄也言不窋失官自竄匿於戎狄之間

不敢怠業時序其德 怠惰也業事也言不窋雖竄於戎狄猶不敢惰其事時序其德

纂修其緒修其訓典 纂繼也緒業也訓典先王之教典也

朝夕恪勤守以惇篤奉以忠信 恪敬也惇厚也篤固也奉承也

奕世載德不忝前人 奕亦也載成也忝辱也前人先祖也

至于武王昭前之光明而加之以慈和 昭明也加增也前謂大王王季文王也

事神保民莫不欣喜 欣喜也言武王事神保民故皆欣喜

商王帝辛大惡于民 帝辛紂也大惡大為惡於民所惡也

庶民弗忍欣戴武王以致戎于商牧 忍忍其虐政欣喜戴奉武王勤恤民也

是先王非務武也勤恤民隱而除其害也 隱痛也言先王非務用武以恤民痛而除其害也

夫先王之制邦內甸服 制法度邦內謂天子畿內千里之地甸田也服事也以皆入田賦之事故謂之甸服

邦外侯服 邦外謂王畿之外侯候也為王斥候故謂之侯服

侯衛賓服 侯圻之外至衛圻其間凡五圻侯甸男采衛賓服常以服貢賓見於王故曰賓服

蠻夷要服 蠻夷要荒之服也要結好也言以文德要來之也

戎狄荒服 荒忽無常之言也言其政教荒忽因其故俗而治之也

甸服者祭侯服者祀賓服者享要服者貢荒服者王 祭供日祭祀供月祀享供時享貢供歲貢王供終王

日祭月祀時享歲貢終王先王之訓也 訓教也言此先王之教也

有不祭則修意有不祀則修言有不享則修文有不貢則修名有不王則修德序成而有不至則修刑 意心也言辭也文號令也名尊卑職貢之名號也

於是乎有刑不祭伐不祀征不享讓不貢告不王 刑罰也伐征征討也讓責讓也告以文辭告之也

《國語》韋昭(注) 四庫全書 史部(五) 雜史類

宋 宋庠 撰

注之稱注今凡在注者並加注字以別之後做此

注界反周語音前今按語史惟父母字外其餘凡
公之後注涉地名或人名字宿音甫古多借音
字為之伯陽父尼父之類是也說文甫字以父
之美稱經史二字音訓即但匠音汾如人所通
識之字為舊音亦無嫌但俗用字多傷淺俗稲
今共悉者以異字則稲字如故於餘漏音及引字
為緒後加又切於並音注補音或於並音及引以

为穆此做此注凡蔣補音蔣丈補音將同
容做此注凡蔣文注蔣音将同

伐紂久反 注為作反 注巡守音
字下泰章同 注玩音手 注脩音

罪惡補音直 注兵戎文反 注肤才故反
如反 注載音補音乂 注脯信反補音引注

注干盾九反 注玩守反 注肴補音引注
補音食 注樂歌音斑如
注韜也補音 注歌斑如

《國語補音》宋, 宋庠(撰) 四庫全書 史部(五) 雜史類

諸家紛錯載述為煩是以時有所見庶幾頗近事情
裁有補益猶恐人之多言未詳其故欲世覽者必
察之也

周上中下 二三
魯上下 四五
齊 六
晉 武七獻八惠九文十襄十一厲十二悼十三平十四思十五
鄭 十六
楚 十七上十八下
吳 十九
越 二十上二十一下

國語卷第一

周語上

　　韋氏解

穆王將征犬戎

父諫曰不可

先王耀德不觀

夫兵戢而時動動則威

觀則玩玩則無震

《國語解》韋昭(注) 明道本, 北宋 仁宗 明道 2년(1033)

周語上第一　國語韋氏解

穆王將征犬戎，祭公謀父諫曰：不可。先王耀德不觀兵。夫兵戢而時動，動則威，觀則玩，玩則無震。是故周文公之《頌》曰：載戢干戈，載櫜弓矢，我求懿德，肆于時夏，允王保之。先王之於民也，茂正其德而厚其性，阜其財求而利其器用，明利害之鄉，以文修之，使務利而避害，懷德而畏威，故能保世以滋大。

昔我先王世后稷，以服事虞、夏。及夏之衰也，棄稷弗務，我先王不窋用失其官，而自竄于戎狄之間。不敢怠業，時序其德，纂修其緒，修其訓典，朝夕恪勤，守以惇篤，奉以忠信，奕世載德，不忝前人。至于武王，昭前之光明而加之以慈和，事神保民，莫不欣喜。商王帝辛，大惡于民，庶民弗忍，欣戴武王，以致戎于商牧。是先王非務武也，勤恤民隱而除其害也。

夫先王之制，邦內甸服，邦外侯服，侯衛賓服，蠻夷要服，戎狄荒服。甸服者祭，侯服者祀，賓服者享，要服者貢，荒服者王。日祭、月祀、時享、歲貢、終王，先王之訓也。

四部叢刊史部

國語

周語上第一　國語　韋氏解

穆王將征犬戎〔穆王周康王之孫昭王之子穆王之滿也征正也上討下曰征別名在荒服者也〕

祭公謀父諫曰不可〔為王卿士謀父周公之胤祭畿內之國謀父字也〕

先王耀德不觀兵〔耀明也觀示也明德尚道化示不示明〕

夫兵戢而時動動則威〔戢聚也時動有農隙講武之時務農時則有財動則有威〕

觀則玩玩則無震〔兵不以小大而示威後武致武然誅不以大小罪惡示威〕

是故周文公之頌曰〔文公周公旦也頌武王之詩作時夏為武之詩頌既伐紂論功頌成既伐紂為作時遷〕

載戢干戈載櫜弓矢〔戢聚也櫜韜也戢聚干戈載韜弓矢櫜韜也時戈〕

我求懿德肆于時夏〔懿美也肆陳美也求美德陳美於時夏大〕

允王保之〔允信也信王保之〕

故陳其功於是夏而歌之樂章大者曰夏德美也

藏于其弓矢示不復用干戈櫜此詩巡守告歌〔祭公巡守告〕下藏其弓矢欲其干戈韜陳也

《國語》四部叢刊 史部 電子版，「書同文」(北京)

國語第一

吳高陵亭侯　韋昭解

明侍御史　楚李時勉閱

宋鄭國公　宋庠補音　校

周語上

穆王將征犬戎　祭公謀父諫曰不可

先王耀德不觀兵

國語卷一　周語

夫兵戢而時動　動則威　觀則玩　玩則無震

是故周文公之頌曰　載戢干戈　載櫜弓矢

我求懿德　肆于時夏　允王保之

先王之於民也　茂正其德而厚其性　阜其財求

《國語》朝鮮板本, 玉峯精舍(慶南 陜川), 學民文化社 印本

國語

卷一

周語上

穆王將征犬戎，〔穆王，周康王之孫，昭王之子穆王也。征，正也。犬戎，西戎之別名，在荒服之中。〕祭公謀父諫曰不可。〔祭，畿內之國，周公之後也，為王卿士。謀父，字也。諫，正也。祭周公之胤矣。〕先王耀德不觀兵。〔耀，明也。觀，示也。明德，尚道化也。示兵，貴武也。王猶父也。〕夫兵戢而時動，動則威，〔戢，聚也。時動，三時務農，一時講武，則有財征則有威也。〕觀則玩，玩則無震。〔觀，示也。玩，黷也。震，懼也。是故周文公之頌曰：〔文公，周公旦之謚也。王飫伐也。〕載戢干戈，載櫜弓矢。〔載，則也。干，楯也。戈，戟也。櫜，韜也，所以藏弓矢。〕我求懿德，肆于時夏，〔懿，美也。肆，陳也。時，是也。夏，大也。言武王常務于時夏而歌之樂章大者曰夏。〕允王保之。〔允，信也。信武王能先王之於民也。保之，保守此是也。〕懋正其德而厚其性，〔懋，勉也。性，情性也。〕阜其財求而利其器用，〔阜，大也。其，求也。大其財求，而利其器用。〕明利害之鄉，〔鄉，方也。示之以好惡，利所以利之害所以害之。〕以文修之，〔文，禮法也。文禮修也。〕使務利而避害，懷德而畏威，故能保世以滋大。〔滋，益也。世，守也。滋，益大也。〕昔我先王世后稷，〔后稷，周之先棄也。世，繼也。言我先王世繼后稷之官。〕以服事虞夏。〔服事，虞舜夏禹也，啟于夏也。及夏之衰也，棄稷不務。〔衰，謂孔甲以下五人也。啟子太康，失邦，昆弟五人，須于洛汭是也。不復務農。〕我先王不窋用失其官，〔先王，不窋也。故通謂之王。商頌亦以契為玄王也。不窋，棄之子也。夏之衰，失稷官，不復務農。〕而自竄于戎狄之間，〔竄匿也。至于不窋封棄官去夏而遷於邠邠西接戎北近狄也。〕不敢怠業，時序其德，纂修其緒，〔纂，繼也。緒業也。〕修其訓典，〔訓，教也。典，法也。〕朝夕恪勤，守以敦篤，奉以

國語‧上‧一　周語上

周語第一

穆王將征犬戎

穆王㊀將征犬戎，㊁祭公謀父㊂諫曰「不可，先生耀德不觀兵。㊃夫兵戢而時動動則威，㊄觀則玩玩則無震。㊅是故周文公之頌曰：㊆「載戢干戈，載櫜弓矢，㊇我求懿德肆于時夏㊈允王保之。」㊉先王之於民也懋㊊正其德，而厚其性；㊋阜其財求，㊌而利其器用；㊍明利害之鄉㊎以文㊏修之使務利而避害懷德而畏威故能保㊐世以滋㊑大。

㊀穆王名滿昭王之子，康王之孫。 ㊁征者正也上討下之稱犬戎卽畎夷，一作昆夷，在今陝西鳳

一

《國語》葉玉麟(選注, 1933. 上海), 臺灣商務印書館, 1967. 臺北

周語

祭公諫征犬戎

穆王將征犬戎祭公謀父諫曰。不可。先王耀德不觀兵夫兵戢而時動動則威觀則玩。

玩則無震是故周文公之頌曰載戢干戈載櫜弓矢我求懿德肆于時夏允王保之先

王之於民也懋正其德而厚其性阜其財求而利其器用明利害之鄉以交修之使務

利而避害懷德而畏威故能保世以滋大昔我先王世后稷以服事虞夏及夏之衰也

棄稷不務我先王不窋用失其官而自竄於戎狄之間不敢怠業時序其德纂修其緒

修其訓典朝夕恪勤守以敦篤奉以忠信奕世載德不忝前人。至於武王昭前之光明。

而加之以慈和事神保民莫弗欣喜商王帝辛大惡於民庶民不忍戴武王以致戎

於商牧是先王非務武也勤恤民隱而除其害也夫先王之制邦內甸服邦外侯服侯

衛賓服夷蠻要服戎狄荒服甸服者祭侯服者祀賓服者享要服者貢荒服者王曰祭

一

《國語精華》秦同培(注譯) 宋晶如(增訂) 活字本，世界書局，1972. 臺北

차 례

國語 ⅓

卷一　周語(上)

卷二　周語(中)

卷三　周語(下)

卷四　魯語(上)

卷五   魯語(下)

卷六　齊語

國語 릏

卷七　晉語(一)

卷八　晉語(二)

卷九　晉語(三)

卷十 晉語(四)

卷十一　晉語(五)

卷十二　晉語(六)

卷十三 晉語(七)

國語 下

卷十四 晉語(八)

卷十五　晉語(九)

卷十八　楚語(下)

卷十九　吳語

卷二十　越語(上)

卷二十一　越語(下)

⊛ 부록

〈주어周語〉 총 3권

주周

주나라는 고대 정식 왕조인 하夏, 상商, 殷을 이은 정통 종주국이다. 그 조상은 희성姬姓이며 위수渭水 지류인 칠수漆水 일대에서 발원하였고 시조는 후직后稷, 姬棄이다. 농업에 특기를 보여 대대로 농직지관農稷之官을 지내다가 기원전 11세기에 빈(豳, 邠, 지금의 陝西 旬邑), 기산(岐山, 지금의 섬서 岐縣) 일대를 옮겨 살면서 점차 흥성하기 시작하여 고공단보古公亶父를 거쳐 문왕文王, 姬昌에 이르러 풍(豊, 지금의 西安 서쪽)에 자리를 잡고 상나라와 접촉하여 서백西伯으로 지위를 굳혔다. 그 아들 무왕武王, 姬發에 이르러 다시 풍의 동쪽 호(鎬, 지금의 서안 동쪽)에 새롭게 도읍을 건설하고 드디어 은의 말왕 주紂의 폭정을 제거한다는 명목으로 은을 멸망시키고 정통 주나라를 중흥시키게 된다. 이때 주공周公, 姬旦 등의 명신들이 나타나 문물과 제도를 완비하고 봉건제를 실시하여 동족과 공신을 제후국으로 세워 자신들의 보호 임무를 맡기게 되었다. 주공은 당시 은나라 유민을 감시하도록 임무를 맡겼던 관숙管叔과 채숙蔡叔이 무경武庚과 함께 '무경의 난三監之亂'을 일으키자, 동정東征에 성공한 다음 천하를 더욱 넓혀 동서남북에 제후국을 건설하여 울타리로 삼았다. 이렇게 하여 혈친의 가까움과 공훈의 공유로 인해, 서주는 종실을 인정하고 왕실을 위해 제후들이 존재하는 이상적인 국가로 발전해 나가기 시작하였다.

그러나 2백여 년이 지난 서주 말기 들어오면서 그동안 연결고리였던 혈친의 의식이 소원해지고, 각국의 봉건으로 인해 이해관계가 얽히면서 점차 주 왕실은 그 권위를 잃게 되었고, 아울러 여왕厲王과 유왕幽王의 잇단 실정, 그리고 서융西戎의 발호로 인한 포사褒姒의 난 등이 일어나면서 왕실은 완전히 존경과 보호의 대상에서 멀어지게 되었다.

그 틈에 결국 공화共和시대를 거쳐 B.C.771년에 신후申侯가 견융을 이끌고 여왕을 살해하자 서주는 망하고 말았다.

이듬해 평왕平王, 宜臼은 할 수 없이 정鄭나라와 진晉나라의 도움을 받아 호경을 버리고 동쪽 낙읍으로 도읍을 옮기게 된다. 이때부터 동주가 시작되며 동주의 전반부는 춘추春秋시대, 그리고 후반부는 전국戰國시대라 하여 대변혁의 역사가 전개된다.

춘추시대에는 천하 권력의 주체가 제후국의 패자가 쥐게 되었으며, 주나라는 한갓 명목상의 천자로서 제후들로부터 물자와 군사, 식량 등 일체 용품을 얻어 쓰는 존재로 전락하였으며, 그나마 초기에는 제후 패자들에게 '존왕양이尊王攘夷'라는 구호를 빌려 주는 구실 역할을 하는 정도였다. 통치권이 미치는 영토도 낙읍 사방 약간의 지역에 그쳤으며, 군사 활동이나 심지어 사냥 등 종주국으로서의 최소한의 역할이나 체면도 제한을 받았다.

특히 춘추시대가 전개되면서 140여 개의 제후국 중에 일부 패주霸主를 부르짖는 나라들이 차례로 나와 주 왕실을 압박하기도 하고 무시하기도 하였지만, 그 때에도 제대로 자신의 권위를 내세우지 못하는 불쌍한 존재가 되고 말았다. 특히 제齊 환공桓公, 진晉 문공文公, 송宋 양공襄公, 진秦 목공穆公, 초楚 장왕莊王을 이은 월왕越王 구천句踐과 오왕吳王 부차夫差 등 소위 춘추오패春秋五霸의 출현은, 주 왕실로서는 그저 명목만 유지하는 것을 다행으로 삼아야 할 정도였다.

전국시대 들어서는 더욱 쇠미하여졌다. 원래 왕의 칭호를 쓰며 권력이 집중되었던 종주국 주나라는, 동주로 오면서 그 권력의 핵심이 제후 군주에게로 내려갔으며, 그나마 그들은 초나라를 제외하고는 그래도 '공公'이라는 작위를 사용하고 있었다. 그러나 춘추 말기에는 다시 제후국의 경대부에게 그 권력의 핵이 내려갔으며, 춘추 말기에 이 경卿 대부大夫들이 각 제후국을 뒤흔들고 역성혁명으로 찬탈하여 자리를 잡은 것이 전국시대이다. 즉 춘추오패 중 중원의 진晉나라는 삼진三晉으로 과분瓜分되어 한韓·위魏·조趙로 갈라졌으며, 제齊나라는 전씨田氏, 陳氏가 성을 바꾸어 왕위를 찬탈하였으며, 노魯나라는 삼환三桓의 와중에 초나라에게 망하였으며, 송나라는 스스로 나라를 잃었고 오월吳越은 자신들의 과욕에 의해 나라가 소멸되고 말았으며, 그밖에 일부 소국들은 대국의 개혁을 따라가지 못하다가 그만 병탄되거나 스스로 멸망의 길을 걷고 말았다. 다만 먼 주위에 있던 나라들은 이러한 소용돌이에 휩싸이기 전에 자체적으로 개혁을 서둘러 전국시대를 맞아 재차 힘을 펴는 정도였으니 초楚·진秦·연燕이 그 예이다. 그리하여 그 많던 제후국은 칠웅七雄과 몇몇 나라가 남아 천하를 전쟁의 구렁텅이로 영일이 없게 되었으며, 이때에는 제후국 누구나 할 것 없이 '공'을 버리고 '왕王'을 지칭하였다.

이러한 시기에 중원 한 구석에 겨우 숨을 죽이며 끝까지 명맥을 유지한 종주국 주나라는 겨우 살아남아 전국시대를 힘겹게 이어가고 있었을 뿐이었다. 그리하여 전국 말기 진시황의 천하통일 와중에 소리 없이 무너지고 주나라 사직은 막을 내리게 된 것이다. 국어에서의 이 주나라는 서주 목왕穆王 2년(B.C.990)부터 동주 경왕敬王 10년(B.C.510)까지 480년간의 이야기를 다루고 있지만, 이 역사가 시간적으로 안배되어 고르게 정리된 것은 아니며 그저 목왕의 견융犬戎 정벌, 여왕厲王의 비방 금지, 선왕宣王의 천무千畝 의식 폐지 등을 실어 서주 왕실의 쇠락을 예견하고 확인하는 과정을 주로 다루고 있을 뿐이다.

❋ 서주(B.C.11세기~B.C.814년)부터 전국 말(B.C.256)까지의 주 왕실의 세계世系는 대략 다음과 같다. ( )안은 이름과 재위 기간.

◒ 西周
武王(姬發) → 成王(姬誦) → 康王(姬釗) → 昭王(姬瑕) → 穆王(姬滿) → 恭王(姬繄扈) → 懿王(姬囏) → 孝王(姬辟方) → 夷王(姬燮) → 厲王(姬胡) → 「共和(14)」 → 宣公(姬靜, 46) → 幽王(姬宮涅, 11) →

◒ 東周
平王(姬宜臼, 51) → 桓王(姬林, 23) → 莊王(姬佗, 15) → 釐王(姬胡齊, 5) → 惠王(姬閬, 25) → 襄王(姬鄭, 33) → 頃王(姬壬臣, 6) → 匡王(姬班, 6) → 定王(姬瑜, 21) → 簡王(姬夷, 14) → 靈王(姬泄心, 27) → 景王(姬貴, 25) → 敬王(姬匄, 44) → 元王(姬仁, 7) → 貞定王(姬介, 28) → 考王(姬嵬, 15) → 威烈王(姬午, 24) → 安王(姬驕, 26) → 烈王(姬喜, 7) → 顯王(喜扁, 48) → 愼靚王(喜定, 6) → 赧王(喜延, 59)

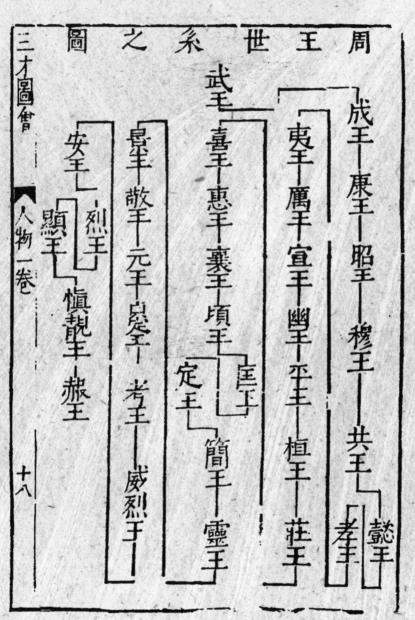

周王世系之圖

武王
　成王—康王—昭王—穆王—共王
　　懿王
　　　孝王
　夷王—厲王—宣王—幽王—平王—桓王—莊王
　喜王—惠王—襄王—頃王
　　　匡王
　　　定王—簡王—靈王
　皇王—敬王—元王—貞王—考王—威烈王
　安王—烈王
　　　顯王
　　　慎靚王—赧王

〈周王世系圖〉《三才圖會》

卷一　周語(上)

001(1-1) 祭公諫穆王征犬戎
제공이 목왕의 견융 정벌을 간하다

목왕穆王이 견융犬戎을 정벌하려 하였다.

그러자 제공祭公 모보謀父가 이렇게 간언하였다.

"안 됩니다. 선왕先王께서는 덕을 빛내셨지 무력을 과시하지는 않았습니다. 무릇 군사는 마련해 두기는 하되 때에 맞추어 움직여야 합니다. 그렇게 때맞추어 움직이면 위엄이 서지만 함부로 과시하면 놀이처럼 되며, 놀이처럼 여기면 위세를 떨치지 못하는 것입니다. 이 까닭으로 주周 문공文公은 《시詩》의 〈송頌〉에서 이렇게 노래하였던 것입니다.

'창과 방패는 거두어 두고,
활과 화살도 활집에 넣었도다.
오직 아름다운 덕을 구하여 이 중원 땅에 널리 베푸니,
진실로 무왕께서 천명을 보존하셨지.'

선왕께서 백성들을 다스림에는 그 덕을 바로 세우고 본성을 후덕하게 되도록 힘쓰셨으며, 그 재물을 부유하게 해 주시고 그 기구를 편리하게 쓸 수 있도록 하였으며, 이해利害의 방향을 밝히시어 문덕文德으로 이를 닦아, 백성들로 하여금 이로운 일에 힘쓰고 해로운 일은 피하며, 덕을 사모하고 위엄을 두렵게 여기도록 하셨습니다. 이 까닭으로 대를 이어 점점 장대하게 커 나갈 수가 있었던 것입니다.

옛날 우리 선왕들께서는 대대로 후직后稷이 되어 순舜과 우禹를 섬겨왔었습니다. 그러다가 하夏나라가 쇠할 무렵 직稷의 관직을 폐지, 농사에 힘쓰지 않게 되자, 우리 선왕 부줄不窋께서는 그 직위를 잃고 스스로

융적戎狄의 땅으로 피하셨습니다. 그러나 그곳에서도 농사를 게을리하지 않으시고, 수시로 그 덕을 펴며 선왕의 사업을 이어나가면서 선대가 남긴 가르침과 법을 닦아 아침저녁으로 힘써 이를 돈독하게 지키고 충성과 믿음으로 받들었으며, 대대로 덕을 쌓음으로써 선왕을

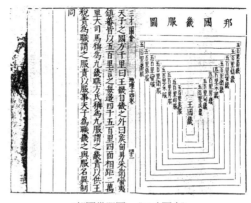

〈邦國畿服圖〉《三才圖會》

욕되게 하지 않으셨습니다. 무왕武王에 이르러서는 전대의 광명을 밝히시고 거기에 자애와 화목을 더하여 신을 섬기고 백성을 보호하시니 즐거워하지 않는 이가 없었습니다. 당시 상왕商王 제신帝辛, 紂이 백성에게 큰 악을 저질렀습니다. 백성들이 참지 못하고 기꺼이 무왕을 받들어 상나라 교외 목야牧野에서 전투를 벌이는 지경에 이르고 말았습니다. 그렇지만 이는 선왕께서 무력에 힘쓰신 것이 아니라, 백성의 측은함을 불쌍히 여겨 그 해악을 제거해 주기 위한 것이었습니다.

무릇 선왕 때의 제도는 나라 안은 전복甸服이라 하고, 나라 밖 지역은 후복侯服이라 하였으며, 후기侯圻로부터 위기衛圻까지를 빈복賓服, 만이蠻夷를 요복要服, 융적戎狄을 황복荒服이라 하였습니다.

전복에서는 천자에게 제祭에 필요한 물품을 바치고, 후복에서는 사祀에 필요한 물품을, 빈복에서는 시향時享에 필요한 물품을, 요복에서는 공貢을, 황복에서는 천자를 왕으로 섬겨 조알해 오도록 되어 있습니다. 그리고 일제日祭, 월사月祀, 시향時享, 세공歲貢, 종왕終王은 선왕의 제도였습니다.

만약 제祭를 바쳐오지 않으면 천자께서는 자신의 의도에 잘못이 없었나 수양하였고, 사祀를 바쳐오지 않으면 자신의 명령에 대해 수정하였으며, 시향時享을 바쳐오지 않으면 문물제도를 다시 정비하였으며,

공貢을 바쳐오지 않으면 존비尊卑의 명의名義를 바로잡았으며, 왕으로 섬겨오지 않으면 덕을 닦았습니다. 이렇게 차례대로 모든 것을 갖추어 성취시켰음에도 바쳐오지 않는 자가 있다면 그 때는 형벌을 정비하였습니다. 그리하여 제를 바쳐오지 않는 자에게는 형刑을 내리고, 사를 바쳐오지 않는 자에게는 벌伐을 가하며, 향을 바쳐오지 않는 자를 정征으로써 치고, 공을 바쳐오지 않는 자에게는 꾸짖음을 내렸으며, 왕으로 섬기지 않는 자에게는 경고를 내렸던 것입니다. 그리하여 형벌刑罰을 위한 형법이 있게 되었고, 공벌攻伐을 위한 군사를 갖추게 되었으며, 정토征討를 위한 무력의 비축이 있게 되었고, 위엄과 꾸짖음을 위한 명령命令이 있게 되었으며, 경고를 위해 문장이 있게 되었던 것입니다. 명령을 내리고 말로써 경고하였음에도 바쳐오지 않는 자가 있으면, 더욱 덕을 닦았을 뿐, 백성으로부터 더욱 멀어지는 일에 매달리지는 않았습니다. 이 까닭으로 가까이 있는 자들은 그 명을 듣지 않는 자가 없게 되었고, 멀리 있는 자로서 복종하지 않는 자가 없었던 것입니다.

지금 견융의 군주 대필大畢과 백사伯士가 죽어 그 견융씨가 자신들 직분에 따라 천자께 와서 알현하고자 하는 터에 천자께서 '나는 그들이 향享을 바쳐오지 않았다는 이유를 들어 그들이 정벌하고 나아가 나의 무력을 과시하고자 한다'라고 하시니, 이 어찌 선왕의 가르침을 폐기하는 것일뿐더러 나아가 그들로 하여금 종왕終王의 업무도 못하게 하는 것이 아니겠습니까? 제가 듣기로 지금 견융의 군주 수돈樹惇은 옛 덕을 따르며 끝까지 순고純固함을 지켜내고 있다 하니 그로써 우리를 방비하고 있는 것이라 여겨집니다!"

왕은 듣지 않고 마침내 견융을 정벌하였지만, 단지 흰 이리와 흰 사슴 네 마리만을 얻어 돌아올 뿐이었다. 이로부터 황복에서는 더 이상 찾아오는 이가 없게 되었다.

穆王將征犬戎.

祭公謀父諫曰:「不可. 先王耀德不觀兵. 夫兵戢而時動, 動則威,
觀則玩, 玩則無震. 是故周文公之〈頌〉曰:『載緝干戈, 載櫜弓矢.
我求懿德, 肆于時夏, 允王保之.』先王之於民也, 懋正其德而
厚其性, 阜其財求而利其器用, 明利害之鄉, 以文修之. 使務利
而避害, 懷德而畏威, 故能保世以滋大. 昔我先王世后稷, 以服
事虞・夏. 及夏之衰也, 棄稷不務, 我先王不窋用失其官, 而自
竄於戎・狄之間. 不敢怠業, 時序其德. 纂修其緒, 修其訓典,
朝夕恪勤, 守以敦篤, 奉以忠信, 奕世載德, 不忝前人. 至于武王,
昭前之光明, 而加之以慈和, 事神保民, 莫弗欣喜. 商王帝辛,
大惡於民. 庶民不忍, 欣戴武王, 以致戎于商牧. 是先王非務武也,
勤恤民隱而除其害也. 夫先王之制: 邦內甸服, 邦外侯服, 侯・
衛賓服, 蠻夷要服, 戎・狄荒服. 甸服者祭, 侯服者祀, 賓服者享,
要服者貢, 荒服者王. 日祭, 月祀, 時享, 歲貢, 終王, 先王之訓也.
有不祭則修意, 有不祀則修言, 有不享則修文, 有不貢則修名,
有不王則修德, 序成而有不至則修刑. 於是乎有刑不祭, 伐不祀,
征不享, 讓不貢, 告不王. 於是乎有刑罰之辟, 有攻伐之兵, 有征
討之備, 有威讓之令, 有文高之辭. 布令陳辭而又不至, 則增修
於德而無勤民於遠. 是以近無不聽, 遠無不服. 今自大畢・伯士
之終也, 犬戎氏以其職來王. 天子曰:『予必以不享征之, 且觀
之兵』. 其無乃廢先王之訓而王幾頓乎? 吾聞夫犬戎樹惇, 帥舊
德而守終純固, 其有以禦我矣!」

王不聽, 遂征之, 得四白狼・四白鹿以歸.

自是荒服者不至.

【穆王】西周의 임금. 康王(姬釗)의 손자이며 昭王(姬瑕)의 아들. 이름은 滿(姬滿). 흔히 穆天子로 알려진 임금이며 西王母와의 연애고사, 신화 등 많은 일화를 남김.

【犬戎】주나라 때 서쪽의 이민족. 개를 토템으로 하여 그 때문에 犬戎이라 한다 함. 韋昭 주에 "犬戎, 西戎之別名也, 在荒服中"이라 함.

【祭公謀父】祭 땅의 公爵 작위를 받은 모보(謀父)라는 사람. 周公(姬旦)의 후대 임. '父'는 고대 남자의 미칭이며 이름에 흔히 이를 사용함. '甫'로도 쓰며 '보'로 읽음. 韋昭 주에 "祭, 畿內之國, 周公之後也. 爲王卿士. 謀父, 字也. 傳曰:「凡蔣·邢·茅·胙·祭, 周公之胤矣.」"라 함.

【文公之頌】《詩經》周頌 時邁의 구절. 周公의 죽은 뒤 시호. 武王이 紂를 벌할 때 순수하며 祭를 올릴 때 음악이라 함. 韋昭 주에 "武王旣伐紂, 周公爲作此詩, 巡守·告祭之樂歌也"라 함.

【后稷】원래 周 민족의 시조. 이름은 棄. 여기서는 관직 이름으로 사용하였음. 堯임금 때 農稷之師의 직무를 맡았으며 舜임금 때 后稷이 되어 그 후손이 대대로 稼穡을 담당하는 관리인 후직이 되었음. 참고란을 볼 것.

【不窋】棄의 아들. 참고란을 볼 것.

【訓典】교훈의 전범. 법칙. 韋昭 주에 "訓, 敎也; 典, 法也"라 함.

【帝辛】殷(商)나라 말왕 紂. 이름이 辛이었음.

【商牧】商나라 牧野. 지금의 河南 淇縣 남쪽.

【邦內】천자가 직접 통치하는 畿內 땅. 王城으로부터 사방 5백 리 域內. 韋昭 주에 "謂天子畿內千里之地. 商頌曰:「邦畿千里, 維民所止.」王制曰:「千里之內曰甸.」京邑在其中央, 故夏書曰「五百里甸服」, 則古今同矣. 甸, 王田也. 服, 服其職業也. 自商以前, 幷畿內爲五服. 武王克殷, 周公致太平, 因禹所弼除畿內, 更制天下爲九服. 千里之內謂之王畿, 王畿之外曰侯服, 侯服之外曰甸服. 今謀父諫穆王, 稱先王之制猶以王畿爲甸服者, 甸, 古名, 世俗所習也. 故周襄王謂晉文公曰:「昔我先王之有天下也, 規方千里, 以爲甸服」, 是也. 周禮亦以蠻服爲要服, 足以相況也"라 함.

【甸服】王田. 服은 천자의 威德이 미치는 지역을 뜻함. 천자의 덕이 미치는 거리에 따라 차등을 두어 服자를 붙임. 《史記》夏本紀에 "令天子之國以外五百里甸服: 百里賦納總, 二百里納銍, 三百里納秸服, 四百里粟, 五百里米. 甸服外五百里侯服: 百里采, 二百里任國, 三百里諸侯. 侯服外五百里綏服: 三百里揆文敎, 二百里奮武衛. 綏服外五百里要服: 三百里夷, 二百里蔡. 要服外五百里荒服: 三百里蠻, 二百里流"라 함.

【侯服】 侯圻라고도 하며 甸服으로부터 다시 5백 리까지의 지역.

【賓服】 侯圻의 밖 5백 리를 衛圻라 하며 그 지역을 賓服이라 함.

【要服】 衛圻 밖은 중국 땅이 아니며 이를 蠻夷 지역이라 하고 蠻圻, 夷圻로 여김. 이 지역을 要服이라 하며 敎化의 대상으로 보았음.

【荒服】 蠻夷 지역 그 밖은 戎狄이라 하여 王城으로부터 4천 5백 리 땅은 鎭圻, 5천 리 밖은 蕃圻라 하며 九州 밖의 황량한 땅으로 보았음. 그 때문에 荒服이라 부른 것.

【祭祀】 祭는 천자가 매일 조상에게 드리는 제사이며, 祀는 매달에 드리는 제사.

【享貢】 享은 매 계절마다 드리는 貢物이며, 貢은 매년 올리는 공물.

【日祭, 月祀, 時享, 歲貢, 終王】 전복은 수시로 천자를 알현하며 매일 제사를 올림. 이러한 차등에 따라 후복은 월사를, 빈복은 시향을 드리며 2~5년에 한 번 천자를 알현함. 요복은 6년에 한 번 알현하며, 황복은 천자의 등극이나 세자의 탄생, 자신 나라의 임금 교체 등에 찾아와 보고하고 뵈는 것으로 모든 의무를 종결함. 이를 '終王'이라 함.

【大畢, 伯土】 견융의 두 임금 이름.

【王幾頓】 '王'은 '終王'을 가리킴. 荒服의 우두머리가 천자를 알현하는 일. '幾'는 어기사, '頓'은 폐기함. 그만 둠. '종왕'의 예가 사라져 더 이상 실행되지 못함.

【樹惇】 돈후하고 소박한 풍속을 세움. 韋昭 주에 "樹, 立也. 言犬戎立性惇樸"이라 하였고, 傅庚生의 주에는 犬戎 군주의 이름이라 하였음. 여기서는 군주 이름으로 풀이하였음.

⬚ 참고 및 관련 자료

1. 《史記》 周本紀

穆王將征犬戎, 祭公謀父諫曰:「不可. 先王燿德不觀兵. 夫兵戢而時動, 動則威, 觀則玩, 玩則無震. 是故周文公之頌曰: '載戢干戈, 載櫜弓矢, 我求懿德, 肆于時夏, 允王保之.' 先王之於民也, 茂正其德而厚其性, 阜其財求而利其器用, 明利害之鄉, 以文脩之, 使之務利而辟害, 懷德而畏威, 故能保世以滋大. 昔我先王世后稷以服事虞·夏. 及夏之衰也, 棄稷不務, 我先王不窋用失其官, 而自竄於戎狄之間. 不敢怠業, 時序其德, 遵脩其緒, 脩其訓典, 朝夕恪勤, 守以敦篤, 奉以忠信.

奕世載德, 不忝前人. 至于文王·武王, 昭前之光明而加之以慈和, 事神保民, 無不欣喜. 商王帝辛大惡于民, 庶民不忍, 訴載武王, 以致戎于商牧. 是故先王非務武也, 勤恤民隱而除其害也. 夫先王之制, 邦内甸服, 邦外侯服, 侯衛賓服, 夷蠻要服, 戎翟荒服. 甸服者祭, 侯服者祀, 賓服者享, 要服者貢, 荒服者王. 日祭, 月祀, 時享, 歲貢, 終王. 先王之順祀也, 有不祭則脩意, 有不祀則脩言, 有不享則脩文, 有不貢則脩名, 有不王則脩德, 序成而有不至則脩刑. 於是有刑不祭, 伐不祀, 征不享, 讓不貢, 告不王. 於是有刑罰之辟, 有攻伐之兵, 有征討之備, 有威讓之命, 有文告之辭. 布令陳辭而有不至, 則增脩於德, 無勤民於遠. 是以近無不聽, 遠無不服. 今自大畢·伯士之終也, 犬戎氏以其職來王, 天子曰'予必以不享征之, 且觀之兵', 無乃廢先王之訓, 而王幾頓乎? 吾聞犬戎樹敦, 率舊德而守終純固, 其有以禦我矣.」王遂征之, 得四白狼四白鹿以歸. 自是荒服者不至.

2.《史記》周本紀

周后稷, 名棄. 其母有邰氏女, 曰姜原. 姜原爲帝嚳元妃. 姜原出野, 見巨人迹, 心忻然說, 欲踐之, 踐之而身動如孕者. 居期而生子, 以爲不祥, 棄之隘巷, 馬牛過者皆辟不踐; 徙置之林中, 適會山林多人, 遷之; 而棄渠中冰上, 飛鳥以其翼覆薦之. 姜原以爲神, 遂收養長之. 初欲棄之, 因名曰棄. 棄爲兒時, 屹如巨人之志. 其游戲, 好種樹麻·菽, 麻·菽美. 及爲成人, 遂好耕農, 相地之宜, 宜穀者稼穡焉, 民皆法則之. 帝堯聞之, 舉棄爲農師, 天下得其利, 有功. 帝舜曰:「棄, 黎民始飢, 爾后稷播時百穀.」封棄於邰, 號曰后稷, 別姓姬氏. 后稷之興, 在陶唐·虞·夏之際, 皆有令德.

3.《史記》周本紀

后稷卒, 子不窋立. 不窋末年, 夏后氏政衰, 去稷不務, 不窋以失其官而奔戎狄之閒. 不窋卒, 子鞠立. 鞠卒, 子公劉立. 公劉雖在戎狄之閒, 復脩后稷之業, 務耕種, 行地宜, 自漆·沮度渭, 取材用, 行者有資, 居者有畜積, 民賴其慶. 百姓懷之, 多徙而保歸焉. 周道之興自此始, 故詩人歌樂思其德. 公劉卒, 子慶節立, 國於豳.

002(1-2) 密康公母論小醜備物終必亡
밀 강공 어머니가 '못난 자가
재물을 비축하면 끝내 망한다'고 말하다

공왕恭王이 경수涇水 가에 놀이를 나섰을 때 밀密나라 강공康公이 따라 나서 모시게 되었다. 그 때 어떤 세 자매가 밀나라 강공의 첩이 되겠다고 나타났다.

강공의 어머니가 말하였다.

"반드시 공왕께 바쳐야 한다. 무릇 짐승이 셋이면 '군群'이라 하고, 사람이 셋이면 '중衆'이라 하며, 여자가 셋이면 '찬粲'이라 한다. 왕은 사냥에서 '군'을 취하지 않는 법이며, 제후는 '중'을 하대하지 아니하며, 왕은 한집안의 세 여자를 한꺼번에 비빈妃嬪으로 삼지 않는다. 무릇 '찬'은 아리땁다는 뜻이다. '중'이 아리따운 모습으로 너에게로 왔지만, 네가 무슨 덕으로 이를 감당할 수 있겠는가? 왕도 감당하지 못하거늘 하물며 너처럼 덕이 적은 사람임에랴? 덕이 적은 사람이 모든 것을 다 가지면 끝내 망하게 되는 것이란다."

그러나 강공은 그 여인들을 왕에게 바치지 않았다.

1년 후, 공왕은 밀나라를 멸망시켰다.

恭王遊於涇上, 密康公從, 有三女奔之.

其母曰:「必致之於王. 夫獸三爲羣, 人三爲衆, 女三爲粲. 王田不取羣, 公行下衆, 王御不參一族. 夫粲, 美之物也. 衆以美物歸女, 而何德以堪之? 王猶不堪, 況爾小醜乎? 小醜備物, 終必亡.」

康公不獻.

一年, 王滅密.

【恭王】西周의 임금. 穆王(姬滿)의 아들이며 이름은 伊扈(夷扈, 繄扈).

【密康公】密나라 강공. 密은 서주의 제후국으로 周나라와 같은 姬姓이었음.

【奔】중매 없이 나가 결혼하는 것을 말함. 아리따운 세 여인이 밀 강공의 후비가 되겠다고 부모의 허락도 없이 나타난 것임.

【粲】아리따운 모습. 미모. 韋昭 주에 "粲, 美貌也"라 함.

【田】'畋'과 같으며 畋獵을 뜻함. 사냥.

【王御】'御'는 궁중 婦人의 관직.

【歸女】'女'는 '汝'와 같음.

【而何德以堪】而는 汝, 爾, 你와 같음. 인칭대명사. 너.

【醜】'類'와 같음. 무리, 닮은 점. 韋昭 주에 "醜, 類也. 王者至尊, 猶且不堪, 況爾小人之類乎!"라 함.

【小醜備物, 終必亡】'小醜'는 '小德'과 같음. '작은 덕으로 좋은 물건을 비축하면 끝내 망하고 말 것임'을 뜻함.

참고 및 관련 자료

1.《列女傳》仁智傳「密康公母」

密康公之母, 姓隗氏. 周共王遊於逕上, 康公從. 有三女奔之. 其母曰:「必致之王. 夫獸三爲群, 人三爲衆, 女三爲粲. 王田不取群, 公行下衆, 王御不參一族. 夫粲美之物歸汝, 而何德以堪之? 王猶不堪, 況爾小醜乎?」康公不獻, 王滅密. 君子謂: 「密母爲能識微.」詩云:『無已太康, 職思其憂.』此之謂也. 頌曰:『密康之母, 先識盛衰, 非刺康公, 受粲不歸, 公行下衆, 物滿則損, 俾獻不聽, 密果滅殞.』

2.《史記》周本紀

穆立五十五年, 崩, 子共王繄扈立. 共王游於涇上, 密康公從, 有三女奔之. 其母曰:「必致之王. 夫獸三爲群, 人三爲衆, 女三爲粲. 王田不取群, 公行不下衆, 王御不參一族. 夫粲, 美之物也. 衆以美物歸女, 而何德以堪之? 王猶不堪, 況爾之小醜乎! 小醜備物, 終必亡.」康公不獻, 一年, 共王滅密. 共王崩, 子懿王艱立. 懿王之時, 王室遂衰, 詩人作刺.

003(1-3) 邵公諫厲王弭謗
여왕의 비방을 막으려 하자 소공이 간하다

여왕厲王이 포학하게 굴자 백성들이 왕을 비방하였다.

소공邵公이 이를 왕에게 고하면서 이렇게 말하였다.

"백성들이 목숨을 감당해 낼 수 없습니다!"

왕은 노하여 위衛나라의 무당을 불러와 비방하는 자들을 감시하는 일을 맡겨 이를 고발해 오면 죽여 없애 버렸다.

이에 백성들은 더는 감히 말하지 못하고 도로에서 서로 만나면 눈짓으로 자신들의 고통을 표현할 뿐이었다.

왕은 신이 나서 소공에게 이렇게 고하였다.

"내 능이 비방을 막았소이다. 그랬더니 감히 말하지 못하더군요."

이에 소공은 이렇게 말하였다.

"이는 남의 입을 막은 것에 불과합니다. 백성의 입을 막는 것은 냇물을 막는 것보다 더 심하지요. 냇물은 막히면 터지게 마련이며 그로 인해 다치는 사람이 틀림없이 많게 될 것입니다. 백성도 또한 이와 같은 것입니다. 이 까닭으로 냇물을 다스리는 자는 물길을 터 주어 흐르도록 유도해야 하는 것이며, 백성을 다스리는 자는 백성을 터 주어 말할 수 있도록 해 주어야 하는 것입니다. 그러므로 천자가 정치를 듣기 위해 공경公卿으로부터 선비들에게 이르기까지 시를 바쳐 그 시를 통해 임금 자신의 정치 득실을 듣는 것이며, 고瞽는 곡曲을, 태사太史는 서書를, 소사少師는 잠箴을, 수瞍는 부賦를, 몽矇은 송誦을, 백공百工은 간諫을, 서인은 전어傳語를 바치게 하며, 가까운 신하는 규간規諫을 마음대로 펴게 하며, 친척은 임금이 놓치는 것을 살피는 도움을 주도록 하고, 고瞽와 사史는 가르침을 일러 주며, 기耆와·애艾는 이를 수정하도록 하는 것입니다. 그렇게 한 이후에야 왕이 이를 따져 보고 짐작하여 나아가는 것입니다. 이렇게 함으로써 일을 실행하여도 어그러짐이 없었던 것입니다. 백성에게 입이 있는 것은 땅에 산과 내가 있어 재물과 도구가 그로부터 나오는 것과 같습니다. 그리고 그 근원이 흘러 적시고 비옥하게 펼쳐져야 옷과 먹을거리가 이에서 생산되는 것과 같습니다. 입이란 널리 말을 해야 하는 것으로써 선패 善敗가 여기에서 흥하는 것이며, 그를 통해 선을 실행하고 실패를 대비 하여야 그로써 재물이 풍부해지고 의식이 활용되는 것입니다. 무릇 백성이란 마음이 염려하는 것을 입으로 말하게 마련이니 이러한 분위기 를 성취시켜 실행에 옮겨야지 어찌 막고자 할 일이겠습니까? 그 입을 막는다고 해도 그 얼마나 오랫동안 막고 있을 수 있겠습니까?"

왕은 듣지 않았다. 이에 백성들은 감히 말을 입 밖에 내지 못하다가 3년이 지나자, 이에 왕을 체彘 땅으로 내쫓고 말았다.

厲王虐, 國人謗王.

邵公告曰:「民不堪命矣!」

王怒, 得衛巫, 使監謗者, 以告, 則殺之.

國人莫敢言, 道路以目.

王喜, 告邵公曰:「吾能弭謗矣, 乃不敢言.」

邵公曰:「是障之也. 防民之口, 甚於防川. 川壅以潰, 傷人必多, 民亦如之. 是故爲川者決之使導, 爲民者宣之使言. 故天子聽政, 使公卿至於列士獻詩, 瞽獻曲, 史獻書, 師箴, 瞍賦, 矇誦, 百工諫, 庶人傳語, 近臣盡規, 親戚補察, 瞽·史敎誨, 耆·艾修之, 而後 王斟酌焉, 是以事行而不悖. 民之有口, 猶土之有山川也, 財用於 是乎出; 猶其有原隰衍沃也, 衣食於是乎生. 口之宣言也, 善敗 於是乎興, 行善而備敗, 其所以阜財·用衣食者也. 夫民慮之

於心而宣之於口, 成而行之, 胡可壅也? 若壅其口, 其與能幾何?」
王不聽, 於是國人莫敢出言, 三年, 乃流王於彘.

【厲王】西周의 마지막 임금. 恭王의 증손이며 夷王의 아들. 이름은 胡(姬胡).
【邵公】厲王의 卿士. 邵康公의 손자이며 시호는 穆公, 이름은 虎.
【衛巫】위나라 巫師. 왕을 비방하는 자를 巫術에 의해 가려내도록 한 것.
【障】제방. 물을 흐르지 못하도록 막아 버림. '導'에 상대하여 쓴 말.
【列士獻詩】많은 선비들이 천자를 풍간하는 시를 바침. 周代에는 선비를 上士,
  中士, 下士로 나누었음.
【瞽獻曲】瞽는 장님. 주로 음악을 담당하였음. 이들이 역시 음악으로써 풍간하였
  음을 말함.
【史獻書】師는 太史를 말함. 주로 음양, 천시, 예악, 역사 기록 등을 담당함.
【師箴】少師. 정치나 사물의 정당성 득실을 따져 바로잡아 주는 역할을 함.
【矇誦】矇은 역시 장님. 노래의 가사(賦)를 담당하였다 함.
【百工諫】백공은 기예를 가진 자 모두를 칭하는 말. 여기서는 모든 신하와 관리
  등을 말함.
【補察】과실을 바로잡아 주고 정치를 관찰함. 왕이 살피다 놓친 것을 살펴 도와
  주는 역할을 말함.
【瞽史耆艾】'瞽'는 장님, '史'는 太史와 소사. '耆'는 원로, '艾'는 스승을 뜻함.
  韋昭 주에 "耆艾, 師傅也. 師傅修理瞽史之敎, 而聞於王也"라 함.
【原隰衍沃】韋昭 주에 "廣平曰原, 下濕曰隰, 下平曰衍, 有溉曰沃"이라 함.
【彘】지명. 지금의 山西 霍縣 동북 彘城. 厲王이 쫓겨나 추방된 곳.

⬭ 참고 및 관련 자료 ⬭

1.《史記》周本紀
王行暴虐侈傲, 國人謗王. 召公諫曰:「民不堪命矣.」王怒, 得衛巫, 使監謗者,
以告則殺之. 其謗鮮矣, 諸侯不朝. 三十四年, 王益嚴, 國人莫敢言, 道路以目.
厲王喜, 告召公曰:「吾能弭謗矣, 乃不敢言.」召公曰:「是鄣之也. 防民之口,

甚於防水. 水壅而潰, 傷人必多, 民亦如之. 是故爲水者決之使導, 爲民者宣之使言.
故天子聽政, 使公卿至於列士獻詩, 瞽獻曲, 史獻書, 師箴, 瞍賦, 矇誦, 百工諫,
庶人傳語, 近臣盡規, 親戚補察, 瞽史敎誨, 耆艾脩之, 而后王斟酌焉, 是以事行
而不悖. 民之有口也, 猶土之有山川也, 財用於是乎出: 猶其有原隰衍沃也, 衣食
於是乎生. 口之宣言也, 善敗於是乎興. 行善而備敗, 所以産財用衣食者也. 夫民
慮之於心而宣之於口, 成而行之. 若壅其口, 其與能幾何?」王不聽. 於是國莫敢
出言, 三年, 乃相與畔, 襲厲王. 厲王出奔於彘.

2.《十八史略》(1)

夷王崩, 子厲王胡立, 無道, 暴虐侈傲, 得衛巫使監國人之謗者, 以告則殺之,
道路以目, 王喜曰:「吾能弭謗矣.」或曰:「是障也, 防民之口, 甚於防川. 水壅而潰,
傷人必多.」王弗聽. 於是國人相與畔, 王出奔彘, 二相周召共理國事, 曰共和者,
十四年, 而王崩于彘.

004(1-4) 芮良夫論榮夷公專利
예량부가 영이공의 이익 독점을 논하다

　　여왕厲王은 영이공榮夷公을 좋아했다. 이에 예량부芮良夫가 이렇게 말하였다.

　　"왕실이 장차 비천해지겠군요! 무릇 영이공은 이익을 독차지하기만을 좋아할 뿐 나라의 큰 재난에 대해서는 알지 못합니다. 무릇 이익이란 만물이 만들어 내는 것이며, 천지에 널리 실려 있는 것입니다. 이를 혹시 한 사람이 독차지한다면 그 피해는 클 것입니다. 천지만물은 백성 누구나 이를 취하여 사용하는 것인데, 어찌 한 사람이 독차지할 수 있는 것이겠습니까? 그렇게 되면 분노할 백성들이 많아질 것이며 큰 재난을 대비할 수가 없게 될 것입니다. 이로써 왕을 가르친다면 왕께서 어찌 능히 장구할 수가 있겠습니까? 무릇 백성의 왕이란 이익을 잘 흐르도록 유도하여 상하에 널리 퍼지도록 하는 자입니다. 그리하여 신과 백성, 온갖 만물이 그 지극함을 얻지 못함이 없도록 하되 그러면서도 오히려 날로 경계하여 혹 원망하는 자가 다가오지나 않을까 두려워해야 하는 것입니다. 그 때문에《시詩》〈주송周頌〉에 이렇게 노래한 것입니다.

　　'문덕을 밝히고자 애쓰는 후직后稷이시여,
　　그 공덕 저 하늘과 짝이 될 만하도다.
　　우리 이 백성을 세워 먹여 살려 주시니,
　　그분의 지극하신 덕이 아님이 없네.'

　　그리고 〈대아大雅〉에는 또 이렇게 노래하였습니다.

'그 덕을 주나라 백성에게 널리 베푸셨다네.'

이것이 바로 이익을 널리 베풀되 그러면서도 난이 닥쳐올 것을 두려워하며 걱정한 것이 아니겠습니까? 그러므로 능히 주周나라를 세워 지금에 이른 것입니다. 그런데 지금 왕께서 천하의 이익을 독차지하는 것을 배우고 계시니 그것이 가당키나 한 일이겠습니까? 필부匹夫가 이익을 독차지하는 것도 오히려 도적이라 일컫고 있는 터에 왕께서 이런 일을 하고 계시니 그렇게 하면 왕께 귀의해 올 자가 적을 것입니다. 영이공이 만약 등용된다면 주나라는 틀림없이 패망할 것입니다."

이윽고 영이공이 경사卿士가 되자 조정에 헌향獻享하러 오는 제후들이 없게 되었고, 왕은 체彘 땅으로 쫓겨나고 말았다.

厲王說榮夷公, 芮良夫曰:「王室其將卑乎! 夫榮公好專利而不知大難. 夫利, 百物之所生也, 天地之所載也, 而或專之, 其害多矣. 天地百物, 皆將取焉, 胡可專也? 所怒甚多, 而不備大難, 以是敎王, 王能久乎? 夫王人者, 將導利而布之上下者也, 使神人百物無不得其極, 猶日怵惕, 懼怨之來也. 故〈頌〉曰:『思文后稷, 克配彼天, 立我蒸民, 莫匪爾極.』〈大雅〉曰:『陳錫載周』, 是不布利而懼難乎? 故能載周, 以至于今. 今王學專利, 其可乎? 匹夫專利, 猶謂之盜, 王而行之, 其歸鮮矣. 榮公若用, 周必敗.」
  旣, 榮公爲卿士, 諸侯不享, 王流于彘.

【說】 '悅'과 같음. '기쁘다, 즐겁다'의 뜻.
【榮夷公】 '榮'은 채읍 이름이며 '夷'는 시호.
【芮良夫】 周나라의 대부이며 姬姓으로 伯爵. 이름은 良夫, 芮는 식읍. 지금의 山西 芮城縣.

【專利】이익을 홀로 독차지함. 이익을 농단함.

【頌】《詩經》周頌 思文의 구절. 韋昭 주에 "謂郊祀后稷以配天之樂歌也"라 함.

【大雅】《詩經》大雅 文王의 구절. 韋昭 주에 "言文王布賜施利, 以載成周道也"라 함.

【陳錫】陳은 '펴다'의 뜻이며, '錫'은 '賜'와 같음. 윗사람이 아랫사람에게 물건이나 선물을 내려 줌.

【卿士】六卿과 집정자. 나라의 위정자들을 말함.

참고 및 관련 자료

1.《史記》周本紀

夷王崩, 子厲王胡立. 厲王卽位三十年, 好利, 近榮夷公. 大夫芮良夫諫厲王曰: 「王室其將卑乎? 夫榮公好專利而不知大難. 夫利, 百物之所生也, 天地之所載也, 而有專之, 其害多矣. 天地百物皆將取焉, 何可專也? 所怒甚多, 而不備大難. 以是敎王, 王其能久乎? 夫王人者, 將導利而布之上下者也. 使神人百物無不得極, 猶曰怵惕懼怨之來也. 故頌曰'思文后稷, 克配彼天, 立我蒸民, 莫匪爾極'. 大雅曰'陳錫載周'. 是不布利而懼難乎, 故能載周以至于今. 今王學專利, 其可乎? 匹夫專利, 猶謂之盜, 王而行之, 其歸鮮矣. 榮公若用, 周必敗也.」厲王不聽, 卒以榮公爲卿士, 用事.

2.《詩經》周頌 思文

思文后稷, 克配彼天. 立我烝民, 莫匪爾極. 貽我來牟, 帝命率育. 無此疆爾界, 陳常于時夏.

3.《詩經》大雅 文王

文王在上, 於昭于天. 周雖舊邦, 其命維新. 有周不顯, 帝命不時. 文王陟降, 在帝左右. 亹亹文王, 令聞不已. 陳錫哉周, 侯文王孫子. 文王孫子, 本支百世. 凡周之士, 不顯亦世. 世之不顯, 厥猶翼翼. 思皇多士, 生此王國. 王國克生, 維周之禎. 濟濟多士, 文王以寧. 穆穆文王, 於緝熙敬止. 假哉天命, 有商孫子. 商之孫子, 其麗不億. 上帝旣命, 侯於周服. 侯服于周, 天命靡常. 殷士膚敏, 裸將于京. 厥作裸將, 常服黼冔. 王之藎臣, 無念爾祖. 無念爾祖, 聿脩厥德. 永言配命, 自求多福. 殷之未喪師, 克配上帝. 宜鑒于殷, 駿命不易. 命之不易, 無遏爾躬. 宣昭義問, 有虞殷自天. 上天之載, 無聲無臭. 儀刑文王, 萬邦作孚.

005(1-5) 邵公以其子代宣王死
소공이 자신의 아들로 선왕의 죽음을 대신하다

여왕厲王이 체彘 땅으로 쫓겨났을 때, 아들 선왕宣王은 소공邵公의 집에 피해 있었다. 그러자 백성들이 그의 집을 포위하였다.

소공이 말하였다.

"전에 내가 여러 차례 왕께 간언을 하였지만, 왕께서 듣지 않아 그 까닭으로 이러한 난을 만나게 된 것입니다. 만약 지금 왕자를 죽인다면 왕은 내가 왕에 대한 원망을 왕자에게 분풀이한 것이라 여길 것입니다! 무릇 제후국 임금을 섬기는 자일지라도 위험한 일을 당해도 원망하지 아니하고, 원망스러운 일이 있다 해도 노하지 않는 법인데, 하물며 천자를 섬기는 경우임에야 어떠하겠습니까?"

그리고는 선왕을 위하여 자신의 아들이 대신 죽게 하였다. 선왕이 자라 어른이 되자 소공은 그를 왕으로 세웠다.

彘之亂, 宣王在邵公之宮, 國人圍之.

邵公曰:「昔吾驟諫王, 王不從, 是以及此難. 今殺王子, 王其以我爲懟而怒乎! 夫事君者險而不懟, 怨而不怒, 况事王乎?」

乃以其子代宣王, 宣王長而立之.

【彘之難】厲王이 쫓겨난 사건. 彘는 지명. 지금의 山西 霍縣 동북 彘城. 이 사건이 있은 뒤 공경들이 서로 상의하여 나라를 다스렸으며 이를 '共和'라 함. 그로부터 14년 뒤 宣王이 즉위함.

【宣王】周나라 임금으로 厲王의 아들이며 이름은 靖(姬靖). B.C.827~782년까지 46년간 재위. 여기서의 '宣王'은 왕위에 오르기 전 왕자 시절을 말함.

【邵公】厲王의 卿士. 邵康公의 손자이며 시호는 穆公, 이름은 虎.

【懟】원한.

【事君, 事王】'君'은 제후국의 군주. '王'은 그보다 지위가 훨씬 높은 천자를 말함. 西周를 거쳐 東周의 春秋 때까지는 오직 종주국 周나라만이 王號를 썼고 제후국은 公侯伯子男의 작위를 썼음.

【險而不懟】韋昭 주에 "在危險之中不當懟"라 함.

___

참고 및 관련 자료

1.《史記》周本紀

厲王太子靜匿召公之家, 國人聞之, 乃圍之. 召公曰:「昔吾驟諫王, 王不從, 以及此難也. 今殺王太子, 王其以我爲讎而懟怒乎? 夫事君者, 險而不讎懟, 怨而不怒, 況事王乎!」乃以其子代王太子, 太子竟得脫.

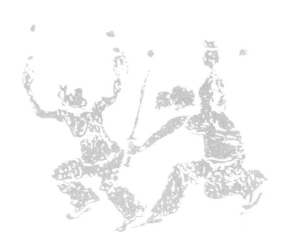

006(1-6) 虢文公諫宣王不籍千畝
선왕이 천무 경작 의식을 행하지 않자
괵공이 간하다

선왕宣王이 즉위하고 나서 천무千畝 경작의 의식을 치르지 않는 것이었다.

그러자 괵虢 문공文公이 간하였다.

"안 됩니다. 무릇 백성에게 있어서 가장 큰 일이란 농사입니다. 상제에게 올리는 자성粢盛도 여기에서 나오는 것이며, 백성들이 번성하고 많아지는 것도 여기에서 시작되는 것이며, 일의 공급도 여기에서 생겨나는 것이며, 화협和協과 집목輯睦도 여기에서 흥하는 것이며, 나라 재정의 증식도 여기에서 비롯되는 것이며, 돈방순고敦庬純固도 이를 통해 성취되는 것입니다. 바로 이와 같기 때문에 농업을 주관하는 관직이 매우 중요합니다.

이 까닭으로 농직農稷은 큰 관직입니다. 옛날에는 태사太史가 계절을 따라 토지를 살펴, 양陽의 기운이 쌓여 왕성해지고, 땅의 기운이 진발震發하며, 방성房星의 별자리가 새벽하늘 한가운데에 오고, 해와 달이 천묘天廟 아래에 이르게 되면 흙의 맥박이 뛰기 시작한 것으로 여겼습니다.

경작을 시작하기 9일 전에 태사는 후직后稷에게 이렇게 고합니다.

'지금부터 초길初吉까지는 양기가 함께 모여 피어올라 흙의 기름기가 움직입니다. 이때 만약 갈지 않거나 물을 대지 않으면 땅의 기운에 재앙이 가득 차서 곡식이 자랄 수 없게 됩니다.'

후직은 이를 다시 왕에게 아룁니다.

'태사太史가 춘관을 이끌고 나로 하여금 농사일을 주관하도록 하면서 『지금부터 9일 이내에 대지는 모든 생명이 싹을 틔울 것입니다. 왕께서

의당 재계하고 제사를 올려 농사를 감독하되 그 때를 놓치시면 안 된다고 아뢰어 주십시오』라고 합니다.'

后稷《三才圖會》

왕은 이에 사도司徒를 시켜 공경과 백관, 그리고 서민 등 모두에게 경계하도록 하고, 사공司空은 적전籍田에 제단을 쌓고 청소를 한 다음 농대부農大夫에게 농사에 필요한 모든 기구를 준비하라고 합니다.

한편 그 5일 전에는, 고瞽가 협풍協風이 불어오고 있다고 알리고, 왕은 재궁齋宮에 이르며, 백관은 그에 맞는 준비를 하여 각기 사흘 동안 재齋를 올립니다. 왕은 이에 목욕을 마치고 단술을 흠향하고, 그날이 되면 울인鬱人이 울창주鬱鬯酒를 올리며, 희인犧人은 단술을 올리며, 왕은 이에 그 울창주를 땅에 붓는 관제祼祭를 행합니다. 그리하여 그 단술을 마시는 것으로 의식을 치르며, 백관과 서민은 모두 이 행사에 참가합니다.

밭을 직접 가는 행사를 함에 이르러서는 후직이 이를 감독하며 선부膳夫와 농정農正이 그 적례籍禮를 순서대로 펴 진행하며, 태사는 앞에서 인도하여 왕은 이들 안내를 따라 합니다. 왕은 1발墢의 땅을 갈며 그 다음 작위 순서대로 3발씩 늘려 경작하며 마지막으로 일반 백성은 1천 무畝를 경작합니다. 그런 다음에 후직이 그 성적을 살피면 태사가 이를 감독하고, 사도가 백성의 교화를 살피면 태사가 이를 감시합니다. 모든 것이 끝나고 나면, 재부宰夫가 잔치를 준비하고 선재가 이를 감독합니다. 그리고 선부가 왕을 인도하면, 왕은 태뢰太牢를 흠향하고 작위의 순서대로 이를 맛보고 서민이 마지막으로 먹습니다.

이 날에 고瞽는 악관을 인솔하여 바람과 땅의 상태를 살펴 농사를 시작할지 여부를 판단합니다. 창고는 밭의 동남쪽에 있으며 모든 종자를 모아 그곳에 갈무리하였다가 각 작물의 때에 맞추어 이를 배포합니다. 후직은 백성에게 기강을 세워 협동하여 공적을 낼 것을 훈계하면서 '춘분이 되어 음양이 동등하다. 봄 천둥에 겨울잠을 자던 동물들이 놀라 깨어난다'라고 합니다. 이때가 되어도 경작에 나서지 않으면 사구에 의해 벌을 받게 됩니다. 그리고 다시 여러 사람들에게 이렇게 순서를 알립니다.

'일을 시작하십시오. 농사農師가 첫 번째로 나서고, 농정이 두 번째, 후직이 세 번째, 사공이 네 번째, 사도가 다섯 번째, 태보가 여섯 번째, 태사太師가 일곱 번째, 태사太史가 여덟 번째, 종백이 아홉 번째, 최후에 왕께서 공·경·대부를 이끌고 시작하십니다. 김을 매고 수확을 할 때도 이와 같습니다.'

이렇게 되면 백성들은 떨쳐 일어나지 않는 자가 없으며, 각기 성실과 공경을 다해 농사에 매달려, 밭두둑을 수리하고 날마다 호미를 들고 때를 놓치지 않도록 온 힘을 다합니다. 그리하여 나라의 재용에 궁핍함이 없으며 백성은 화목하여 함께 하게 되는 것입니다.

이때에는 왕은 오직 힘쓰는 것이 농사일뿐이며 관리들도 자신의 이익을 구하느라 농사에 그르치는 일이 없도록 합니다. 네 계절 중 봄·여름·가을에는 농사에 힘쓰고 겨울이 되어야 무술을 연마합니다. 그 때문에 전쟁이 나면 잘 싸우고 지킬 때에는 나라가 부유해지는 것입니다. 이처럼 하고 나야 신神에게는 기쁨을 얻을 수 있고, 백성에게는 화합을 얻을 수 있는 것이니, 그렇게 하고 나면 때맞추어 제사를 올릴 수 있으며 백성에게는 많은 넉넉함을 베풀 수 있게 되는 것입니다. 지금 천자께서 선왕의 그 훌륭한 제도를 이어가고자 해야 함에도 도리어 그 큰 공적을 포기하려 하시니 그렇게 되면 신에게 바치고 제사에 올리는 물품이 궁핍하게 될 것이며, 백성 또한 재물이 없어 곤핍해질 것인데 장차 어찌 신에게 복을 구하거나 백성을 이용할 수 있겠습니까?"

왕은 이를 듣지 않았다.

선왕 39년(B.C.788년), 서융西戎이 천무로 침입하자 선왕의 군대가 맞서 싸웠으나, 강씨姜氏의 융적戎狄에게 연달아 패배하였다.

宣王卽位, 不籍千畝, 虢文公諫曰:「不可. 夫民之大事在于農: 上帝之粢盛於是乎出, 民之蕃庶於是乎生, 事之供給於是乎在, 和協輯睦於是乎興, 財用蕃殖於是乎始, 敦庬純固於是乎成, 是故稷爲大官. 古者, 太史順時覛土, 陽癉憤盈, 土氣震發, 農祥晨正, 日月底于天廟, 土乃脉發.

先時九日, 太史告稷曰:『自今至于初吉, 陽氣俱蒸, 土膏其動. 弗震弗渝, 脉其滿眚, 穀乃不殖.』稷以告王曰:『史帥陽官以命我司事 曰:'距今九日, 土其俱動, 王其祗祓, 監農不易.'』王乃使司徒咸戒公卿·百吏·庶民, 司空除壇于籍, 命農大夫咸戒農用.

先時五日, 瞽告有協風至, 王卽齋宮, 百官御事, 各卽其齋三日.

〈牛耕〉 畫像石(부분) 1952 江蘇 睢寧縣 東漢墓 출토

王乃淳濯饗醴, 及期, 鬱人薦鬯, 犧人薦醴, 王祼鬯, 饗醴乃行,
百吏·庶民畢從. 及籍, 后稷監之, 膳夫·農正陳籍禮, 太史贊王,
王敬從之. 王耕一墢, 班三之, 庶民終于千畝, 其后稷省功, 太史
監之; 司徒省民, 太師監之; 畢, 宰夫陳饗, 膳宰監之. 膳夫贊王,
王歆太牢, 班嘗之, 庶人終食.

　是日也, 瞽帥音官以風土. 廩于籍東南, 鍾而藏之, 而時布之
于農. 稷則徧誠百姓, 紀農協功, 曰:『陰陽分布, 震雷出滯.』
土不備墾, 辟在司寇. 乃命其旅曰:『徇, 農師一之, 農正再之,
后稷三之, 司空四之, 司徒五之, 太保六之, 太師七之, 太史
八之, 宗伯九之, 王則大徇. 耨穫亦如之.』民用莫不震動, 恪恭
于農, 修其疆畔, 日服其鏄, 不解于時, 財用不乏, 民用和同.

　是時也, 王事唯農是務, 無有求利於其官, 以干農功, 三時務
農而一時講武, 故征則有威, 守則有財. 若是, 乃能媚於神, 而和
於民矣, 則享祀時至而布施優裕也.

　今天子欲修先王之緒而棄其大功, 匱神乏祀而困民之財, 將何
以求福用民?」

　王不聽.

　三十九年, 戰于千畝, 王師敗績于姜氏之戎.

【籍千畝】고대 천자나 제후가 백성의 힘을 빌려 자신의 토지에 농사를 짓는
것을 '籍田', 혹 '藉田'이라 함. 천자는 1천 畝, 제후는 1백 畝였음. 농사를 시작할
때 직접 나서서 三推나 一墢을 가는 행사를 치르며 이를 '籍禮'라 함. 厲王이
彘로 쫓겨난 뒤 이 행사가 폐지되었으며, 宣王이 즉위한 뒤에도 이 제도를
준수하지 않아 虢文公이 간언한 것임. 韋昭 주에 "籍, 借也, 借民力以爲之. 天子田
籍千畝, 諸侯百畝. 自厲王之流, 籍田禮廢, 宣王卽位, 不復遵古也"라 함.

【虢文公】周 文王의 외삼촌 虢仲의 후대이며, 周 宣王 때 卿士에 오름.

【粢盛】천자가 가을 수확한 곡물을 천지신명과 조상의 사당에 올리는 것으로써 六粢(六穀)가 있었음. 즉 黍, 稷, 稻, 粱, 麥, 苽임.

【供給】충분히 갖추어 올림. 韋昭 주에 "供, 具也; 給, 足也"라 함.

【敦厖純固】돈후하며 크고, 순결하고 견고함. 국가의 틀이나 사회기풍이 훌륭하게 다져짐을 말함.

【覛土】'覛'은 '맥'으로 읽으며 토지를 잘 살핌.

【陽癉憤盈】'陽癉'은 양의 기운이 왕성해짐을 말하며, '憤盈'은 기 기운에 쌓여 충만해짐을 말함.

【農祥晨正】農祥은 房星. 晨正은 立春. 입춘 날에 방성이 새벽에 나타나면 농사의 일을 시작할 때임.

【天廟】'營室' 별자리 위치. 孟春(음력 정월) 때가 되면 해와 달이 모두 영실의 별자리에 이르게 됨.

【土乃脉發】흙의 맥박이 뛰어 농사일을 시작할 수 있음. 《農書》에 "春土長冒撅, 陳根可拔, 耕者急發"이라 함.

【初吉】2월 초하루를 말함.

【眚】재앙. 제 때 농사를 시작하지 않아 다른 초목이 자라 재앙이 됨.

【協風】봄기운을 띠어 만물이 소생하도록 도와 주는 온화한 바람.

【鬱人薦鬯】울창주(鬱鬯酒) 혹, 秬鬯酒를 말하며 상대부터 鬱金草(鬯草)와 秬(찰기장)를 배합하여 빚은 술. 이러한 술로 제사를 관장하는 자를 鬱人, 혹 鬯人이라 함. 韋昭 주에 "周禮: 「鬱人掌祼器, 凡祭祀賓客, 和鬱鬯以實彝而陳之」"라 함.

【犧人】술동이를 받쳐 들고 제사를 돕는 보조자. 그 술동이 紋樣에 犧牛를 그려 넣은 것이어서 犧人이라 함.

【祼鬯】관(祼)은 제사에서 술을 붓는 의식. 관제라고도 하며 울창주를 尸童에게 주면 시동이 이를 땅에 붓는 의식을 행함.

【膳夫】제사용 음식이나 궁중의 요리를 담당하는 관원.

【農正】토지신(農神)에게 제사를 지낼 때 이를 관장하는 관원.

【一墢】왕이 쟁기로 땅을 1척 깊이, 폭 1척 정도 갈아 농사의 시작을 알리는 단위.

【班三之】작위의 순서대로 3배씩 늘려 경작함. 즉 王은 1발, 公은 3발, 卿은 9발, 大夫는 27발을 갈았으며, 마지막으로 일반 서민은 1천 무를 경작함.

【宰夫】음식을 장만하는 일을 총감독하는 직위.

【蟄】칩거하고 있던 곤충이나 벌레 따위.

【辟】罪와 같음.

【大蒐】천자가 공경대부를 이끌고 직접 농사일의 시작을 알림.

【鎛】농기구의 일종.

【三時】고대 춘하추동 네 계절 중 겨울만은 농사를 짓지 않기 때문에 이때에는 武를 연습하는 계절로 삼았으며, 나머지 세 계절은 오직 농사에만 전념하도록 함.

【戰于千畝】여기서 '千畝'는 왕이 천무 의식을 올려야 하는 京畿 지역(鎬京 주위)을 말함.

【姜氏之戎】당시 西周 西部 지역에 활동하던 西戎의 한 지파. 韋昭 주에 "姜氏之戎, 西戎之別種, 四嶽之後也. 傳曰:「我諸戎, 四嶽之裔冑.」言宣王不納諫務農, 無以事神使民, 以致弱敗之咎也"라 함.

참고 및 관련 자료

1. 《史記》周本紀
宣王不脩籍於千畝, 虢文公諫曰不可, 王弗聽. 三十九年, 戰于千畝, 王師敗績于姜氏之戎.

007(1-7) 仲山父諫宣王立戲
선왕이 희를 태자로 세우려 하자
중산보가 간하다

노魯 무공武公이 자신의 두 아들 괄括과 희戲를 선왕宣王에게 알현시켰다. 왕이 어린 희를 노나라 태자로 삼고자 하자, 번중산보樊仲山父가 이렇게 간하였다.

"그렇게 태자를 세워서는 안 됩니다. 일이 순리에 맞지 않으면 반드시 대의를 범하게 되며, 왕명을 범하게 되면 반드시 주살을 당하게 됩니다. 그러므로 명령을 내릴 때는 순리에 맞지 않으면 안 됩니다. 명령이 제대로 실행되지 못하고, 정치가 제대로 서지 않는데도 실행하기를 순리에 맞지 않게 하게 되면, 백성들은 장차 윗사람을 버릴 것입니다. 무릇 아랫사람이 윗사람을 섬기고 젊은이는 어른을 섬기는 것이 바로 순리인 것입니다. 지금 천자께서 제후를 세우심에 어린 자를 태자로 세우시겠다니 이는 역리逆理를 가르치는 것입니다. 만약 노나라가 왕의 그러한 잘못된 것을 그대로 따르고 제후들이 이를 본받는다면 왕의 명령은 장차 막혀 버릴 것입니다. 반대로 왕명을 따르지 않았다고 해서 그를 주살한다면 이는 스스로 왕의 명령을 죽이는 셈이 됩니다. 이 일은 주살을 해도 실패하는 것이요, 주살을 하지 않아도 실패하는 것입니다. 천자께서는 잘 헤아려 보시기 바랍니다!"

그러나 왕은 결국 희를 태자로 세웠다.

무공이 노나라로 돌아가서 죽은 뒤, 노나라 사람들은 의공懿公을 죽이고 백어伯御를 왕으로 세웠다.

魯武公以括與戲見王, 王立戲, 樊仲山父諫曰:「不可立也!
不順必犯, 犯王命必誅, 故出令不可不順也. 令之不行, 政之不立,
行而不順, 民將棄上. 夫下事上, 少事長, 所以爲順也. 今天子立
諸侯而建其少, 是教逆也. 若魯從之而諸侯效之, 王命將有所壅,
若不從而誅之, 是自誅王命也. 是事也, 誅亦失, 不誅亦失, 天子
其圖之!」

王卒立之.

魯侯歸而卒, 及魯人殺懿公, 而立伯御.

【魯武公】伯禽의 현손이며 獻公의 아들. 이름은 敖(姬敖). B.C.825~B.C.816년
　　10년간 재위함.
【括, 戲】括은 姬括. 魯 武公의 장자, 자는 伯御. 戲는 괄의 아우. 뒤에 懿公
　　이 됨.
【樊仲山父】仲山父, 仲山甫로도 표기하며, 周 宣王(B.C.827~B.C.782)의 卿으로
　　樊 땅을 采邑으로 받았음.
【歸而卒】武公은 B.C.816년에 죽음.
【懿公】戲. 周 宣王에 의해 태자가 되었다가 魯나라 왕이 된 둘째 아들. B.C.815~
　　B.C.807년 9년간 재위함.
【伯御】括. 武公의 첫째 아들. 戲(懿公)를 죽였으나 왕위에 오르지 못하고 도리어
　　그의 다른 아우 稱이 魯 孝公이 됨. 孝公은 B.C.806~B.C.769년 38년간 재위함.

　　참고 및 관련 자료

1. 《列女傳》 節義傳 「魯孝義保」
孝義保者, 魯孝公稱之保母臧氏之寡也. 初, 孝公父武公與其二子長子括中子戲
朝周宣王, 宣王立戲爲魯太子. 武公薨, 戲立, 是爲懿公. 孝公時號公子稱最少,
義保與其子俱入宮, 養公子稱. 括之子伯御與魯人作亂, 攻殺懿公而自立, 求公

子稱於宮, 將殺之. 義保聞伯御將殺稱. 乃衣其子以稱之衣, 臥於稱之處, 伯御殺之. 義保遂抱稱以出, 遇稱舅魯大夫於外, 舅問:「稱死乎?」義保曰:「不死, 在此.」舅曰:「何以得免?」義保曰:「以吾子代之.」義保遂以逃. 十一年, 魯大夫皆知稱之在保, 於是請周天子殺伯御立稱, 是爲孝公. 魯人高之. 《論語》曰:「可以託六尺之孤.」其義保之謂也. 頌曰:『伯御作亂, 由魯宮起. 孝公乳保, 臧氏之母. 逃匿孝公, 易以其子. 保母若斯, 亦誠足恃.』

2. 《史記》魯周公世家

眞公十四年, 周厲王無道, 出奔彘, 共和行政. 二十九年, 周宣王卽位. 三十年, 眞公卒, 弟敖立, 是爲武公. 武公九年春, 武公與長子括, 少子戲, 西朝周宣王. 宣王愛戲, 欲立戲爲魯太子. 周之樊仲山父諫宣王曰:「廢長立少, 不順; 不順, 必犯王命; 犯王命, 必誅之: 故出令不可不順也. 令之不行, 政之不立; 行而不順, 民將棄上. 夫下事上, 少事長, 所以爲順. 今天子建諸侯, 立其少, 是教民逆也. 若魯從之, 諸侯效之, 王命將有所壅; 若弗從而誅之, 是自誅王命也. 誅之亦失, 不誅亦失, 王其圖之.」宣王弗聽, 卒立戲爲魯太子. 夏, 武公歸而卒, 戲立, 是爲懿公.

008(1-8) 穆仲論魯侯孝
목중이 제나라 임금의 효를 논하다

선왕宣王 32년 봄, 선왕은 노나라를 쳐서 백어伯御를 주살하고 효공孝公을 세우자, 이로부터 제후들 사이는 서로 화목함이 사라지고 말았다.

이에 선왕이 나라의 자제 중에 능히 제후들을 훈도할 자를 얻고자 하였다.

이에 번목중(樊穆仲, 중산보)이 말하였다.

"노魯의 제후가 효성스럽습니다."

왕이 물었다.

"어찌 아는가?"

목중이 대답하였다.

"그는 신명神明을 엄숙히 공손하며 원로들을 공경하여 섬깁니다. 정책을 펴고 형벌을 내릴 때에는 반드시 선왕先王의 유훈遺訓이 어떠했는지 물어보고 선례先例에서 자문을 얻어 그 물은 바를 어긋나지 않게 하며 자문한 바를 거스르지 않습니다."

왕이 말하였다.

"그렇다면 백성들을 능히 잘 가르치고 다스릴 수 있겠군요."

이에 이궁夷宮에서 노 효공에게 그 일을 맡아 하도록 명하였다.

三十二年春, 宣王伐魯, 立孝公, 諸侯從是而不睦.

宣王欲得國子之能導訓諸侯者, 樊穆仲曰:「魯侯孝.」

王曰:「何以知之?」

對曰:「肅恭明神而敬事耆老, 賦事行刑, 必問於遺訓而咨於
故實, 不干所問, 不犯所咨.」

王曰:「然則能訓治其民矣.」

乃命魯孝公於夷宮.

【三十二年】B.C.796년에 해당함.

【孝公】魯나라 懿公의 아우. 이름은 稱. B.C.803~769년까지 38년간 재위. 의공
  (戲)이 형 伯御에게 죽자 周 宣王이 이를 토벌하고 다시 그 아우 稱을 왕으로
  세운 것임.

【國子】韋昭 주에 "賈侍中云:「國子, 諸侯之嗣子.」或云:「國子, 諸侯之子, 欲使訓
  導諸侯之子.」唐尚書云:「國子, 謂諸侯能治國·子養百姓也.」昭謂: 國子, 同姓諸
  姬也. 凡王子弟, 謂之國子. 訓導諸侯, 謂爲州伯子也"라 함.

【導訓諸侯】당시 周나라가 아직 권위가 있어 同姓(姬姓) 중에 제후를 이끌
  霸者를 결정하여 다른 제후들이 그의 말을 듣도록 한 것임.

【樊穆仲】중산보(仲山父). 그의 시호가 穆仲이었음.

【耆老】늙은이. 나라의 원로들을 말함.

【賦事】일을 부여함. 일을 처리함.

【故實】先例. 지난날 관련된 사안의 처리 내용이나 判例 등.

【夷宮】宣王의 조부 夷王의 사당.

参고 및 관련 자료

1.《史記》魯周公世家

懿公九年, 懿公兄括之子伯御與魯人攻弑懿公, 而立伯御爲君. 伯御即位十一年,
周宣王伐魯, 殺其君伯御, 而問魯公子能道順諸侯者, 以爲魯後. 樊穆仲曰:「魯懿
公弟稱, 肅恭明神, 敬事耆老; 賦事行刑, 必問於遺訓而咨於固實; 不干所問,
不犯所(知)[咨].」宣王曰:「然, 能訓治其民矣.」乃立稱於夷宮, 是爲孝公. 自是後,
諸侯多畔王命.

009(1-9) 仲山父諫宣王料民
중산보가 선왕의 호구조사를 간하다

선왕宣王이 전쟁으로 남국南國의 군사를 잃자 태원太原의 호구조사를 하려 하였다.

이에 번중산보樊仲山父가 간하였다.

"호구조사를 해서는 안 됩니다. 옛날에는 인구를 조사하지 않았어도 얼마나 되는지 알았습니다. 사민司民은 출생과 사망의 통계를, 사상司商은 성씨姓氏의 통계를, 사도司徒는 군사의 통계를, 사구司寇는 위법자들의 통계를, 목牧은 세금의 통계를, 공工은 군사의 통계를, 장인場人은 수입의 통계를, 늠인廩人은 지출의 통계를 알고 있었습니다. 이로써 재화의 다소, 인구의 증감, 재화의 출입, 모든 왕래 등을 빠짐없이 알 수 있었습니다.

이에 이를 근거로 여러 사안에 따라 이를 심사하여 왕은 적전籍田에서 직접 경작하의 예를 시행하며, 틈을 내어 수蒐라는 봄 사냥을 하신 다음, 다시 적전에서 김매고 수확하는 예를 보이시며, 추수가 끝난 후에는 선獮이라는 가을 사냥을 하시며, 농사일이 모두 끝났을 때에는 수狩라는 겨울 사냥을 하셨습니다. 이러한 행사들은 모두 백성들의 통계 숫자에 익숙하여야 하는 것인데, 어찌 다시 백성의 소구를 헤아릴 필요가 있었겠습니까?

백성의 숫자가 적은데도 그렇다 하지 않으면서도 크게 늘리고자 호구조사를 하신다면, 이는 백성의 숫자가 적다는 것과 일하기를 싫어한다는 것을 드러내어 보이는 것이 됩니다. 정사를 펼치심에 백성들이 적다는 것을 드러내 보이신다면 제후들은 주 왕실을 멀리 피하게 될 것이며, 백성을 다스림에 일하기를 싫어하신다면 법명을 부과할 수가 없게 됩니다. 게다가 이유 없이 호구조사를 하는 것은 하늘도 싫어하는 바이니, 정치에 해악이 되고 후손도 방해가 될 것입니다."

그러나 왕은 끝내 호구조사를 고집하였다. 그리하여 유왕幽王 때 이르러 나라가 폐멸되고 말았다.

宣王旣喪南國之師, 乃料民於太原.

仲山父諫曰:「民不可料也! 夫古者不料民而知其少多: 司民協孤終, 司商協民姓, 司徒協旅, 司寇協姦, 牧協職, 工協革, 場協入, 廩協出, 是則少多·死生·出入·往來者皆可知也. 於是乎又審之以事, 王治農於籍, 蒐于農隙, 耨穫亦於籍, 獮於旣烝, 狩於畢時, 是皆習民數者也, 又何料焉? 不謂其少而大料之, 是示少而惡事也. 臨政示少, 諸侯避之; 治民惡事, 無以賦令. 且無故而料民, 天之所惡也, 害於政而妨於後祠.」

王卒料之, 及幽王乃廢滅.

【南國】韋昭 주에 "喪, 亡也. 敗于姜戎氏時所亡也. 南國, 江漢之閒也. 故詩云:「滔滔江漢, 南國之紀.」"라 함.
【料民】호구조사와 같음.
【太原】지명. 지금의 山西省 太原市.
【司民】백성의 호구를 등록시키는 업무를 맡은 관원.
【司商】관리에게 물건을 공급하고 혹 백성의 성씨를 수여하는 일을 맡은 관원.
【司徒】민생을 살피고 호구를 관리하며 징발과 요역, 세금 징수 등을 담당함.
【司寇】刑獄과 法律 등을 관장하는 법관.
【牧】목민관.
【工】百工의 일을 관장함.

【革】병혁(군사)의 일을 맡아봄.

【蒐】원래 본 경작이 끝난 仲春 이후 치르는 사냥이며 동시에 군사 훈련을 목적으로 하고 있었음. 《司馬法》人本篇에 "故國雖大, 好戰必亡; 天下雖安, 忘戰必危. 天下旣平, 天下大愷, 春蒐秋獮; 諸侯春振旅, 秋治兵, 所以不忘戰也"라 함. 한편 韋昭 주에는 "春田曰蒐. 蒐, 擇也. 禽獸懷妊未著, 搜而取之也"라 함.

【獮】'선'으로 읽음. 가을 사냥. 韋昭 주에는 "秋田曰獮. 獮, 殺也. 順時始殺也"라 함.

【狩】겨울 사냥. 천자의 巡狩와 같은 의미로 사용되었음. 韋昭 주에는 "冬田曰狩. 圍守而取之"라 함.

【幽王】宣王의 아들이며 이름은 宮涅. 西周의 마지막 임금. B.C.781∼771년까지 11년간 재위.

참고 및 관련 자료

1. 《左傳》隱公 5년

五年春, 公將如棠觀魚者. 臧僖伯諫曰: 「凡物不足以講大事, 其材不足以備器用, 則君不擧焉. 君, 將納民於軌·物者也. 故講事以度軌量謂之軌, 取材以章物采謂之物. 不軌不物, 謂之亂政. 亂政亟行, 所以敗也. 故春蒐·夏苗·秋獮·冬狩, 皆於農隙以講事也. 三年而治兵, 入而振旅. 歸而飮至, 以數軍實. 昭文章, 明貴賤, 辨等列, 順少長, 習威儀也. 鳥獸之肉不登於俎, 皮革·齒牙·骨角·毛羽不登於器, 則公不射, 古之制也. 若夫山林·川澤之實, 器用之資, 皂隸之事, 官司之守, 非君所及也.」公曰: 「吾將略地焉.」遂往, 陳魚而觀之, 僖伯稱秩不從. 書曰「公矢魚于棠」, 非禮也, 且言遠地也.

2. 《史記》周本紀

宣王旣亡南國之師, 乃料民於太原. 仲山甫諫曰: 「民不可料也.」宣王不聽, 卒料民.

010(1-10) 西周三川皆震伯陽父論周將亡
서주 삼천에 모두 지진이 일어나자 백양보가
주나라는 장차 망할 것임을 논하다

유왕幽王 2년, 서주西周 삼천三川의 모든 지역에 지진이 발생하였다. 백양보伯陽父가 말하였다.

"주나라가 장차 망하려 하는구나! 무릇 천지의 기운은 그 질서를 잃어서는 안 된다. 그 질서를 잃으면 백성들이 혼란스럽게 여긴다. 양陽이 밑에 깔려 나오지 못하고, 음陰이 그를 눌러 솟아오르지 못하게 하면 지진이 일어나는 것이다. 지금 삼천에 실제 지진이 일어났으니 이는 양이 그 자리를 잃고 음에 의해 눌려 있었던 것이다. 양이 그 자리를 잃고 음이 눌려 있으면 냇물의 근원이 막히게 되며, 근원이 막히면 나라는 반드시 망하고 만다. 무릇 물과 흙이 고르게 퍼져야 백성들이 이를 이용하게 되는 것이다. 물과 흙이 고르게 퍼지지 못하면 백성들이 재용에 궁핍하게 되는 것이니 망하지 아니하고 무엇을 기다리겠는가? 옛날에 이수伊水와 낙수洛水가 마르자 하夏나라가 망하였고, 하수河水가 고갈하자 상商나라가 망하였다. 지금 주周나라 덕은 그 두 왕조의 말기와 같고, 물줄기도 역시 막히고 말았으니, 막히면 틀림없이 마르게 될 것이다. 무릇 나라는 반드시 산천에 의지하는 것이다. 그런데 산이 무너지고 냇물이 말라가고 있으니 이는 멸망의 징조이다. 물이 마르면 산은 반드시 무너진다. 이렇게 되면 국가의 멸망은 10년을 넘기지 못하니 이는 수數의 기본이다. 하늘의 버림을 받으면 수의 기본을 넘기지 못하는 것이다."

이 해에 삼천은 마르고 기산이 무너졌다.

즉위 11년에 유왕은 망하였고, 주나라는 동쪽 낙양洛陽으로 옮기게
되었다.

幽王二年, 西周三川皆震.

伯陽父曰:「周將亡矣! 夫天地之氣, 不失其序; 若過其序, 民亂
之也. 陽伏而不能出, 陰迫而不能蒸, 於是有地震. 今三川實震,
是陽失其所而鎮陰也. 陽失而在陰, 川源必塞; 源塞, 國必亡.
夫水土演而民用也. 水土無所演, 民乏財用, 不亡何待? 昔伊洛
竭而夏亡, 河竭而商亡. 今周德若二代之季矣, 其川源又塞, 塞
必竭. 夫國必依山川, 山崩川竭, 亡之徵也. 川竭, 山必崩. 若國
亡不過十年, 數之紀也. 夫天之所棄, 不過其紀.」

是歲也, 三川竭, 岐山崩. 十一年, 幽王乃滅, 周乃東遷.

【幽王二年】 B.C.780에 해당함.
【西周】 주나라의 서쪽 鎬京 일대를 말함. 韋昭 주에 "西周, 謂鎬京也, 幽王在焉,
　　邠·岐之所近也"라 함.
【三川】 涇水, 渭水, 洛水를 말함. 이들 물은 모두 岐山에서 발원함.
【伯陽父】 주나라의 대부.
【演】 물에 젖어 습기가 참. 물이 널리 고르게 흙에 퍼져 만물을 생성함.
【伊洛】 伊水와 洛水. 伊水는 熊耳山에서 발원하며 洛水는 冢嶺에서 발원함.
【二代】 夏나라의 말왕 桀과 殷나라의 말왕 紂를 가리킴.
【數之紀】 숫자는 一에서 시작하여 十에서 끝남.
【岐山】 周나라가 중흥한 지역. 지금의 陝西 岐山縣. 古公亶甫가 豳(邠) 땅을
　　狄人에게 물려주고 이곳으로 옮겨 주나라 발상지가 되었음.

1.《左傳》昭公 23년

八月丁酉, 南宮極震. 萇弘謂劉文公曰:「君其勉之! 先君之力可濟也. 周之亡也,
其三川震. 今西王之大臣亦震, 天棄之矣. 東王必大克.」

2.《說苑》辨物篇

周幽王二年, 西周三川皆震, 伯陽父曰:「周將亡矣. 夫天地之氣, 不失其序, 若過
其序, 民亂之也. 陽伏而不能出, 陰迫而不能烝, 於是有地震. 今三川震, 是陽
失其所而塡陰也; 陽溢而壯, 陰源必塞, 國必亡. 夫水土演而民用足也, 土無
所演, 民乏財用, 不亡何待? 昔伊雒竭而夏亡, 河竭而商亡, 今周德如二代之
季矣; 其川源塞, 塞必竭, 夫國必依山川, 山崩川竭, 亡之徵也. 川竭山必崩, 若國
亡不過十年, 數之紀也, 天之所棄不過紀.」是歲也, 三川竭, 岐山崩, 十一年幽王
乃滅, 周乃東遷.

3.《史記》周本紀

四十六年, 宣王崩, 子幽王宮涅立. 幽王二年, 西周三川皆震. 伯陽甫曰:「周將
亡矣. 夫天地之氣, 不失其序; 若過其序, 民亂之也. 陽伏而不能出, 陰迫而不
能蒸, 於是有地震. 今三川實震, 是陽失其所而塡陰也. 陽失而在陰, 原必塞;
原塞, 國必亡. 夫水土演而民用也. 土無所演, 民乏財用, 不亡何待! 昔伊‧洛竭
而夏亡, 河竭而商亡. 今周德若二代之季矣, 其川原又塞, 塞必竭. 夫國必依
山川, 山崩川竭, 亡國之徵也. 川竭必山崩. 若國亡不過十年, 數之紀也. 天之
所棄, 不過其紀.」是歲也, 三川竭, 岐山崩.

4.《史記》周本紀

平王立, 東遷于雒邑, 辟戎寇. 平王之時, 周室衰微, 諸侯彊幷弱, 齊‧楚‧秦‧晉
始大, 政由方伯.

5.《漢書》五行志(下之上)

史記周幽王二年, 三川皆震. 劉向以爲金木水火沴土者也. 伯陽甫曰:「周將亡矣.
天地之氣, 不過其序; 若過其序, 民亂之也. 陽伏而不能出, 陰迫而不能升, 於是
有地震. 今三川實震, 是陽失其所而塡陰也. 陽失而在陰, 原必塞; 原塞, 國必亡.
夫水, 土演而民用也. 土無所演, 民乏財用, 不亡何待? 昔伊‧雒竭而夏亡, 河竭
而商亡. 今周德如二代之季, 其原又塞, 塞必竭; 川竭. 山必崩. 夫國必依山川,
山崩川竭, 亡之徵也. 若國亡, 不過十年, 數之紀也.」

011(1-11) 鄭厲公與虢叔殺子頹納惠王
정려공과 괵숙이 자퇴를 죽이고
혜왕을 맞아들이다

혜왕惠王 3년, 주나라 대부 변백邊伯·석속石速·위국蔿國 세 사람이 혜왕을 몰아내고 자퇴子頹를 왕으로 삼았다. 혜왕이 정鄭나라로 쫓겨나 3년째 머물고 있었다.

자퇴가 이 세 대부와 연회를 열면서 위국을 상객으로 대접하였고 음악은 편무偏舞까지 연주하게 하였다.

이에 정鄭 여공厲公이 괵숙虢叔을 찾아가 만나 말하였다.

"내 듣기로 '사구司寇가 사형을 집행할 때에는 왕은 잔치를 벌이지 않는다'라고 하더이다. 그런데 하물며 감히 남의 재앙을 즐기다니요! 지금 듣기로 자퇴는 가무를 그치지 아니하고 남의 재앙을 즐기고 있다고 하는군요. 왕을 내쫓고 그 자리를 빼앗았으니 이보다 더 큰 재앙이 어디에 있겠습니까? 그러한 재앙에 임하고 근심함이 없으니 이러한 경우를 일러 재앙을 즐기는 것이라 하는 것입니다. 재앙이 틀림없이 닥칠 것인데 어찌 혜왕을 맞아들이지 않고 계십니까?"

괵숙이 허락하였다.

정 여공이 혜왕을 어문圉門으로 들여보내고, 괵숙은 북문으로 들어와 자퇴와 세 대부를 죽였다. 혜왕이 이렇게 하여 다시 왕위를 되찾게 되었다.

惠王三年, 邊伯·石速·蔿國出王而立子頹. 王處於鄭三年.
王子頹飲三大夫酒, 子國爲客, 樂及徧舞.

鄭厲公見虢叔, 曰:「吾聞之, 司寇行戮, 君爲之不擧, 而況敢樂禍乎! 今吾聞子頹歌舞不息, 樂禍也. 夫出王而代其位, 禍孰大焉! 臨禍忘憂, 是謂樂禍. 禍必及之, 盍納王乎?」

虢叔許諾. 鄭伯將王自圉門入, 虢叔自北門入, 殺子頹及三大夫, 王乃入也.

【惠王】東周의 임금. 周 莊王의 손자이며 釐王의 아들. 이름은 涼(姬涼), 혹은 闐(姬闐). B.C.676~652년까지 25년간 재위함. '三年'은 B.C.675년에 해당함.

【邊伯, 石速, 蔿國】모두 周나라 대부. 蔿國은 子國이라고도 불렸음.

【子頹】莊王의 손자. 장왕의 막내아들인 王姚의 아들. 왕요가 장왕에게 총애를 받았으며, 蔿國은 자퇴의 스승이었음. 惠王이 즉위하자 위국의 토지와 邊伯의 집, 石速의 작위를 삭탈함. 이에 세 사람이 혜왕을 몰아내고 자퇴를 왕으로 삼았음.

【徧舞】여섯 조대의 음악. 즉 黃帝의 〈雲門〉, 堯의 〈咸池〉, 舜의 〈簫韶〉, 禹의 〈大夏〉, 殷의 〈大濩〉, 周의 〈大武〉를 가리킴.

【鄭厲公】춘추시대 鄭나라 군주. 莊公의 아들이며 이름은 突. B.C.679~673년까지 7년간 재위함.

【虢叔】공림보(孔林父). 당시 주 혜왕의 卿士였음.

【盍】'何不'의 合音字. '어찌 ~하지 않으리오?'의 문장을 구성함.

【圉門】南門.

참고 및 관련 자료

1. 《左傳》 莊公 21년

二十一年春, 胥命于弭. 夏, 同伐王城. 鄭伯將王自圉門入. 虢叔自北門入. 殺王子頹及五大夫. 鄭伯享王於闕西辟, 樂備. 王與之武公之略, 自虎牢以東. 原伯曰:「鄭伯效尤, 其亦將有咎!」五月, 鄭厲公卒. 王巡虢守, 虢公爲王宮于玤, 王與之酒泉. 鄭伯之享王也, 王以后之鞶鑑予之. 虢公請器, 王予之爵. 鄭伯由是始惡于王. 冬, 王歸自虢.

2. 《史記》周本紀

五年, 釐王崩, 子惠王閬立. 惠王二年. 初, 莊王嬖姬姚, 生子穨, 穨有寵. 及惠王
卽位, 奪其大臣園以爲囿, 故大夫邊伯等五人作亂, 謀召燕‧衛師, 伐惠王. 惠王
奔溫, 已居鄭之櫟. 立釐王弟穨爲王. 樂及徧舞, 鄭‧虢君怒. 四年, 鄭與虢君伐殺
王穨, 復入惠王. 惠王十年, 賜齊桓公爲伯.

012(1-12) 內史過論神
내사 과가 신에 대하여 논하다

혜왕惠王 15년, 신神이 괵虢의 신莘 땅에 내려왔다.

혜왕이 내사內史 과過에게 물었다.

"이것은 무슨 이유인가? 진실로 이러한 일이 있었던가?"

내사 과가 대답하였다.

"있습니다. 나라가 장차 흥하려 하면, 왕이 모든 것을 밝게 살피고 충정衷正하며 정결精潔하고 은혜와 화목을 베풀어, 그 덕은 족히 그 향기를 밝게 드러내며 그 은혜는 백성을 한 마음으로 만들 수 있습니다. 신이 제사를 잘 흠향하고 백성이 왕을 잘 따르면, 백성과 신이 모두 원한이 없어 명신明神이 내려와 왕의 어진 다스림을 살피고 백성에게 고르게 복을 베풀어 줍니다.

그러나 나라가 장차 망하려면 왕이 탐모貪冒하고 벽사辟邪하며, 음일淫佚하고 황태荒怠하며, 추예麤穢하고 포학暴虐하여, 저 정치는 비린내가 나고 향기는 아예 하늘로 올라갈 수가 없으며, 형벌은 뒤틀려서 무고한 죄에 걸려들어 백성들은 두 마음을 갖게 됩니다. 이렇게 되면 명신도 밝음을 잃게 되고 백성의 마음도 멀어져, 신과 백성이 모두 원한과 고통에 허덕이되 기댈 곳도 없게 됩니다. 그 때문에 신이 이때에도 역시 내려와서 그 가혹한 악을 보고 재앙을 내리게 되는 것입니다. 따라서 신이 내려오면 혹 그 신을 뵙는 것으로써 흥하는 나라도 있고 혹 이로써 망하는 나라도 있게 되는 것입니다.

옛날 하夏나라가 흥할 때는 축융祝融이 숭산崇山에 내려왔고, 망할 때에는 회록回祿이 금수聆隧에 내려와 두 밤을 묵었습니다. 상商나라가 흥할 때에는 도올檮杌이 비산丕山에 여러 날 묵었고, 망할 때에는 이양夷羊이 목야牧野에 나타났습니다. 주周나라가 흥할 때에는 악작鸑鷟이라는 새가 기산岐山에서 울었으며, 쇠망할 때에는 두백杜伯이 호경鄗京에서 선왕宣王을 쏘았습니다. 이들은 모두 신령이 내려왔던 일의 기록입니다."

왕이 물었다.

"지금 내려온 신은 어떤 신인가?"

내사 과가 대답하였다.

"옛날에 소왕昭王께서 방房나라 여자를 취하여 방후房后라고 불렀습니다. 그런데 방후는 덕행은 단주丹朱라는 신과 가까워 단주는 방후의 몸을 빌려 그와 짝이 되어 목왕穆王을 낳았습니다. 이는 곧 주나라의 자손에게 직접 임하여 화와 복을 내리신 것입니다. 무릇 신이란 사람에게 있어서 하나에 집착하여 멀리 옮겨가지 않는 것이니 그렇다면 이로써 보건대 지금 내려온 신은 아마도 단주의 신령이 아니겠습니까?"

왕이 다시 물었다.

"누가 이 신의 화복을 맞아들이겠는가?"

과가 대답하였다.

"괵 땅일 것입니다."

왕이 물었다.

"그렇다면 괵 땅에 어떤 일을 내리는가?"

과가 대답하였다.

"제가 듣기로 도를 행하는 자가 신을 만나는 것을 일러 봉복逢福이라 하고, 음란한 자가 신을 만나는 것을 탐화貪禍라 한다 하더이다. 지금 괵나라는 어린 군주로서 황음荒淫에 빠져 있으니 장차 망할 것입니다."

왕이 물었다.

"우리는 그에게 어떻게 해야 하는가?"

과가 대답하였다.

"태재太宰로 하여금 축관祝官과 태사太史에게 단주의 후손 이성狸姓을 거느리고 희생犧牲과 자성粢盛, 옥백玉帛을 가서 바치도록 하시되 복을 비는 기도는 하지 않도록 이르십시오."

혜왕이 물었다.

"괵나라는 언제쯤 망하겠는가?"

과가 대답하였다.

"옛날 요堯임금은 정사를 살핌에 5를 기본으로 하였습니다. 지금 그의 자손 단주가 신이 되어 괵에 나타났으니 그 5라는 숫자를 넘기지 못할 것입니다. 이로써 보건대 5년을 넘기지 못할 것입니다."

왕은 태재 기보忌父로 하여금 괵나라로 가서 부씨傅氏와 축관, 태사로 하여금 희생과 옥창玉鬯을 봉헌하도록 시켰다.

내사 과가 이들을 따라 괵나라에 이르렀더니 괵공 역시 축관과 태사로 하여금 제사를 올리되 땅을 더 많이 내려달라고 빌고 있는 것이었다. 이를 본 내사 과는 돌아와서 왕에게 이렇게 아뢰었다.

"괵은 틀림없이 망할 것입니다. 신에게 성심으로 제사를 지내는 것이 아니라 복을 빌고 있더이다. 신이 틀림없이 재앙을 내릴 것입니다. 백성을 사랑하지 않으면서 단지 부리기만 하니 백성은 반드시 그를 배반할 것입니다. 정성을 다하여 지내는 제사가 인禋이며, 백성을 사랑하고 보호하는 것이 친親입니다. 지금 괵공은 백성을 힘들게 고갈시키면서 그 위배됨을 드러내고 있습니다. 백성을 멀어지게 하고 신을 노하게 하면서 이익을 요구하고 있으니 역시 어렵지 않겠습니까!"

혜왕 19년, 진晉나라가 괵나라를 차지해 버렸다.

十五年, 有神降於莘, 王問於內史過, 曰:「是何故? 固有之乎?」

對曰:「有之. 國之將興, 其君齊明‧衷正‧精潔‧惠和, 其德足以昭其馨香, 其惠足以同其民人. 神饗而民聽, 民神無怨, 故明神降之, 觀其政德而均布福焉. 國之將亡, 其君貪冒‧辟邪‧淫佚‧荒怠‧麤穢‧暴虐; 其政腥臊, 馨香不登; 其刑矯誣, 百姓

攜貳. 明神不蠲, 而民有遠志, 民神怨痛, 無所依懷, 故神亦往焉, 觀其苛慝, 而降之禍. 是以或見神以興, 亦或以亡, 昔夏之興也, 融降于崇山; 其亡也, 回祿信於聆隧. 商之興也, 檮杌次於丕山; 其亡也, 夷羊在牧. 周之興也, 鸑鷟鳴於岐山; 其衰也, 杜伯射王於鄗. 是皆明神之志者也.」

王曰:「今是何神也?」

對曰:「昔昭王娶於房, 曰房后, 實有爽德, 協於丹朱, 丹朱憑身以儀之, 生穆王焉. 是實臨照周之子孫而禍福之. 夫神壹不遠徙遷, 若由是觀之, 其丹朱之神呼?」

王曰:「其誰受之?」

對曰:「在虢土.」

王曰:「然則何爲?」

對曰:「臣聞之: 道而得神, 是謂逢福; 淫而得神, 是謂貪禍. 今虢少荒, 其亡呼?」

王曰:「吾其若之何?」

對曰:「使太宰以祝史帥狸姓, 奉犧牲·粢盛·玉帛往獻焉, 無有祈也.」

王曰:「虢其幾何?」

對曰:「昔堯臨民以五, 今其胄見, 神之見也, 不過其物. 若由是觀之, 不過五年.」

王使太宰忌父帥傅氏及祝·史奉犧牲·玉鬯往獻焉.

內史過從至虢, 虢公亦使祝·史請土焉.

內史過歸, 以告王曰:「虢必亡矣, 不禋於神而求福焉, 神必禍之; 不親於民而求用焉, 人必違之. 精意以享, 禋也; 慈保庶民,

親也. 今虢公動匱百姓以逞其違, 離民怒神而求利焉, 不亦難乎!」

十九年, 晉取虢.

【十五年】 B.C.662년. 魯 莊公 32년에 해당함.

【莘】 지명. 虢國 안에 있었음.

【內史過】 內史는 관직 이름이며 過는 그의 이름.

【冒】 탐욕을 부림. 《左傳》 文公 18년에 "貪于飮食, 冒于貨賄"라 함.

【矯誣】 사실을 왜곡시키는 것을 '矯'라 하며, 무고한 자를 헐뜯는 것을 '誣'라 함.

【攜貳】 가까운 사람이 점차 離叛의 마음을 가짐.

【蠲】 明, 顯과 같은 뜻.

【融】 祝融. 火神. 고대 赤帝. 남방의 신.

【崇山】 夏나라 때의 陽城 부근. 崇高山이라고도 함.

【回祿】 역시 火神.

【信】 한 곳에서 하루를 머무는 것을 '宿'이라 하며, 이틀 머무는 것을 '信'이라 함.

【聆隧】 '금수'로 읽으며 지명. 구체적으로는 알 수 없음.

【檮杌】 鮌, 鯀. 禹의 부친. 堯나라 때의 崇伯으로 치수에 나섰으나, 9년 동안 아무런 실적을 올리지 못하여 舜이 羽山에서 죽여 없앰. 이가 神으로 화하여 黃熊이 되었다 함.

【次】 군대나 여행자가 하루 머무는 것을 '舍'라 하며, 이틀 머무는 것을 '信', 그 이상 머물러 있는 것을 '次'라 함.

【丕山】 河東에 있는 산 이름.

【夷羊】 神獸.

【牧】 商나라 교외의 牧野.

【鸑鷟】 봉황의 다른 말.

【岐山】 周나라가 중흥한 지역. 지금의 陝西 岐山縣. 古公亶甫가 豳(邠) 땅을 狄人에게 물려주고 이곳으로 옮겨 주나라 발상지가 되었음.

【杜伯】 杜國의 군주. 伯爵. 陶唐氏의 후손. 두백이 무고하게 주 선왕에게 피살되고 나서 3년 뒤 선왕이 제후들을 모아 囿에서 사냥을 할 때 홀연히 두백이 붉은 옷에 붉은 모자를 쓰고 붉은 활을 들고 길가에 나타나 붉은 화살로 선왕을 쏘았다 함.

【鄗】鎬와 같음. 周나라의 도읍 鎬京.

【昭王】周나라 成王의 손자이며 康王의 아들. 이름은 瑕.

【房】나라 이름. 房國. 周 昭王이 房國의 여자를 맞아 房后라 하였음.

【丹朱】요임금의 아들로 불초하여 쫓겨났으며 죽은 뒤 신이 되었다 함.

【太宰】임금을 보좌하는 가장 높은 지위.

【祝】太祝. 기도와 제사, 점복 등을 담당하는 궁중 관원.

【太史】역사 기록을 담당한 신하.

【狸姓】丹朱의 후손.

【臨民以五】요임금이 5년마다 한 번씩 제후국을 순수함.

【冑見】'冑'는 후손, '見'은 '現.' 丹朱의 神이 나타나 보임.

【太宰忌父】周公忌父.

【傅氏】狸姓. 周나라 때 傅氏였음.

【玉鬯】옥주전자에 담은 鬱鬯酒.

【禋】제사의 일종. 연기를 올려 제사를 지내는 의식을 말함.

【晉取虢】당시 晉 獻公이 虢을 쳐서 멸하였음. B.C.658년에 해당함.

참고 및 관련 자료

1. 《左傳》 莊公 32年

秋七月, 有神降于莘. 惠王問諸內史過曰:「是何故也?」對曰:「國之將興, 明神降之, 監其德也; 將亡, 神又降之, 觀其惡也. 故有得神以興, 亦有以亡, 虞·夏·商·周 皆有之.」王曰:「若之何?」對曰:「以其物享焉. 其至之日, 亦其物也.」王從之. 內史過往, 聞虢請命, 反曰:「虢必亡矣. 虐而聽於神.」神居莘六月. 虢公使祝應· 宗區·史嚚享焉. 神賜之土田. 史嚚曰:「虢其亡乎! 吾聞之, 國將興, 聽於民; 將亡, 聽於神. 神, 聰明正直而壹者也, 依人而行. 虢多涼德, 其何土之能得!」

2. 《說苑》 辨物篇

周惠王十五年, 有神降于莘. 王問於內史過曰:「是何故有之乎?」對曰:「有之國 將興, 其君齋明中正, 精潔惠和, 其德足以昭其馨香, 其惠足以同其民人, 神饗而 民聽, 民神無怨, 故明神降焉, 觀其政德而均布福焉. 國將亡, 其君貪冒淫僻, 邪佚荒怠, 蕪穢暴虐; 其政腥臊, 馨香不登, 其刑矯誣, 百姓攜貳, 明神不蠲, 而民

有遠意, 民神痛怨, 無所依懷, 故神亦往焉, 觀其苛慝而降之禍. 是以或見神而興,
亦有以亡. 昔夏之興也, 祝融降于崇山; 其亡也, 回祿信於亭隧. 商之興也, 檮杌
次於丕山; 其亡也, 夷羊在牧. 周之興也, 鸑鷟鳴於岐山; 其衰也, 杜伯射宣王
於鎬. 是皆明神之紀者也.」王曰:「今是何神也?」對曰:「昔昭王娶于房曰房后,
是有爽德協于丹朱, 丹朱馮身以儀之, 生穆王焉. 是監燭周之子孫而福禍之.
夫一神不遠徙遷, 若由是觀之, 其丹朱耶?」王曰:「其誰受之?」對曰:「在虢.」
王曰:「然則何爲?」對曰:「臣聞之. 道而得神, 是謂豐福, 淫而得神, 是謂貪禍.
今虢少荒, 其亡也.」王曰:「吾其奈何?」對曰:「使太宰以祝史率狸姓, 奉犧牲粢
盛玉帛往獻焉, 無有祈也.」王曰:「虢其幾何?」對曰:「昔堯臨民以五, 今其胄見;
鬼神之見也, 不失其物. 若由是觀之, 不過五年.」王使太宰己父率傅氏及祝,
奉犧牲玉鬯往獻焉. 內史過從至虢, 虢公亦使祝史請土焉, 內史過歸告王曰:「虢必
亡矣. 不禋於神, 而求福焉, 神必禍之; 不親於民, 而求用焉; 民必違之. 精意以享,
禋也; 慈保庶民, 親也. 今虢公動匱百姓以盈, 其違離民怒神怨, 而求利焉, 不亦
難乎?」十九年晉取虢也.

013(1-13) 內史過論晉惠公必無後
내사 과가 진 혜공은 틀림없이
후사가 없을 것임을 논하다

양왕襄王이 소공邵公 과過와 내사內史 과過를 사신으로 보내어 진晉 혜공惠公, 夷吾을 제후로 임명할 때, 진나라 대부 여생呂甥과 극예郤芮가 진 혜공을 도우면서 식을 행할 때 불경스럽게 굴었고, 혜공은 옥玉을 낮게 들고는 소공과 내사에게 절만 할 뿐 계수稽首하지 않는 것이었다.

내사 과가 돌아와서 양왕에게 고하였다.

"진나라는 망하지는 않는다 해도 그 임금에게는 후손이 없을 것이며, 여생과 극예는 화를 면치 못할 것입니다."

왕이 물었다.

"어찌 그러한가?"

내사 과가 대답하였다.

"〈하서夏書〉에 이런 말이 있지요. '백성에게 임금이 없으면 누구를 받들 것인가? 임금에게 백성이 없다면 더불어 나라를 지킬 자가 없다.'

그리고 또 〈탕서湯誓〉에는 이렇게 말하였습니다. '나 한 사람에게 죄가 있다면 그것을 만백성들에게 연좌시키지 말아다오. 만백성들이 죄가 있다면 그것은 나 한 사람에게 죄가 있는 것이다.'

그런가 하면 〈반경盤庚〉에는 이렇게 말하였습니다.

'나라의 자랑거리라면 이는 너희 백성들 덕택이요, 나라가 잘못된다면 이는 오직 나의 죄 때문이다.'

이와 같으니 무리의 우두머리로서 백성을 다스리는 것은 삼가지 않을 수 없는 것입니다. 백성에게 있어서 가장 급한 일은 전쟁과 제사 등의 일입니다. 선왕先王께서는 이러한 큰일이란 반드시 백성들의 도움에 있어야만 처리할 수 있음을 알고, 그 까닭으로 그 마음에서 사악한 것을 제거하여 백성들에게 은혜로써 화합하였으며, 올바르고 마땅하게 헤아려 백성들에게 임하셨으며, 사물의 법칙을 밝혀 이들을 가르쳤으며, 의를 제정하여 많은 믿고 따르도록 하여 이를 실행하였던 것입니다.

사악함을 제거하는 것은 '정精'이며, 올바르고 마땅하게 헤아리는 것은 '충忠'이며, 사물의 법칙을 밝히는 것은 '예禮'이며, 의를 제정하여 믿고 따르도록 하는 것은 '신信'입니다. 그렇다면 많은 이의 우두머리가 되어 백성을 부리는 도란 정精이 아니면 화목할 수 없고, 충忠이 아니면 설 수가 없으며, 예禮가 아니면 따르지 않을 것이요, 신信이 아니면 행할 수가 없는 것입니다.

그런데 지금 진나라 임금은 왕위에 오르자, 안팎의 도움을 배신하고 자신을 반대한 이들을 편든 자들을 학대하고 있으니 이는 '신'을 저버린 것이요, 왕의 명령에 불경스럽게 하였으니 이는 '예'를 저버린 것이며, 그 악한 바를 실천하고 있으니 이는 '충'을 저버린 것이며, 진실한 마음을 가진 자를 미워하고 있으니 이는 '정'을 저버린 것입니다. 이 네 가지를 모두 저버렸으니 먼 곳 사람은 다가오지 아니하고, 가까이 있는 사람은 화합할 수 없는 것입니다. 그러니 장차 어찌 나라를 지켜낼 수 있겠습니까?

옛날 선왕들은 천하를 가졌으면서도 더욱 상제와 명신을 높여 이들을 공경으로써 모셨고, 또한 조일朝日과 석월夕月의 제사를 올림으로써 백성들로 하여금 임금을 섬기도록 가르치셨습니다. 제후는 봄·가을로 왕으로부터 직임을 받아 백성을 다스렸고, 대부大夫와 사士는 날로 공손하게 위저位著에서 그 직무를 받아 공경을 다해 관직을 수행하였으며, 서인庶人과 공상工商은 각기 그 맡은 일을 지켜 물건을 만들어 윗사람에게 공급하였습니다. 그러면서도 오히려 혹 잘못이 생길까 염려하여 서로 다른 거복車服과 기장旗章으로 직급을 구분하였고, 지폐贄幣와 서절瑞節 등의 제도를 만들어 진무鎭撫하도록 하였으며, 반작班爵과 귀천貴賤을 구분하여 차등을 두었으며, 미명美名과 영예榮譽를 표창하여 널리 알렸습니다. 그런데도 흩어지거나 옮겨 다니거나 해이하고 태만한 자가 있으면, 이들은 죄인으로 기록하여 죄목에 따라 처리하거나 먼 땅으로 유배를 보내었습니다. 이에 만이蠻夷 먼 땅 사람이 생겨났으며, 부월斧越, 도묵刀墨의 형을 받은 사례가 있게 된 것인데 하물며 스스로 제멋대로 방종한 자라면 어떠하였겠습니까?

진나라 임금은 맏이가 아닌데도 임금자리를 얻었으니 의당 열심을 다해 두려운 마음으로 그 직무를 지키며 경계한다 해도 아직 멀었다 할 것입니다. 만약 자신의 욕심을 넓히고 그 이웃을 멀리하며, 그 백성을 능멸하고 윗사람을 비하한다면 장차 어떻게 견고하게 지켜낼 수가 있겠습니까?

무릇 옥을 잡을 때 낮게 든 것은 천자에 대한 예물을 하찮게 본 것이며, 절만하고 머리를 조아리지 아니한 것은 왕을 모욕한 것입니다. 예물을 하찮게 보았으니 위엄이 없는 것이요, 왕을 모욕하였으니 민심을 얻지 못할 것입니다.

무릇 하늘이 하는 일이란 항상 상징을 드러내는 것이며, 임무가 무겁고 누리는 봉록이 많은 자는 재앙도 그만큼 빠르게 다가오는 법입니다. 그러므로 진후가 왕을 모욕하였으니 남들도 장차 그를 그렇게 모욕할 것이며, 임금의 예물을 하찮게 여긴 만큼 남들도 그를 하찮게 대할 것입니다. 대신으로서 그의 봉록을 누리고 있는 자는 간언은 하지 않고 아부만 할 것이니 역시 그들에게도 화가 미칠 것임은 틀림없습니다."

양왕 3년, 진晉 혜공惠公 이오夷吾가 즉위하였고, 양왕 8년에 한원韓原의 전투에서 진秦에게 포로가 되었으며, 16년, 진晉나라 사람들이 회공懷公을 죽였다.

회공懷公에게는 후사後嗣가 없었고, 진秦나라에서는 자금子金, 여생呂甥과 자공子公, 극예郤芮을 죽여 없애는 일이 벌어졌다.

襄王使邵公過及內史過賜晉惠公命，呂甥・郤芮相晉侯不敬，晉侯執玉卑，拜不稽首．

內史過歸，以告王曰：「晉不亡，其君必無後，且呂・郤將不免．」

王曰：「何故？」

對曰：「〈夏書〉有之曰：『眾非元后，何戴？后非眾，無與守邦．』在〈湯誓〉曰：『余一人有罪，無以萬夫；萬夫有罪，在余一人．』在〈盤庚〉曰：『國之臧，則惟女眾，國之不臧，則惟余一人，是有逸罰．』如是則長眾使民，不可不慎也．民之所急在大事，先王知大事之必以眾濟也，是故被除其心，以和惠民．考中度衷以蒞之，昭明物則以訓之，制義庶孚以行之．被除其心，精也；考中度衷，忠也；昭明物則，禮也；制義庶孚，信也．然則長眾使民之道，非精不和，非忠不立，非禮不順，非信不行．今晉侯即位而背外內之賂，虐其處者，棄其信也；不敬王命，棄其禮也；施其所惡，棄其忠也：以惡實心，棄其精也．四者皆棄，則遠不至而近不和矣，將何以守國？

古者，先王既有天下，又崇立上帝・明神而敬事之，於是乎有朝日・夕月以教民事君．諸侯春秋受職於王以臨其民，大夫・士日恪位著以儆其官，庶人・工・商各守其業以共其上．猶恐其有墜失也，故為車服・旗章以旌之，為贄幣・瑞節以鎮之，為班爵・貴賤以列之，為令聞・嘉譽以聲之．猶有散・遷・懈慢而著在刑辟・流在裔土，於是乎有蠻夷之國，有斧鉞・刀墨之民，而況可以淫縱其身乎？

夫晉侯非嗣也，而得其位，罋罋怵惕，保任戒懼，猶曰未也．若將廣其心而遠其鄰，陵其民而卑其上，將何以固守？

夫執玉卑，替其贄也；拜不稽首，誣其王也．替贄無鎮，誣王無民．

夫天事恆象, 任重享大者必速及. 故晉侯誣王, 人亦將誣之;
欲替其鎭, 人亦將替之. 大臣享其祿, 弗諫而阿之, 亦必及焉.」
　襄王三年而立晉侯, 八年而隕於韓, 十六年而晉人殺懷公.
懷公無胄. 秦人殺子金·子公.

【襄王】東周 襄王. 周 僖王의 손자이며 惠王의 아들. 이름은 鄭(姬鄭). B.C.651~
　619년까지 33년간 재위.
【邵公過】邵武公. 邵穆公의 후손.
【晉惠公】晉 獻公의 서자이며 이름은 夷吾. 진 헌공에게는 申生, 重耳, 夷吾,
　奚齊 등 네 아들이 있었으며, 신생이 해제의 어머니 驪姬의 계략에 의해 폐출되자
　중이와 이오는 도망하였으며, 헌공이 죽자 晉 大夫 里克이 해제를 죽이고 이오를
　맞아 왕으로 세웠음. 이가 혜공임. B.C.650~637년까지 14년간 재위하였고, 그
　뒤를 이은 것이 文公(重耳)임.
【命】瑞命. 제후가 즉위할 때 천자가 그에게 命圭를 내리며 이를 상서롭다 여겨
　瑞命이라 함.
【呂甥, 郤芮】이오를 따라 나섰던 진나라 대부.
【衆罪元后】《尙書》大禹謨의 구절. 그 다음의 〈湯誓〉, 〈盤庚〉은 모두《상서》의
　편명. 그러나 지금의 〈탕서〉에는 인용된 구절이 없음.
【大事】제사나 전쟁 등 나라의 큰일.
【背外內之賂】'賂'는 도움을 뜻함. 夷吾가 임금이 될 때 秦나라와 里克, 丕鄭
　등의 힘을 입었으나, 임금이 된 뒤 이극을 죽이고 진나라와의 약속을 저버렸음.
　비정만은 그 때 秦나라에 있어 화를 면했음.
【虐其處者】里克과 丕鄭의 편을 든 자들을 모조리 죽여 없앤 일.
【朝日夕月】모두 제사 이름으로 천자는 春分의 아침에는 해를 향하고, 秋分의
　저녁에 달을 향하여 제사를 올리는 의식.
【位著】'位'는 조정의 좌우를 말하며, '著'는 문에서 뜰까지의 사이 공간을 말함.
【贄幣瑞節】贄는 '六贄'라 하여 각 임금은 皮帛, 卿은 羔(검은 양), 大夫는 鴈
　(기러기), 士는 雉(꿩), 庶人은 鶩(오리), 工商은 雞(닭)로 각 신분에 따라
　선물을 삼는 것. '幣' 역시 '六幣'로 구분하며 圭는 말, 璋은 皮, 璧은 帛, 琮은

錦, 琥는 繡, 璜은 黼로써 답례를 하는 것을 말함. 瑞는 역시 '六瑞'가 있으며, 卿은 鎭圭로써 길이 1尺 2寸, 公은 桓圭로써 9촌, 侯는 信圭로써 7촌, 伯은 躬圭로써 7촌, 子는 穀璧, 男은 蒲璧으로 모두 5촌의 길이로 함. 節은 사신이 지니는 부절로써 역시 '六節'이 있으며 山國에는 虎節, 土國은 人節, 澤國은 龍節을 사용하되 모두 구리로 만들며, 徒勞에는 旌節, 關門에는 符節, 都鄙는 管節을 쓰며 모두 대나무로 만든다 함.

【班爵】 신분의 귀천에 따라 서열의 차례를 정하고 작위를 제정하여 내림.

【大臣】 呂甥과 郤芮를 가리킴.

【襄王三年】 B.C.649년. 魯 僖公 11년에 해당함.

【隕於韓】 夷吾(惠公)가 일찍이 자신을 도와 준 공으로 里克과 丕鄭에게 토지를 주기로 하였고, 秦나라에게는 河外 땅 5성을 주기로 하였으나 이를 지키지 않음. 그 뒤 晉나라가 흉년이 들자 秦나라가 곡식을 보내 주었지만, 秦나라 흉년이 들었을 때는 혜공이 도와 주기를 거절하는 등 신의를 저버림. 이에 秦나라가 노하여 晉나라를 공격, 韓原에서 전투를 벌여 惠公을 사로잡았음. 8년은 B.C.644년에 해당함.

【十六年】 周 襄王 16년, 즉 魯 僖公 24년(B.C.636) 晉 惠公 夷吾가 죽고 그 아들 子圉가 뒤를 이었으며 이가 懷公. 그러나 회공이 즉시 高梁에서 피살되자, 秦나라는 重耳를 호송하여 임금으로 즉위시켰으며, 이가 春秋五霸의 하나인 文公임. B.C.636~628년까지 9년간 재위.

【懷公】 혜공 夷吾의 아들 子圉. 혜공을 이어 왕이 되었으나, 즉시 피살되었으며 그 후손도 없었음.

【子金, 子公】 子金은 呂甥, 子公은 郤芮. 두 사람은 모두 혜공의 신하였으며, 진나라가 혼란 끝에 文公(重耳)이 들어서자 두 사람이 모의를 꾸밈. 문공은 마침 秦나라 임금과 王城에서 회의를 하고 있었으며, 여생과 극예가 마침내 궁에 불을 질렀지만 문공이 보이지 않자, 河上으로 갔다가 秦나라 사람의 유인술에 걸려 살해되고 말았음.

1. 《左傳》僖公 11년

天王使召武公·內史過賜晉侯命, 受玉惰. 過歸, 告王曰:「晉侯其無後乎! 王賜
之命, 而惰於受瑞, 先自弃也已, 其何繼之有? 禮, 國之幹也; 敬, 禮之輿也.
不敬, 則禮不行; 禮不行, 則上下昏, 何以長世?」

2. 《史記》周本紀

三十二年, 襄王崩, 子頃王壬臣立. 頃王六年, 崩, 子匡王班立. 匡王六年, 崩,
弟瑜立, 是爲定王.

014(1-14) 內史興論晉文公必霸

내사 흥이 진 문공은 틀림없이
패자가 될 것임을 논하다

양왕襄王이 태재太宰 문공文公과 내사內史 흥興을 진晉나라에 파견하여
문공文公, 重耳에게 제후로 임명하도록 하였다. 진 문공은 상경上卿으로
하여금 국경에서부터 영접하게 하고, 자신은 몸소 도성의 교외까지
나가 그들의 노고를 치하하였다. 그들을 위해 종묘에 객사를 준비하고,
구뢰九牢를 차려 대접하였으며 정료庭燎까지 밝히는 등 성의를 다하였다.

그날에 이르자 무궁武宮에서 왕명을 받았음을 알리고자, 상주桑主를
만들어 세우고 궤연几筵을 펴서 태재太宰가 그 일을 진행할 수 있도록
준비하였다. 그리고 문공 자신은 현단玄端과 위모委帽의 예복을 갖추고
들어왔다. 태재가 왕명에 따라 면복冕服을 입도록 명하고, 내사는
즉위의 의식을 인도하였다. 세 번 명을 내린 후 면복을 입었으며 의식이
모두 끝나자 빈례賓禮, 향례饗禮, 증례贈禮, 전례餞禮의 의식이 후백侯伯을
임명하는 예에 맞추어 진행되었으며 그에 따라 잔치와 화호和好의 행사
가 더해졌다.

내사 흥이 돌아와 왕에게 고하였다.

"진나라는 친히 하지 않으면 안 됩니다. 그 임금은 틀림없이 패자霸者가
될 것입니다. 왕명을 경건하게 받들고 예의를 받드는 것도 법도에 맞습
니다. 왕명을 공경하는 것은 백성을 잘 따르게 하는 길이며, 예의를
법도에 맞도록 받드는 것은 덕을 쌓는 법칙입니다. 그러니 그러한 덕으
로써 제후들을 인도하면 제후들은 틀림없이 그를 따를 것입니다. 또
예를 통해서 그 사람의 충忠, 신信, 인仁, 의義를 관찰할 수 있습니다.
'충'으로는 일을 분담시킬 수 있으며, '인'으로는 일을 실천할 수 있으며,

'신'으로는 약속을 지켜낼 수 있으며, '의'로는 절제節制할 수 있습니다. '충'으로써 분담시키면 일이 균등하게 되고 '인'으로써 실천하면 그에 보답이 있게 되며, '신'으로써 지켜내면 나라가 견고해지고, '의'로써 절제하면 법도를 갖추게 됩니다. 분담이 균등하면 원망이 없고, 실천에 보답이 있으며 궁핍함이 없게 되며, 지켜냄이 굳건하면 구차스러움이 없어지고, 도리에 절제가 있으면 이반함이 없게 됩니다. 만약 백성에게 원망이 없고 재화가 궁핍하지 않으며, 명령에 구차스러움이 없고 행동에 이반함이 없다면 그 무슨 일인들 이루지 못할 것이 있겠습니까! 속마음이 밖의 행동에 응하는 것이 '충'이며, 세 번 면복을 사양하고 의에 맞게 하였으니 이는 '인'이며, 절제하여 제멋대로 함이 없었으니 이는 '신' 이요, 예를 행함에 껄끄러움이 없었으니 이는 '의'입니다. 신臣이 진나라 국경에 들어갔을 때, 이 네 가지 중에 하나도 잃은 것이 없었으니, 그 때문에 '진후는 예를 잘 아는 자이니 왕께서는 그를 친히 여기십시오!' 라고 제가 말했던 것입니다. 예의가 있는 사람에게 덕을 심어 놓으신다면 틀림없이 매우 풍성하게 모시는 보답을 받으실 것입니다."

왕은 그의 의견을 들어 진나라에 사신을 보내는 이들이 도로에 서로 이어질 정도였다.

양왕이 혜후惠后의 난을 당하여 정鄭나라로 피해 있을 때, 진 문공이 난을 토벌하고 양왕을 왕성으로 돌아가게 해 주었다.

양왕 16년(B.C.636년), 진 문공이 즉위하였다.

21년, 진 문공은 제후들을 이끌고 형옹衡雍에서 천자(양왕)를 알현 하고, 또한 초楚나라와의 성복城濮 전투에서 얻은 것을 양왕에게 바쳤 으며 마침내 천토踐土에서 회맹을 하였다. 이리하여 비로소 패자霸者가 된 것이다.

襄王使太宰文公及內史興賜晉文公命, 上卿逆於境, 晉侯郊勞, 館諸宗廟, 饋九牢, 設庭燎. 及期, 命于武官, 設桑主, 布几筵,

太宰蒞之, 晉侯端委以入. 太宰以王命命冕服, 內史替之, 三命而後卽冕服. 旣畢, 賓·饗·贈·餞如公命侯伯之禮, 而加之以宴好.

內史興歸, 以告王曰:「晉, 不可不善也. 其君必霸, 逆王命敬, 奉禮義成. 敬王命, 順之道也: 成禮義, 德之則也. 則德以導諸侯, 諸侯必歸之. 且禮所以觀忠·信·仁·義也. 忠所以分也, 仁所以行也, 信所以守也, 義所以節也. 忠分則均, 仁行則報, 信守則固, 義節則度. 分均無怨, 行報無匱, 守固不偸, 節度不攜. 若民不怨而財不匱, 令不偸而動不攜, 其何事不濟! 中能應外, 忠也; 施三服義, 仁也; 守節不淫, 信也; 行禮不疚, 義也. 臣入晉境, 四者不失, 臣故曰: 『晉侯其能禮矣, 王其善之!』樹於有禮, 艾人必豐.」

王從之, 使於晉者, 道相逮也.

及惠后之難, 王出在鄭, 晉侯納之.

襄王十六年, 立晉文公.

二十一年, 以諸侯朝王于衡雍, 且獻楚捷, 遂爲踐土之盟, 於是乎始霸.

【太宰文公】王子 虎. 周 襄王의 卿士이며 太宰의 직무를 맡고 있었음.
【內史興】叔興父. 內史는 주나라 벼슬 이름.
【晉文公】晉나라 군주. 春秋五霸의 하나이며 이름은 重耳. 晉 獻公의 아들이며
　惠公(夷吾)의 배다른 형. B.C.636~628년까지 9년간 재위함.
【逆】迎과 같음. 雙聲互訓.
【九牢】1牢는 잔치나 대접에서 소, 양, 돼지 한 마리씩을 잡는 것이며 九牢는
　아주 큰 대접을 의미함.

【庭燎】 뜰에 횃불을 설치하여 밤을 밝히는 것. 대문 밖에 설치하는 것을 大燭이라 하고 뜰 안에 설치하는 것을 庭燎라 함.

【武公】 진 문공 조상인 文公이 거처하던 궁. 역시 문공의 사당이 있었음.

【桑主】 主는 사자의 위패를 말하며, 죽은 뒤 13개월의 제사를 練祭라 하며, 이때 나무로 만들어 세우는 위패를 '練主'라 함. 다시 장례를 치른 뒤 돌아와 빈궁에서 지내는 제사를 虞祭라 하며, 이때 뽕나무를 깎아 세우는 위패를 '桑主'라 함.

【端委】 玄端과 委帽. 아직 작위를 받지 않았을 때 입는 예복.

【冕服】 면류관과 예복. 원래 천자의 복장이지만 여기서는 제후의 복장을 말함.

【餞】 빈객을 교외에까지 나가 보낼 때 치르는 전별식. 祖餞이라고도 하며 고대 黃帝의 아들 유조(纍祖)가 먼 길을 떠나 도중에 죽자, 사람들이 그를 '路神'으로 여겨 길 떠나는 자를 보호해 달라는 뜻으로 제를 올리기 시작한 것에서 유래되었다 함.(《四民月令》)

【偸】 구차스러움.

【攜】 離叛함. 떠나감.

【艾】 양육함. 잘 받들어 모심.

【惠侯之難】 惠侯는 周 惠王의 왕비이며 襄王의 계모인 陳嬀. 혜후가 막내아들 子帶를 총애하여 혜왕의 태자(鄭) 폐출의 뜻을 동조하였으나, 齊 桓公이 혜왕 19년(B.C.655) 회맹을 열면서 太子 鄭(뒤의 襄王)을 지지하자 뜻을 이루지 못하였음. 양왕이 즉위한 뒤 자대가 반란을 일으키다가 실패하자 齊나라로 도망하였으며, 10년 뒤 양왕이 불러오자 귀국한 다음 다시 양왕의 후비 隗氏(원래 狄人 출신으로 狄后라고도 부름)와 사통하고 있었음. 이에 양왕이 적후를 폐출하였고, 자대는 다시 대부 頹叔, 桃子 등과 모반을 획책하여 狄軍을 이끌고 주실을 공격하였음. 양왕은 할 수 없이 鄭나라로 피신하여 그곳은 氾地라는 곳에 머물고 있었으며, 양왕 17년 晉 文公이 尊王攘夷의 기치를 들고 이들을 퇴패시키고 자대를 죽인 다음 양왕을 왕성으로 복귀하도록 하였음.

【衡雍, 踐土】 晉 文公이 周 襄王 21년(B.C.631) 초나라와 城濮에서 싸워 크게 초나라를 패배시킨 다음 衡雍(鄭나라 땅. 지금의 河南 原陽縣)으로 군사를 이동, 그 곳에 임시 왕궁을 짓고 근처 踐土에서 주 천자(양왕)를 뵙자고 요구하여 왕이 이르자, 포로와 혁거 백 승, 徒兵 천 명을 헌납하였고, 양왕은 尹氏와 王子 虎, 그리고 內史 興에게 명하여 문공을 侯伯으로 책봉하였음. 그 때

문공은 그 기회에 제후들을 그곳으로 불러 회맹을 하였고, 드디어 패자의 지위에 오르게 된 것임. 그러나 《左傳》僖公 28년에는 "王命尹氏及王子虎·內史叔興父策命晉侯爲侯伯"이라 함.

(참고 및 관련 자료)

1.《左傳》僖公 24년
冬, 王使來告難, 曰:「不穀不德, 得罪于母弟之寵子帶, 鄙在鄭地氾, 敢告叔父.」臧文仲對曰:「天子蒙塵于外, 敢不奔問官守?」王使簡師父告于晉, 使左鄢父告于秦. 天子無出, 書曰「天王出居于鄭」, 辟母弟之難也. 天子凶服·降名, 禮也.

2.《史記》周本紀
初, 惠后欲立王子帶, 故以黨開翟人, 翟人遂入周. 襄王出奔鄭, 鄭居王于氾. 子帶立爲王, 取襄王所絀翟后與居溫. 十七年, 襄王告急于晉, 晉文公納王而誅叔帶. 襄王乃賜晉文公珪鬯弓矢, 爲伯, 以河內地與晉. 二十年, 晉文公召襄王, 襄王會之河陽·踐土, 諸侯畢朝, 書諱曰「天王狩于河陽」.

卷二 周語(中)

015(2-1) 富辰諫襄王以狄伐鄭及以狄女爲后
부신이 양왕이 적으로써 정나라를 치는 것과
적녀를 왕후로 삼는 문제를 간하다

주周 양왕襄王 13년, 정鄭나라가 활滑을 쳤다. 양왕이 유손백游孫伯을 사신으로 보내어 활을 치지 말 것을 청하자, 정나라에서는 그 사신 유손백을 잡아 가두고 말았다.

양왕은 노하여 장차 적狄의 힘으로 정나라를 칠 참이었다.

그러자 부신富辰이 이렇게 간언하였다.

"아니 됩니다. 옛사람의 말에 '형제가 참소하며 싸우다가도 백 리 밖에서 그들 중 누구를 모욕하는 자가 있으면 함께 나서서 막는다'라 하였습니다. 그리고 주周 문공文公의 시에는 '형제가 담장 안에서 싸우다가도 밖으로부터의 모욕은 함께 막는다'라 하였습니다. 이와 같이 한다면 설사 다투더라도 이는 집 안에서 모욕하는 것으로 끝나는 것이요, 비록 싸운다 해도 피를 나눈 형제애가 깨어지는 것은 아닌 것이 됩니다. 정나라는 천자께 있어서 형제입니다. 정 무공武公과 장공莊公은 우리 평왕平王과 환왕桓王 때 큰 공을 세웠고, 우리가 낙읍洛邑으로 동천東遷할 수 있었던 것은 바로 진晉나라와 정나라의 덕분이었습니다. 그리고 자퇴子頹의 난에서도 다시 정나라를 통해 평정할 수 있었습니다. 그런데 지금 작은 분노로써 이들을 버린다면, 이는 작은 원한으로서 큰 덕을 폐기하는 것이 될 것이니 어찌 불가하다 하지 않겠습니까! 게다가 형제 사이의 원망이란 남을 끌어들여서는 안 되는 것입니다. 남을 끌어들이면 그들이 밖으로 이익을 가져가기 때문입니다. 원망을 드러내어 밝히고 밖의 남이 이익을 차지하도록 한다면 이는 '의롭지 못함'

(不義)이며, 혈친을 포기하고 적狄을 맞아들인다면 이는 '상서롭지 못함'
(不祥)이며, 원한으로써 덕을 갚는 것은 '어질지 못함'(不仁)입니다. 무릇
'의義'는 이익을 낳게 하는 것이며, '상祥'은 귀신을 섬길 수 있게 하는
것이며, '인仁'은 백성을 보호하는 것입니다. 의롭지 못하면 이익이
풍부해지지 못하고, 상서롭지 못하면 하늘로부터 복이 내려오지
않으며, 어질지 못하면 백성이 다가오지 않게 됩니다. 옛 명왕明王들
께서는 이 세 가지 덕을 잃지 않으셨기 때문에 능히 천하에 빛을 발하고
백성을 화목하고 편안하게 하여 그 아름다운 업적이 잊히지 않는 것
입니다. 왕께서는 가히 정나라를 버려서는 아니 됩니다."

왕은 듣지 아니하였다.

양왕 17년, 왕은 적인의 군사에게 명령을 내려 정나라를 치도록
하였다.

왕은 적인이 자신을 도와 준 공을 덕으로 여겨 장차 그 적인의 딸을
왕후로 세울 참이었다. 이에 부신이 다시 나서서 간언하였다.

"아니 됩니다. 무릇 혼인이란 화복禍福의 계단입니다. 그 혼인으로
인하여 안으로 이익이 되면 복이지만, 밖으로 이익이 되면 화를 부르는
것이 됩니다. 왕께서 지금 밖으로 이익을 던져 주려 하시니, 재앙의
계단을 오르는 것이 아니겠습니까? 옛날 지摯·주疇 두 나라는 그 딸
태임大任으로 인해 복을 받았고, 기杞·증繒 두 나라 역시 태사大姒로
인해 복을 받았으며, 제齊·허許·신申·여呂 등은 태강大姜으로 인해,
진陳나라는 대희大姬로 인해 복을 받았으니, 이는 모두가 안으로 능히
그 이익을 주면서 혈친을 혈친으로 대우하여 그리 된 것이었습니다.
그러나 옛날 언鄢나라가 망한 것은 중임仲任 때문이었고, 밀수密須가
망한 것은 백길伯姞 때문이었고, 회鄶나라는 숙운叔妘, 담酖은 정희鄭姬,
식息은 진위陳嬀, 등鄧은 초만楚曼, 나羅는 계희季姬, 노盧는 형위荊嬀
때문에 나라가 망하였으니, 이들은 모두 밖으로 이익을 주면서 혈친을
이반시킨 자들입니다."

양왕이 물었다.

"이익이 어떻게 하면 안으로 들어오고 어떻게 하면 밖으로 나갑니까?"

부신이 대답하였다.

"귀한 신분을 존중할 것(尊貴), 어진 이를 드러내어 밝혀 줄 것(明賢), 공 있는 자를 등용할 것(庸勳), 노인을 공경할 것(長老), 친척을 사랑할 것(愛親), 새롭게 사귄 이를 예로 대할 것(禮新), 선대의 공신을 친히 할 것(親舊) 등 일곱 가지입니다. 그렇게 하면 백성은 자신의 힘과 마음을 살펴 그로써 윗사람의 명령을 따르지 않을 자가 없게 되며, 관직에서는 제멋대로 행정 방식을 바꾸지 아니하여 재물을 다함이 없게 되고 구하여 얻지 못할 것이 없게 되며, 움직였다 하면 성취하지 못할 것이 없게 됩니다. 무릇 백관과 만민이 그 이익을 생산하여 이를 받들고 윗사람에게 귀속시키니 이러한 것이 바로 안으로 이익이 되는 것입니다. 그러나 앞서 말한 일곱 가지 덕이 이반되고 깨어진다면, 백성은 두 가지 마음을 품게 되어 각기 자신만의 이익을 위해 물러서게 되어 윗사람이 구해도 다가오지 않을 것이니, 이것이 밖을 이롭게 한다는 것입니다. 무릇 적인은 왕실의 반열에 들지 못하지만, 정나라는 남복南服의 후백侯伯 작위입니다. 왕께서 이를 비하하는 것은 앞서 말한 '존귀'가 아닙니다. 그런가 하면 적인은 시랑豺狼과 같은 덕을 가지고 있지만, 정나라는 주나라의 법전을 아직 잃지 않고 있는데 왕께서 이를 멸시하는 것은 앞서 말한 '명현'이 아닙니다. 평왕·환왕·장왕·혜왕 때 모두 정나라의 도움을 받았는데, 왕께서 이를 저버리는 것은 '용훈'이 아니며, 정나라 임금 첩捷의 나이가 더 많은데도 임금께서 이를 어린아이 취급하시니 이는 '장로'가 아니며, 적인은 외성隗姓이고 정나라는 선왕宣王으로부터 나온 혈통인데도 왕께서 이를 학대하는 것은 '친애'에 어긋나는 것입니다. 무릇 예禮란 새롭게 사귄 사람으로 인해 옛사람에게 간격을 두어서는 안 되는 것인데, 왕께서는 새로 맞은 적인의 딸 적후狄后로 인해 대대로 주왕실의 비빈을 배출한 강씨姜氏와 임씨任氏 집안으로 하여금 틈이 갈라지도록 하였으니, 이는 예가 아닐뿐더러 옛사람을 버리는 행위입니다. 왕께서는 한 가지 행동으로 일곱 가지 덕을 버리셨으니, 저는 이 때문에 밖으로 이익을 주고 있다고 말하는 것입니다. 《서書》에 '반드시 참아내어라. 만약 능히 참기만 하면 모든 일이 성사되리라'라 하였습니다. 그런데 왕께서는 작은 분함을 참지 못하고 정나라를 버리시며, 게다가 적인의 딸 숙외叔隗를 통해 재앙의 계단을 오르고 계십니다. 적인은 등치가 큰 시랑豺狼과 같은 자들입니다. 그 욕심에 싫증을 내지 않을 것입니다."

양왕은 듣지 않았다.

양왕 18년, 적후가 왕자 대帶와 사통한 것이 드러나자 왕은 적후를 폐출하였다. 그러자 적인이 들어와 담백譚伯을 죽이는 난을 일으켰다.

이에 부신은 이렇게 말하였다.

"지난 날 내가 왕에게 그토록 간언을 하였건만, 왕은 듣지 않다가 지금 이러한 난을 만나게 되었다. 내가 나서지 않으면 왕은 내가 원한을 품고 있을 것이라 여길 것이다!"

그리고는 자신의 부하들을 데리고 나가 싸우다가 죽고 말았다.

당초, 혜후惠后가 왕자 대를 태자로 세우고자 하여 당을 만들어 적인과 내통하고 있었다. 드디어 적인이 쳐들어오자 양왕은 도망하여 정나라에 머물게 되었고, 뒤에 진晉 문공文公의 도움으로 그는 겨우 귀국할 수 있었다.

襄王十三年, 鄭人伐滑. 王使游孫伯請滑, 鄭人執之. 王怒, 將以狄伐鄭.

富辰諫曰:「不可. 古人有言曰:『兄弟讒鬩, 侮人百里.』周文公之詩曰:『兄弟鬩于墻, 外禦其侮.』若是則鬩乃內侮, 而雖鬩不敗親也. 鄭在天子, 兄弟也. 鄭武·莊有大勳力于平·桓; 我周之東遷, 晉·鄭是依; 子頹之亂, 又鄭之繇定. 今以小忿棄之, 是以小怨置大德也, 無乃不可乎! 且夫兄弟之怨, 不徵於他, 徵於他,

利乃外矣. 章怨外利, 不義; 棄親卽狄, 不祥; 以怨報德, 不仁. 夫義所以生利也, 祥所以事神也, 仁所以保民也. 不義則利不阜, 不祥則福不降, 不仁則民不至. 古之明王不失此三德者, 故能光有天下, 而和寧百姓, 令聞不忘. 王其不可棄之.」

王不聽.

十七年, 王降狄師以伐鄭.

王德狄人, 將以其女爲后, 富辰諫曰:「不可. 夫婚姻, 禍福之階也. 由之利內則福, 利外則取禍. 今王外利矣, 其無乃階禍乎? 昔摯·疇之國也由大任, 杞·繒由大姒, 齊·許·申·呂由大姜, 陳由大姬, 是皆能內利親親者也. 昔鄢之亡也由仲任, 密須由伯姞, 鄶由叔妘, 聃由鄭姬, 息由陳嬀, 鄧由楚曼, 羅由季姬, 盧由荊嬀, 是皆外利離親者也.」

王曰:「利何如而內, 何如而外?」

對曰:「尊貴·明賢·庸勳·長老·愛親·禮新·親舊. 然則民莫不審固其心力以役上令, 官不易方, 而財不匱竭, 求無不至, 動無不濟. 百姓兆民, 夫人奉利而歸諸上, 是利之內也. 若七德離判, 民乃攜貳, 各以利退, 上求不暨, 是其外利也. 夫狄無列於王室, 鄭伯南也, 王而卑之, 是不尊貴也. 狄, 豺狼之德也. 鄭未失周典, 王而蔑之, 是不明賢也. 平·桓·莊·惠皆受鄭勞, 王而棄之, 是不庸勳也. 鄭伯捷之齒長矣, 王而弱之, 是不長老也. 狄, 隗姓也, 鄭出自宣王, 王而虐之, 是不愛親也. 夫禮, 新不閒舊, 王以狄女閒姜·任, 非禮且棄舊也. 王一擧而棄七德, 臣故曰利外矣.《書》有之曰:『必有忍也, 若能有濟也.』王不忍小忿而棄鄭, 又登叔隗以階狄. 狄, 封豕豺狼也, 不可猒也.」

王不聽.

十八年, 王黜狄后. 狄人來誅殺譚伯.

富辰曰:「昔吾驟諫王, 王弗從, 以及此難. 若我不出, 王其以我爲慤乎!」

乃以其屬死之.

初, 惠后欲立王子帶, 故以其黨啓狄人. 狄人遂入, 周王乃出居于鄭, 晉文公納之.

【襄王】 동주 임금. 이름은 姬鄭. B.C.651~619 33년간 재위함. 13년은 魯 僖公 21년에 해당함.

【鄭人伐滑】 滑은 姬姓의 작은 나라로 鄭, 衛 사이에 있었음. 襄王 13년 정나라가 滑을 쳤을 때 복종을 약속하였으나, 뒤에 다시 衛나라와 결맹을 맺자 襄王 17년 鄭나라 公子 士와 洩堵寇 등이 군대를 이끌고 다시 공격함.

【游孫伯】 周나라 대부.

【鄭人執之】 鄭人은 鄭 文公(捷). 魯 莊公 21년(B.C.673) 정 문공의 아버지 鄭 厲公이 虢公林父와 함께 王子 頹를 살해하고 惠王을 맞이하여 세웠음. 뒤에 혜왕에 주연에서 虢公에게는 爵을 내리면서 厲公에게는 내리지 않은 적이 있었음. 文公은 그 사건을 두고 혜왕이 자신의 아버지에게 무례하게 굴었다고 원한을 품고 있었는데, 이때 襄王이 衛나라와 滑을 편들자 명령을 거부하고 양왕이 보낸 사신을 구금한 것임.

【兄弟讒鬩】 형제 사이에 참훼하고 싸움을 벌임.

【文公之詩】 이는 《詩經》 小雅 棠棣의 구절임. 韋昭 주에 "周公旦之所作棠棣之 詩也, 所以閔管蔡而親兄弟. 此二句, 其四章也"라 함.

【鄭在天子】 鄭나라와 천자인 周나라 사이는 형제 사이임. 鄭나라 시조 桓公(友)은 周 厲王의 아들이며 周 先王의 아우였음.

【鄭武莊】 鄭나라 桓公의 아들 武公(滑突)과 무공의 아들 莊公(寤生).

【平桓】 周나라 幽王의 아들 平王(宜咎, 宜臼)과 평왕의 손자이며 太子 泄父의 아들인 周 桓王(林). 周 幽王이 멸망하자 鄭 武公이 周나라 卿士로써 주 왕실을

극력 보좌하여 平王의 東遷(洛邑으로 옮김)에 큰 도움을 주었음. 한편 桓王이 즉위할 때 鄭 莊公이 역시 卿士로써 큰 역할을 하였음.

【晉鄭】 平王이 동천할 때 晉 文侯(仇)와 鄭 武公(滑突)이 힘을 다하여 보좌한 덕분에 낙읍으로 옮겨 올 수 있었음.

【子頹之亂】 子頹는 莊王의 손자. 장왕의 막내아들인 王姚의 아들. 왕요가 장왕에게 총애를 받았으며 蒍國은 자퇴의 스승이었음. 惠王이 즉위하자 위국의 농지와 邊伯의 집, 石速의 작위를 삭탈함. 이에 세 사람이 혜왕을 몰아내고 자퇴를 왕으로 삼았음. 이때 鄭 厲公이 크게 역할을 하였음.

【繇定】 '繇'는 '由'와 같음. 그들을 통해 평정되었음.

【其女爲后】 '其女'는 狄人 출신으로 양왕의 后가 된 여인. 狄后. 隗氏. 叔隗. 앞장 참조.

【摯疇】 두 나라 이름으로 모두 任姓이며, 奚仲과 仲虺의 후손.

【大任】 周나라 초기 현명한 아내이며 어머니. 太任, 太姙으로도 표기하며 文王(姬昌)의 어머니이며 王季(季歷)의 妃. 古公亶甫의 며느리이며 武王(姬發)의 할머니.

【杞繒】 두 나라는 姒姓으로 모두 夏禹의 후손이며 太姒의 집안.

【大姒】 太姒로도 표기하며 文王(姬昌)의 아내이며 武王(姬發)의 어머니.

【齊許申呂】 네 나라는 모두 姜姓이며 四嶽의 후손, 太姜의 집안.

【太姜】 太王(古公亶甫)의 아내이며 王季(季歷)의 어머니. 文王(昌)과 武王(發)으로 가계가 이어지도록 하였음.

【陳】 陳나라는 嬀姓으로 舜의 후대임.

【大姬】 周 武王(姬發)의 딸이며 成王(姬誦)의 누나. 陳나라 시조 虞胡公에게 시집을 갔음.

【鄅】 鄅은 妘姓으로 仲任氏의 딸을 아내로 맞았음. 鄭 武公에게 망했음.

【密須】 나라 이름. 姞姓이었으며 백길은 수밀씨의 딸로 수밀국의 멸망과는 실제 아무런 관련이 없음.

【鄶】 妘姓의 나라이며 동성의 鄶夫人을 아내로 맞이함. 역시 鄭 武公에게 망했음. 《公羊傳》에 의하면 鄭伯이 叔妘과 사통하여 그 나라를 빼앗은 것으로 되어 있음.

【聃】 姬姓이며 文王의 아들 子聃季가 봉을 받았던 나라.

【鄭姬】鄭나라 역시 姬姓이며 同姓을 취하여 나라가 망하였음.

【息】姬姓의 나라.

【陳嬀】陳나라 여자로 息侯의 부인이 됨. 미모가 뛰어났다 함. 출가할 때 蔡나라를 지나게 되었는데, 蔡 哀侯가 그를 보고 희롱을 하였으며, 息侯가 알고 크게 노하여 楚나라에게 蔡나라를 토벌해 줄 것을 부탁, 이에 초나라가 蔡 哀侯를 사로잡자, 애후는 楚 文王에게 息嬀의 미모를 설명하였고, 이에 혹한 문왕이 도리어 식나라를 없애고 식부인을 차지하였으며, 뒤에 다시 소문을 없애고자 채나라까지 멸망시켰음.

【鄧】曼姓의 나라.

【楚曼】鄧女. 楚 武王의 부인으로 文王을 낳았으며 문왕이 鄧나라를 멸망시킴. 그러나 이는 문왕의 정치적 야심 때문일 뿐 등녀(초만)와는 아무런 관련이 없음.

【羅】熊姓의 나라.

【季姬】姬氏의 딸. 본문에 羅國이 계희로 인해 망했다는 것은 그 기록을 알 수 없음.

【盧】嬀姓의 나라.

【荊嬀】荊은 楚나라의 별칭. 荊嬀는 盧나라 여인으로 楚王의 夫人이 된 자. 구체적으로는 알 수 없음.

【鄭伯南】鄭나라는 王城에 위치하고 있었으며, 畿內로써 '甸服之君'이라 일컬었음. 이는 왕실과 가장 가깝고 또한 지위도 가장 높았음. '南'은 韋昭 주에 "賈侍中云:「南者, 在南服之侯伯也.」或云:「南, 南面君也.」鄭司農云:「南謂子男. 鄭, 今新鄭. 新鄭之於王城在畿內, 畿內之諸侯雖爵有侯伯, 周之舊法皆食子男之地.」昭案: 內傳, 子產爭貢, 曰:「爵卑而貢重者, 甸服也. 鄭伯男也, 而使從公侯之貢, 懼弗給也.」以此言之, 鄭在男服, 明矣. 周公雖制土, 中設九服, 至康王而西都鄗京, 其後衰微, 土地損減, 車服改易, 故鄭在男服. 禮, 畿外之侯, 伯也. 世謂其見待重於采地之君, 故曰是不尊貴也"라 하였음.

【平桓莊惠】동주의 平王, 桓王, 莊王, 惠王을 가리킴. 平王이 동천할 때 鄭 武公의 도움을 받았고, 桓王이 즉위할 때는 鄭 莊公의 도움을 받았음. 그리고 莊王은 桓王의 아들이며 이름은 他. 惠王은 莊王의 손자이며 僖王의 아들로 이름은 凉. 惠王은 鄭 厲公의 도움을 받아 즉위할 수 있었음.

【鄭伯捷】鄭伯은 鄭 文公. 이름은 捷. B.C.672~628년까지 45년간 재위함.

【鄭出自宣王】鄭나라는 宣王 때 봉을 받았으며, 그 시조는 선왕의 친동생 桓公(姬友)이었음.

【姜, 任】周나라 왕실은 대대로 姜氏와 任氏 집안의 딸을 왕비로 맞았음.

【譚伯】周나라 대부 原伯을 가리킴.《左傳》僖公 24년(B.C.636)에 "秋, 頹叔·桃子奉大叔以狄師伐周, 大敗周師, 獲周公忌父·原伯·毛伯·富辰"이라 함.

【惠后】周 惠王의 왕후.

【王子帶】周 惠王의 막내아들이며, 隗氏 狄后(叔隗)와 사통하고 있었음. 이리하여 난이 일어났으며 그 자세한 내용은 앞장 주「惠侯之難」을 볼 것.

참고 및 관련 자료

1.《左傳》僖公 24년

鄭之入滑也, 滑人聽命. 師還, 又卽衛. 鄭公子士·洩堵兪彌帥師伐滑. 王使伯服·游孫伯如鄭請滑. 鄭伯怨惠王之入而不與厲公爵也, 又怨襄王之與衛滑也. 故不聽王命, 而執二子. 王怒, 將以狄伐鄭. 富辰諫曰: 「不可. 臣聞之, 大上以德撫民, 其次親親, 以相及也. 昔周公弔二叔之不咸, 故封建親戚以蕃屛周. 管·蔡·郕·霍·魯·衛·毛·聃·郜·雍·曹·滕·畢·原·酆·郇, 文之昭也. 邘·晉·應·韓, 武之穆也. 凡·蔣·邢·茅·胙·祭, 周公胤也. 召穆公思周德之不類, 故糾合宗族于成周而作詩, 曰: '常棣之華, 鄂不韡韡. 凡今之人, 莫如兄弟.' 其四章曰: '兄弟鬩于牆, 外禦其侮.' 如是, 則兄弟雖有小忿, 不廢懿親. 今天子不忍小忿以棄鄭親, 其若之何? 庸勳·親親·暱近·尊賢, 德之大者也. 卽聾·從昧·與頑·用嚚, 姦之大者也. 弃德·崇姦, 禍之大者也. 鄭有平·惠之勳, 又有厲·宣之親, 弃嬖寵而用三良, 於諸姬爲近, 四德具矣. 耳不聽五聲之和爲聾, 目不別五色之章爲昧, 心不則德義之經爲頑, 口不道忠信之言爲嚚. 狄皆則之, 四姦具矣. 周之有懿德也, 猶曰'莫如兄弟', 故封建之. 其懷柔天下也, 猶懼有外侮; 扞禦侮者, 莫如親親, 故以親屛周. 召穆公亦云. 今周德旣衰, 於是乎又渝周弃召, 以從諸姦, 無乃不可乎? 民未忘禍, 王又興之, 其若文·武何? 王弗聽, 使頹叔·桃子出狄師. 夏, 狄伐鄭, 取櫟. 王德狄人, 將以其女爲后. 富辰諫曰: 「不可. 臣聞之曰: '報者倦矣, 施者未厭.' 狄固貪惏, 王又啓之. 女德無極, 婦怨無終, 狄必爲患.」

王又弗聽. 初, 甘昭公有寵於惠后, 惠后將立之, 未及而卒. 昭公奔齊, 王復之, 又通於隗氏. 王替隗氏. 頹叔・桃子曰:「我實使狄, 狄其怨我.」

遂奉大叔以狄師攻王. 王御士將禦之, 王曰:「先后其謂我何? 寧使諸侯圖之.」王遂出, 及坎欿, 國人納之. 秋, 頹叔・桃子奉大叔以狄師伐周, 大敗周師, 獲周公忌父・原伯・毛伯・富辰. 王出適鄭, 處于氾. 大叔以隗氏居于溫.

2.《史記》周本紀

十三年, 鄭伐滑, 王使游孫・伯服請滑, 鄭人囚之. 鄭文公怨惠王之入不與厲公爵, 又怨襄王之與衛滑, 故囚伯服. 王怒, 將以翟伐鄭. 富辰諫曰:「凡我周之東徙, 晉・鄭焉依. 子穨之亂, 又鄭之由定, 今以小怨棄之!」王不聽. 十五年, 王降翟師以伐鄭. 王德翟人, 將以其女爲后. 富辰諫曰:「平・桓・莊・惠皆受鄭勞, 王棄親親翟, 不可從.」王不聽. 十六年, 王絀翟后, 翟人來誅, 殺譚伯. 富辰曰:「吾數諫不從. 如是不出, 王以我爲懟乎?」乃以其屬死之.

016(2-2) 襄王拒晉文公請隧
진 문공이 수를 청하자 양왕이 거절하다

　진晉 문공文公이 겹郟에서 난을 평정하고 양왕襄王을 복위시켜 주자, 양왕은 그의 공로를 치하하여 땅을 주었다. 그러나 문공은 이를 사양하며 대신 자신이 죽은 뒤 무덤에 수도隧道를 만들 수 있는 권한을 달라고 청하였다.

　왕은 허락하지 않으면서 이렇게 말하였다.

　"옛날 선왕께서는 천하를 가지시고, 사방을 천리로 구획하여 전복甸服으로 삼아 그곳에서 나는 물건을 상제와 산천, 백신의 제사에 공급하도록 하였으며, 억조 백성이 사용하는 모든 물자를 비축하게 하였으며, 그로써 의외의 예상치 못한 재앙을 방비하도록 하였습니다. 그 외의 땅은 공公·후侯·백伯·자子·남男의 작위의 등급 규정에 따라 모두 제후에게 분배하여, 각기 자신의 생업을 즐겁게 영위하여 천존지비天尊地卑의 뜻에 순응하며 재해를 만나지 않도록 하였습니다. 선왕 자신에게는 그 무슨 사사로운 이익을 가지려 한 것이 있었겠습니까?

　내관內官으로는 구어九御를 넘지 않도록 하였으며, 외관外官으로는 구품九品을 넘지 않도록 하였으며, 단지 신에게 제사를 올리는 데 공급할 수량이면 족하다 여겼던 것이니, 어찌 감히 자신의 이목이나 배부름을 위해 마구 법도를 어지럽힘이 있었겠습니까? 역시 오직 생사生死의 의례에 구분되는 복장과 물건, 문채와 장식은 그 목적이 임금이 천하에 군림하여 만민을 통솔하면서, 그 존비와 귀천의 등급을 보이기 위한 것일 뿐이었습니다. 왕이라고 어찌 그에 달리 특이한 것을 가진 것이 있겠습니까?

지금 하늘이 우리 주실周室에 재앙을 내려 나 한 사람이 겨우 부고를 지키고 있을 뿐인 데다가 나 역시 똑똑하지 못하여 숙부叔父의 도움을 받아 이렇게 견디고 있는 터에, 만약 선왕께서 제정하신 큰 제도인 수도를 사사롭게 나누어 덕에 보답하겠다고 상을 내린다면, 숙부께서도 실제로는 응하면서도 또한 마음이 편하지는 않을 것입니다. 이는 나 한 사람만을 위한 것이 아닐진대 나 한 사람이 어찌 그 수도를 감히 아까워하겠습니까?

옛사람의 말에 '몸에 차는 옥玉을 바꾸려면 걸음걸이를 바꾸라'는 말이 있습니다. 숙부께서 만약 능히 큰 덕을 넉넉히 가지시고서, 그 때 성을 바꾸고 물건을 바꾸어 천하를 위해 제도를 창제하셔서 스스로 수도로써 자랑스러워하며, 천자만이 할 수 있는 그러한 수도를 갖추어 그로써 백성을 편안하게 진무鎭撫하신다면, 나 한 사람이 멀리 변방 황량한 땅으로 쫓겨난다 해도 무슨 할 말이 있겠습니까? 그러나 그대가 만약 여전히 희성姬姓으로써 공후의 지위로 남아 선왕이 규정해 놓은 직책을 수행할 것이라면, 수도에 대한 제도를 개정하여 그대도 그렇게 할 수 있도록 허락할 수는 없습니다. 숙부께서는 그러한 밝은 덕을 밝히시기에 힘쓴다면 사후에 그러한 영광은 저절로 다가올 것인데, 내 감히 사사롭게 훌륭한 옛 제도를 바꾸어 천하에 치욕을 남긴다면 선왕과 백성에게 어떠하겠습니까? 또 정령이 어찌 그들에게 먹혀들겠습니까? 만약 그래도 그렇게 하지 않으시겠다면 숙부께서는 영지가 있으시니 거기에 수도를 만들면 내 어찌 이를 알겠습니까?"

문공은 드디어 더 이상 요청하지 못하고 땅을 받아 돌아가고 말았다.

晉文公旣定襄王于郊, 王勞之以地, 辭, 請隧焉. 王不許, 曰: 「昔我先王之有天下也, 規方千里以爲甸服, 以供上帝山川百神 之祀, 以備百姓兆民之用, 以待不庭不虞之患. 其餘以均分公侯 伯子男, 使各有寧宇, 以順及天地, 無逢其災害, 先王豈有賴焉?

內官不過九御, 外官不過九品, 足以供給神祇而已. 豈敢猒縱
其耳目心腹以亂百度? 亦唯是死生之服物采章, 以臨長百姓
而輕重布之, 王何異之有? 今天降禍災於周室, 余一人僅亦守府,
又不佞以勤叔父, 而班先王之大物以賞私德, 其叔父實應且憎,
以非余一人, 余一人豈敢有愛? 先民有言曰: 『改玉改行.』叔父
若能光裕大德, 更姓改物, 以創制天下, 自顯庸也, 而縮取備物
以鎮撫百姓, 余一人其流辟旅於裔士, 何辭之有與? 若由是姬
姓也, 尚將列爲公侯, 以復先王之職, 大物其未可改也. 叔父其懋
昭明德, 物將自至, 余何敢以私勞變前之大章, 以忝天下, 其若
先王與百姓何? 何政令之爲也? 若不然, 叔父有地而隧焉, 余安
能知之?」

　　文公遂不敢請, 受地而還.

【郊】 洛邑 王城에서 관리하던 땅.
【勞之以地】 노고를 칭찬하여 땅을 줌. 《左傳》僖公 25년 참조.
【隧】 '隧'는 천자의 묘에 설치하는 隧道. 즉 묘실 통로. 천자만이 이 수도를
　　설치할 수 있으며, 제후는 연도(羨道)를 설치할 수 있음. 수도는 지붕을 흙으로
　　덮어 暗道가 되며, 연도는 흙을 덮지 않아 가끔 겉으로 노출 될 수 있음. 이를
　　明道라 함. 진 문공이 자신의 무덤을 그렇게 하겠다고 청한 것은 천자의 예우를
　　해 달라는 뜻이었으며 襄王이 이를 거부한 것임.
【甸服】《周禮》夏官 職方氏에 "乃辨九服之邦國, 方千里曰王畿. 其外方五百里
　　侯服, 又其外方五百里曰甸服, 又其外方五百里曰男服, 又其外方五百里曰采服,
　　又其外方五百里曰衛服, 又其外方五百里曰蠻服, 又其外方五百里曰夷服, 又其
　　外方五百里曰鎭服, 又其外方五百里曰藩服"이라 하여, 고대 천자의 궁궐로부터
　　5백 리 밖을 圻(畿)라 하였으며, 그곳 사방 5백 리 땅을 侯圻라 하였음. 그리고
　　다시 그곳으로부터 5백 리를 甸服이라 하였음.
【上帝山川】上帝는 天神과 五帝. 山川은 五嶽과 河海.

【不庭不虞】 '庭'은 正과 같음. '곧다'(直)의 뜻. '虞'는 '생각하다, 예측하다, 염려하다'의 뜻.

【公侯伯子男】 주나라 때의 작위 등급으로 공작은 5백 리의 땅, 후는 4백 리, 백은 3백 리, 자는 2백 리, 남은 백 리의 땅을 소유함. 여기서는 왕실에서 甸服 이외의 땅은 모두 이들 작위를 가진 제후들에게 나누어 주어 사사롭게 하지 않았음을 말한 것임.

【九御】 九嬪과 같음.

【九品】 九卿. 즉 少師, 少傅, 少保, 冢宰, 司徒, 宗伯, 司馬, 司寇, 司空.

【府】 先王의 창고. 부고.

【叔父】 천자가 자신과 동성(姬姓)의 제후를 부를 때는 자신의 나이와 고하에 따라 '叔父', '伯父'라 부르고, 異姓의 제후에게는 '伯舅'라 부름.

【大物】 선왕이 남긴 제도로써 천자의 무덤에만 설치할 수 있는 隧道를 지칭함.

【裔土】 변방 황량한 땅.

【忝】 치욕. 수치. 부끄러움.

참고 및 관련 자료

1. 《左傳》 僖公 25년

戊午, 晉侯朝王. 王享醴, 命之宥. 請隧, 弗許, 曰:「王章也. 未有代德, 而有二王, 亦叔父之所惡也.」 與之陽樊·溫·原·欑茅之田. 晉於是始啓南陽.

017(2-3) 陽人不服晉侯
양인이 진 문공에게 불복하다

양왕襄王이 정鄭나라로부터 돌아온 후 양번陽樊 땅을 진晉 문공文公에게 주었다. 양번 땅 사람들은 진나라에 속하는 것을 원하지 않고 불복하자 진 문공은 양번을 포위하였다.

이때 양번 사람 창갈倉葛이 큰 소리로 외쳤다.

"주왕周王께서는 진 문공이 능히 덕을 베풀 수 있다고 여겨 그 때문에 그 노고를 치하하며 이 땅을 준 것이오. 그러나 우리 양번 사람들은 주왕의 덕을 가슴에 품고 있어 이 때문에 아직 진나라를 따르지 못하면서 '그대께서는 어떤 덕을 베풀어 우리 양번 사람을 회유하여 우리들로 하여금 멀리 도망가고 싶어하는 마음을 없앨 수 있습니까?'라고 말하고 있었던 것입니다. 그런데 지금 도리어 우리의 종묘 문을 크게 훼손하며, 우리 백성을 살해하여 모멸하고 있소. 그러니 의당 우리는 감히 복종할 수 없소!

무릇 삼군이 토벌할 대상을 찾는다면 만이蠻夷와 융적戎狄처럼 교만하고 제멋대로 굴며 경건히 하지 않았을 경우, 그러한 자가 바로 무력을 행사할 대상일 것이오. 지금 이렇게 나약한 곳이 바로 이 양번입니다. 아직 그대의 정치에 가까이하지도 못한 이때에 이렇게 하시니 그 때문에 명령을 받아들일 수 없는 것입니다. 그대가 만약 은혜로써 다가온다면 오직 그러한 관리가 바로 우리가 따를 자이니 그렇게 한다면 감히 그 명령을 거역하겠으며, 어찌 군대의 욕됨을 당하겠습니까! 그대께서 이렇게 군대를 파견하신 것은 군대 동원을 즐기시며 남을 돈절頓絕시키고자 하는 것이 아닙니까?

제가 듣기로 '무력은 자랑해서는 안 되는 것이며, 문덕은 숨겨서는 안 되는 것, 무력을 자랑하면 위엄을 잃게 되고, 문덕을 숨기면 세상을 밝힐 수 없다'라 하였습니다. 양번 사람들은 왕실 전복甸服으로써의 지위를 잃은데다가 단지 무력을 과시하는 곳이 되고 말았으니 저는 이를 근심하는 것입니다. 그렇지 않다면 어찌 감히 자신만을 위하겠습니까? 또 무릇 이 양번에 어찌 먼 변방으로 쫓겨날 만큼 큰 죄를 지은 자들이 있습니까? 대체로 우리 역시 천자의 부형생구父兄甥舅의 가까운 혈족들인데 어찌 이토록 가혹하게 대하는 것입니까?"

문공은 이를 듣고 이렇게 말하였다.

"이는 군자의 말이로다."

그러고는 양번의 백성들에 대한 포위를 풀어 주었다.

王至自鄭, 以陽樊賜晉文公. 陽人不服, 晉侯圍之.

倉葛呼曰:「王以晉君爲能德, 故勞之以陽樊, 陽樊懷我王德, 是以未從於晉. 謂君其何德之布以懷柔之, 使無有遠志? 今將大泯其宗祊, 而蔑殺其民人, 宜吾不敢服也! 夫三軍之所尋, 將蠻夷・戎狄之驕逸不虔, 於是乎致武. 此嬴者陽也, 未狎君政, 故未承命. 君若惠及之, 唯官是徵, 其敢逆命, 何足以辱師! 君之武震, 無乃玩而頓乎? 臣聞之曰:『武不可觀, 文不可匿, 觀武無烈, 匿文不昭.』陽不承獲甸, 而祇以觀武, 臣是以懼. 不然, 其敢自愛也? 且夫陽, 豈有裔民哉? 夫亦皆天子之父兄甥舅也, 若之何其虐之也?」

晉侯聞之曰:「是君子之言也.」

乃出陽民.

【陽樊】畿內의 지명.

【倉葛】陽邑 사람 이름.

【勞】공로를 치하함. 晉 文公이 王子 帶의 난을 진압하고 양공을 복위시켜 준 공로를 말함.

【遠志】마음이 멀어짐. 민심이 이반됨.

【宗祊】'祊'은 '팽'으로 읽으며, 종묘 묘문 안쪽의 제사상을 설치하는 위치.

【三軍】주나라 제도에 천자는 六軍, 제후는 三軍을 두게 되어 있음.

【尋】토벌하거나 정벌할 대상.

【甸】甸服. 주 천자의 직할 지역을 뜻함.

【裔民】荒裔한 지역으로 추방되어야 할 凶民.

【父兄甥舅】〈晉語〉(4) "二年春, 公以二軍下"에 "陽人有夏・商之嗣典, 有周室之師旅, 樊仲之官守焉, 其非官守, 則皆王之父兄甥舅也"라 함.

【乃出陽民】양읍의 백성에 대한 포위를 풀어 줌. 혹은 양읍 백성을 다른 곳으로 옮겨가도록 함.

> 참고 및 관련 자료

1. 《左傳》僖公 25년

陽樊不服, 圍之. 倉葛呼曰:「德以柔中國, 刑以威四夷, 宜吾不敢服也. 此, 誰非王之親姻, 其俘之也?」乃出其民.

018(2-4) 襄王拒殺衛成公
양왕이 위 성공을 죽이자는 제의를 거절하다

온溫 땅에서의 회맹에 진晉 문공文公이 위衛 성공成公을 붙잡아 주周나라에 바쳤다. 진 문공이 성공을 죽일 것을 청하자 양왕襄王은 이렇게 말하였다.

"안 됩니다. 무릇 정치란 위로부터 아래로 이르는 것이니, 위에서 정책을 세우면 아래에서는 거부함이 없이 실행해야 위아래가 서로 원한이 없게 됩니다. 지금 그대 숙부叔父께서 정책을 세웠는데 이를 실행하지 않는다면 이는 불가한 일이 아니겠습니까? 무릇 군신 사이에는 송사訟事가 없어야 하는 법입니다. 지금 위 성공의 신하 원훤元喧이 비록 정직하다고 하나 그의 의견을 들어 줄 수 없습니다. 군신 사이에 송사가 마구 생겨난다면 부자 사이에도 송사가 생길 것이니, 이렇게 되면 위아래가 없어지는 꼴이 됩니다.

그대 숙부께서 원훤의 말을 들어 준다면 이는 첫 번째 역리逆理를 실행하는 것이요, 그리고 신하를 위해 임금을 죽인다면 무슨 형벌로 처리할 수 있겠습니까? 그리고 형벌을 내렸는데도 시행되지 않는다면, 이는 두 번째 역리를 저지르는 것이 됩니다. 제후들이 이렇게 하나로 규합해 놓고 두 번씩이나 역리의 정치를 행한다면 나는 더 이상 뒤를 보장받지 못할 것이라 걱정됩니다. 이러한 이유가 아니라면 내가 위후(衛侯, 성공)에게 무슨 사사로운 일이 있어서이겠습니까?"

진 문공은 이 말을 듣고 위후를 돌려보내 주었다.

溫之會, 晉人執衛成公歸之于周. 晉侯請殺之, 王曰:「不可.
夫政自上下者也, 上作政, 而下行之不逆, 故上下無怨. 今叔父作
政而不行, 無乃不可乎? 夫君臣無獄, 今元咺雖直, 不可聽也.
君臣皆獄, 父子將獄, 是無上下也. 而叔父聽之, 一逆矣. 又爲臣
殺君, 其安庸刑? 布刑而不庸, 再逆矣. 一合諸侯, 而有再逆政,
余懼其無後. 不然, 余何私於衛侯?」

晉人乃歸衛侯.

【溫之會】溫은 晉나라 河陽 땅. 晉 文公(重耳)이 망명할 때 衛나라에 이르자
衛 文公이 무례하게 대하였으며, 뒤에 위나라 五鹿에서 역시 野人에게 수모를
당하였음. 그리고 晉 文公이 왕위에 올라 패업을 이루고자 할 때 衛나라는
楚나라를 믿고 무시하였으며, 魯 僖公 28년(B.C.624) 문공이 曹나라를 치고자
길을 빌려달라고 요청하자 성공이 거부하였으며, 晉軍이 멀리 돌아 曹나라를
친 다음 五鹿을 점거하자, 衛 成公은 도읍을 버리고 襄牛로 도망. 같은 해
晉나라가 楚나라와 城濮에서 싸워 크게 이기자, 위 성공은 두려움 끝에 양우에서
다시 초나라로 피신했다가 다시 陳나라로 숨어, 大夫 元咺을 고국에 파견하여
자신의 아우 叔武(시호는 夷)를 보좌, 우선 나라를 이끌어 줄 것을 부탁함.
이때 晉 文公은 제후들을 踐土에 모아 회맹을 하고 있었는데, 어떤 사람이
원훤이 숙무를 임금으로 추대하려 한다고 무고하자 成公이 이를 전해 듣고
자신을 따르고 있던 원훤의 아들 元角을 죽여버리고 말았음. 뒤에 성공은 다시
자신의 아우 숙무조차 죽이자, 원훤은 할 수 없이 晉나라고 피신하였고, 그
해 겨울 진 문공이 溫 땅에서 회맹할 때 원훤은 衛 成公을 심판해 줄 것을
요구하였으며, 이때 진 문공은 衛 成公의 죄를 물어 이를 周 天子(襄王)에게
압송하여 처벌할 것을 요구하였음.
【衛成公】衛 文公의 아들로 이름은 鄭. B.C.634~600년까지 35년간 재위.
【叔父】周나라와 晉나라는 동성(姬姓)이며, 당시 周나라 왕은 천자이기는 하나
동성 제후국의 임금에 대해서는 자신과의 나이 차이에 따라 叔伯季 등을 붙여
공경의 의미로 칭호를 불러 대접해 주었음.

【君臣無獄】임금과 신하 사이에는 소송을 벌일 수 없음.

【私於衛侯】襄王이 衛侯 편을 든 것은 晉 文公을 제압하기 위한 것임.

【歸衛侯】衛侯는 衛 成公을 가리킴. 公侯伯子男 중에 '公'을 '侯'로 낮추어 부른 것. 진 문공은 위 성공을 압송하면서 독살하고자 하였으나, 노 희공 30년(B.C.630) 魯 僖公이 직접 나서서 위 성공을 변호하였고, 주 천자에게 보낼 때 천자와 문공에게 각각 벽옥 10쌍을 바쳤을 때 비로소 석방하였음. 〈魯語〉(上) "溫之會, 晉人執衛成公歸之于周"를 참조할 것.

참고 및 관련 자료

1. 《左傳》僖公 30년

晉侯使醫衍酖衛侯. 寗俞貨醫, 使薄其酖, 不死. 公爲之請, 納玉於王與晉侯, 皆十瑴, 王許之. 秋, 乃釋衛侯. 衛侯使賂周歂·冶廑曰:「苟能納我, 吾使爾爲卿.」周·冶殺元咺及子適·子儀. 公入, 祀先君, 周·冶旣服, 將命, 周歂先入, 及門, 遇疾而死. 冶廑辭卿.

九月甲午, 晉侯·秦伯圍鄭, 以其無禮於晉, 且貳於楚也. 晉軍函陵, 秦軍氾南. 佚之狐言於鄭伯曰:「國危矣, 若使燭之武見秦君, 師必退.」公從之. 辭曰:「臣之壯也, 猶不如人; 今老矣, 無能爲也已.」公曰:「吾不能早用子, 今急而求子, 是寡人之過也. 然鄭亡, 子亦有不利焉.」許之. 夜, 縋而出. 見秦伯曰:「秦·晉圍鄭, 鄭旣知亡矣. 若亡鄭而有益於君, 敢以煩執事. 越國以鄙遠, 君知其難也, 焉用亡鄭以陪鄰? 鄰之厚, 君之薄也. 若舍鄭以爲東道主, 行李之往來, 共其乏困, 君亦無所害. 且君嘗爲晉君賜矣, 許君焦·瑕, 朝濟而夕設版焉, 君之所知也. 夫晉, 何厭之有? 旣東封鄭, 又欲肆其西封. 不闕秦, 將焉取之? 闕秦以利晉, 唯君圖之.」秦伯說, 與鄭人盟, 使杞子·逢孫·楊孫戍之, 乃還. 子犯謂擊之. 公曰:「不可. 微夫人之力不及此. 因人之力而敝之, 不仁; 失其所與, 不知; 以亂易整, 不武. 吾其還也.」亦去之. 初, 鄭公子蘭出奔晉, 從於晉侯伐鄭, 請無與圍鄭. 許之, 使待命于東. 鄭石甲父·侯宣多逆以爲大子, 以求成于晉, 晉人許之.

019(2-5) 王孫滿觀秦師
왕만손이 진나라 군사를 살펴보다

양왕襄王 24년, 진秦나라 군대가 정鄭을 기습하고자 주周 북문을 통과하게 되었다. 좌우의 군사가 모두 투구만을 벗고 내려서 절하고는 재빨리 수레에 뛰어올라 타는 전차가 3백 승乘이나 되었다.

왕손만王孫滿은 이를 보고 왕에게 말하였다.

"진나라 군대는 반드시 재앙을 받을 것입니다."

왕이 물었다.

"어찌 그렇소?"

왕손만은 이렇게 대답하였다.

"진나라 군사는 경망하고 교만합니다. 경망하면 계책이 모자랄 테고, 교만하면 무례하게 됩니다. 무례하면 기강이 흩어지고 계책이 없으면 스스로 궁지에 빠지게 됩니다. 궁지에 빠져 기강이 흩어지고서 패하지 않을 수 있겠습니까? 진나라 군대가 벌을 받지 않는다면 이는 천도天道가 폐기된 것입니다."

이 전투에서 진나라 군대는 돌아오는 길에 진晉나라 사람들이 효산崤山에서 맞아 대패시켜, 진秦나라 세 장수 백을병白乙丙, 서걸술西乞術, 맹명시孟明視를 사로잡았다.

二十四年, 秦師將襲鄭, 過周北門. 左右皆免冑而下拜, 超乘者三百乘.

王孫滿觀之, 言於王曰:「秦師必有謫.」

王曰:「何故?」

對曰:「師輕而驕. 輕則寡謀, 驕則無禮; 無禮則脫, 寡謀自陷; 入險而脫, 能無敗乎? 秦師無讁, 是道廢也.」

是行也, 秦師還; 晉人敗諸崤, 獲其三帥丙·術·視.

【二十四年】 襄王 24년. 魯 僖公 33년(B.C.627)에 해당함.

【襲鄭】 秦나라가 大夫 孟明視를 시켜 정나라를 습격토록 함.

【免胄】 무례한 태도임을 말함.

【王孫滿】 주나라 定王 때의 대부. 襄王 때는 아직 어렸음.

【秦師還】 진나라 군대가 鄭나라를 치고자 하면서 滑국을 칠 때, 마침 鄭나라 상인 弦高가 이를 보고 자신을 정나라 대부라 속이고, 진나라 군사에게 잔치를 베풀어 술과 고기를 대접함. 이에 진나라 군대는 정나라가 이미 알고 방비를 하고 있을 것이라 착각하고 滑나라만 친 다음 군대를 되돌림.

【崤】 崤山. 晉나라 경내에 있었음.

【丙, 術, 視】 白乙丙, 西乞術, 孟明視 세 장수를 가리킴.

참고 및 관련 자료

1. 《左傳》 僖公 33년

三十三年春, 秦師過周北門, 左右免胄而下, 超乘者三百乘. 王孫滿尚幼, 觀之, 言於王曰:「秦師輕而無禮, 必敗. 輕則寡謀, 無禮則脫. 入險而脫, 又不能謀, 能無敗乎?」及滑, 鄭商人弦高將市於周, 遇之, 以乘韋先, 牛十二犒師, 曰:「寡君聞吾子將步師出於敝邑, 敢犒從者. 不腆敝邑, 爲從者之淹, 居則具一日之積, 行則備一夕之衛.」且使遽告于鄭. 鄭穆公使視客館, 則束載·厲兵·秣馬矣. 使皇武子辭焉, 曰:「吾子淹久於敝邑, 唯是脯資·餼牽竭矣, 爲吾子之將行也, 鄭之有原圃, 猶秦之有具囿也, 吾子取其麋鹿, 以閒敝邑, 若何? 杞子奔齊, 逢孫·楊孫奔宋. 孟明曰:「鄭有備矣, 不可冀也. 攻之不克, 圍之不繼, 吾其還也.」滅滑而還.

2. 《史記》 秦本紀

鄭人有賣鄭於秦曰:「我主其城門, 鄭可襲也.」繆公問蹇叔·百里傒, 對曰:「徑數國千里而襲人, 希有得利者. 且人賣鄭, 庸知我國人不有以我情告鄭者乎? 不可.」繆公曰:「子不知也, 吾已決矣.」遂發兵, 使百里傒子孟明視, 蹇叔子西乞術及白乙丙將兵. 行日, 百里傒·蹇叔二人哭之. 繆公聞, 怒曰:「孤發兵而子沮哭吾軍, 何也?」二老曰:「臣非敢沮君軍. 軍行, 臣子與往; 臣老, 遲還恐不相見, 故哭耳.」二老退, 謂其子曰:「汝軍卽敗, 必於殽阨矣.」三十三年春, 秦兵遂東, 更晉地, 過周北門. 周王孫滿曰:「秦師無禮, 不敗何待!」兵至滑, 鄭販賣賈人弦高, 持十二牛將賣之周, 見秦兵, 恐死虜, 因獻其牛, 曰:「聞大國將誅鄭, 鄭君謹修守備, 使臣以牛十二勞軍士.」秦三將軍相謂曰:「將襲鄭, 鄭今已覺之, 往無及已.」滅滑. 滑, 晉之邊邑也.

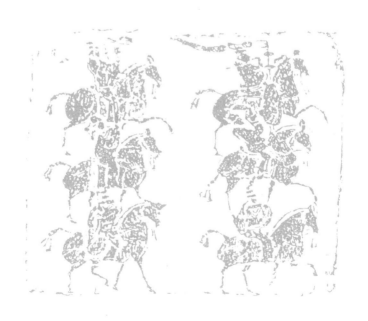

020(2-6) 定王論不用全烝之故
정왕이 전증의 예로써 하지 않은 이유를 논하다

진후晉侯, 景公가 수회隨會를 주周에 사절로 보내자, 주 정왕定王은 그를 효증餚烝의 예로써 대접하였으며, 마침 그 자리에 원양공原襄公이 배석하여 돕고 있었다. 수회가 차린 음식을 보고 원양공에게 은밀히 물었다.

"제가 듣기로 왕실의 예법에는 희생을 자르지 않고 통째로 쓴다고 하던데 지금 이것은 어떤 예법이오?"

정왕이 이들이 이야기하는 모습을 보고 원공을 불러 물었더니 원공이 수회가 한 말을 일러 주었다.

왕이 수회士季를 불러 이렇게 말하였다.

"그대는 듣지 못하였소? 체교禘郊에는 전증全烝을 쓰고, 왕과 공경이 서서 연회를 여는 어연飫宴에는 방증房烝을 쓰며, 친척들이 연회를 열어 즐겁게 먹고 마실 때는 효증을 쓰지요. 지금 그대는 남이 아니고, 또 숙부叔父, 晉 景公께서 그대 사계를 보낸 것은 구덕舊德을 돈독히 닦아 왕실을 돕기 위한 것이오. 이에 따라 오직 선왕의 연례宴禮를 따라 그대에게 해 주려는 것이오. 내 어찌 나만이 감히 전증이나 방증을 써서, 친척에게 해서는 안 되는 예를 충실히 함으로써 옛 법도를 어겨 전해오는 좋은 전례를 어지럽히려 하겠소?

게다가 오직 융적戎狄이라면 그들은 통째로 올리지요. 무릇 융적은 몽매하고 경솔하며 제멋대로 하는 이들로 탐욕만 부릴 뿐 사양할 줄 모르는 자들이오. 그 혈기가 닦이지 않아 마치 금수와도 같은 이들이오. 그들이 마침 찾아와 조공을 바치고 내릴 때면 맛과 향기가 좋은 음식을 기다리게 할 것도 없이 그저 문밖에 앉혀 놓고 통역관을 시켜 먹을 것 한 마리를 통째로 전해 주면 되오. 그대는 지금 우리 왕실의 첫째 둘째 순서의 가까운 형제로써 수시로 서로 만나 화목한 분위기에서 예식을 치름으로써 백성들에게 그러한 모습을 보고 배우도록 모범의 사례로 보여 주고 있소. 따라서 역시 부드럽고 훌륭한 음식을 고르고, 향기로운 음식을 선택하며, 술을 깨끗이 거르고, 온갖 과일과 과자를 변簿에 담아 내어놓고, 보궤簋簠를 깨끗이 닦아 차려 놓으며, 희생과 코끼리 문양을 넣은 술잔을 올리며, 준이樽彝의 술동이를 내어놓고, 가진 음식을 정조鼎俎에 진열하며, 그 위를 깨끗한 천으로 덮고, 경건하게 소제를 하며, 고기를 부위별로 잘 자르고 썰어 함께 마시고 먹지 않소? 이때에 고기를 잘라 조두俎豆에 다시 더 올려놓고 서로 가져온 연화宴貨를 선물로 주고받으며, 화합과 우호를 용납함을 드러내 보이는 것이니, 어찌 융적을 대접할 때처럼 단 한 가지 고기만 통째로 던져 주는 그런 모습이겠소?

무릇 천자와 제후 사이에 희생의 반을 올려놓는 어연은 장차 군사의 일을 토론하고 제도를 제정하여 큰 공훈을 세우며 대덕을 표창하기 위한 것으로써 그 때문에 선 채로 반을 잘라 올려놓고 예를 치르는 것일 뿐이오. 어연은 예물로써 경건함을 표시하기 위한 것이요, 가연家宴은 화합과 우호를 표시하기 위한 것이오. 그 때문에 어연은 해마다 열어도 권태롭지 아니하고 수시로 열어도 지나치지 않은 것이며 달마다 모임에, 열흘마다 만남에, 그리고 날마다 일을 마치고 서로 할 임무를 잊지 않을 수 있는 것이외다. 면복 등 물체는 공적을 밝혀내는 것이며, 채색과 장식은 현명함을 표시하는 것이며, 문채와 장식은 만물을 상징하는 것이며, 진퇴와 행동은 순서를 나타내는 것이며, 용모에는 숭고함이 있어야 하고, 위의에는 법칙이 있어야 하며, 오미五味는 기氣가 채워져 있어야 하며, 오색五色은 마음을 정밀하게 담고 있어야 하며, 오성五聲은 덕을 밝힐 수 있는 것이어야 하며, 오의五義는 마땅함의 벼리가 되어야 하며, 음식은 가히 입에 맞아야 하며, 화동和同은 볼만한 것이어야 하며, 재용財用은 훌륭하게 쓰임에 맞아야 하며, 법칙은 순리에 맞되

덕을 세울 수 있는 것이어야 하오. 옛날 예禮를 잘 집전함에 어찌 반드시 전증을 써야 한다는 것이겠소?"

수회는 드디어 감히 대답을 하지 못한 채 물러났다.

그리고 돌아와 하·은·주 삼대의 전례典禮를 모아 강론하고 이에 집질執秩을 수찬하여 이를 진晉나라 법으로 삼았다.

晉侯使隨會聘于周, 定王享之餚烝, 原公相禮.

范子私於原公曰:「吾聞王室之禮無毀折, 今此何禮也?」

王見其語, 召原公而問之, 原公以告.

王召士季, 曰:「子弗聞乎? 禘郊之事, 則有全烝; 王公立飫, 則有房烝; 親戚宴饗, 則有餚烝. 今女非他也, 而叔父使士季實來修舊德, 以獎王室. 唯是先王之宴禮, 欲以貽女. 余一人敢設飫禘焉, 忠非親禮, 而干舊職, 以亂前好? 且唯戎狄則有體薦. 夫戎狄, 冒沒輕儳, 貪而不讓. 其血氣不治, 若禽獸焉. 其適來班貢, 不俟馨香嘉味, 故坐諸門外, 而使舌人體委與之. 女今我王室之一二兄弟, 以時相見, 將和協典禮, 以示民訓則. 無亦擇其柔嘉, 選其馨香, 潔其酒醴, 品其百籩, 修其簠簋, 奉其犧象, 出其樽彝, 陳其鼎俎, 淨其巾冪, 敬其祓除, 體解節折而共飲食之? 於是乎有折俎加豆, 酬幣宴貨, 以示容合好, 胡有孑然其郊戎·狄也?

夫王公諸侯之有飫也, 將以講事成章, 建大德·昭大物也, 故立成禮烝而已. 飫以顯物, 宴以合好, 故歲飫不倦, 時宴不淫, 月會·旬修, 日完不忘. 服物昭庸, 采飾顯明, 文章比象, 周旋序順, 容貌有崇, 威儀有則, 五味實氣, 五色精心, 五聲昭德,

五義紀宜, 飮食可饗, 和同可觀, 財用可嘉, 則順而德建. 古之善禮者, 將焉用全烝?」

武子遂不敢對而退. 歸乃講聚三代之典禮, 於是乎修執秩以爲晉法.

【晉侯】景公을 가리킴. 晉 文公의 손자이며 成公의 아들. 이름은 獳. B.C.599~581년까지 19년간 재위함.

【隨會】晉나라 正卿. 范子. 자는 士季. 그 채읍이 范과 隨 땅이어서 혹 范會, 隨會 등으로 불림.

【定王】周나라 襄王의 손자이며 頃王의 아들. 이름은 瑜(姬瑜). B.C.606~586년까지 21년간 재위함.

【殽烝】육류나 생선을 통째로 놓지 않고 토막을 내어 썰어 놓은 것. 가족이나 친하고 가까운 사이에 스스럼없이 대접하는 하찮은 식사를 의미함.

【原公】周나라 卿. 原襄公.

【禘郊】禘祭와 郊祭. 체는 천자가 종묘에서 모든 조상신에게 드리는 큰 제사이며, 郊祭는 교외에서 천지, 오악, 산천에게 드리는 큰 제사.

【飫】飫宴. 선 채로 연회를 여는 것을 '飫'라 함.

【房烝】희생의 반 마리만을 큰 俎豆에 올려놓은 것.

【飫禘】飫는 희생의 반만을 올려놓고 올리는 禮.

【舌人】통역이나 번역을 하는 자. 통역관.

【無亦~共飮食之】이 문장에 다른 백화어 번역본은 모두 '無'자의 의미를 해석하지 아니한 채 전체를 긍정문으로 보았으나, 역자는 반어법 문장으로 보았다. 따라서 문장 표점과 부호도 그에 맞게 고쳤다.

【籩】대나무로 만든 그릇. 4승 들이이며 대추, 밤, 마른 식품을 담는 그릇임.

【簠簋】보(簠)는 방형의 대나무 그릇이며, 궤(簋)는 원형의 그릇. 모두 黍·稷·稻·粱 등을 담는 데 사용하는 禮器임.

【犧象】희생이나 코끼리 형상으로 조각한 술동이.

【豆】음식물을 담아 올려놓는 禮器.

【宴貨】연회 석상에서 서로 주고받기 위해 준비한 선물.

【子然】한 마리를 통째로 내다 놓는 상차림을 말함.

【月會】한 달이 지나 각기 모여 그 비용 등에 대한 통계를 작성하는 회의.

【旬修】열흘에 한 번씩 모여 그 동안 이룬 일을 점검하는 정례 회의.

【日完】매일 일을 마치고 결산하기 위해 열리는 회의.

【服物昭庸】冕服과 물체는 공적을 밝게 드러내는 것임.

【文章比象】문장은 예복의 수놓은 문양. 이는 山·龍·花·蟲을 넣어 그 덕을 상징한 것임.

【周旋順序】周旋은 행동거지, 진퇴와 용지. 禮를 행할 때의 태도와 모습을 말함.

【五味】酸·苦·甘·辛·鹹 등 음식의 각종 맛.

【五色】靑·赤·黃·白·黑 등 여러 색깔.

【五聲】宮·商·角·徵·羽의 다섯 가지 음계. 여기서는 음악을 말함.

【五義】父仁·母慈·兄友·弟恭·子孝 등의 人倫.

【武子】隨會. 시호가 '武'였음.

【三代】夏·殷·周의 개국 군주 시대. 이상 시대로 보아 그 때의 문물제도를 근본을 삼았음을 말함.

【典禮】典故와 禮制. 문물제도를 말함.

【執秩】춘추시대 晉나라 제도로 爵祿과 法令을 제정한 것. 晉 文公이 만들었으나 靈公 이후 사용하지 않음. 그 때문에 范會가 이를 다시 수찬하고 정비하여 晉法으로 삼아 사용한 것임.

021(2-7) 單襄公論陳必亡
선양공이 진나라는 틀림없이
망할 것임을 논하다

　주周 정왕定王이 선양공單襄公으로 하여금 송宋나라에 빙문하러 보내면서, 그 일을 완성하고 나면 진陳나라 길을 빌려 초楚나라까지 사절로 다녀오도록 하였다.

　그가 진나라 길로 들어섰더니 아침에 심성心星이 보이는 10월인데도 도로는 잡초가 우거져 걸을 수 없을 정도였고, 외빈을 안내할 책임을 맡은 자는 국경에 나와 있지도 않았으며, 사공司空은 길의 보수 여부에 대한 시찰도 없었고, 못은 제방도 없었고, 내에는 건널 다리도 놓지 않았으며, 들에는 곡식을 야적해 놓은 그대로였으며, 타작 작업도 제대로 마치지 않은 채 방치해 두었고, 길에는 가로수도 없었으며, 농지에는 가을풀이 무성하였으며, 식당에 들어가도 주방에서 음식도 제대로 차려나오지 않았으며, 사리司里에서는 묵을 방도 정해 놓지 않았으며, 도성에 들어서도 숙소가 정해지지 않았으며, 현縣에 들어서도 객사도 마련되지 않은 것이었다. 그리고 백성들은 모두 하씨夏氏의 집일을 하는 데 동원되어 있었다.

　드디어 진나라 도읍에 이르자 진陳 영공靈公은 공녕孔寧, 의행보儀行父 등과 남관南冠을 쓰고 하희夏姬 집으로 가서 노느라 외빈을 그대로 머물게 한 채 나와 접견하지도 않는 것이었다.

　선자가 귀국하여 정왕에게 이렇게 보고하였다.

　"진 영공 자신이 큰 재앙을 입지 않으면 틀림없이 나라가 망하고 말 것입니다."

정왕이 물었다.

"무슨 이유요?"

선양공이 대답하였다.

"무릇 진성辰星이 각수角宿에 나타나면 장마철이 끝나고, 천근성天根星이 나타나면 물이 마르기 시작하며, 본성本星이 보이면 초목이 조락하기 시작하며, 사성駟星이 보이면 서리가 내리고, 화성火星이 나타나면 맑은 바람이 불어 추위를 대비해야 합니다. 그 때문에 선왕先王께서는 '우기가 끝나면 길을 닦아 수리하고, 물이 마르기 시작하면 다리를 놓아야 하며, 초목이 조락하기 시작하면 물건과 곡식을 갈무리하며, 서리가 내리면 겨울나기 갖옷 따위를 갖추어야 하며, 맑은 바람이 불어오면 성곽과 궁실을 수리해야 한다'라고 가르치신 것입니다. 그러므로 〈하령夏令〉에 '9월에 길을 청소하고, 10월에는 다리를 놓는다'라 한 것이며, 그 절기마다 경계하기를 '곡물을 거두어 너의 타작을 하되 삼태기와 들것을 잘 준비하여라. 영실성營室星이 중천에 오면 토목공사를 시작하여라. 화성이 처음 나타나면 모두들 사리에 함께 모여 작업을 서둘러라'라 하였던 것입니다. 이것이 선왕께서 재물을 사용하지 아니하고도 천하에 덕을 넓게 펼 수 있었던 방법입니다. 그런데 지금 진나라는 화성이 새벽에 보이는 절기인데도 도로는 정비되지 않아 막힌 것과 같으며, 들에는 곡물을 그대로 버려두다시피 하고 있으며, 못에는 제방도 없이 그대로 터져 있으며 내에는 배나 다리도 없습니다. 이는 선왕의 가르침을 내팽개친 것입니다.

주周나라 제도에는 이렇게 되어 있습니다.

'줄 세워 나무를 심어 도로를 표시하고, 변방에는 비식鄙食을 두어 도로를 지킨다. 도성에는 교목郊牧을 두고, 변경에는 우망寓望을 두며, 늪에는 포초圃草를 기르고, 원유苑囿에는 숲과 못을 설치한다. 이는 화재나 재난을 막기 위한 것이다. 그 나머지 땅은 어디나 곡식을 심을 수 있으니 백성은 쟁기를 그대로 매달아 둔 채 노는 일이 없도록 하고, 들에는 잡초가 우거지도록 해서는 안 된다. 백성의 농사철을 빼앗지 말 것이며, 백성이 업적을 내지 못하게 해서는 안 된다. 여유는 있고 궁핍함은 없도록 할 것이며, 편안함은 즐기되 지치게 해서는 안 된다. 농사를 짓지 않는 도성에는 그 일에 따라 반열이 있으며, 현縣에는 그 주민 노역의 윤번제 차례가 있다.'

그런데 지금 진나라는 도로는 알아볼 수 없이 황폐하고, 농토는 잡초가 뒤섞여 있으며, 농사를 다 지어놓고도 거두지 않고 있으며, 백성은 지치기만 할 뿐 편안한 즐거움이란 없습니다. 이는 선왕의 법과 제도를 내팽개친 것입니다.

그리고 주나라《질관秩官》에는 이렇게 되어 있습니다.

'대등한 나라의 국빈이 오면 관윤關尹은 이를 보고하고, 행리行理는 이를 절도에 맞추어 맞이하며, 후인候人은 길을 안내하고, 경卿은 교외에 가서 그를 위로하며, 문윤門尹은 문을 열어 주며, 종축宗祝은 제사를 집전하며, 사리司里는 숙소를 지정해 주며, 사도司徒는 시중 들 사람을 갖추어 주며, 사공司空은 길을 살펴 정비하며, 사구司寇는 치안을 책임지며, 우인虞人은 목재를 날라오고, 전인甸人은 땔감을 준비하며, 화사火師는 정료庭燎를 맡아 감독하고, 수사水師는 세탁, 목욕, 세수 등에 쓰일 물을 관리하며, 선재膳宰는 음식을 준비하고, 늠인廩人은 요리를 올리며, 사마司馬는 꼴을 펼쳐 놓고, 공인工人은 수레를 살펴두며, 백관百官은 그에게 줄 예물을 가져오도록 하여 손님으로 하여금 마치 이 나라에 온 것이 자신의 집으로 돌아간 것처럼 편안히 느끼도록 한다. 이로써 관직의 대소를 막론하고 어느 사신이나 그 나라에 온 자는 고마움과 애정을 갖게 되는 것이다. 자신들보다 신분이 높은 나라의 국빈이 이르렀을 때는 그보다 한 등급씩 올려 위의 일을 담당하되 더욱 경건히 한다. 만약 왕(천자)의 사신일 경우라면 모든 관원이 그 일에 임하며 상경上卿이 이를 감독한다. 나아가 천자가 직접 순수巡守할 때라면 임금이 직접 나서서 이를 감독한다.'

지금 비록 제朝가 재능은 없으나 그래도 주나라 왕실의 분족分族이며, 왕의 명령을 받고 국빈으로써 진나라에 간 것인데 임무를 맡은 이들은 나타나지도 않았으니, 이는 선왕의 관제官制를 모멸한 것입니다.

선왕께서는 이런 법령을 두셨습니다.

'천도란 착한 일을 하는 자에게는 상을 내리고 일탈한 짓을 하는 자에게는 벌을 내린다. 그러니 우리는 나라를 세워 나가면서 옳지 않은 것은 따르지 말 것이며, 일탈한 행동이 없도록 하라. 각기 자신의 직책을 법대로 지켜내어 하늘의 훌륭한 복을 받을지어다.'

그런데 지금 진 영공은 대대로 이어온 상규常規를 염두에 두지 않고, 그의 짝이 되는 비빈을 버리고 공녕과 의행보 등 경과 보좌를 이끌고 하희 집으로 가서 음란한 짓을 하고 있으니, 이는 역시 주나라 성씨를 더럽힌 것이 아니겠습니까? 진陳은 우리 대희大姬의 후손입니다. 그런데 정식 조복인 곤면袞冕을 버리고 남관을 쓰고 나왔으니, 이 역시 법도를 저버린 것이 아닙니까? 이는 선왕의 법령을 범한 것입니다.

옛 선왕의 가르침은 그 덕을 힘써 따르면서도 오히려 그를 저버리거나 넘어서면 어쩌나 하고 두려워해야 할 것들입니다. 만약 그 가르침을 폐기하거나 그 법제를 버린다거나, 그 관제를 모멸한다거나 그 법령을 범한다면 어찌 장차 나라를 지켜낼 수 있겠습니까? 게다가 진나라는 큰 나라들의 중간에 끼어 있으면서 이상 교敎·제制·관官·영令 네 가지를 갖추지 못하고 있으니 능히 오래 버틸 수 있겠습니까?"

정왕 6년, 선양공이 초나라에 이르렀다.

정왕 8년, 진 영공이 하징서夏徵舒에게 살해되었다.

정왕 9년, 초楚 장왕莊王이 진나라를 쳐들어갔다.

定王使單襄公聘於宋, 遂假道於陳, 以聘於楚. 火朝覿矣, 道茀不可行, 候不在疆, 司空不視塗, 澤不陂, 川不梁, 野有庾積, 場功未畢, 道無列樹, 墾田若蓺, 饍宰不致餼, 司里不授館, 國無寄寓, 縣無施舍, 民將築臺於夏氏.

及陳, 陳靈公與孔寧·儀行父南冠以如夏氏, 留賓不見.

單子歸, 告王曰:「陳侯不有大咎, 國必亡.」

王曰:「何故?」

對曰:「夫辰角見而雨畢, 天根見而水涸, 本見而草木節解, 駟見而隕霜, 火見而清風戒寒. 故先王教之曰:『雨畢而除道, 水涸而成梁, 草木節解而備藏, 隕霜而冬裘具, 清風至而修城郭宮室.』故〈夏令〉曰:『九月除道, 十月成梁.』其時儆曰:『收而場功, 偫而畚挶, 營室之中, 土功其始. 火之初見, 期于司里.』此先王所以不用財賄, 而廣施德於天下者也. 今陳國火朝覿矣, 而道路若塞, 野場若棄, 澤不陂障, 川無舟梁, 是廢先王之教也.

周制有之曰:『列樹以表道, 立鄙食以守路. 國有郊牧, 疆有寓望, 藪有圃草, 囿有林池, 所以禦災也. 其餘無非穀土, 民無懸耜, 野無奧草, 不奪民時, 不蔑民功. 有優無匱, 有逸無罷. 國有班事, 縣有序民.』今陳國道路不可知, 田在草間, 功成而不收, 民罷於逸樂, 是棄先王之法制也.

周之《秩官》有之曰:『敵國賓至, 關尹以告, 行理以節逆之, 候人爲導, 卿出郊勞, 門尹除門, 宗祝執祀, 司里授館, 司徒具徒, 司空視塗, 司寇詰姦, 虞人入材, 甸人積薪, 火師監燎, 水師監濯, 膳宰致饔, 廩人獻餼, 司馬陳芻, 工人展車, 百官以物至, 賓入如歸. 是故小大莫不懷愛. 其貴國之賓至, 則以班加一等, 益虔. 至於王吏, 則皆官正蒞事, 上卿監之. 若王巡守, 則君親監之.』今雖朝也不才, 有分族於周, 承王命以爲過賓於陳, 而司事莫至, 是蔑先王之官也.

先王之令有之曰:『天道賞善而罰淫, 故凡我造國, 無從非彝, 無卽慆淫, 各守爾典, 以承天休.』今陳侯不念胤續之常, 棄其

伉儷妃嬪, 而帥其卿佐以淫於夏氏, 不亦瀆姓矣乎? 陳, 我大姬之後也, 棄衰冕而南冠以出, 不亦簡彝乎? 是又犯先王之令也.

昔先王之教, 懋帥其德也, 猶恐殞越. 若廢其教而棄其制, 蔑其官而犯其令, 將何以守國? 居大國之間, 而無此四者, 其能久乎?」

六年, 單子如楚.

八年, 陳侯殺於夏氏.

九年, 楚子入陳.

【單襄公】周나라 定王의 경사. 이름은 朝. 單子라고도 부름. 周나라 때는 주왕실 내에 公侯伯子男의 작위를 가진 자가 卿士의 직책을 맡아 天子를 보좌하고 있었으며, 諸侯 역시 이의 작위를 붙여 호칭하였음. '單'은 지명이나 성씨일 경우 '선'으로 읽음.

【假道於陳】주 왕실이 이미 쇠미하여 제후국에게 통과를 허락받아야 할 정도였음.

【火朝覿矣】'火'는 별 이름으로 心星. 심성이 아침에 나타나 보임. 이는 夏曆으로 10월임을 말함.

【茀】들에 풀이 가득하여 길을 막고 있음.

【候】候人. 미리 나와 빈객이 오는 것을 살피고 있다가 맞이하는 임무를 맡은 관원.

【司空】토목 공사, 건축, 도로 정비 등을 맡은 관원.

【司里】마을마다 나그네나 외빈의 통과를 위해 객사를 지어 대비하며 이를 관리하는 것을 말함.

【施舍】旅館. 旅舍.

【夏氏】陳나라 대부 夏徵舒. 夏姬의 아들. 하희가 靈公 등 조정 대신과 어울려 간음을 저지르고 있었으며, 이에 임금이 하희를 위해 놀이터, 누대 등을 건설하느라 백성을 모두 동원하여 다른 일을 할 겨를이 없었음.

【陳靈公】陳나라 恭公의 아들이며 이름은 平國. B.C.613~599년까지 15년간 재위함.

【孔寧, 儀行父】 인명. 둘 모두 陳나라 卿士로 영공과 함께 하희와 어울려 공공연하게 음란한 행동을 하고 있었음.

【南冠】 楚나라 모자. 초나라는 南蠻으로 취급받아 中原의 陳나라에 비해 작위가 낮아 자신들의 모자만을 쓰도록 되어 있음.

【如夏氏】 '如'는 '가다'의 뜻. 진 영공이 세 신하와 함께 하징서의 집으로 가서 하희와 통간함.

【辰角見於雨畢】 辰(별 이름)이 이십팔수 중 각수(角宿)에 나타남. 이렇게 되면 장마철이 끝나고 건기가 다가옴.

【天根而水涸】 天根은 별 이름. 항수(亢宿)와 저수(氐宿) 사이에 있음. 이는 寒露 5일 뒤 나타나며 이때부터는 河水가 마르기 시작함.

【本】 저수(氐宿).

【駟】 방수(房宿).

【火】 심성(心星).

【夏令】 夏나라 때의 月令.

【偫而畚梮】 '偫'는 '치'로 읽으며, 준비하여 처리함. '畚'은 삼태기. '梮'은 물건을 들 때 사용하는 기구.

【營室】 별 이름. 定星. 정성이 하늘의 중앙에 왔을 때 집을 지으면 상서롭다고 여겼음.

【鄙食】 鄙는 교외 아주 먼 곳. 그곳에 간단히 집을 지어 나그네나 외빈이 통과할 때 음식을 대접하도록 하는 제도.

【藪有圃草】 藪는 물이 없는 늪. 圃草는 아주 무성하게 우거진 키 큰 풀을 말함.

【序民】 백성들을 윤번제로 노역을 시키고 휴식을 취하도록 함.

【秩官】 책 이름. 관직의 내용을 정리하여 규정한 것.

【敵國】 公侯伯子男의 작위 등급이 동등한 상대 나라.

【關尹】 관문을 지키는 수비대의 수장.

【宗祝】 宗伯과 太祝. 제사와 기도를 맡은 관원.

【虞人】 산림과 河澤을 관리하는 관원.

【甸人】 땔감을 공급하는 일을 맡은 관원.

【展】 살펴봄.

【朝】 單襄公의 이름.

【天休】하늘이 내린 休祥. 천복.

【嬻】'瀆'과 같음. '더럽히다'의 뜻.

【大姬】周 武王(姬發)의 딸. 陳나라 시조 虞胡公에게 시집을 갔음.

【簡彝】'簡'은 제멋대로 간소화함. '彝'는 떳떳한 법도.

【四者】敎·制·官·令 등 네 가지를 말함.

【陳侯殺於夏氏】陳 靈公이 夏徵舒에게 죽음을 당함. 魯 宣公 10년(B.C.599) 陳 靈公이 孔寧, 儀行父 등과 함께 하징서의 집에서 하징서의 어머니 하희와 줄곧 사통을 하고 있었는데, 어느 날 함께 술을 마시며 영공이 의행보에게 "하징서가 그대를 닮았다"고 하자, 의행보가 "임금을 닮았다"고 하는 등 戲謔을 일삼으며 놀았음. 이를 들은 하징서가 참다못해 영공을 살해하고 난을 일으킴.

【楚子入陳】夏徵舒가 靈公을 살해하자, 孔寧과 儀行父 등은 楚나라로 피신하였음. 이때 楚 莊王이 하징서를 토벌한다는 명목으로 출병, 陳나라를 쳐들어가 멸망시켰다가 뒤에 다시 복구하여 주었음.

참고 및 관련 자료

1.《左傳》宣公 9年

陳靈公與孔寧·儀行父通於夏姬, 皆衷其衵服, 以戲于朝. 洩冶諫曰:「公卿宣淫, 民無效焉, 且聞不令. 君其納之!」公曰:「吾能改矣.」公告二子. 二子請殺之, 公弗禁, 遂殺洩冶. 孔子曰:「詩云, '民之多辟, 無自立辟.' 其洩冶之謂乎!」

2.《左傳》宣公 11年

冬, 楚子爲陳夏氏亂故, 伐陳. 謂陳人「無動! 將討於少西氏」. 遂入陳, 殺夏徵舒, 轘諸栗門. 因縣陳. 陳侯在晉. 申叔時使於齊, 反, 復命而退. 王使讓之, 曰:「夏徵舒爲不道, 弑其君, 寡人以諸侯討而戮之, 諸侯·縣公皆慶寡人, 女獨不慶寡人, 何故?」對曰:「猶可辭乎?」王曰:「可哉!」曰:「夏徵舒弑其君, 其罪大矣; 討而戮之, 君之義也. 抑人亦有言曰: '牽牛以蹊人之田, 而奪之牛.' 牽牛以蹊者, 信有罪矣; 而奪之牛, 罰已重矣. 諸侯之從也, 曰討有罪也. 今縣陳, 貪其富也. 以討召諸侯, 而以貪歸之, 無乃不可乎?」王曰:「善哉!吾未之聞也. 反之, 可乎?」對曰: 「吾儕小人所謂取諸其懷而與之'也.」乃復封陳. 鄉取一人焉以歸, 謂之夏州. 故書曰「楚子入陳. 納公孫寧·儀行父于陳」, 書有禮也.

3. 《**左傳**》成公 2年

楚之討陳夏氏也, 莊王欲納夏姬. 申公巫臣曰:「不可. 君召諸侯, 以討罪也; 今納
夏姬, 貪其色也. 貪色爲淫. 淫爲大罰. 周書曰:『明德愼罰』, 文王所以造周也.
明德, 務崇之之謂也; 愼罰, 務去之之謂也. 若興諸侯, 以取大罰, 非愼之也. 君其
圖之!」王乃止. 子反欲取之, 巫臣曰:「是不祥人也. 是夭子蠻, 殺御叔, 殺靈侯,
戮夏南, 出孔, 儀, 喪陳國, 何不祥如是? 人生實難, 其有不獲死乎! 天下多美
婦人, 何必是?」子反乃止. 王以予連尹襄老. 襄老死於邲, 不獲其尸. 其子黑要
烝焉. 巫臣使道焉, 曰:「歸, 吾聘女.」又使自鄭召之, 曰:「尸可得也, 必來逆之.」
姬以告王. 王問諸屈巫. 對曰:「其信. 知罃之父, 成公之嬖也, 而中行伯之季弟也,
新佐中軍, 而善鄭皇戌, 甚愛此子. 其必因鄭而歸王子與襄老之尸以求之. 鄭人
懼於邲之役, 而欲求媚於晉, 其必許之.」王遣夏姬歸. 將行, 謂送者曰:「不得尸,
吾不反矣.」巫臣聘諸鄭, 鄭伯許之. 及共王卽位, 將爲 橋之役, 使屈巫聘於齊,
且告師期. 巫臣盡室以行. 申叔跪從其父, 將適郢, 遇之, 曰:「異哉! 夫子有三軍
之懼, 而又有桑中之喜, 宜將竊妻以逃者也」及鄭, 使介反幣, 而以夏姬行. 將奔齊,
齊師新敗, 曰:「吾不處不勝之國.」遂奔晉, 而因郤至, 以臣於晉. 晉人使爲邢大夫.
子反請以重幣錮之. 王曰:「止! 其自爲謀也則過矣, 其爲吾先君謀也則忠. 忠,
社稷之固也, 所蓋多矣. 且彼若能利國家, 雖重幣, 晉將可乎? 若無益於晉, 晉將
棄之, 何勞錮焉?」

4. 《**穀梁傳**》宣公 9년

陳殺其大夫泄冶, 稱國以殺其大夫, 殺無罪也. 泄冶之無罪如何? 陳靈公通於夏
徵舒之家, 公孫寧·儀行父, 亦通. 其家, 或衣其衣, 或衷其襦, 以相戲於朝. 泄冶
聞之, 入諫曰:「使國人聞之則猶可, 使仁人聞之則不可.」君愧於泄冶, 不能用其
言而殺之.

5. 《**史記**》陳杞世家

十四年, 靈公與其大夫孔寧·儀行父皆通於夏姬, 衷其衣以戲於朝. 泄冶諫曰:
「君臣淫亂, 民何效焉?」靈公以告二子, 二子請殺泄冶, 公弗禁, 遂殺泄冶. 十五年,
靈公與二子飮於夏氏. 公戲二子曰:「徵舒似汝.」二子:「亦似公.」徵舒怒. 靈公
罷酒出, 徵舒伏弩廏門射殺靈公. 孔寧·儀行父皆奔楚, 靈公太子午奔晉. 徵舒
自立爲陳侯. 徵舒, 故陳大夫也. 夏姬, 御叔之妻, 舒之母也. 成公元年冬, 楚莊
王爲夏徵舒殺靈公, 率諸侯伐陳. 謂陳曰:「無驚, 吾誅徵舒而已.」已誅徵舒,

因縣陳而有之, 群臣畢賀. 申叔時使於齊來還, 獨不賀. 莊王問其故, 對曰:「鄙語有之, 牽牛徑人田, 田主奪之牛. 徑則有罪矣, 奪之牛, 不亦甚乎? 今王以徵舒爲賊弒君, 故徵兵諸侯, 以義伐之, 已而取之, 以利其地, 則後何以令於天下! 是以不賀.」莊王曰:「善.」乃迎陳靈公太子午於晉而立之, 復君陳如故, 是爲成公. 孔子讀史記至楚復陳, 曰:「賢哉楚莊王! 輕千乘之國而重一言.」[二十] 八年, 楚莊王卒. 二十九年, 陳倍楚盟. 三十年, 楚共王伐陳. 是歲, 成公卒, 子哀公弱立. 楚以陳喪, 罷兵去.

6. 《新序》雜事(一)

楚莊王旣討陳靈公之賊, 殺夏徵舒, 得夏姬而悅之. 將近之. 申公巫臣諫曰:「此女亂陳國, 敗其群臣, 孽女不可近也.」莊王從之. 令尹又欲取, 申公巫臣諫, 令尹從之. 後襄尹取之. 至恭王, 與晉戰於鄢陵, 楚兵敗, 襄尹死, 其屍不反, 數求晉, 不與. 夏姬請如晉求屍, 楚方遣之. 申公巫臣將使齊, 私說夏姬, 與謀. 及夏姬行, 而申公巫臣廢使命, 道亡, 隨夏姬之晉. 令尹將徙其族, 言之於王曰:「申公巫臣諫先善王以無近夏姬, 今身廢使命, 與夏姬逃之晉, 是欺先王也, 請徙其族.」王曰:「申公巫臣爲先王謀則忠, 自爲謀則不忠, 是厚於先王而自薄也, 何罪於先王?」遂不徙.

7. 《藝文類聚》卷35

列女傳曰: 夏姬者, 陳大夫徵舒母也. 狀美好, 老而復壯者三. 三爲王后, 諸侯爭之, 莫不迷惑. 陳靈公與孔甯儀父皆通焉. 或衣其衣, 或裝其幡. 幡, 蔽膝衣, 以戲於朝.

8. 기타 참고자료

《群書治要》卷二

劉康公論魯大夫儉與侈
유강공이 노나라 대부의 검소함과
사치에 대하여 논하다

주周 정왕定王 8년, 유강공劉康公이 사신이 되어 노나라에 빙문을 가서 그곳 대부들에게 가지고 온 예물을 나누어 주었다.

그런데 계문자季文子와 맹헌자孟獻子는 모두 검소하였으나, 숙손선자叔孫宣子와 동문자가東門子家는 모두 사치를 부리며 사는 것이었다.

유강공이 돌아오자 정왕이 물었다.

"노나라 대부들 중에 누가 어질더이까?"

유강공이 대답하였다.

"계문자와 맹헌자는 노나라에 오래 벼슬할 것입니다! 그러나 숙손선자와 동문자가는 망할 것입니다! 그 집안이 망하지 않으면 그들 자신이 틀림없이 화를 면하지 못할 것입니다."

정왕이 물었다.

"무슨 까닭이오?"

유강공은 이렇게 설명하였다.

"제가 듣기로 신하는 신하다워야 하며, 임금은 임금다워야 한다고 하였습니다. 관숙선혜寬肅宣惠는 임금의 의무이며, 경각공검敬恪恭儉은 신하의 도리입니다. 관寬은 근본을 보호하는 것이며, 숙肅은 농사철을 맞추어 주는 것이며, 선宣은 교화를 베푸는 것이며, 혜惠는 백성을 화평하게 하는 것입니다. 근본이 보호를 받고 있으면 틀림없이 견고할 것이요, 때맞추어 동원하여 성취를 얻으면 업적을 어그러뜨릴 이유가 없을 것이며, 교화가 베풀어져 선양되면 두루 고르게 될 것이요, 은혜로써 백성이 화평하게 되면 부유해질 것입니다. 만약 근본이 견고하고 업적이 성취가 있으며 교화가 두루 퍼지고 백성이 풍족하다면 백성을 길이 보존할 것이니, 그 무슨 일인들 성취하지 못할 것이 있겠습니까?

그리고 경敬은 임금의 명을 이어받는 것이며, 각恪은 자신의 업무를 지켜내는 것이며, 공恭은 일을 잘 처리하는 것이며, 검儉은 재용을 풍족하게 하는 것입니다. '경'으로써 임금의 명을 받으면 위배됨이 없을 것이며, '각'으로써 업무를 지켜내면 게으름이 없을 것이며, '공'으로써 일을 처리하면 죽을 일에도 관대하게 할 것이며, '검'으로써 재용을 풍족하게 하면 근심으로부터 멀어질 것입니다. 만약 명을 받으면서 위배됨이 없고 업무를 지켜내어 게으름이 없으며, 죽음에도 관대하고 근심에서도 멀어진다면 상하에 틈이 생길 수 없을 것이니 그 어떤 임무인들 감당해 내지 못하겠습니까? 윗사람이 일을 맡아 투철하고 아래에서는 그 임무를 감당해 내게 되면, 그로써 아름다운 소문에 길이 이어갈 것입니다. 그런데 지금 노나라 두 대부는 검소하니 그 재용을 능히 풍족하게 할 것이요, 재용을 풍족하게 하면 그 혈족이 보호를 받을 수 있습니다. 그러나 두 대부는 사치를 부리고 있으니, 사치를 부리면 곤궁한 자를 구휼할 줄 모르게 되고, 곤궁한 데도 구휼해 내지 못하면 우환이 틀림없이 다가오고 말 것이니, 그렇게 되면 자신의 몸을 위해 더욱 널리 백성으로부터 긁어모을 것입니다. 게다가 신하가 되어 사치를 부린다면 국가나 가정이 모두 그 부담을 감내해 낼 수가 없게 되니 이는 멸망의 지름길입니다."

정왕이 물었다.

"얼마나 오래 갈 수 있을 것 같소?"

유강공이 말하였다.

"동문자가는 그 지위가 숙손선자보다 낮은데도 그보다 더 교만하고 사치스러우니, 두 임금을 섬길 기간까지 갈 수 없을 것입니다. 그리고 숙손선자의 지위는 계문자나 맹헌자보다 낮은데도 역시 교만과 사치를 부리니, 세 임금을 섬길 기간까지 갈 수 없을 것입니다. 만약 그보다 일찍 죽어 없어지면 오히려 낫겠지만, 더 몇 년을 그 악행을 저지른다면 틀림없이 집안이 멸망하고 말 것입니다."

주 정왕 16년, 노魯 선공宣公이 죽었다.

주나라에 선공의 죽음을 알리는 자가 아직 이르지 않았을 때, 동문씨 집에서 먼저 달려와 노나라에 난이 일어났다고 알려왔다. 결국 동문자가는 제齊나라로 달아나고 말았다.

간왕簡王 11년, 노나라 숙손선백(叔孫宣伯, 숙손선자)도 역시 제나라로 도망하였는데 그 해는 성공成公이 죽기 2년 전이었다.

定王八年, 使劉康公聘於魯, 發幣於大夫.

季文子·孟獻子皆儉, 叔孫宣子·東門子家皆侈.

歸, 王問:「魯大夫孰賢?」

對曰:「季·孟其長處魯乎! 叔孫·東門其亡乎! 若家不亡, 身必不免.」

王問:「何故?」

對曰:「臣聞之: 爲臣必臣, 爲君必君. 寬肅宣惠, 君也; 敬恪恭儉, 臣也. 寬所以保本也, 肅所以濟時也, 宣所以教施也, 惠所以和民也. 本有保則必固, 時動而濟則無敗功, 教施而宣則徧, 惠以和民則阜. 若本固而功成, 施徧而民阜, 乃可以長保民矣, 其何事不徹? 敬所以承命也, 恪所以守業也, 恭所以給事也, 儉所以足用也. 以敬承命則不違, 以恪守業則不懈, 以恭給事則寬於死, 以儉足用則遠於憂. 若承命不違, 守業不懈, 寬於死而遠於憂, 則可以上下無隙矣, 其何任不堪? 上任事而徹, 下能堪其任, 所以爲令聞長世也. 今夫二子者儉, 其能足用矣, 用足則族可以庇. 二子者侈, 侈則不恤匱, 匱而不恤, 憂必及之, 若是則

必廣其身. 且夫人臣而侈, 國家弗堪, 亡之道也.」

王曰:「幾何?」

對曰:「東門之位不若叔孫, 而泰侈焉, 不可以事二君. 叔孫之位不若季孟, 而亦泰侈焉, 不可以事三君. 若皆蚤世猶可, 若登年以載其毒, 必亡.」

十六年, 魯宣公卒.

赴者未及, 東門氏來告亂, 子家奔齊.

簡王十一年, 魯叔孫宣伯亦奔齊, 成公未歿二年.

【定王】 東周의 임금. 이름은 姬瑜. B.C.606~586년까지 21년간 재위. 8년은
B.C.599년에 해당함.

【劉康公】 定王의 卿士이며 劉는 지명으로 康公의 采邑이었음. 지금의 河南
偃師縣 서남쪽으로 동주 때의 畿內였음.

【發幣】 幣는 朝聘 때 贈送하는 예물로 흔히 玉·馬·皮·圭·璧·帛 따위.

【季文子】 魯나라의 上卿. 季孫行父. 季友의 손자이며 仲無佚의 아들.

【孟獻子】 仲孫蔑. 역시 노나라의 상경. 仲慶父의 증손이며 公孫敖의 손자. 孟文伯
(仲孫穀)의 아들.

【叔孫宣子】 노나라의 下卿. 公孫僑如. 叔孫宣伯으로도 불렸음. 叔牙의 증손이며
莊叔得臣의 아들. 《史記》 魯周公世家에 "十一年十月甲午, 魯敗翟于鹹, 獲長翟
喬如, 富父終甥春其喉, 以戈殺之, 埋其首於子駒之門, 以命宣伯"라 함.

【東門子家】 公孫歸父. 노나라의 大夫. 莊公의 손자이며 東門襄仲의 아들.

【保本】 임금 자리를 굳건히 지켜냄.

【濟時】 시류를 잘 판단하여 다스림. 혹은 시류에 맞추어 성취시킴.

【恤匱】 궁핍한 자를 구휼함.

【蚤世】 일찍 세상을 마침. 일찍 죽음.

【十六年】 周 定王 16년. B.C.591년

【魯宣公】 魯나라 군주로 文公의 아들이며 이름은 퇴(俀). B.C.608~591년까지
18년간 재위함.

【赴者未及~子家奔齊】魯 宣公 18년(B.C.591) 東門子家가 晉나라에 사신으로 가서 진나라 힘을 빌려 三桓(孟孫, 叔孫, 季孫)을 제거하려 하였으나, 일이 성사되기 전에 노 선공이 죽고 말았음. 이를 안 삼환은 동문씨를 축출하였고, 그 결과 노나라에서 부고를 알리는 사신보다 동문씨 족인이 먼저 定王에게 와서 이를 알려 동문자가는 할 수 없이 齊나라로 피신하고 말았음.

【簡王】定王의 아들이며 이름은 夷(姬夷). B.C.585~572년까지 14년간 재위함. 그 11년은 B.C.575년에 해당함.

【叔孫宣伯】叔孫宣子. 叔孫僑如. 宣公의 부인 穆姜과 사통하였으며, 맹손과 계손을 제거하려 하였으나 도리어 실패하고 쫓겨나고 말았음. 그가 축출당한 지 2년 만에 成公이 죽어 세 임금을 섬길 수 없었음.

【成公】魯 成公. 이름은 黑肱. B.C.590~573년까지 18년간 재위함.

023(2-9) 王孫說請勿賜叔孫僑如
왕손열이 숙손교여에게
하사품을 내리지 말 것을 청하다

간왕簡王 8년(B.C.578) 노魯 성공成公이 내조하면서 먼저 숙손교여叔孫僑如로 하여금 빙례의 예물을 보내고 미리 보고토록 하였다. 숙손교여는 왕손열王孫說을 만나 함께 이야기를 나누었다.

왕손열이 왕에게 이렇게 말하였다.

"노나라 숙손이 찾아온 것은 반드시 특이한 일이 있어서일 것입니다. 그가 가져온 예물은 하찮은 것인데도 말은 아첨을 늘어놓습니다. 아마 무엇인가 청할 것이 있어서 온 듯합니다. 청할 것이란 틀림없이 왕께서 무엇인가 내려 주실 것을 바라는 것일 것입니다. 노나라 집정자(성공)로써 강하게 말렸지만 즐겁게 처리할 수 없다고 여긴 뒤에 이 숙손교여를 할 수 없이 보낸 것일 것입니다. 게다가 숙손교여의 관상을 보건대 이마는 네모지고 하관은 빨라 이런 상은 남에게 마구 대드는 유형입니다. 왕께서는 그의 요구를 들어 주지 말아야 합니다. 만약 이런 탐욕과 남을 능멸하는 사람이 왔는데 그에게 바라는 일을 다 채워 주게 되면 이는 훌륭한 상을 내리는 것이 아닙니다. 재물을 주어서는 안 됩니다. 그러므로 성인聖人은 시사施舍에 있어서 반드시 논의를 거쳤고, 희로喜怒와 취여取與에도 역시 논의를 거쳤습니다. 이로써 관대한 혜택을 위주로 하지도 않았으며 역시 무섭게 대하거나 위엄스럽게 대하는 것을 위주로 하지도 않았고 덕의德義를 위주로 하였을 뿐입니다."

왕이 말하였다.

"그렇게 하리다."

그리하여 몰래 노나라에 사람을 보내어 알아보았더니 과연 숙손교여가 사사롭게 청하는 것이 있어 왔던 것이다. 왕은 드디어 그에게 아무런 것도 내려 주지 않았고, 다만 외교관을 대접하는 예로써 해 주고 말았다.

뒤에 노 성공이 정식으로 올 때 중손멸仲孫蔑이 부관으로 왔는데 왕손열이 그와 말을 나누어 보았더니 그는 매우 즐겁게 겸양을 베풀 줄 아는 자였다. 왕손열이 왕에게 그 이야기를 전하자, 왕은 중손멸에게 후한 예물을 내려 주었다.

簡王八年, 魯成公來朝, 使叔孫僑如先聘且告. 見王孫說, 與之語.

說言於王曰:「魯叔孫之來也, 必有異焉. 其享覿之幣薄而言諂, 殆請之也; 若請之, 必欲賜也. 魯執政唯强, 故不歡焉而後遣之. 且其狀方上而銳下, 宜觸冒人. 王其勿賜. 若貪陵之人來而盈其願, 是不賞善也, 且財不給. 故聖人之施舍也議之, 其喜怒取與亦議之. 是以不主寬惠, 亦不主猛毅, 主德義而已.」

王曰:「諾.」

使私問諸魯, 請之也.

王遂不賜, 禮如行人.

及魯侯至, 仲孫蔑爲介, 王孫說與之語, 說讓.

說以語王, 王厚賄之.

【簡王】定王의 아들이며 이름은 夷(姬夷). B.C.585~572년까지 14년간 재위함.
【成公】魯나라 임금. 宣公의 아들이며 이름은 黑肱. B.C.590~B.C.573년까지 18년간 재위. 노나라는 晉나라와 함께 秦나라를 치고자 먼저 주 천자에게 알렸으나 주나라에서는 출병하지 않음.

【叔孫僑如】 叔孫宣子. 성공의 주나라 禮訪을 자신의 사사로운 욕심을 채울
　기회로 삼고자 한 인물로 묘사되었음.

【王孫說】 주나라 대부.《漢書》古今人名表에는 王孫閲로 되어 있음.

【覲】 신하로서 北面하여 천자를 뵙는 것을 말함.

【方上而銳下】 관상학에서 이마가 네모지고 하관이 빨라 역삼각형의 얼굴인
　유형을 말함. 대체로 이러한 사람은 남에게 잘 대들며 자신의 욕심만을 부리는
　것으로 여겼음.

【施舍】 베풀기도 하고 주지 않기도 함. '施'는 '주다', '舍'는 '주지 않다'의 뜻.

【取與】 남으로부터 취하는 것과 남에게 베푸는 것.

【行人】 외교관, 고대 외교 임무를 맡은 관직으로 大行人, 小行人이 있었으며,
　이들은 외국 사신의 의전, 통역, 안내 등을 담당하였음.

【仲孫蔑】 孟獻子.

【介】 副官. 수행원. 조수.

【說讓】 즐겁게 양보함. '說'은 '열'(悅)과 같음.

024(2-10) 單襄公論郤至佻天之功
선양공이 극지가 하늘의 공을 가로챘음을 논하다

진晉나라가 이윽고 언릉鄢陵에서 초楚나라를 이긴 다음, 극지郤至를 사신으로 주周나라에 보내어 승리의 축하를 알렸다. 그가 아직 왕에게 보고하기 전에 주나라 대부 왕숙간공王叔簡公이 먼저 그를 위해 술자리를 베풀어 주며 서로 술을 마시며 예물을 선물하였는데 모두가 아주 풍성한 것들이었다. 그리하여 그 자리에서 서로 말을 주고받으며 아주 즐거워하였다.

이튿날, 왕숙자는 조정에서 극지에 대한 칭찬을 늘어놓았다.

극지가 다음 차례로 소환공邵桓公을 만나 말을 나누게 되었다.

소환공은 그 때 극지와 나눈 말을 선양공單襄公에게 이렇게 일러주었다.

"왕숙자가 온계(溫季, 극지)를 그토록 칭찬한 것은 틀림없이 그를 진晉나라 재상으로 삼도록 하여 덕을 보려는 것입니다. 그가 진나라 재상이 되면 틀림없이 크게 제후들로부터 고맙다는 말을 듣게 될 것이니, 그 때문에 왕숙자는 여러 사람들을 권하여 극지를 앞장세워 그를 진나라에 심어두려는 것입니다. 그런데 지금 내 극지를 만나 보았더니 진나라가 초나라를 이긴 것이 모두 자신의 모책에 의한 것이라 자랑을 다음과 같이 늘어놓습디다.

'내가 아니었으면 진나라는 전쟁을 치르지 못하였을 것이오! 초나라는 패배할 조건 다섯 가지를 가지고 있었는데 진나라는 그 기회도 모르고 있어 내가 싸움을 강요하다시피 하였다오. 즉 초나라가 우리와 송宋나라의 맹약을 배반하고 나섰으니 그것이 패배의 첫째 조건이요, 덕은 박한데 제후들에게 땅을 뇌물로 주었으니 이것이 패배의 두 번째 조건이요, 젊은 장정이 군사를 버리고 어리고 약한 자를 전투에 참여시 켰으니 그것이 패배의 세 번째 조건이며, 경사卿士 자낭子囊을 등용해 놓고 그들 말을 듣지 않았으니 그것이 네 번째 패배의 조건이요, 동이東夷 와 정鄭나라 군사를 참여시켰으며 삼군三軍의 진영이 제대로 정비되지 않았으니 그것이 다섯 번째 패배의 조건이었소. 잘못은 진나라에 있지 않았으며, 진나라는 백성의 민심을 얻고 있었고 사군四軍의 장수들과 많은 병사들의 힘이 막 강성하였으며, 병졸과 대오가 잘 정비되어 있었으며 제후들이 모두 우리 편을 들어 주었소. 이에 우리 진나라는 승리할 수 있는 다섯 가지 요건을 가지고 있었소. 말할 명분이 있었던 것이 첫째이며, 민심을 얻고 있었던 것이 두 번째이며, 병사와 장수가 막강했던 것이 세 번째이며, 군대 행렬이 잘 다스려지고 정비되었던 것이 네 번째이며, 제후들과 화합을 이루었던 것이 다섯 번째였소. 그 중 한 가지만 있어도 승리하기에 충분한데 이 이길 수 있는 다섯 가지로써 질 수밖에 없는 필패 요인 다섯 가지를 가지고 있는 초나라를 치면서 그런 싸움을 피하고 있었다니 사람이라면 그럴 수 없을 것이오. 싸우지 않으면 안 되는 전투였었소. 그런데 난서欒書와 범사섭范士燮이 싸우지 않겠다고 하여 내가 강제로 싸우도록 하여 결국 그 싸움에서 이겼으니 이는 나의 공이었소. 게다가 그 전투에서 저들은 아무런 모책이 없었고 나는 세 가지 자랑거리를 가지고 있었소. 즉 용감하면서 예의를 갖춘 점, 그리고 그것을 인仁으로 되돌린 점이오. 나는 초나라 임금의 병졸을 쫓아가며 싸웠으니 이는 용勇이요, 초나라 임금을 만나면 싸우다가도 반드시 수레에 내려 쫓아가며 그에게 예를 표했으니 이는 예禮이며, 그 싸움에 참가한 정鄭나라 임금을 사로잡고도 다시 풀어 주었으니 이는 인仁이오. 이러한 내가 진나라 국정을 잡으면 초나라나 월越나라쯤은 틀림없이 우리에게 복종해 올 것이오.'

그래서 제가 이렇게 말하였지요.

'그대는 대단하군요. 그러나 생각건대 진나라에서 사람을 거용할 때 그 차례를 넘어서지 않는다 하니 내 그대의 정치 참여 차례가 아직 되지 않았음이 걱정스럽군요.'

그러자 그는 나에게 이렇게 말하더군요.

'차례는 무슨 차례요? 옛날 저의 선대부先大夫 순백荀伯은 하군下軍의 보좌로 6등급에서 집정으로 올라갔고, 조선자趙宣子는 아직 군대의 주수主帥도 거치지 않았는데 집정으로 올라간 적이 있으며 지금 난백欒伯, 欒書 역시 하군의 주수로 5등급에서 집정이 되었소. 이 세 사람에 비하면 나는 그들을 초과하고 있으니 오르지 못할 이유가 없지요. 신군新軍의 보좌인 내가 집정으로 오르는 것이 역시 불가하단 말이오? 장차 틀림없이 그 자리를 차지하게 될 거요.'

이상이 그 사람과 나눈 말입니다. 그대께서는 어떻다고 여기십니까?"

선양공이 말하였다.

"사람들은 이렇게 말하지요. '칼날을 목에 대고 있구나'라고 말입니다. 바로 극지를 두고 하는 말이군! 군자는 자신을 칭찬하지 않는 법이니 이는 양보해서가 아니라 남의 공적을 덮어 버리지 않기 위해서 그런 것이오. 무릇 사람의 성격이란 남을 넘어서기를 좋아하지요. 그럴수록 남의 공로를 덮어 버려서는 안 되는 것이오. 남을 덮어 버리기를 좋아하면 그 아래 눌린 사람은 더욱 심하게 반발하지요. 그 때문에 성인은 겸양을 귀히 여긴 것이라오. 그리고 속담에 '짐승은 자신을 덮어씌우는 그물을 증오하며, 백성은 자신을 괴롭히는 윗사람을 미워한다'라 하였고, 《서書》에는 '백성은 가까이할 대상이지 그를 타고 자신이 높아질 대상은 아니다'라 하였소. 그리고 다시 《시詩》에는 '훌륭하신 우리 군자, 사악한 방법으로 복을 구하지는 않네'라 하였소. 예禮로 보아도 자신과 동등한 상대에게는 반드시 세 번쯤은 겸양을 보여야 하는 것이니 이것이 성인이 백성은 괴로움을 더해 주어도 되는 대상이 아님을 알고 있었던 원리입니다. 그러므로 천하에 왕 노릇하는 자는 반드시 먼저 백성을 생각한 연후에 그들을 통해 보호를 받았으니 그렇게 하면 길이 이익을 누릴 수 있기 때문입니다. 지금 극지는 자신보다 앞선 순위의 7명 아래 있으면서 그들 위로 오르고자 하니, 이는 일곱 사람의 공을 덮어 버리는 것으로써 역시 일곱 명의 원한을 사는 것이오. 원한이란 작고 추한 녀석이 덤빈다 해도 감당해 낼 수가 없는 것인데 하물며 세력이 큰 경卿임에랴? 그가 어찌 대할 수 있겠소?

진나라가 그 싸움에서 이긴 것도 하늘이 초나라에게 미움을 주어 그로써 진나라가 경계삼아야 할 일이건만, 극지는 하늘의 공을 방정맞게 훔쳐 제 것이라 여기고 있으니 어렵지 않겠소? 하늘의 공을 훔치는 것은 상서롭지 못하며 남의 공을 타고 오르는 것은 의롭지 못한 짓이오. 상서롭지 못한 짓을 하면 하늘이 그를 버릴 것이요, 의롭지 못한 짓을 하면 사람이 그를 배반합니다. 게다가 극지가 어찌 세 가지 공적이 있다는 것이요? 무릇 인仁·예禮·용勇이란 모두가 백성이 이룬 공입니다. 의로움으로써 죽음에 쓰이는 것이 '용'이며, 의를 받들어 원칙에 순종하는 것이 '예'이며, 의를 길러 풍성한 공을 세우는 것이 '인'입니다. '인'을 간악하게 사용하는 것은 절도요, '예'를 간악하게 사용하는 것은 수치이며, '용'을 간악하게 사용하는 것은 도적입니다. 무릇 전투란 적을 완전히 섬멸하는 것이 최상이며 화친을 지켜 함께 '의'를 따르도록 하는 것이 상책이오. 그 때문에 군사력을 조직하여 과감하도록 하는 것이요, 조정을 제도화하여 질서가 이루어지도록 하는 것이오. 전투를 배반하고 정나라 임금을 제 맘대로 놓아준 것은 도적이며, 과감함을 버리고 남의 임금에게 용납의 행동을 한 것은 수치이며, 나라를 배반하고 적군에게 접근한 것은 절도행위입니다. 이 세 가지 간악한 행동을 가지고 윗자리를 바라고 있으니 그러한 자는 집정의 자리에서 멀고멀었소. 내 관점으로 보건대 칼날이 그 목에 있는 것이니 오래 가지 못할 것이오. 비록 우리의 왕숙王叔이지만 그 역시 난에서 피할 수 없을 것이오. 〈태서太誓〉에 '백성이 원하는 것이라면 하늘은 반드시 들어준다'라 하였으니 왕숙이 극지를 그렇게 띄워 준다 해도 하늘이 들어주겠소?"

극지가 귀국하고 이듬해 난을 만나 죽음을 당하고 말았다.

백여伯輿와의 정권 다툼에 진 왕숙진생王叔陳生도 역시 진晉나라로
달아나고 말았다.

晉旣克楚于鄢, 使郤至告慶于周. 未將事, 王叔簡公飮之酒,
交酬好貨皆厚, 飮酒宴語相說也.

明日, 王叔子譽諸朝.

郤至見邵桓公, 與之語.

邵公以告單襄公曰：「王叔子譽溫季, 以爲必相晉國. 相晉國,
必大得諸侯, 勸二三君子必先導焉, 可以樹. 今夫子見我, 以晉
國之克也, 爲己實謀之, 曰：『微我, 晉不戰矣！ 楚有五敗, 晉不
知乘, 我則强之. 背宋之盟, 一也；德薄而以地賂諸侯, 二也；
棄壯之良而用幼弱, 三也；建立卿士而不用其言, 四也；夷・鄭
從之, 三陳而不整, 五也. 罪不由晉, 晉得其民, 四軍之帥, 旅力
方剛；卒伍治整, 諸侯與之. 是有五勝也：有辭, 一也；得民,
二也；軍帥强禦, 三也；行列治整, 四也；諸侯輯睦, 五也. 有一勝
足用也, 有五勝以伐五敗, 而避之者, 非人也. 不可以不戰. 欒・
范不欲, 我則强之. 戰而勝, 是吾力也. 且夫戰也微謀, 吾有
三伐：勇而有禮, 反之以仁. 吾三逐楚君之卒, 勇也；見其君必
下而趨, 禮也；能獲鄭伯而赦之, 仁也. 若是而知晉國之政, 楚・
越必朝.』

吾曰：『子則賢矣. 抑晉國之擧也, 不失其次, 吾懼政之未及
子也.』謂我曰：『夫何次之有？ 昔先大夫荀伯自下軍之佐以政,
趙宣子未有軍行而以政, 今欒伯自下軍往. 是三子也, 吾又過

於四之無不及. 若佐新軍而升爲政, 不亦可乎? 將必求之.』是其言也, 君以爲奚若?」

襄公曰:「人有言曰:『兵在其頸.』其郤至之謂乎! 君子不自稱也, 非以讓也, 惡其蓋人也. 夫人性, 陵上者也, 不可蓋也. 求蓋人, 其抑下滋甚, 故聖人貴讓. 且諺曰:『獸惡其網, 民惡其上.』《書》曰:『民可近也, 而不可上也.』《詩》曰:『愷悌君子, 求福不回.』在禮, 敵必三讓, 是則聖人知民之不可加也. 故王天下者必先諸民, 然後庇焉, 則能長利. 今郤至在七人之下而欲上之, 是求蓋七人也, 其亦有七怨. 怨在小醜, 猶不可堪, 而況在侈卿乎? 其何以待之?

晉之克也, 天有惡於楚也, 故儆之以晉. 而郤至佻天之功以爲己力, 不亦難乎? 佻天不祥, 乘人不義. 不祥則天棄之, 不義則民叛之. 且郤至何三伐之有? 夫仁·禮·勇, 皆民之爲也. 以義死用謂之勇, 奉義順則謂之禮, 畜義豐功謂之仁. 姦仁爲佻, 姦禮爲羞, 姦勇爲賊. 夫戰, 盡敵爲上, 守和同順義爲上. 故制戎以果毅, 制朝以序成. 叛戰而擅舍鄭君, 賊也; 棄毅行容, 羞也; 叛國卽讎, 佻也. 有三姦以求替其上, 遠於得政矣. 以吾觀之, 兵在其頸, 不可久也. 雖吾王叔, 未能違難. 在〈太誓〉曰:『民之所欲, 天必從之.』王叔欲郤至, 能勿從乎?」

郤至歸, 明年死難.

及伯輿之獄, 王叔陳生奔晉.

【克楚于鄢】魯 成公 16년(B.C.575) 晉 厲公이 鄭나라를 치자, 楚나라가 이를 구원하러 나서 결국 두 나라가 鄢陵에서 전투를 벌여 晉나라가 크게 이김. 鄢은 지금의 河南 鄢陵縣 북쪽.

【郤至】晉나라 正卿. 溫季.

【王叔簡公】周나라 대부 王叔陳生. 王叔子. 뒤에 伯興와의 정권다툼에 밀려 晉나라로 망명하였음.

【單襄公】周나라 定王의 경사. 이름은 朝. 單子라고도 부름.

【邵桓公】周나라 경. 대부.

【宋之盟】魯 成公 12년(B.C.579) 晉과 楚가 宋나라 華元의 알선으로 결맹을 맺었는데, 지금 초나라가 鄭나라를 구원하고자 晉나라에 맞서는 것은 그 때의 결맹을 저버린 것임.

【壯之良】壯良. 申叔時.

【幼弱】여기서는 司馬子反을 가리킴.

【卿士】여기서는 子囊을 가리킴. 그는 진나라에 맞서지 말 것을 건의했으나 초왕이 이를 듣지 않았음.

【三陳】夷軍·鄭軍·楚軍을 가리킴. 陳은 陣과 같음. 夷는 초나라 동쪽 바닷가의 사람들을 가리킴.

【四軍】晉나라는 四軍으로 편제를 삼아 8卿으로 하여금 이들을 통솔하도록 하였음. 즉 中軍은 欒書가 主帥로 하고 士燮이 副官이 되며, 上軍은 郤錡가 주수, 荀偃이 부관. 下軍은 韓厥이 주수, 智罃이 부관. 新軍은 趙旃이 주수, 郤至가 부관이었음.

【不失其次】晉나라에서는 재상을 정할 때 등급 차례의 순서를 반드시 지킴. 즉 郤至는 당시 진나라에서 8번째 순위였음.

【荀伯】荀林父. 원래 六卿의 말단이었으나 下軍을 도와 공을 세워 正卿에 오름.

【欒伯】欒書. 역시 下軍의 보좌에 불과하였으나 정경에 오름.

【四】마땅히 '三'이어야 함.

【佻】盜竊. 훔침.

【姦仁爲佻】郤至가 간악한 방법으로 鄭伯을 놓아 줌.

【姦禮爲羞】郤至는 초나라 군대를 공격하면서도 한편으로는 초왕에게 추파를 던졌음.

【明年死難】魯 成公 17년(B.C.574) 郤至는 厲公에게 살해되고 말았음.

【伯興之獄】魯 襄公 10년(B.C.563) 王叔陳生(王叔簡公)과 周 大夫 伯興가 다툼이 벌어졌을 때, 周王이 백여를 편들자 왕숙은 결국 晉나라로 도망하고 말았음.

1.《左傳》成公 12년

晉郤至如楚聘, 且涖盟. 楚子享之, 子反相, 爲地室而縣焉. 郤至將登, 金奏作於下, 驚而走出. 子反曰:「日云莫矣, 寡君須矣, 吾子其入也!」賓曰:「君不忘先君之好, 施及下臣, 貺之以大禮, 重之以備樂. 如天之福, 兩君相見, 何以代此? 下臣不敢.」子反曰:「如天之福, 兩君相見, 無亦唯是一矢以相加遺, 焉用樂, 寡君須矣, 吾子其入也!」賓曰:「若讓之以一矢, 禍之大者, 其何福之爲? 世之治也, 諸侯間於天子之事, 則相朝也, 於是乎有享‧宴之禮. 享以訓共儉, 宴以示慈惠. 共儉以行禮, 而慈惠以布政. 政以禮成, 民是以息. 百官承事, 朝而不夕, 此公侯之所以扞城其民也. 故詩曰:'赳赳武夫, 公侯干城.'及其亂也, 諸侯貪冒, 侵欲不忌, 爭尋常以盡其民, 略其武夫, 以爲己腹心, 股肱‧爪牙. 故詩曰:'赳赳武夫, 公侯腹心.'天下有道, 則公侯能爲民干城, 而制其腹心. 亂則反之. 今吾子之言, 亂之道也, 不可以爲法. 然吾子, 主也, 至敢不從?」遂入, 卒事. 歸以語范文子. 文子曰:「無禮, 必食言, 吾死無日矣夫!」冬, 楚公子罷如晉聘, 且涖盟. 十二月, 晉侯與楚公子罷盟于赤棘.

2.《左傳》成公 16년

晉侯使郤至獻楚捷于周, 與單襄公語, 驟稱其伐. 單子語諸大夫曰:「溫季其亡乎! 位於七人之下, 而求掩其上. 怨之所聚, 亂之本也. 多怨而階亂, 何以在位? 夏書曰:'怨豈在明? 不見是圖.'將愼其細也. 今而明之, 其可乎?」

3.《史記》晉世家

厲公多外嬖姬, 歸, 欲盡去群大夫而立諸姬兄弟. 寵姬兄曰胥童, 嘗與郤至有怨, 及欒書又怨郤至不用其計而遂敗楚, 乃使人間謝楚. 楚來詐厲公曰:「鄢陵之戰, 實至召楚, 欲作亂, 內子周立之. 會與國不具, 是以事不成」厲公告欒書. 欒書曰:「其殆有矣! 願公試使人之周微考之.」果使郤至於周. 欒書又使公子周見郤至, 郤至不知見賣也. 厲公驗之, 信然, 遂怨郤至, 欲殺之. 八年, 厲公獵, 與姬飲, 郤至殺豕奉進, 宦者奪之. 至射殺宦者. 公怒, 曰:「季子欺予!」將誅三郤, 未發也. 郤錡欲攻公, 曰:「我雖死, 公亦病矣.」郤至曰:「信不反君, 智不害民, 勇不作亂. 失此三者, 誰與我? 我死耳!」十二月壬午, 公令胥童以兵八百人襲攻殺三郤. 胥童因以劫欒書‧中行偃于朝, 曰:「不殺二子, 患必及公.」公曰:「一旦殺三卿, 寡人不忍益也.」對曰:「人將忍君.」公弗聽, 謝欒書等以誅郤氏罪:「大夫復位.」二子頓首曰:「幸甚幸甚!」公使胥童爲卿. 閏月乙卯, 厲公游匠驪氏, 欒書‧中行偃以其黨襲捕厲公, 囚之, 殺胥童, 而使人迎公子周于周而立之, 是爲悼公.

卷三 周語(下)

025(3-1) 單襄公論晉將有亂
선양공이 진나라에
장차 내란이 있을 것임을 논하다

가릉柯陵의 회담에서 선양공單襄公이 진晉 여공厲公을 보았더니 눈길은 멀리하고 걸음은 높이 걷는 것이었다. 그리고 진晉나라 극기郤錡는 그 말씨가 거칠었으며, 극주郤犨는 말씨가 엉뚱하였고, 극지郤至는 자랑만 늘어놓는 것이었다. 한편 제齊나라 국좌國佐는 그 말이 거리낄 것 없이 다하는 유형이었다. 그리고 노魯 성공成公을 만났더니 진나라가 노나라를 괴롭히는 일과 극주의 참언讒言을 화제로 삼는 것이었다.

이에 선자가 노 성공에게 말하였다.

"임금께서는 무엇을 걱정하십니까! 진나라에는 장차 난이 일어날 것이고 그 임금과 삼극三郤은 모두 그 난에 재난을 당할 것인데요!"

노 성공이 물었다.

"과인은 진나라로부터 벗어나지 못함을 걱정하고 있는데 지금 그대는 '장차 난이 일어날 것'이라 하시니, 감히 묻건대 하늘이 내리는 재앙입니까, 아니면 사람으로 인해 일어나는 난입니까?"

선자가 대답하였다.

"제가 고瞽나 사史가 아닌데 어찌 천도를 알겠습니까? 내 진 여공의 용모를 보았고, 또 삼극의 말을 들어보았더니 아마 틀림없이 재앙을 당할 것이라 여긴 것입니다. 무릇 군자는 그 시선을 몸의 위치에 따라 안정되게 가져야 하고, 발은 그 시선을 따라야 합니다. 이로써 그 용모를 관찰하면 그의 마음을 알 수 있는 것입니다. 시선은 의義에 두어야 하고 발은 시선에 맞추어야 합니다. 지금 진 여공은 시선은 멀리 가고 발은 높이 들고 있습니다. 시선은 몸에 맞지 않고 발걸음은 시선을 따르지 못하니 그 마음에는 틀림없이 평온하지 않은 것입니다. 시선과 몸이 서로 따르지 않으니 어찌 장구하게 이어갈 수 있겠습니까? 무릇 제후들의 회합은 백성에게는 큰 행사입니다. 그를 통해 존망을 관찰할 수 있습니다. 그러므로 나라에 장차 허물이 없으려면 그 임금이 회담에 임했을 때 걸음과 언사, 그리고 시선과 청취가 반드시 모두 허물이 없어야 그를 통해 그가 덕이 있는 자임을 알게 되는 것입니다. 시선을 멀리 둔다는 것은 날로 그 의가 멸절되어 가고 있다는 것이며, 발을 높이 든다는 것은 날로 그 덕을 포기하고 있다는 것이며, 말이 일관되지 않으면 날로 그 믿음에 거꾸로 간다는 것이며, 음란한 것을 듣는다는 것은 날로 그 명예에서 멀어지고 있다는 것입니다. 무릇 시선이 의에 있고, 발이 덕을 실천해 나가며, 말이 믿음을 지켜내고, 귀는 명예로운 것을 듣고 있어야 하는 것이니 이 때문에 이상 여러 가지는 삼가지 않을 수 없는 것입니다.

한 쪽으로 치우기거나 좋은 태도를 상실하게 되면 허물이 생기는 것이니, 이미 상실하였다면 나라도 그에 따라 재앙을 만나게 되는 것입니다. 진 여공은 이 두 가지가 모두 제멋대로 이니 내 이 까닭으로 그렇게 말한 것입니다.

무릇 극씨는 진나라의 총애를 받은 이들입니다. 그 가문에는 세 명의 경卿과 다섯 명의 대부가 있으니 가히 스스로 경계하고 두려워해야 할 것입니다. 지위가 높으면 엎어지기도 빠른 법이며 훌륭한 맛은 심한 독이 될 수 있습니다. 지금 극백郤伯, 郤錡은 말이 거칠고, 둘째 극주는 화제가 엉뚱하며, 막내 극지는 자랑을 일삼고 있으니, 말이 거칠면 남을 능멸하게 되고, 화제가 엉뚱하면 남을 무고하게 되며, 자랑이 많으면 남의 선을 덮어 버리게 됩니다. 이렇게 총애를 받은 신분에 세 가지 원한을 더한다면 누가 그러한 것을 참아낼 수 있겠습니까!

제나라 국자國子 역시 그들과 함께 재앙을 당할 것입니다. 일탈되고 혼란한 나라에 벼슬을 하고 있으면서, 할 말 못할 말 다하기를 좋아하여 남의 과실을 초래한다면 이는 원망의 근본입니다. 오직 선한 자만이 능히 그렇게 모든 말을 다 들어 줄 수 있는데, 제나라에 그렇게 들어 줄 선한 사람이 있겠습니까? 내 듣기로 나라에 덕이 있으면서 제대로 덕을 닦지 못한 나라가 이웃하고 있다면, 틀림없이 복을 받으리라 하였습니다. 임금께서는 지금 진나라로부터 압박을 받고 있고 제나라를 이웃으로 하고 있으니, 진나라와 제나라가 재앙을 만나면 가히 패자의 자리를 차지할 수 있습니다. 덕이 없음을 걱정할 일이지 어찌 진나라를 두고 근심을 하십니까? 게다가 장적長翟의 사람, 즉 숙손교여叔孫僑如같은 사람들은 이익만 따지며 의는 없고 일탈을 이익으로 여기고 있으니, 그를 멀리 추방하면 어떻겠습니까?”

노 성공은 귀국하자 숙손교여를 축출해 버렸다.

주周 간왕簡王 11년, 제후들이 다시 가릉에 모여 회합을 가졌다.

12년, 진晉나라가 삼극을 죽여 버렸다.

13년, 진 여공이 시해당하여 익성翼城 동문에서 장례를 치렀는데 겨우 수레 1승乘으로 예를 갖추었다.

제齊나라에서는 영공靈公이 국무자國武子를 죽였다.

柯陵之會, 單襄公見晉厲公視遠步高. 晉郤錡見, 其語犯. 郤犨見, 其語迂. 郤至見, 其語伐, 齊國佐見, 其語盡. 魯成公見, 言及晉難及郤犨之譖.

單子曰:「君何患焉! 晉將有亂, 其君與三郤其當之乎!」

魯侯曰:「寡人懼不免於晉, 今君曰『將有亂』, 敢問天道乎, 抑人故也?」

對曰:「吾非瞽·史, 焉知天道? 吾見晉君之容, 而聽三郤之語矣, 殆必禍者也. 夫君子目以定體, 足而從之, 是以觀其容而知其心矣. 目以處義, 足以步目, 今晉侯視遠而足高, 目不在體,

而足不步目, 其心必異矣. 目體不相從, 何以能久? 夫合諸侯, 民之大事也, 於是乎觀存亡. 故國將無咎, 其君在會, 步言視聽, 必皆無讁, 則可以知德矣. 視遠, 日絕其義; 足高, 日棄其德; 言爽, 日反其信; 聽淫, 日離其名, 夫目以處義, 足以踐德, 口以庇信, 耳以聽名者也, 故不可不慎也; 偏喪有咎, 旣喪則國從之. 晉侯爽二, 吾是以云.

夫郤氏, 晉之寵人也, 三卿而五大夫, 可以戒懼矣. 高位寔疾顚, 厚味寔腊毒. 今郤伯之語犯, 叔迂, 季伐, 犯則陵人, 迂則誣人, 伐則掩人. 有是寵也, 而益之以三怨, 其誰能忍之! 雖齊國子亦將與焉. 立於淫亂之國, 而好盡言, 以招人過, 怨之本也. 唯善人能受盡言, 齊其有乎? 吾聞之, 國德而鄰於不修, 必受其福. 今君偪於晉, 而鄰於齊, 齊晉有禍, 可以取伯, 無德之患, 何憂於晉? 且夫長翟之人利而不義, 其利淫矣, 流之若何?」

魯侯歸, 乃逐叔孫僑如.

簡王十一年, 諸侯會於柯陵.

十二年, 晉殺三郤.

十三年, 晉侯弑, 於翼東門葬, 以車一乘.

齊人殺國武子.

【柯陵之會】柯陵은 鄭나라 서쪽의 지명. 魯 成公 16년(B.C.575) 魯·晉·齊·邾 네 나라가 모여 정나라를 정벌할 회맹을 가졌음.
【單襄公】周나라 定王의 경사. 이름은 朝. 單子라고도 부름.
【晉厲公】成公의 손자이며 景公의 아들. 이름은 州蒲. B.C.580~573년까지 8년간 재위함.
【郤錡】晉나라 卿. 駒伯. 郤克의 아들.

【郤犨】苦成叔. 郤錡와 같은 친족.

【郤至】郤犨의 친족 溫季.

【伐】자신의 공로를 자랑함.

【齊國佐】齊나라 卿인 國武子.

【魯成公】宣公의 아들이며 이름은 黑肱. B.C.590~573년까지 18년간 재위.

【晉難】원래 柯陵 회맹 때 魯 成公이 정나라를 치는 데 나서기로 하였으나
마침 叔孫僑如와 成公의 어머니 穆姜이 사통하고 있었으며, 이에 교여는 목강을
사주하여 季文子와 孟獻子를 축출하도록 하였음. 이러한 국내 사정으로 인해
노나라 군사가 늦게 도착하였고, 한편 郤犨는 숙손교여의 뇌물을 받고 晉 厲公의
면전에서 魯 成公을 무고하여 "노나라는 호랑이 싸움을 구경하고 있을 뿐"이라
하였음. 이에 晉 厲公이 노하여 魯 成公을 만나기를 거부하였고, 成公은 두려운
나머지 單襄公을 불러 일을 해결해 줄 것을 부탁함. 單襄公은 晉나라에 대란이
일어날 것이니 叔孫僑如를 축출할 것을 건의하였음.

【義】'宜'와 같음. 마땅함.

【爽】착오나 차이.

【腊毒】劇毒. 極毒. 아주 독함.

【長翟】翟은 狄과 같음. 長翟은 북방의 소수민족. 叔孫僑如의 아버지 叔孫得臣이
일찍이 長翟을 토벌하여 長翟僑如를 사로잡은 적이 있어 그 때 낳은 자신의
아들 이름을 '僑如'로 지었음. 이에 單襄公이 숙손교여를 長翟之人이라 칭한
것임.

【簡王】東周의 임금. 姬夷. B.C.585~572년까지 14년간 재위. 十一年은 B.C.757년
에 해당함.

【晉侯弑】晉나라 三郤이 晉 厲公에게 살해되자 欒書・中行偃이 자신들도 참살
당할 것을 두려워한 나머지 미리 나서서 여공을 가두었다가 시해한 사건.

【翼】晉나라의 또 다른 도읍. 지금의 山西 翼城縣 동남쪽. 이곳에 묻은 것은
그를 선군과 함께 묻을 수 없다는 뜻이며, 수레 1승으로 한 것은 제후는 7승이어야
하나 그에 맞는 예를 갖추지도 않았음을 말함.

【國武子】같은 해인 魯 成公 18년(B.C.573) 齊 靈公이 華免으로 하여금 國武子를
內宮에서 죽여 없애도록 하였음. 이로써 單襄公의 예측이 모두 맞아떨어진
것임.

1. 《左傳》成公 18年

十八年春王正月庚申, 晉欒書·中行偃使程滑弑厲公, 葬之于翼東門之外, 以車
一乘. 使荀罃·士魴逆周子于京師而立之, 生十四年矣.

2. 《史記》晉世家

悼公元年正月庚申, 欒書·中行偃弑厲公, 葬之以一乘車. 厲公囚六日死, 死十
日庚午, 智罃迎公子周來, 至絳, 刑雞與大夫盟而立之, 是爲悼公. 辛巳, 朝武宮.
二月乙酉, 卽位.

026(3-2) 單襄公論晉周將得晉國
선양공이 진주가 장차
진나라를 얻게 될 것임을 논하다

진晉나라 양공襄公의 손자 담談의 아들 주周가 주周나라에 가서 선양공
單襄公을 섬겼다. 그는 설 때에도 한 발로 서는 법이 없었으며, 시선도
두루 훑어보는 법이 없었고, 남의 말을 들을 때도 귀를 쫑긋하고 듣는
법이 없었으며, 말을 할 때도 높은 소리로 멀리까지 들리게 하지 않았다.
'경敬'을 말하면서 반드시 천도를 거론하였고, '충忠'을 입에 올릴 때면
반드시 속마음을 말하였으며, '신信'을 말할 때면 자신부터 바르게
해야 한다고 하였으며, '인仁'을 말할 때면 반드시 남의 사정을 헤아려야
함을 말하였으며, '의義'를 말할 때면 이익의 만물을 이롭게 해야 함을
언급하였으며, '지智'를 말할 때면 일의 처리방법을 언급하였으며, '용勇'
을 거론할 때면 반드시 절제를 말하였으며, '교敎'를 말할 때면 반드시
변별까지 따져보았으며, '효孝'를 말할 때면 반드시 조상신까지 언급
하였으며, '혜惠'를 말할 때면 화평함을 거론하였으며, '양讓'을 말할
때면 같은 상대에게 어떻게 하는지에 대하여 거론하였다. 이리하여
모국 진晉나라에 우환이 있으면 슬퍼하지 않은 적이 없었고, 고국에
경사스러운 일이 있으면 즐거워하지 않은 적이 없었다.
　선양공이 병이 들자 아들 경공頃公을 불러 이렇게 일러 주었다.
　"반드시 진주晉周를 잘 대우하여 주어라. 그는 장차 진나라를 차지하
게 될 것이다. 그 행동에 문文을 갖추고 있으니, '문'에 능하면 천하의
땅을 얻을 수 있어 하늘과 땅이 그에게 복으로 도와 줄 것이며, 적어도
나중에 나라쯤은 얻을 수 있을 것이다. 무릇 '경'은 문의 공손함이며,
'충'은 문의 실질이며, '신'은 문의 믿음이며, '인'은 문의 사랑이며,

'의'는 문의 절제이며, '지'는 문의 여론이며, '용'은 문의 인솔자이며, '교'는 문의 베풂이며, '효'는 문의 근본이며, '혜'는 문의 자애로움이며, '양'은 문의 재료이다. 하늘을 본받으니 능히 '경'할 수 있으며, 뜻 있는 자를 통솔하니 능히 '충'을 실현할 수 있으며, 자신을 생각하니 능히 '신'을 지켜낼 수 있으며, 남을 사랑하니 능히 '인'을 베풀 수 있으며, 남을 이롭게 절제하니 능히 '의'로울 수 있으며, 일을 처리함이 훌륭하니 능히 '지'를 이룰 수 있으며, 의로써 통솔할 수 있으니 능히 '용'을 실천할 수 있으며, 시비를 변별할 수 있으니 능히 '교'를 베풀 수 있으며, 조상의 덕을 밝히니 능히 '효'를 수행할 수 있으며, 자애와 화목으로 하니 능히 '혜'를 실천할 수 있다. 이 11가지를 그는 모두 가지고 있다.

하늘은 육六으로 하고 땅은 오五로 하는 것이 수의 기본 원리이다. 하늘을 날줄로 삼고 땅을 씨줄로 삼아야 한다. 날줄과 씨줄經緯이 서로 얽히지 않는 것이 '문'의 표상이다. 문왕文王은 바탕이 '문'이어서 그 때문에 천하를 그에게 준 것이다. 공자 주는 이러한 문왕의 덕을 입었으며, 소목昭穆의 순서로 보아도 가장 가까워 그는 나라를 얻을 수 있다. 게다가 설 때 외발로 서지 않는다는 것은 '정正'이며, 시선을 두루 훑어 보지 않아 안정되게 갖는다는 것은 '단端'이며, 귀를 세우지 아니하고 남의 말을 듣는다는 것은 '성成'이며, 말소리를 멀리까지 들리지 않도록 낮추어 한다는 것은 '신愼'이다. 무릇 '정'이란 덕의 길이며, '단'이란 덕의 믿음이며, '성'이란 덕의 마침이며, '신'이란 덕의 지킴이다. 끝마무리를 잘 지켜 순수하고 견고하며 도는 바르게 하고 일은 믿음으로 하니 이는 아름다운 덕을 밝게 하는 것이다. 신성단정愼成端正이 네 가지 덕을 돕는 것이다. 게다가 고국 진나라의 애경哀慶 때마다 기쁨과 슬픔을 감추지 못한다는 것은 근본을 배반하지 않는다는 것이다. 문덕을 입으며 있고 덕으로써 도움을 받고 있으니 나라가 아니고 무엇을 얻겠느냐!

진晉 성공成公이 귀국할 때 내 듣기로 시초로 점을 쳤더니 건괘乾卦가 변하여 비괘否卦로 변하는 형상이 나타났다고 한다. 그리고 그 설명에 '가히 선군을 맞아올 수 있으나 자손이 모두 임금이 되지는 못하리라.

진나라 임금 중에 셋은 나라를 떠났다가 임금이 되어 돌아오리라'라 하였다는데, 그 첫째가 이미 성공으로써 그는 주나라에 살다가 귀국하여 왕이 되었으니, 마지막 그 예언에 해당되는 자는 지금 알 수 없으나 두 번째는 틀림없이 바로 이 사람일 것이다. 또 내 듣기로 성공이 태어날 때 그 어머니의 꿈에 신이 나타나 궁둥이에 검은 먹칠을 하면서 '아이를 낳으면 진나라 임금이 되도록 할 것이며, 삼대를 거쳐 임금이 되고 그 뒤에는 환驩의 손자에게 넘어가리라'라 하였다는 것이다. 그 때문에 그 아이의 이름을 '흑둔黑臀'이라 지었고, 지금 이미 두 임금이 지나갔다. 양공襄公의 이름이 '환驩'이며, 여기에 온 공자가 바로 그의 손자이다. 거기에 아름다운 덕에 효도와 공손함까지 갖추었으니, 이 사람이 아니고 누구이겠느냐? 게다가 그 꿈에 '반드시 환이 손자가 진나라를 얻게 되리라' 하였으며, 그 점괘에 '반드시 세 사람은 주나라에 가 있던 자에게서 임금이 되리라' 하였으며, 그 덕이 또한 가히 임금이 될 만하고 꿈, 점괘, 덕 세 가지가 겹쳐 있다. 내 〈태서大誓〉를 통해 들건대 무왕이 '나의 꿈과 점괘가 서로 맞아떨어지고 거기에 아름다운 상서로움이 겹쳤으니 군사를 일으켜 상商나라를 치면 틀림없이 승리하리라'라 하였다. 이처럼 문왕도 세 가지가 겹쳤던 것이다. 진나라는 여전히 무도하며 이을 적자도 적어 장래 나라를 잃어 임금의 자리가 바뀔 것이니, 모름지기 어서 서둘러 그 진나라 공자를 잘 대우해주어라. 그는 진나라 임금이 될 것이다."

아들 선양공이 아버지의 말을 듣고 그대로 하였다.

여공이 난을 만나 피살되자, 진나라에서는 과연 이 주자周子를 불러 왕으로 삼았다. 이가 바로 도공悼公이다.

晉孫談之子周適周, 事單襄公. 立無跛, 視無還, 聽無聳, 言無遠. 言敬必及天, 言忠必及意, 言信必及身, 言仁必及人, 言義必及利, 言智必及事, 言勇必及制, 言敎必及辨, 言孝必及神, 言惠必及和,

言讓必及敵；晉國有憂未嘗不戚，有慶未嘗不怡．

襄公有疾，召頃公而告之，曰：「必善晉周，將得晉國．其行也文，能文則得天地．天地所胙，小而後國．夫敬，文之恭也；忠，文之實也；信，文之孚也；仁，文之愛也；義，文之制也；智，文之輿也；勇，文之帥也；教，文之施也；孝，文之本也；惠，文之慈也；讓，文之材也．象天能敬，帥意能忠，思身能信，愛人能仁，利制能義，事建能智，帥義能勇，施辯能教，昭神能孝，慈和能惠，推敵能讓．此十一者，夫子皆有焉．

天六地五，數之常也，經之以天，緯之以地．經緯不爽，文之象也．文王質文，故天胙之以天下．夫子被之矣，其昭穆又近，可以得國．且夫立無跛，正也；視無還，端也；聽無聳，成也；言無遠，愼也．夫正，德之道也；端，德之信也；成，德之終也；愼，德之守也．守終純固，道正事信，明令德矣．愼成端正，德之相也．爲晉休戚，不背本也．被文相德，非國何取！

成公之歸也，吾聞晉之筮也，遇乾之否，曰：『配而不終，君三出焉．』一既往矣，後之不知，其次必此．且吾聞成公之生也，其母夢神規其臀以墨，曰：『使有晉國，三而畀驩之孫．』故名之曰『黑臀』，於今再矣．襄公曰驩，此其孫也．而令德孝恭，非此其誰？且其夢曰：『必驩之孫，實有晉國．』其卦曰：『必三取君於周．』其德又可以君國，三襲焉．吾聞之〈大誓〉，故曰：『朕夢協朕卜，襲于休祥，戎商必克．』以三襲也．晉仍無道而鮮胄，其將失之矣．必早善晉子，其當之也．」

頃公許諾．及厲公之亂，召周子而立之，是爲悼公．

【談】晉 襄公의 손자 惠伯. 이름은 談. 周는 談의 아들로서 뒤에 晉 悼公이 됨. B.C.572~558년까지 15년간 재위함.

【單襄公】周나라 卿士. 晉나라는 晉 獻公이 驪姬의 참언을 듣고 모든 公子를 축출하여, 국내에는 단 한 명의 공자도 머물러 있지 못하였음. 그 때문에 單襄公을 섬겨 의견을 들었음.

【頃公】單襄公의 아들. 單頃公.

【晉周】晉나라 王子 周. 談의 아들이며 뒤에 悼公이 됨.

【胙】복을 받음. 도움을 받음. 韋昭 주에 "胙, 福也. 天之所福, 小則得國, 大得天下也"라 함.

【天六地五】하늘에는 여섯 가지 기운, 즉 陰·陽·風·雨·晦·明의 구분이 있고, 땅에는 金·木·水·火·土의 五行이 있음.

【昭穆】고대 宗法制度로써 宗廟에 위패를 배열하는 규정. 始祖는 중앙에, 二世 이후 짝수 선조는 왼쪽에 배치하며 이를 '昭'라 함. 그리고 三世 이후 홀수의 선조는 오른쪽에 배치하며 이를 '穆'이라 함. 여기서는 晉나라 公子 周가 혈통으로 보아 가장 嫡孫이라는 뜻.

【成公】晉나라 군주. 晉 文公의 서자 黑臀. 魯 僖公 2년 趙穿이 晉 靈公을 시해하자 趙盾이 周나라에 있던 공자 黑臀을 데리고 와서 임금으로 세웠음. 이가 成公이며 B.C.606~600년까지 7년간 재위함.

【乾之否】乾괘가 변하여 비(否)괘가 됨. 건괘는 上下가 모두 小成卦 乾(☰)으로 되어 있으며, 비괘는 아래 坤(☷), 위가 건(☰)괘로 되어 있음. 乾卦는 모두가 하늘과 임금을 상징하여 흑둔이 임금이 될 것임을 말함. 그러나 비괘는 임금이 될 자가 신하가 됨을 의미하는 것으로 그 때문에 '不終'이라 표현한 것임.

【三出】비괘의 아래 小成卦 坤(☷)은 初九, 九二, 九三이 되어 모두가 陰爻(--)로써 이는 양효(-) 셋이 변하여 음이 된 것임. 따라서 晉나라는 3대에 걸쳐 천자국 周나라로부터 왕위 계승에 영향받았음을 말한 것임.

【驩】晉 襄公을 가리킴. 襄公의 이름이 驩이었음.

【於今再矣】成公 黑臀의 뒤를 이은 이는 景公(據)이었으며, 경공의 뒤를 이은 이는 厲公(壽曼)으로, 이미 2世를 이은 것이니 이는 驩의 손자에 이른 것임.

【三襲】武王의 꿈과 占, 祥 등 세 가지가 합해져서 천하를 얻게 된 것임을 말함.

【鮮冑】'冑'는 嫡孫. 後孫. 후손이 적음.

【厲公之亂】魯 成公 18년(B.C.573) 晉 厲公이 시해된 사건. 앞장을 볼 것.

027(3-3) 太子晉諫靈王壅穀水
영왕이 곡수를 막으려 하자 태자 진이 간하다

주周 영왕靈王 22년, 곡수穀水와 낙수洛水가 서로 물길을 다투어 장차 낙읍洛邑의 왕궁으로 밀려들어 허물어질 지경이었다.

왕이 이 곡수의 물길을 막으려 하자 태자 진晉이 이렇게 간언하였다.

"안 됩니다. 제가 듣기로 옛날 백성의 우두머리 된 자는 산을 허물지 않았으며, 늪을 메우지 않았으며, 냇물을 막지 않았으며, 못을 트지 않았다 합니다. 산은 흙이 모인 곳이요, 늪은 만물이 돌아가는 곳이며, 냇물은 기氣가 소통되는 곳이요, 못은 물이 모여드는 곳입니다. 무릇 천지가 생성되고 나서 높은 곳에 흙이 모이고, 만물은 아래로 흘러 돌아가는 것입니다. 산과 계곡은 이들을 소통시켜 그 기를 인도하며, 제방과 못은 낮은 곳으로써 그 아름다운 성과를 모아놓는 곳입니다. 이 까닭으로 모인 것은 무너지지 않고 만물이 돌아갈 자리를 얻게 되는 것이요, 기는 막힘이 없고 역시 흩어지거나 넘어섬도 없이 안정된 것입니다. 이로써 백성은 살아 있을 때는 이를 통해 재용을 얻고 죽어서는 묻힐 곳이 있게 되는 것입니다. 그렇게 하여 요절이나 혼미함, 전염병, 역질 따위에 대한 우려가 없으며, 기근, 추위, 궁핍, 곤핍함에 대한 우환이 없었던 것입니다. 그럼으로써 위아래가 서로를 견고하게 뭉쳐 갑작스러운 재앙에 대비하여 왔으니, 옛날 성왕聖王들께서는 이러한 문제에 아주 신중하였던 것입니다.

옛 공공共工은 이러한 도리를 저버리고 향락에 빠져 그 자신을 일탈하였으며, 천하 모든 냇물을 막아 높은 땅은 허물고, 낮은 곳은 높여 천하에 상해를 입히고자 하였습니다. 그러자 하늘은 그에게 복을 내려 주지 않았고, 서민은 그를 돕지 않아 화란이 함께 다가오자 공공씨는 멸망하고 만 것입니다.

순舜임금 유우有虞 시절에 숭백崇伯 곤鯀이 자신의 일탈된 마음을 널리 퍼뜨려 공공씨의 과오와 같은 짓을 저지르자, 요堯가 그를 우산羽山에서 처단하고 말았습니다. 곤의 뒤를 이은 백우伯禹가 아버지의 잘못을 생각하고 새로운 법도를 만들되 천지의 원리에 맞추고 만물의 법칙을 따르며, 백성의 생활 기준의 의표로 삼고 만물의 이치를 법도로 하였습니다. 그런가 하면 공공의 후손 사악四嶽이 그를 보좌하면서 높은 것은 높게, 낮은 곳은 낮게 하여 냇물을 소통시키고 막힌 것은 흐르게 하며, 모일 물은 모이게 하였습니다. 그들은 구주九州의 산을 다스리며, 구주의 내를 터서 소통시키며, 구주의 못은 제방을 쌓아 물을 가두고, 구주의 늪은 생물이 풍부하게 번식하도록 하며, 구의 평원은 넘을 수 있도록 평평하게 하였으며, 구주의 구석까지 사람들이 집을 지어나 갈 수 있도록 하여 사해와 통하고 합할 수 있도록 하였습니다. 그리하여 하늘에는 음기가 숨어있지 아니하고 땅에는 양기가 분산되지 아니하며, 물에는 기가 침울하게 막히지 않았으며, 불은 마구 번지지 않았으며, 신령은 괴이한 재앙을 내리지 않았고, 백성은 일탈된 마음을 갖지 않았으며, 사시는 그 운행을 거꾸로 하는 경우가 없었고, 만물은 그 삶을 해치는 일이 없었으니, 천도의 이치에 따라 우禹의 공적을 살피고 만물의 의표를 근거로 헤아려 보면 훌륭한 업적이 아닌 것이 없고, 하늘의 마음에 합치되었던 것입니다. 황천은 이를 가상히 여겨 그에게 천하를 가질 수 있는 복을 주었고, '사성姒姓'과 '유하씨有夏氏'라는 성씨姓氏를 내려 주었으니 이는 능히 그가 복으로써 생물을 부유하게 하였음을 이르는 뜻입니다. 한편 사악에게도 후백侯伯의 작위를 복으로 내렸으며, '강성姜姓'과 '유려씨有呂氏'라는 성씨를 주었으니, 이는 능히 우를 위하여 팔다리와 심장, 등뼈와 같은 보좌가 되어 백성을 풍성하게 길러 주었다는 뜻입니다.

이 한 임금 우와 네 명의 작위를 받은 사악은 어찌 총애를 많이 입어 이렇게 성공한 것이겠습니까? 그들은 오히려 죄지은 이들의 후손입니다. 오직 능히 옳은 행동에 아름다운 의로써 하여 그 후손이 남아 제사를 지켜가며 법을 바꾸지 않게 되었던 것입니다. 이에 따라 하나라가 비록 쇠망하였지만 기杞나라와 증鄫나라가 그 성씨를 이어가고 있고, 신려申呂가 비록 쇠망하였지만 제齊나라와 허許나라가 그 강씨 성을 이어가고 있습니다. 이들은 오직 훌륭한 공적이 있음으로 해서 성을 받고 제사를 이어 지금까지 천하에 존재하게 된 것입니다. 나라가 쇠망할 때에는 반드시 후대에 태만하고 일탈된 자가 나타나 그 사이를 차지하게 됩니다. 그러므로 그 성씨를 잃고 죽음에 넘어지면서 떨쳐 일어나지 못하며, 후손이 끊어져 주인을 잃게 되며 노예의 신분으로 전락하게 되는 것입니다. 이러한 자들은 어찌 총애가 없어 그리 된 것이겠습니까? 더구나 그들은 황제黃帝와 염제炎帝의 후손들입니다. 이러한 결과가 오는 것은, 오직 천지의 법도를 따르지 아니하고, 사시의 차례를 본받지 아니하며, 백성과 신령의 의를 헤아리지 아니하며, 생물의 법칙을 준수하지 아니하여 그 후손이 진멸되어 지금에 이르러서는 제사도 지켜내지 못하게 되는 것입니다.

그러나 나라를 얻고 백성을 얻을 때에는 반드시 충신忠信한 마음을 가진 자가 그 사이에 나타나는 것입니다. 그들은 하늘을 법으로 하고 사시에 따라 움직이며, 백성과 신령에게 조화를 이루고 만물의 법칙을 의표로 삼습니다. 그 까닭으로 높고 밝으며 아름답게 끝을 마치며, 드러나고 융합되어 사방에 빛을 발하여, 성씨를 받아 그 이름에 아름다운 이름이 덧붙게 된 것입니다. 만약 우리가 선왕의 유훈을 열어가고, 그 전도典圖와 형법을 살펴보면, 그 흥하고 패한 선례를 관찰한다면 모든 것을 가히 알 수 있습니다. 그 중 흥한 자는 틀림없이 하우夏禹나 사악四嶽, 呂과 같은 공이 있는 자이며, 그 쇠망한 자는 틀림없이 공공이나 곤과 같은 실패의 과오를 남긴 자들입니다. 지금 우리가 집정하여 선왕의 실적을 위배하면서 두 물줄기의 신을 어지럽혀 이를 다투도록 하여 그것이 마침내 왕궁까지 밀려오도록 한 것은 없는지요? 그런데 왕께서 그러한 잘못을 수식하여 은폐하려 하신다면 불가한 것이 아니겠습니까?

사람들은 '화란을 일으키는 집 문 근처는 지나지 말라'라는 말을 합니다. 그런가 하면 '밥짓는 자를 도우면 밥알이라도 맛을 보지만, 싸우는 자를 돕다가는 상처만 입는다'라고도 합니다. 또 '재앙을 건드리지 않으면 재앙이 될 수가 없다'라고도 합니다. 《시詩》에는 '네 필 말은 펄펄 뛰고 깃발은 펄럭펄럭, 전란이 그칠 줄 모르니 그 나라 망하지 아니하고 어찌하리'라 하였고, '백성이 당하는 이 전란, 그 누가 씨를 뿌렸나'라 하였습니다. 무릇 화란을 보고도 겁을 내지 않으면 그로써 받는 상처는 아주 깊을 것이며, 이를 덮어 버리려 할수록 더욱 더 드러나는 것입니다. 백성이 난을 두고 하는 원망도 오히려 막아낼 수 없는데, 하물며 신령이 원망한다면 어떠하겠습니까? 왕께서 장차 물길을 다투는 두 강물을 막아 왕궁의 일을 은폐하려 하신다면 이는 난을 은폐하고 그들의 싸움을 돕는 것이 됩니다. 이것이 어찌 재앙을 드러내고 스스로 그 상처를 입는 것이 아니겠습니까?

우리 왕실은 선대 여왕厲王·선왕宣王·유왕幽王·평왕平王으로부터 하늘의 재앙을 만나왔으며 지금도 아직 그치지 않고 있습니다. 우리가 그 화란을 겉으로 드러내었다가는 길이 자손에게 그 영향이 미치고 왕실은 날로 비천해지지 않을까 두렵습니다. 그렇게 되면 어찌하겠습니까?

후직后稷 이래로 난을 평정하고 문왕文王·무왕武王·성왕聖王·강왕康王에 이르도록 그나마 백성을 안정시켜왔습니다. 그 내용을 보면 후직이 백성을 편안히 한 이래 15왕을 거쳐 문왕 때에 이르러 비로소 백성을 안정시켰고, 다시 18왕으로 거쳐 강왕 때 이르러 백성이 안정되었으니 그 어려움이 이와 같았던 것입니다. 여왕 때에 선조의 법을 개혁하기 시작하여 지금 14세의 왕이십니다. 덕정을 베풀기 시작한 지 15왕이 되어야 비로소 평안해지는 것이며, 재앙을 베푼 지는 15왕이 되어도 제대로 구제되지 않습니다! 저는 아침저녁으로 이렇게 경계하고 두려

위합니다. '덕을 어떻게 닦아야 왕실에 조금이라도 영광을 올리며, 하늘이 주시는 복을 맞이할 수 있을까?'라고 말입니다. 그런데 왕께서는 화란을 더욱 드러내시고 돕고 있으니, 장차 어찌 이를 견뎌낼 수 있겠습니까? 왕께서도 역시 구려九黎와 삼묘三苗의 왕들과 아래로 하나라, 상나라의 말기에 위로는 하늘을 본받지 아니하고 아래로는 땅의 의표를 본받지 아니하며, 가운데로는 백성들과 친화하지 못하며, 사시에 순응하지 아니하고 신령에게 제사를 제대로 올리지 아니하여, 오칙五則을 멸시하고 포기하였던 일을 거울로 삼고 계시지 않습니까? 그들의 그러한 행동으로 인해 종묘가 허물어지고 불길이 이기彝器를 다 태워 버렸으며, 자손은 노예로 전락하고 아래로 백성까지 상처를 입어, 더 이상 전철前哲의 아름다운 덕의 원칙을 살펴볼 수 없이 되었던 것입니다. 이 다섯 가지를 법으로 삼기만 하면, 하늘의 풍성한 복을 받아 백성의 공훈과 업적을 누리며, 자손이 풍성해지고 아름다운 이름이 잊히지 않음은 모두가 천자께서도 알고 있는 바일 것입니다.

천명을 받은 자의 자손이건만 혹자는 힘든 농부가 되어 들에서 고생하는 이도 있으니, 그 이유는 난을 일으키고자 하였던 사람들의 후손이기 때문입니다. 그런가 하면 농부의 아들이면서도 혹 조정에 들어와 공헌을 하고 있는 자가 있으니, 이들은 나라를 안정시키고자 했던 사람들의 후손이기 때문입니다. 이는 조금도 괴이한 일이 아닙니다! 《시》에 '은나라를 거울삼을 일 멀리 있지 않으니 바로 하나라의 말기로다'하였으니, 어찌 궁궐의 재앙을 은폐할 수 있겠습니까? 이것이 바로 재앙을 맞아들이는 것입니다. 천신天神의 뜻에서 보면 이는 상서로운 일(祥)이 아니며, 지물地物의 입장에 비교하면 이는 의로운 일(義)이 아니며, 민칙民則의 입장에서 보면 어짊(仁)이 아니며, 사시의 움직임에 비춰 보면 이는 순리(順)가 아니며, 전훈前訓의 입장에 물어 보면 이는 올바름(正)이 아닙니다. 《시서詩書》와 같은 옛 기록을 보면 백성의 말과 법을 함께 하면 모두가 망한 임금이 무슨 짓을 하였는지에 대한 내용들입니다. 위와 아래로 비교해 보아도 이처럼 물 막는 것을 법으로 삼은 경우가 없으니, 왕께서는 잘 헤아려 주시기 바랍니다! 무릇 일을 벌이시면서 크게는 하늘의 법을 따르지 아니하고, 작게는 옛 기록을 따르지 않고 있습니다. 그리고 위로는 하늘을 법 받지 아니하고, 아래로는 땅의 덕을 법 받지 아니하며, 가운데로는 백성의 법칙을 따르지 아니하며, 방위로는 움직일 때에 맞추지 아니한 채 일을 벌이고 있으니, 이는 절도에 맞지 않음이 틀림없습니다. 일을 하면서 절도에 맞추지 못한다면 이는 손해를 부르는 지름길입니다."

왕은 마침내 곡수를 막아 버렸다.

그리하여 경왕景王 때에 이르러 총애하는 신하가 심히 많아졌고, 화란이 이때부터 싹을 틔우기 시작하였다.

경왕이 죽자 드디어 왕실에 대란이 일어났다.

정왕定王 때에 이르러서는 왕실은 드디어 비천해지고 말았다.

靈王二十二年, 穀·洛鬪, 將毀王宮.

王欲雍之, 太子晉諫曰:「不可. 晉聞古之長民者, 不墮山, 不崇藪, 不防川, 不竇澤. 夫山, 土之聚也; 藪, 物之歸也; 川, 氣之導也; 澤, 水之鍾也. 夫天地成而聚於高, 歸物於下. 疏爲山谷, 以導其氣; 陂塘汙庳, 以鍾其美. 是故聚不阤崩; 而物有所歸; 氣不沈滯, 而亦不散越. 是以民生有財用, 而死有所葬. 然則無天·昏·札·瘥之憂, 而無飢·寒·乏·匱之患, 故上下能相固, 以待不虞, 古之聖王唯此之愼.

昔共工棄此道也, 虞于湛樂, 淫失其身, 欲雍防百川, 墮高堙庳, 以害天下. 皇天弗福, 庶民弗助, 禍亂並興, 共工用滅. 其在有虞, 有崇伯鯀, 播其淫心, 稱遂共工之過, 堯用殛之于羽山. 其後伯禹念前之非度, 釐改制量, 象物天地, 比類百則, 儀之于民,

而度之于羣生. 共之從孫四嶽佐之, 高高下下, 疏川導滯, 鍾水豐物, 封崇九山, 決汨九川, 陂鄣九澤, 豐殖九藪, 汨越九原, 宅居九隩, 合通四海. 故天無伏陰, 地無散陽, 水無沈氣, 火無災燀, 神無閒行, 民無淫心, 時無逆數, 物無害生, 帥象禹之功, 度之于軌儀, 莫非嘉績, 克厭帝心. 皇天嘉之, 祚以天下, 賜姓曰『姒』, 氏曰『有夏』, 謂其能以嘉祉殷富生物也. 祚四嶽國, 命以侯伯, 賜姓曰『姜』, 氏曰『有呂』, 謂其能爲禹股肱心膂, 以養物豐民人也.

此一王四伯, 豈緊多寵? 皆亡王之後也. 唯能釐舉嘉義, 以有胤在下, 守祀不替其典. 有夏雖衰, 杞·鄫猶在; 申呂雖衰, 齊·許猶在. 唯有嘉功, 以命姓受祀, 迄于天下. 及其失之也, 必有慆淫之心閒之. 故亡其氏姓, 踣斃不振; 絕後無主, 湮替隸圉. 夫亡者豈緊無寵? 皆黃·炎之後也. 唯不帥天地之度, 不順四時之序, 不度民神之義, 不儀生物之則, 以殄滅無胤, 至于今不祀. 及其得之也, 必有忠信之心閒之. 度於天之而順於時動, 和於民神而儀於物則, 故高朗令終, 顯融照明, 命姓受氏, 而附之以令名. 若啓先王之遺訓, 省其典圖刑法, 而觀其廢興者, 皆可知也. 其興者, 必有夏·呂之功焉; 其廢者, 必有共·鯀之敗焉. 今吾執政無乃實有所避, 而滑夫二川之神, 使至於爭明, 以妨王宮? 王而飾之, 無乃不可乎!

人有言曰: 『無過亂人之門.』 又曰: 『佐饑者嘗焉, 佐鬬者傷焉.』 又曰: 『禍不好, 不能爲禍.』《詩》曰: 『四牡騤騤, 旟旐有翩, 亂生不夷, 靡國不泯.』 又曰: 『民之貪亂, 寧爲荼毒.』 夫見亂而不惕, 所殘必多, 其飾彌章. 民有怨亂, 猶不可遏, 而況神乎?

王將防鬪川以飾宮, 是飾亂而佐鬪也, 其無乃章禍且遇傷乎?

自我先王厲·宣·幽·平而貪天禍, 至於今未弭. 我又章之, 懼長及子孫, 王室其愈卑乎? 其若之何?

自后稷以來寧亂, 及文·武·成·康而僅克安民. 自后稷之始基靖民, 十五王而文始平之, 十八王而康克安之, 其難也如是. 厲始革典, 十四王矣. 基德十五而始平, 基禍十五其不濟乎! 吾朝夕徯懼, 曰:『其何德之修, 而少光王室, 以逆天休?』王又章輔禍亂, 將何以堪之? 王無亦鑒於黎·苗之王, 下及夏·商之季, 上不象天, 而下不儀地, 中不和民, 而方不順時, 不共神祇, 而蔑棄五則? 是以人夷其宗廟, 而火焚其彝器, 子孫爲隸, 下夷於民, 而亦未觀夫前哲令德之則. 則此五者而受天之豐福, 饗民之勳力, 子孫豐厚, 令聞不忘, 是皆天子之所知也.

天所崇之子孫, 或在畎畝, 由欲亂民也. 畎畝之人, 或在社稷, 由欲靖民也. 無有異焉!《詩》云:『殷鑒不遠, 在夏后之世.』將焉用飾宮? 其以徼亂也. 度之天神, 則非祥也. 比之地物, 則非義也. 類之民則, 則非仁也. 方之時動, 則非順也. 咨之前訓, 則非正也. 觀之《詩書》, 與民之憲言, 則皆亡王之爲也. 上下議之, 無所比度, 王其圖之! 夫事大不從象, 小不從文. 上非天刑, 下非地德, 中非民則, 方非時動而作之者, 必不節矣. 作又不節, 害之道也.」

王卒壅之.

及景王多寵人, 亂於是乎始生.

景王崩, 王室大亂.

及定王, 王室遂卑.

【靈王】周 簡王의 아들이며 이름은 大心(泄心). B.C.571～545년까지 27년간 재위함. 22년은 B.C.550 辛亥年에 해당함.

【穀·洛】穀水와 洛水. 지금 河南 경내를 흐르는 두 물. 곡수는 澠池, 新安의 동쪽을 흐르며, 낙수는 宜陽 동북을 통과한 다음 洛陽을 거쳐 伊水와 合水하여 동북쪽으로 黃河로 흘러들어감.

【太子晉】周 靈王의 아들 姬晉. 당시 태자.

【不崇】높이지 않음.

【藪】수초가 생장하고 있는 沼澤. 늪.

【竇】구멍을 뚫어 담긴 물을 터지게 함.

【氣之導】고대인은 물이 하늘과 땅의 기운을 흘러 널리 퍼뜨리는 것으로 믿었음.

【汙庳】낮고 물이 고인 곳.

【夭昏札瘥】일찍 죽는 것을 '夭', 3개월이 채 못 되어 아직 이름이 지어지기 전에 죽는 것을 '昏', 전염병으로 일찍 죽는 것을 '札', 역질을 만나 죽는 것을 '瘥'라 한다 함.

【共工】炎帝의 후손으로 뒤에 黃帝의 후손 顓頊에게 패함.

【有虞】有虞氏 舜을 말함. 堯임금의 신하였음.

【崇伯鯀】崇은 고대 나라 이름. 伯은 작위. 鯀은 禹임금의 부친 이름. 檮杌이라고도 함. 鯀은 絲으로도 표기하며 堯나라 때의 崇伯으로 치수에 나섰으나, 9년 동안 아무런 실적을 올리지 못하여 舜이 羽山에서 죽여 없앰. 이가 神으로 화하여 黃熊이 되었다 함.

【四嶽】관직 이름. 四嶽의 제사를 맡은 관원으로 諸侯의 長이었음.

【隩】사람이 거주할 수 있는 지역.

【伏陰】陰이 엎드려 활동을 기다리고 있음. 한 여름을 말함.

【散陽】陽이 흩어져 다시 음으로 모여들 준비를 하고 있는 계절. 엄동설한을 말함.

【姜】炎帝 神農氏의 성씨.

【一王四伯】하나의 왕(禹)과 四嶽을 맡은 緊. 緊는 四嶽의 이름.

【亡王】여기서는 鯀과 共工을 가리킴.

【隸圉】隸는 노역을 맡은 노예. 圉는 말을 기르는 천한 신분.

【黃炎】黃帝 軒轅氏와 炎帝 神農氏. 鯀은 황제의 후손이며, 共工의 염제의 후손이었음.

【饎】음식을 조리하는 임무를 맡은 관원.

【四牡騤騤】《詩經》大雅 桑柔의 구절.

【旟旐】깃발. '旟'는 새와 매의 형상을 그린 깃발로 진격을 알리는 것이며, '旐'는 거북과 뱀의 형상을 그린 것으로 길을 열어 나갈 때 쓰는 깃발이라 함.

【荼毒】荼는 원래 씀바귀의 일종. 여기서는 아주 지독하게 해를 끼침을 말함.

【黎苗】九黎와 三苗. 고대 중국 서남 지역의 소수 민족. 少昊氏가 세력이 약해지자 九黎가 난을 일으켜 顓頊이 진압하였고, 高辛氏가 쇠락하자 三苗가 난을 일으켜 堯가 이를 진압하였음.

【夏商之季】夏나라와 商(殷)나라의 말기. 즉 夏의 말왕 桀과 은의 말왕 紂를 말함. 이에 따라 夏는 商湯에게 망하였고, 殷은 周 武王에게 망하였음.

【殷鑒不遠】《詩經》大雅 蕩의 구절.

【景王】東周 靈王의 아들이며 太子 晉의 아우. 이름은 貴. B.C.544~520년까지 25년간 재위. 경왕이 嫡長子가 없어 王子 猛을 태자로 삼아놓고, 다시 사사롭게 다른 왕자인 朝에게 왕위를 물려 줄 것을 허락하였으나, 일을 성사시키지 못한 채 죽고 말았음. 이에 單子와 劉子가 왕자 猛을 왕으로 삼고 賓孟을 죽여 없애자 王子 朝는 구관과 관직에서 축출당한 이들, 그리고 靈王과 景王 자신의 족인들을 모아 반란을 일으켰음.

【定王】동주 頃王의 아들이며 靈王의 조부. 이름은 瑜. B.C.606~586년까지 21년간 재위. 그러나 여기서는 貞定王의 오기로 보임. 貞定王은 敬王의 아들이며 이름은 介. 전국시대가 시작될 때의 임금으로 B.C.468~441년까지 28년간 재위함. 이때는 제후를 이끌 패자도 없어 천하가 난에 휩싸여 왕실의 지위는 추락하고 말았음.

> 참고 및 관련 자료

1. 《詩經》大雅 桑柔

菀彼桑柔, 其下侯旬. 捋采其劉, 瘼此下民. 不殄心憂, 倉兄塡兮. 倬彼昊天, 寧不我矜. 四牡騤騤, 旟旐有翩. 亂生不夷, 靡國不泯. 民靡有黎, 具禍以燼. 於乎有哀, 國步斯頻. 國步蔑資, 天不我將. 靡所止疑, 云徂何往. 君子實維, 秉心無競. 誰生厲階, 至今爲梗. 憂心慇慇, 念我土宇. 我生不辰, 逢天僤怒. 自西徂東, 靡所定處.

多我覯痻, 孔棘我圉. 爲謀爲毖, 亂況斯削. 告爾憂恤, 誨爾序爵. 誰能執熱, 逝不
以濯. 其何能淑, 載胥及溺. 如彼遡風, 亦孔之僾. 民有肅心, 荓云不逮. 好是稼穡,
力民代食. 稼穡維寶, 代食維好. 天降喪亂, 滅我立王. 降此蟊賊, 稼穡卒痒. 哀恫
中國, 具贅卒荒. 靡有旅力, 以念穹蒼. 維此惠君, 民人所瞻. 秉心宣猶, 考慎其相.
維彼不順, 自獨俾臧. 自有肺腸, 俾民卒狂. 瞻彼中林, 甡甡其鹿. 朋友已譖, 不胥
以穀. 人亦有言, 進退維谷. 維此聖人, 瞻言百里. 維彼愚人, 覆狂以喜. 匪言不能,
胡斯畏忌. 維此良人, 弗求弗迪. 維彼忍心, 是顧是復. 民之貪亂, 寧爲荼毒. 大風
有隧, 有空大谷. 維此良人, 作爲式穀. 維彼不順, 征以中垢. 大風有隧, 貪人敗類.
聽言則對, 誦言如醉. 匪用其良, 覆俾我悖. 嗟爾朋友, 予豈不知而作. 如彼飛蟲,
時亦弋獲. 既之陰女, 反予來赫. 民之罔極, 職涼善背. 爲民不利, 如云不克. 民之
回遹, 職競用力. 民之未戾, 職盜爲寇. 涼曰不可, 覆背善詈. 雖曰匪予, 既作爾歌.

2.《詩經》大雅 蕩

蕩蕩上帝, 下民之辟. 疾威上帝, 其命多辟. 天生烝民, 其命匪諶. 靡不有初, 鮮克
有終. 文王曰咨, 咨女殷商. 曾是彊禦, 曾是掊克, 曾是在位, 曾是在服. 天將慆德,
女興是力. 文王曰咨, 咨女殷商. 而秉義類, 彊禦郭懟. 流言以對, 寇攘式內. 侯作
侯祝, 靡屆靡究. 文王曰咨, 咨女殷商. 女炰烋于中國, 斂怨以爲德. 不明爾德,
時無背無側. 爾德不明, 以無陪無卿. 文王曰咨, 咨女殷商. 天不湎爾以酒, 不義
從式. 既愆爾止, 靡明靡晦. 式號式呼, 俾晝作夜. 文王曰咨, 咨女殷商. 如蜩如螗,
如沸如羹. 小大近喪, 人尚乎由行. 內奰于中國, 覃及鬼方. 文王曰咨, 咨女殷商.
匪上帝不時, 殷不用舊. 雖無老成人, 尚有典刑. 曾是莫聽, 大命以傾. 文王曰咨,
咨女殷商. 人亦有言, 顛沛之揭. 枝葉未有害, 本實先撥. 殷鑒不遠, 在夏后之世.

028(3-4) 晉羊舌肸聘周論單靖公敬儉讓咨
진나라 양설힐이 주나라에 초빙되어 가서
선정공의 경검양자에 대하여 논하다

　진晉나라 양설힐羊舌肸, 叔向이 주周나라에 초빙되어 가서 가지고 간 예물을 대부들과 선정공單靖公에게 바쳤다.

　선정공은 양성힐을 초대하여 잔치를 베풀어 주었는데, 검소하고 경건하였으며, 빈객을 모시는 예나 증송하는 물건 등이 윗사람이 하는 모습을 보고 그대로 따라하는 것이었다. 연회에서는 사사롭게 함이 없었으며, 숙향을 배웅할 때는 교외를 넘지 않았다. 그리고 《시》의 〈호천유성명昊天有成命〉을 읊으며 즐겁게 담소하였다.

　선정공의 가신이 숙향을 배웅하자 숙향이 그에게 말하였다.

　"이상하오! 내 듣기로 '한 조대가 두 번 흥할 수 없다'라 하였는데 지금 주나라가 다시 흥할 것인가! 선정공 같은 분이 있는 것을 보면. 옛날 사일史佚이 이렇게 말하였다오. '행동에 경건함보다 중요한 것은 없고, 평소에 검소함보다 더 중요한 것은 없으며, 덕에는 양보보다 더한 것이 없고, 일에는 자문을 구하는 것보다 더 중요한 것은 없다'라고요. 선정공이 나에게 풍성히 베풀어 준 것은 바로 '예禮'이며 모든 것이 갖추어졌었소. 무릇 궁실을 높이 꾸미지 아니하고, 그릇은 붉은 무늬나 모양을 새겨 넣지 않은 것이었으니 이는 바로 '검儉'이었소. 그 자신은 삼가고 깨끗하고 정결하게 하였으며 안팎이 모두 반듯하게 갖추어졌으니 이는 바로 '경敬'이며, 연회에서 진행과 선물을 내려 주는 것은 윗사람의 법도를 넘어섬이 없었으니 이는 자로 '양讓'이며, 빈객을 예로써 모시되 윗사람이 하는 것을 그대로 하여 움직였으니 이는 '자咨'입니다. 이와 같이 하고 다시 사사로움이 없음이 더해졌으며,

거기에 나를 보내 주면서 혼잡함이 없도록 거듭하였으니 능히 원한을 피할 수 있을 것이오. 평소에 검소하고 행동에는 경건하며 덕에는 양보가 있고, 일 처리에는 자문이 있는 이러한 자가 경卿으로써 임금을 보좌하고 있으니 어찌 나라가 흥하지 않겠소!

게다가 〈호천유성명〉의 시로써 화제를 삼았으니 이는 문왕文王과 무왕武王의 풍성한 덕을 찬양하는 것으로써 그 시는 다음과 같소.

> '하늘이 성취함이 있으니 이는 주나라를 흥성하게 함일세.　　昊天有成命,
> 문왕, 무왕 두 분이 이러한 천명을 받으셨으니,　　　　二后受之,
> 뒤를 이은 성왕成王이 감히 편안함을 탐닉하지 않았네.　　成王不敢康.
> 아침 일찍 일어나고 밤늦어 잠에 들며 천명에 순종하였네.　夙夜基命宥密,
> 아, 밝고도 넓도다!　　　　　　　　　　　　　　　於, 緝熙.
> 그 마음 두터워 천하에 화평을 이루었다네.'　　　　　亶厥心肆其靖之

이는 왕들의 덕을 성취하였음을 말한 것이오. 성왕은 능히 문왕의 문소文昭를 밝혀 주었고, 무왕의 무열武烈을 공고히 한 자입니다. 무릇 '성명成命'이라 말하고 다시 '호천昊天'이라 칭한 것은 그 선조를 공경한다(翼其上)는 뜻입니다. 그리고 '이후수지二后受之'라 한 것은 덕을 베풂에 양보로써 한다(讓於德)라는 뜻입니다. '성왕불감강成王不敢康'이라 한 것은 백성을 공경한다(敬百姓)는 뜻이요, '숙야夙夜'는 공손함(恭)을 뜻하며 '기基'는 시작하다(始)의 뜻이며, '명命'은 미덥다(信)의 뜻이며, '유宥'는 너그럽다(寬)의 뜻이며, '밀密'은 안녕(寧)을 뜻하며, '집緝'은 밝다(明)의 뜻이며, '희熙'는 넓다(廣)의 뜻이며, '단亶'은 두텁다(厚)의 뜻이며, '사肆'는 견고하다(固)의 뜻이며, '정靖'은 화평하다(龢)의 뜻입니다. 그 시작이 윗사람을 공경하고 덕으로 양보하여 백성을 공경하는 것으로 되어 있고, 그 중간이 공경하고 검소하며 미덥고 너그러워 이들을 편안함으로 이끌고 돌아간다는 뜻이며, 그 끝남이 그 마음을 넓고 후하게 가져 화평함을 공고히 한다는 뜻으로 되어 있소. 시작을 덕과 양보로 하고,

중간을 믿음과 관용으로 하며, 그 마침을 화평을 공고히 하니 그 때문에 '성成'이라 한 것이오. 선정공은 검소하고 경건하여 양보하고 자문을 구하니 이 덕을 이룬다는 말에 상응하였소. 선정공이 만약 주나라를 흥성하게 하지 못한다면 그 자손이 틀림없이 번성하여 후세에 길이 잊히지 않을 것이오.

《시》에 또 이렇게 노래하였소.

'그 후대 가족은 어떠하겠는가?	其類維何?
집안 다스리는 것으로써 나라를 다스리도다.	家室之壺.
군자께서는 만년토록	君子萬年,
영원히 자손 번성함을 복으로 내려주셨네.'	永錫祚胤.

여기서 '류類'란 훌륭한 선대에게 누를 끼치지 않음(不忝前哲)을 말한 것이요, '호壺'란 백성을 널리 부유하게 해 준다(廣裕民人)는 뜻이며, '만년萬年'이란 아름다운 명예가 널리 퍼져 잊히지 않음(令聞不忘)을 말한 것입니다. 그리고 '윤胤'이란 자손이 번성하여 생육함(子孫蕃育)을 말한 것입니다. 선정공은 아침저녁으로 왕업을 성취한 선대의 덕을 잊지 않고 있으니 가히 '불첨전철不忝前哲'이라 말할 수 있고, 가슴에 밝은 덕을 보전하여 왕실을 보좌하고 있으니, 가히 '광유민인廣裕民人'이라 할 수 있습니다. 이처럼 능히 혈족을 잘 이끌어 선으로 가게 하여 백성을 모두 섞어 부유하게 하고 있으니, 틀림없이 명예가 드날리고 자손이 번성하는 복을 받을 자를 선택한다면 선정공이 반드시 이에 해당할 것입니다. 선정공이 만약 단점이 있다면 틀림없이 그의 자손이 그의 사업을 이어나갈 것이니, 다른 가문에서 그러한 자가 나올 수는 없을 것이오."

晉羊舌肸聘于周，發幣於大夫及單靖公．

靖公享之，儉而敬；賓禮贈餞，視其上而從之；燕無私，送不過郊；語說〈昊天有成命〉．

單之老送叔向，叔向告之曰：「異哉！吾聞之曰：『一姓不再興．』今周其興乎！其有單子也．昔史佚有言曰：『動莫若敬，居莫若儉，德莫若讓，事莫若咨．』單子之貺我也，禮也，皆有焉．夫宮室不崇，器無彤鏤，儉也；身聳除潔，外內齊給，敬也；宴好享賜，不踰其上，讓也；賓之禮事，放上而動，咨也．如是，而加之以無私，重之以不殽，能避怨矣．居儉動敬，德讓事咨，而能避怨，以爲卿佐，其有不興乎！

且其語說〈昊天有成命〉，頌之盛德也．其《詩》曰：『昊天有成命，二后受之，成王不敢康．夙夜基命宥密，於，緝熙！亶厥心肆其靖之．』是道成王之德也．成王能明文昭，能定武烈者也．夫道成命者，而稱昊天，翼其上也．二后受之，讓於德也．成王不敢康，敬百姓也．夙夜，恭也；基，始也；命，信也；宥，寬也；密，寧也；緝，明也；熙，廣也；亶，厚也；肆，固也；靖，龢也．其始也，翼上德讓，而敬百姓；其中也，恭儉信寬，帥歸於寧；其終也，廣厚其心，以固龢之．始於德讓，中於信寬，終於固和，故曰成．單子儉敬讓咨，以應成德．單若不興，子孫必蕃，後世不忘．

《詩》曰：『其類維何？室家之壼．君子萬年，永錫祚胤．』類也者，不忝前哲之謂也．壼也者，廣裕民人之謂也．萬年也者，令聞不忘之謂也．胤也者，子孫蕃育之謂也．單子朝夕不忘成王之德，可謂不忝前哲矣．膺保明德，以佐王室，可謂廣裕民人矣．若能類善物，以混厚民人者，必有章譽蕃育之祚，則單子必當之矣．單若有闕，必茲君之子孫實續之，不出於他矣．」

【羊舌肸】晉나라 대부. 羊舌職의 아들이며 자는 叔向.

【單靖公】周王의 卿士로 單襄公의 손자이며 單頃公의 아들.

【燕無私】'燕'은 '宴'과 같음. 연회에서 사사롭게 음식을 내리지는 않았음.

【昊天有成命】《詩經》周頌의 편명.

【史佚】인명. 周 文王과 武王을 섬긴 太史 尹佚을 가리킴.

【放】'依'와 같음.

【二后】周 文王과 武王을 가리킴.

【成王】두 가지로 해석함. 周 成王 姬誦. 혹 '王業을 이루다'의 뜻으로도 봄.

【詩】《詩經》大雅 旣醉의 구절.

【壼】'광대하게 넓혀 나가다'의 뜻.

【忝】'더럽히다, 욕되게 하다'의 뜻.

【膺保】膺은 가슴, 保는 보전하다의 뜻.

【混厚】混은 함께(同)의 뜻이며, 厚는 富의 뜻임.

【章】'彰'과 같음.

참고 및 관련 자료

1. 《詩經》周頌 昊天有成命

昊天有成命, 二后受之. 成王不敢康, 夙夜基命有密. 於緝熙, 單厥心. 肆其靖之.

2. 《詩經》大雅 旣醉

旣醉以酒, 旣飽以德. 君子萬年, 介爾景福. 旣醉以酒, 爾殽旣將. 君子萬年, 介爾
昭明. 昭明有融, 高朗令終. 令終有俶, 公尸嘉告. 其告維何, 籩豆靜嘉. 朋友攸攝,
攝以威儀. 威儀孔時, 君子有孝子. 孝子不匱, 永錫爾類. 其類維何, 室家之壼.
君子萬年, 永錫祚胤. 其胤維何, 天被爾祿. 君子萬年, 景命有僕. 其僕維何, 釐爾
女士. 釐爾女士, 從以孫子.

029(3-5) 單穆公諫景王鑄大錢
선목공이 경왕의 대전 주조를 간하다

경왕景王 21년, 대전大錢을 주조하려 하자 선목공單穆公이 말하였다. "안 됩니다. 옛날에는 하늘에서 재앙을 내리면 물자와 화폐를 헤아리고, 그 가치의 경중을 재어 백성을 진휼시키고 구제하였습니다. 백성들이 소액 화폐를 꺼려, 물가가 오르면 고액 화폐를 주조하여 통용시켰습니다. 이에 유모권자有母權子의 방법으로 통용시켜 백성들은 모두 편리함을 얻을 수 있었습니다. 만약 상품의 가격이 고액 화폐로 감당할 수 없게 되면, 그때는 소액 화폐를 많이 제작하여 이를 통용시키되 역시 고액 화폐는 폐기하지 않았습니다. 이렇게 유자권모有子權母의 방법을 채택하여 대소가 모두 편리하게 되었던 것입니다. 왕께서 지금 소액 화폐를 폐기하고 고액 화폐만을 주조하신다면, 백성들이 가지고 있는 소액 화폐는 쓸모가 없게 됩니다. 그렇게 되면 백성들이 궁핍해지지 않을 수 있겠습니까? 만약 그들이 궁핍해지면 왕의 재용도 궁핍해질 것이며, 왕의 재용이 궁핍하면 다시 백성들로부터 많은 세금을 거두어야 할 것입니다. 백성들이 세금을 낼 수 없게 되면 멀리 떠날 생각을 갖게 될 것이고, 이렇게 되면 백성을 멀리하는 꼴이 되고 말 것입니다.

게다가 대비책이란 그 일이 발생하기 이전에 세워 두었다가 일이 터지면 그것을 사용해야 하는 것입니다. 이 순서는 서로 뒤바뀔 수 없는 것입니다. 미리 대비책을 세울 수 있음에도 대비하지 않는 것을 일러 '태怠'라 하고, 뒤로 미룰 수 있는 것을 미리 나서서 하는 것을 일러 '소재召災', 즉 재난을 부른다고 말하는 것입니다. 우리 주나라는 지금 진실로 나약한 나라가 되고 말았습니다. 하늘이 내릴 재앙이 아직 다 내리지 않은 듯 끊임이 없는데, 거기에다가 백성을 떠나게 하여 그 재앙을 조장시킨다면 이 역시 불가한 일이 아니겠습니까? 백성들과 함께 함이 마땅한데도 그들을 떠나보내고, 재앙을 미리 대비해야 함에도 재앙을 불러오고 있다면 어찌 나라를 경영한다 하겠습니까? 나라를 경영하지 못한다면 어찌 명령을 내릴 수 있겠습니까? 명령을 따라 주지 않는다면 이것이 윗사람의 근심입니다. 그 때문에 성인은 백성에게 덕을 심어 재앙을 없앴던 것입니다. 〈하서夏書〉에 '도량형이 균일하면 왕실의 창고가 가득 차게 된다'라 하였고, 《시詩》에도 역시 이렇게 노래하였습니다.

'한산루山의 산록을 바라보도다. 개암나무 호栲나무 무성하구나. 신이 나신 우리 님은 복을 찾아내는 모습도 화락하네.'

한산 산기슭에 개암나무, 호나무가 무성하여 그 때문에 군자는 편안하게 즐기면서 복록을 구할 수 있습니다. 만약 산림이 다 베어져 숲이 사라져 버리고 그에 따라 늪과 못의 물이 다 말라 버린다면 백성의 힘도 모두 말라 소진되어 농지도 황무지가 될 것이며, 재물은 궁핍하여 군자는 걱정하고 슬퍼할 겨를도 없을 텐데, 어찌 편안하게 즐기면서 화락함을 누릴 수 있겠습니까? 게다가 백성의 재물을 긁어모아 왕실의 창고를 채운다면, 이는 냇물의 근원을 막아 그 밑의 물은 웅덩이가 되도록 하는 것과 같은 것이니, 그 웅덩이조차 말라 없어지는 것은 날짜를 기다릴 필요도 없게 될 것입니다. 만약 백성이 떠나 버리고 재물은 궁핍하고 재앙은 닥쳐오고 있는데도 대비책이 없다면 왕께서는 무엇을 할 수 있겠습니까? 우리 주 왕실의 관리로서 재앙에 대한 예비는 태만하거나 아예 포기한 것이 너무 많습니다. 그런데 다시 백성의 재물을 빼앗아 그 재앙을 키우고 계시니, 이는 우리의 창고를 제거하고 우리 백성을 포기하는 것입니다. 왕께서는 이 일을 잘 고려해 주시기 바랍니다!"

경왕은 이를 듣지 않고 끝내 대전을 주조하였다.

景王二十一年，將鑄大錢.

單穆公曰：「不可. 古者，天災降戾，於是乎量資幣，權輕重，以振救民. 民患輕，則作重幣以行之，於是乎有母權子而行，民皆得焉. 若不堪重，則多作輕而行之，亦不廢重，於是乎有子權母而行，小大利之.

今王廢輕而作重，民失其資，能無匱乎？ 若匱，王用將有所乏，乏則將厚取於民. 民不給，將有遠志，是離民也. 且夫備有未至而設之，有至而後救之，是不相入也. 可先而不備，謂之怠；可後而先之，謂之召災. 周固羸國也，天末厭禍焉，而又離民以佐災，無乃不可乎？ 將民之與處而離之，將災是備禦而召之，則何以經國？ 國無經，何以出令？ 令之不從，上之患也，故聖人樹德於民以除之.

《夏書》有之曰：『關石和鈞，王府則有.』《詩》亦有之曰：『瞻彼旱麓，榛楛濟濟. 愷悌君子，干祿愷悌.』夫旱麓之榛楛殖，故君子得以易樂干祿焉. 若夫山林匱竭，林麓散亡，藪澤肆旣，民力彫盡，田疇荒蕪，資用乏匱，君子將險哀之不暇，而何易樂之有焉？

且絕民用以實王府，猶塞川原而爲潢汙也，其竭也無日矣. 若民離而財匱，災至而備亡，王其若之何？ 吾周官之於災備也，其所怠棄者多矣，而又奪之資，以益其災，是去其藏而賊其人也. 王其圖之！」

王弗聽，卒鑄大錢.

西漢〈王莽錢〉

【景王】東周의 임금. 靈王(姬泄心)의 아들이며 이름은 貴(姬貴). B.C.544~520년까지 25년간 재위함. 21년은 B.C.524년에 해당함.

【錢】금속 화폐. 고대에는 '泉'이라고도 불렸음. 大錢은 고액 화폐를 뜻함.

【單穆公】周王의 卿士로 單靖公의 후대.

【有母權子】큰 화폐는 어머니처럼 그 위치를 지키고, 작은 화폐가 그에 형평을 이루도록 부속물로 유통됨을 말함. 그에 상대되는 방법이 '有子母權'임.

【夏書】지금의 《尙書》에는 인용된 구절이 없음.

【關石】'關'은 '衡'과 같으며, 石은 '섬.' 30근이 1鈞이며 4균이 1石이었음.

【旱麓】《詩經》大雅 旱麓의 구절. 旱은 원래 산 이름.

【榛楛】榛은 개암나무의 일종. 楛는 역시 관목의 일종. 숲이 무성하여 농사도 잘되었음을 말함.

【干祿】'干'은 '求'와 같음. 고대 雙聲互訓. 원래는 군자가 덕을 수양하여 벼슬을 구하는 모습을 노래한 것이지만, 여기서는 농사가 잘 되어 이를 수확하는 모습이 화락함을 뜻함.

【潢汙】물이 고여 흐르지 않는 상태. 큰 웅덩이는 潢, 작은 웅덩이는 汙라 한다 함.

【周官】주나라 제도의 六卿. 즉 冢宰·司徒·宗伯·司馬·司寇·司空. 뒤에 조정의 六部나 六曹로 발전하였음.

【翳】여기서는 포기함을 뜻함.

참고 및 관련 자료

1. 《詩經》大雅 旱麓

瞻彼旱麓, 榛楛濟濟. 豈弟君子, 干祿豈弟. 瑟彼玉瓚, 黃流在中. 豈弟君子, 福祿攸降. 鳶飛戾天, 魚躍于淵. 豈弟君子, 遐不作人. 清酒既載, 騂牡既備. 以享以祀, 以介景福. 瑟彼柞棫, 民所燎矣. 豈弟君子, 神左勞矣. 莫莫葛藟, 施于條枚. 豈弟君子, 求福不回.

030(3-6) 單穆公諫景王鑄大鍾
선목공이 경왕의 대종 주조를 간하다

주周 경왕景王 23년, 왕이 무역無射이라는 종을 주조하면서 대림大林의 음으로 표준을 삼고자 하였다.

그러자 선목공單穆公이 말하였다.

"안 됩니다. 중폐重幣를 만들어 백성의 재물을 궁핍하게 해 놓았는데, 다시 큰 종을 주조하면 목숨을 이을 재물까지 줄어들게 하는 것입니다. 이렇게 쌓아놓은 재물을 이미 바닥내고 다시 그 생계까지 이어가기 어렵게 한다면, 어찌 재물을 증식시킬 수 있겠습니까? 게다가 종이란 소리를 내는 것일 뿐인데, 무역을 대림으로 표준을 삼으면 그 소리는 귀에 들리지도 않습니다. 종소리는 귀에 들리게 하기 위한 것이건만 이것이 귀에 들리지 않는다면 이는 종소리가 아닙니다. 마치 눈이 있으되 보이지 않으면 이를 눈이라 할 수 없는 것과 같습니다. 눈은 길이나 도수를 살피는 것으로 기껏해야 보步·무武·척尺·촌寸 정도의 사이를 잴 수 있는 데 불과할 뿐이며, 색깔을 분별하는 것도 기껏 해야 묵墨·장丈·심尋·상常의 거리 안을 알아보는 정도에 불과합니다. 그런가 하면 귀는 화음和音을 변별하는 것으로 음의 청탁淸濁 사이의 변별일 뿐이며, 이는 한 사람 개인의 청각 능력에 달려 있을 뿐입니다. 이 까닭으로 선왕先王이 종을 제정할 때 소리가 크다 해야 균鈞을 넘지 않았고 그 무게는 섬石을 넘지 않았습니다. 종은 율律·도度·양量· 형衡은 이를 표준으로 생겨난 것이며, 그릇의 대소도 이를 근거로 만들어진 것입니다. 그 때문에 성인聖人은 이 문제에 대하여 신중을 기하였던 것입니다. 왕께서 지금 종을 제작하시면서 그 종이 들어도 고저청탁을 분별할 수 없고, 비교해 보아도 그 도수度數를 알 수 없으며, 종소리는 화음이 맞는지의 여부도 알 수 없으며, 제도 역시 절도에 맞춘 것이 아니라면 이는 음악에 아무런 보탬이 되지 않을 뿐만 아니라 백성의 재물만 줄여가고 있는 것이니 장차 어디에 쓰겠습니까!

　무릇 음악은 귀로 듣기 위한 것에 불과하며 아름다움이란 눈으로 보는 데에 불과한 것입니다. 만약 음악을 듣고 귀가 진동을 하며 아름다운 것을 보고 눈이 현기증을 느낀다면 이보다 더 심한 고통은 없을 것입니다. 대체로 귀와 눈이란 마음의 추기樞機입니다. 그러므로 모름지기 소리는 조화를 이루어야 하고 눈은 바르게 보여야 합니다. 들리기가 조화로우면 귀가 밝게(聰) 되고, 보이기가 바르면 눈이 밝게(明) 됩니다. 귀가 밝으면 말을 알아듣게 되고, 눈이 밝으면 덕이 밝혀지게 됩니다. 말을 알아듣고 덕이 밝혀지면 사려思慮가 순고純固해지는 것입니다. 말로써 백성에게 덕을 일러 주고 백성이 이를 즐겁게 여겨 덕으로 여겨 준다면 백성의 마음이 임금에게 돌아오게 됩니다. 위에서 백성의 마음을 얻어 의방義方을 증식시켜 나가는 것이니 이로써 성취하지 못할 것이 없고 구하여 얻지 못할 것이 없게 되는 것이니 그렇게 하면 능히 즐거움을 얻을 수 있는 것입니다. 무릇 귀로는 화음의 소리를 받아들이고, 입으로는 아름다운 말을 내뱉어 이를 헌령憲令으로 삼아 백성들에게 선포하고, 이를 도량度量으로써 바르게 한다면 백성은 마음과 힘을 다 합하여 임금을 따르면서도 권태로움을 느끼지 않게 될 것이며 일을 이루면서도 두 마음을 갖지 않게 될 것이니 그렇게 하면 즐거움이 이르러 오게 되는 것입니다. 그리고 입으로는 맛난 음식을 받아들이고 귀로는 소리를 들으면 그 소리와 맛이 기氣를 만들어 내는 것입니다. ‘기’는 입에 있으면 말이 되고, 눈에 있으면 눈밝음이 되는 것입니다. 말은 명분을 믿게 하는 것이며 눈밝음은 행동의 때를 일러 주는 것입니다. 명분은 정치를 이루고 행동은 만물을 증식시킵니다. 정치가 이루어지고 만물이 증식되면 즐거움이 이르러 오는 것입니다. 그러나 만약 시청視聽이 조화를 이루지 못하고 귀를 먹먹하게 하거나 눈을

어지럽게 하면 그 맛이 정밀하지 못하게 되며, 맛이 정밀하지 못하면 '기'가 산만해지며, 기가 산만해지면 화합을 이루지 못합니다. 이렇게 되면 광패狂悖한 언사가 나타나고, 눈에는 현혹眩惑이 생기며, 명분에는 뒤틀림이 일어나며 허물과 악한 법도가 생겨나고 마는 것입니다. 명령을 내려도 믿어 주지 아니하고, 형정刑政이 제멋대로 분란을 일으키며 행동이 그 때를 따르지 못하면 백성은 표준으로 삼을 것이 없게 되고, 자신의 힘을 바칠 데가 없어 결국 백성은 각기 제 마음대로 흩어지고 말 것입니다. 윗사람이 백성을 잃고 나면, 사업을 벌여도 성공하지 못하며 구해도 얻지 못할 것이니 어찌 능히 즐거움을 누릴 수 있겠습니까? 3년 동안 백성이 '중폐'와 '대종'으로 인하여 이반되고 말았으니 나라가 위험합니다!"

경왕은 이를 듣지 아니하고 다시 악관 주구州鳩에게 물었다.

그러자 주구는 이렇게 대답하였다.

"저는 직분만 지킬 뿐 이에 대하여는 알지 못합니다. 제가 듣기로 금슬琴瑟은 궁조宮調에 맞추고, 종은 우조羽調에, 석경石磬 종류는 각조角調에 맞추지만, 포죽匏竹의 경우 그 연주에 따라 유리한 것에 맞추되 소리가 크다 해도 궁조를 넘어서지 않도록 하며, 작은 소리라 해도 우조를 넘지 않도록 한다고 합니다. 무릇 궁조는 음의 주인이며 차례로 우조로 이어집니다. 성인聖人은 음악을 보호하되 재물도 아꼈으니 재물은 기구를 만들고 음악을 그 재물을 증식시키기 때문이었습니다. 그러므로 악기가 무거운 것은 세음細音을 따르고 가벼운 악기는 대음大音을 연주하는 데에 쓰는 것입니다. 이 까닭으로 금석악기는 우조에 맞고 석기로 만든 악기는 각조에 맞추며 와사瓦絲로 만든 악기는 궁조에 맞추며 포죽匏竹으로 만든 악기는 그 음조에 따라 맞추며 혁목革木으로 만든 악기는 한 가지 소리만을 내도록 하는 것입니다.

무릇 정치란 음악과 같아 음악이 조화를 중시하듯 조화가 따르면 화평한 정치가 되는 것입니다. 소리는 화평한 음악이어야 하고 율조는 평온한 소리를 내어야 합니다. 금석 악기가 소리를 발동시키면 현악기와 관악기가 이를 따라 시행하며 시詩가 가사가 되어 이를 읊고, 포匏악기가 이를 널리 펼치며, 와瓦악기가 도와주며 혁목의 악기가 음절을 맞추어 주는 것입니다.

만물이 그 상규常規를 얻으면 이를 일러 '악극樂極'이라 하며, 악극의 경지에 모인 것을 일러 '성聲'이라 하고, 성이 서로를 보호하여 응하는 것을 일러 '화和'라 하며 세음과 대음이 서로 넘어서지 않는 것을 일러 '평平'이라 합니다. 이와 같은 원리에 따라 금석은 주조의 방법으로 제작하고 석기 악기는 갈아서 하며 실은 목재에 매되 포죽을 넘어 공명통을 만들며 이를 조절하기를 북소리로 하여 맞추면서 연주하여 드디어 팔풍八風의 소리를 이루는 것입니다. 이렇게 하면 '기'는 음陰으로 인해 막히는 일이 없으며, 역시 양陽으로 인해 흩어지지도 아니하며 음양이 차례를 맞추어, 풍우風雨가 때맞추어 내려줌으로써 훌륭한 오곡이 자라고 복이 번성하여 백성이 화합과 이익을 얻게 되는 것입니다. 만물이 이렇게 구비되고 음악이 이루어져 상하가 궁핍함이 없으므로 그 때문에 이를 일러 '악정樂正'이라 하는 것입니다. 지금 세음이 그 주음主音을 넘어서 악정에 방해를 주고 있으며, 물건을 사용하면서 비축된 재화를 넘어서고 있으며, 악정이 손상을 입어 재물을 궁핍하게 하고 있습니다. 세음인 무역은 억눌리고 대음인 대림은 지나치게 튀고 있습니다. 귀에 용납할 수 없으니 이는 화음이 아니며, 귀에 들을수록 멀어지니 이는 평온한 음악이 아니며, 정악을 방해하고 재물을 궁핍하게 하며, 소리가 화음도, 평온도 갖추지 못하였으니 이는 종관宗官으로서도 어떻게 할 수가 없습니다.

무릇 화음과 평온한 소리는 재물을 번식시킵니다. 이것이 도道에 있어서는 중덕中德으로써 하며, 노래 가사로는 중음中音으로써 하여, 그 중덕과 중음이 착오를 일으키지 아니하도록 하여야 합니다. 이리하여 사람과 신을 합하게 하며 신은 이로써 안녕을 얻고 백성은 이로써 음악을 듣게 되는 것입니다. 만약 재물을 궁핍하게 하고 백성의 노동력을 피폐하게 하면서 자신의 일탈된 마음을 마구 펴고자 한다면 듣는 것이 화음을 이루지 못하며 표준에 맞출 수도 없게 되어 교화에 아무런 도움이 되지 않을뿐더러 백성은 이반되고 신을 노하게 하고 말 것이니 옛날 그렇게 했다는 말을 저는 들어본 바가 없습니다."

그래도 경왕은 그의 말도 듣지 아니하고 마침내 큰 종을 주조하였다.

이듬해인 경왕 24년, 종이 완성되자 악관들이 종이 화음을 이루고 있다고 보고하였다.

경왕은 보란 듯이 악관 주구에게 이렇게 말하였다.

"종이 과연 화음을 이룬다고 하는데."

주구가 말하였다.

"아직 알 수 없습니다."

왕이 물었다.

"무슨 이유요?"

주구가 설명하였다.

"임금께서 악기를 주조하심에 백성들도 모두 즐겁게 여긴다면 이는 화음을 이루는 것입니다. 그런데 지금 재물은 바닥나고 백성은 피폐하여 원한을 품지 않은 자가 없으니 저는 그것이 화음인지 알지 못하겠습니다. 게다가 백성들이 무리 이루기를 좋아하는 바는 그들 뜻대로 되지 않은 것이 적습니다. 마찬가지로 그들이 함께 미워하는 바가 화를 당하지 않은 채 저절로 사그라진 경우도 적습니다. 그 때문에 속담에 '많은 사람의 합심은 성도 쌓을 수 있지만 많은 사람의 입방아는 쇠붙이도 녹인다'라 한 것입니다. 3년 동안 백성의 금붙이로써 두 번이나 일을 벌이셨으니 그 중 하나는 재앙을 받고 나야 사라지지 않을까 두렵습니다."

경왕이 말하였다.

"그대 그토록 늙었구려! 무엇을 안다고 그러시오?"

다시 한 해가 지난 경왕 25년, 경왕은 죽고 종소리는 화음을 내지 못하였다.

二十三年, 王將鑄無射, 而爲之大林, 單穆公曰:「不可. 作重幣以絶民資, 又鑄大鐘以鮮其繼. 若積聚旣喪, 又鮮其繼, 生何以殖? 且夫鐘不過以動聲, 若無射有林, 耳弗及也. 夫鐘聲以爲耳也, 耳所不及, 非鍾聲也. 猶目所不見, 不可以爲目也. 夫目之察度也, 不過步武尺寸之間; 其察色也, 不過墨丈尋常之間. 耳之察和也, 在淸濁之間; 其察淸濁也, 不過一人之所勝. 是故先王之制鐘也, 大不出鈞, 重不過石. 律度量衡於是乎生, 小大器用於是乎出, 故聖人愼之. 今王作鐘也, 聽之弗及, 比之不度, 鐘聲不可以知和, 制度不可以出節, 無益於樂, 而鮮民財, 將焉用之!

夫樂不過以聽耳, 而美不過以觀目. 若聽樂而震, 觀美而眩, 患莫甚焉. 夫耳目, 心之樞機也, 故必聽和而視正. 聽和則聰, 視正則明. 聰則言聽, 明則德昭. 聽言昭德, 則能思慮純固. 以言德於民, 民歆而德之, 則歸心焉. 上得民心, 以殖義方, 是以作無不濟, 求無不獲, 然則能樂. 夫耳內和聲, 而口出美言, 以爲憲令, 而布諸民, 正之以度量, 民以心力, 從之不倦, 成事不貳, 樂之至也. 口內味而耳內聲, 聲味生氣. 氣在口爲言; 在目爲明. 言以信名, 明以時動. 名以成政, 動以殖生. 政成生殖, 樂之至也. 若視聽不和, 而有震眩, 則味入不精, 不精則氣佚, 氣佚則不和. 於是乎有狂悖之言, 有眩惑之明, 有轉易之名, 有過慝之度. 出令不信, 刑政放紛, 動不順時, 民無據依, 不知所力, 各有離心. 上失其民, 作則不濟, 求則不獲, 其何以能樂? 三年之中, 而有離民之器二焉, 國其危哉!」

王弗聽, 問之伶州鳩.

對曰:「臣之守官弗及也. 臣聞之, 琴瑟尚宮, 鐘尚羽, 石尚角, 匏竹利制, 大不踰宮, 細不過羽. 夫宮, 音之主也, 第以及羽. 聖人保樂而愛財, 財以備器, 樂以殖財. 故樂器重者從細, 輕者從大. 是以金尚羽, 石尚角, 瓦絲尚宮, 匏竹尚議, 革木一聲.

夫政象樂, 樂從和, 和從平. 聲以和樂, 律以平聲. 金石以動之, 絲竹以行之, 詩以道之, 歌以詠之, 匏以宣之, 瓦以贊之, 革木以節之. 物得其常曰樂極, 極之所集曰聲, 聲應相保曰和, 細大不踰曰平. 如是, 而鑄之金, 磨之石, 繫之絲木, 越之匏竹, 節之鼓而行之, 以遂八風. 於是乎氣無滯陰, 亦無散陽, 陰陽序次, 風雨時至, 嘉生繁祉, 人民龢利, 物備而樂成, 上下不罷, 故曰『樂正』. 今細過其主妨於正, 用物過度妨於財, 正害財匱妨於樂. 細抑大陵, 不容於耳, 非和也, 聽聲越遠, 非平也, 妨正匱財, 聲不和平, 非宗官之所司也.

夫有和平之聲, 則有蕃殖之財. 於是乎道之以中德, 詠之以中音, 德音不愆, 以合神人, 神是以寧, 民是以聽. 若夫匱財用, 罷民力, 以逞淫心, 聽之不和, 比之不度, 無益於教, 而離民怒神, 非臣之所聞也.」

王不聽, 卒鑄大鐘.

二十四年, 鐘成, 伶人告和.

王謂伶州鳩曰:「鐘果和矣.」

對曰:「未可知也.」

王曰:「何故?」

對曰:「上作器, 民備樂之, 則爲和. 今財亡民罷, 莫不怨恨, 臣不知其和也. 且民所曹好, 鮮其不濟也. 其所曹惡, 鮮其不廢也.

故諺曰:『衆心成城, 衆口鑠金.』三年之中, 而害金再興焉, 懼一
之廢也.」

  王曰:「爾老耄矣! 何知?」

  二十五年, 王崩, 鐘不和.

【二十三年】周 景王 23년. B.C.552년에 해당함.

【無射】 '무역'으로 읽으며 六律(黃鍾·大簇·姑洗·蕤賓·夷則·無射)의 하나
  이며 여기서는 景王이 주조한 鐘 이름. 한편 律呂는 원래 고대 樂律의 음계를
  조절하는 기구로써 대나무나 금속관으로 만들었으며 모두 12개. 그 구멍의
  크기에 따라 음의 고도를 정하여 다른 악기의 음가를 정하는 것. 그 중 홀수
  6개를 '律', 짝수 6개를 '呂'라 하며 이를 합하여 '율려'라 함. 이를 12달과 배합하여
  《呂氏春秋》音律에는 黃鐘·大呂·太簇·夾鐘·姑洗·仲呂·蕤賓·林鐘·夷則·
  南呂·無射·應鐘이라 하였으며 이에 따라 "仲冬曰短至, 則生黃鐘; 季冬生大呂,
  孟春生太簇, 仲春生夾鐘, 孟夏生仲呂, 仲夏曰長至, 則生蕤賓, 季夏生林鐘, 孟秋
  生夷則, 仲秋生南呂, 季秋生無射, 孟冬生應鐘"이라 함. 한편 고대 동짓날 바람이
  통하지 않는 밀실에서 갈대 껍질을 태운 재로 六律에 맞게 대롱을 책상에 올려
  놓은 다음 어느 율에 재가 흩날리는가를 보고 절기를 예측했다 함. 《漢書》
  律曆志(上) 참조.

【大林】 무역 종의 위에 씌운 덮개. 그 音律은 林鐘에 맞는 것임. '무역'은 양성
  음률 중에 가는 것이며, '임종'은 음성 음률 중에 큰 것임. 무역의 종을 만들면서
  종의 덮개를 임종으로 한 것은 음양에 상극을 이루어 대소의 불균형을 초래,
  그 때문에 소리가 제대로 나지 않고 음에 맞지 않음.

【步武】 씩씩한 걸음걸이. 6척의 걸음을 '步', 그 半步를 '武'라 한다 함.

【墨丈尋常】 墨은 5척, 2묵은 1丈, 8척은 尋, 2심은 1常의 길이라 함.

【清濁】 律呂의 변화. 오음(宮商角徵羽)과 율려의 관계를 말함. 예로 黃鐘이
  宮이 되면 濁하고, 大呂가 角이 되면 清하다 함.

【鈞】 저울대와 저울추로 무게를 재는 기준을 만든 것. 7척의 막대에 실을 매어
  鈞法을 정함.

【石】 우리 단위의 '섬.' 120근의 무게.

【律度量衡】律은 音律. 度는 길이의 단위. 量은 體積(부피, 양)의 단위, 衡은 무게의 단위. 즉 高低, 長短, 大小, 輕重 등의 측량 표준을 뜻함. 黃鐘의 管(대롱)의 용량은 秬黍(기장, 서속) 120알이며 1백 알을 1수(銖), 1兩의 24분의 1이며 그 부피는 1약(龠), 2약이 1홉(合)이 되며 10홉이 1되(升), 10되가 1말(斗), 10말이 1곡(斛)이 됨.

【大小器用】錙(6銖), 銖·分·寸·斤·石 등 대소의 도량 표준으로서의 기구.

【震, 眩】귀가 먹먹하고 눈이 가물거림.

【義方】올바른 방법과 교육의 기본 목표. 옳은 방향으로 가르침. 가정교육을 뜻함. 춘추시대 衛 莊公이 아들 州吁를 너무 사랑한 나머지 옳지 않은 짓을 해도 고쳐 주지 않음을 보고 신하 石碏이 "아이는 옳은 방향으로 가르쳐야지 사악한 행위를 하도록 두어서는 안 됩니다"라 함.(《左傳》隱公 3년) 한편 蔡邕의 〈司徒袁公夫人馬氏碑〉에 "義方之訓, 如川之流"라 함.

【器二】大錢과 大鐘을 가리킴.

【伶州鳩】伶은 악관. 州鳩는 그의 이름.

【琴瑟尙宮】'尙'은 '配'의 뜻. 금슬은 宮(五音의 하나)에 맞아야 함.

【鐘尙羽】鐘은 금석 타격 악기. 종은 羽音에 배합됨.

【石尙角】석경 등 석제류 악기는 角音에 배합됨. 악기류의 八音(金·石·絲·竹·匏·土·革·木)은 각기 그에 맞는 五音이 있음을 만한 것.

【八風】八音이 배합되는 여덟 가지 風. 즉 金(正西閶闔風), 石(西北不周風), 革(正北廣莫風), 匏(東北融風), 竹(正東明庶風), 木(東南淸明風), 絲(正南景風), 瓦(西南涼風)을 말한다 함.

【細抑大陵】細는 無射, 무역은 陽聲의 가는 것. 大는 大林, 대림은 林鐘으로 陰聲의 큰 것. 대림이 임종의 위에 있어 큰 것이 이를 능가함으로써 작은 소리가 억눌려 들리지 않음.

【宗官】종은 宗伯. 樂官의 최고 책임자.

【愆】착오를 일으킴. 상실함.

【曹】무리(輩).

【害金】사람을 해치는 金의 기운. 즉 大錢과 大鐘을 말함.

【一之廢也】그 두 가지 중 하나는 반드시 재앙을 당하는 빌미가 될 수 있음.

031(3-7) 景王問鍾律於伶州鳩
경왕이 영 주구에게 종률에 대하여 묻다

주周 경왕景王이 무역無射이라는 큰 종을 주조하고자 악관 주구州鳩에게 음률에 대하여 물었다.

악과 주구는 이렇게 설명하였다.

"음률은 음조와 도량을 세우는 표준입니다. 옛날 신고神瞽가 만물에 중화中和하는 소리를 고찰하여, 이를 재어 제작한 것으로써 음률의 도수度數에 따라 종소리를 대응시켜 모든 행사에 법칙으로 표준화한 것입니다. 천지인天地人 삼三을 기본으로 하고 이를 육六으로 평균치를 내어 12개로 만든 것이니 이는 천지자연의 도입니다. 무릇 '육'이라는 수는 가운데의 색깔입니다. 그 때문에 이름을 황종黃鍾이라 한 것으로 육기六氣와 구덕九德을 널리 펴서 잘 길러낸다는 뜻이며, 이로써 출발의 기준을 삼은 것입니다. 두 번째를 태족太蔟이라 하며 이는 쇠붙이의 악기로 연주하며 양陽을 보조하고 적체된 것을 몰아내는 역할을 합니다. 세 번째는 고세姑洗라 하며 만물을 잘 닦아 깨끗하게 하여 신神의 뜻을 상고詳考하고 손님을 잘 맞아들인다는 뜻입니다. 네 번째는 유빈蕤賓으로 이는 신과 사람을 모두 안정시키고 빈객을 초대하여 술잔을 나누며 사귄다는 뜻입니다. 다섯 번째는 이칙夷則으로써 이는 아홉 가지 법칙을 노래하여 찬양하며 백성으로 하여금 두 마음이 없도록 한다는 뜻입니다. 여섯 번째는 무역無射으로 옛 선인들의 아름다운 덕을 널리 선전하여 백성에게 모범의 표준을 보여 준다는 뜻입니다. 이들 사이사이에 여섯 개의 간음間音이 자리를 잡아 잠기고 엎드린 것을 부양시켜 버리고 흩고 넘고 하는 역할을 합니다. 그 중 첫 번째 간음은 대려大呂로써 만물을 두루 펼쳐 생장하게 하는 일을 돕고, 두 번째의 협종夾鍾은 사시四時 사이의 미세한 기운을 나오게 유도합니다. 세 번째 간음은 중려仲呂로써 중간에 있는 양기를 펴게 해 줍니다. 네 번째 간음 임종林鍾은 만물을 화평하게 전개되도록 하여 각기 자신이 맡은 임무를 크고 순수하며 경건히 하지 않음이 없도록 합니다. 다섯 번째 간음은 남려南呂로써 양기의 그 빼어남을 성취시키도록 도와 줍니다. 그리고 여섯 번째는 응종應鍾으로써 기물과 재용이 고르게 이용되도록 하여 모든 것이 다시 처음으로 되돌아가도록 합니다.

이 율려律呂의 제자리와 임무가 바뀌지 않으면 사물에 간사함이 없어집니다. 음이 가늘면서 높은 것이어야 할 때는 종鍾을 쓰고 박鎛을 쓰지 않으니 이는 그 낮고 우렁찬 소리를 밝히기 위한 것입니다. 그와 반대로 음이 낮고 넓어야 할 경우에는 '박'을 쓰고 '종'은 쓰지 않으며 아주 커야 할 때에는 '박'도 쓰지 않습니다. 이는 그 미세한 음이 울려 나오게 하기 위한 것입니다. 크고 밝은 음과 작고 울리는 음을 배합하는 것은 화음和音의 법칙입니다. 화음이 평온하면 오래 들을 수 있고, 오래도록 음이 안정되면 순정한 음이 되며 순정하고 밝으면 그 끝을 이루게 됩니다. 끝맺음을 한 다음 다시 원위치로 가는 것이 음악이며 이것이 바로 정치를 완성시키는 것으로써 그 때문에 선왕先王들께서 음악을 귀히 여겼던 까닭입니다."

경왕이 물었다.

"칠률七律이란 무엇입니까?"

주구가 대답하였다.

"옛날 무왕武王께서 은殷을 칠 때, 세성歲星이 순화鶉火의 자리에 있었고 달은 천사天駟의 자리에 있었으며, 해는 석목析木의 나루에 있었으며 해와 달의 교차점은 두병斗柄이었으며, 진성辰星은 천원天黿의 자리에 각각 나타나 있었습니다. 진성과 태양 및 해와 달의 교차점 이 세 방위는 모두가 북유北維에 위치하였는데, 이는 전욱顓頊이 부락을 세웠던 곳으로 제곡帝嚳이 이어받았습니다. 우리 주나라 희성姬姓은 바로 그 천원의 분야分野에서 나왔으며, 석목 분야에는 건성建星과 견우牽牛가 있습니다. 이 자리는 바로 우리 황비皇妣이신 태강大姜의 조카와 백릉伯陵의 후손이 났던 곳으로 방공逄公이 의지하여 모셨던 신의 별자리입니다. 세성의 소재는 바로 우리 주나라에 해당하는 분야였고, 달이 떠 있던 자리는 농사를 상징하는 천마天馬의 자리였으니, 바로 우리의 태조太祖 후직后稷이 경영하던 농사를 의미합니다. 무왕은 이 오위삼소五位三所를 종합하여 응용하여 정벌을 승리로 이끌었던 것입니다. 순화로부터 천사에 이르기까지 칠렬七列이 있고, 남북으로 서로 칠동七同이 기준이 되어 자리잡고 있습니다. 무릇 사람과 신령이 숫자로써 서로 합치시키고 소리로써 서로 밝혀 주었던 것입니다. 숫자가 합치되고 소리가 화음을 이른 연후에야 같아질 수 있는 것이니 그 때문에 칠동으로 그 수를 삼고, 음률의 화합을 그 소리로 삼는 것이니 그 때문에 칠률이라는 것이 있게 된 것입니다.

무왕은 이에 2월 계해(癸亥, 4일) 밤에 진을 쳤는데, 진 치기를 다 마치기 전에 비가 왔습니다. 이에 '이칙'의 음이 궁宮에 상응하는 시간에 마쳤는데, 이는 칠률로는 해와 달이 교차하는 시간이었습니다. 그 해와 달이 교차하는 위치가 12진의 술戌자리 위였습니다. 그 때문에 이칙의 상궁上宮을 기준으로 하여 이름을 '우羽'라 한 것으로써 이는 은나라 백성을 보호하는 것을 법칙으로 삼고자 한 것입니다. 무왕은 이에 황종을 하궁下宮으로 하고 그 날짜를 계산하여 군사를 목야牧野의 들에 포진시켜, 이를 '여厲'라 하였으니, 이는 육군六軍의 군사를 격려하기 위함이었습니다. 이어서 태족太族의 하궁에 맞는 날을 택해 상商, 殷나라 도읍에 군사를 진입시킬 것을 명령하였는데, 이는 문왕文王 덕을 드러내어 밝히고 주紂의 많은 죄악을 성토하기 위한 것으로써, 그 때문에 이를 '선宣'이라 한 것이니 삼왕三王의 덕을 널리 펼친다는 뜻입니다. 돌아와 영내嬴內에 이르자, 무역의 상궁으로 하여 헌법을 알리고 은혜를 베풀며 죄를 용서할 것임을 백성에게 널리 선포하였습니다. 그 때문에 이를 '영란嬴亂'이라 하는 것이니 이는 백성을 우대하고 너그럽게 포용하겠다는 뜻이었습니다."

王將鑄無射，問律於伶州鳩．

對曰：「律所以立均出度也．古之神瞀考中聲而量之以制，度律均鍾，百官軌儀．紀之以三，平之以六，成於十二，天之道也．夫六，中之色也，故名之曰黃鍾，所以宣養六氣，九德也，由是第之：二曰太蔟，所以金奏贊陽出滯也．三曰姑洗，所以修潔百物，考神納賓也．四曰蕤賓，所以安靖神人，獻酬交酢也．五曰夷則，所以詠歌九則，平民無貳也．六曰無射，所以宣布哲人之令德，示民軌儀也．爲之六間，以揚沈伏，而黜散越也．元間大呂，助宣物也．二間夾鍾出四隙之細也．三間仲呂，宣中氣也．四間林鍾，和展百事，俾莫不任肅純恪也．五間南呂，贊陽秀也．六間應鍾，均利器用，俾應復也．

律呂不易，無姦物也．細鈞有鍾無鎛，昭其大也．大鈞有鎛無鍾，甚大無鎛，鳴其細也．大昭小鳴，和之道也．和平則久，久固則純，純明則終，終復則樂，所以成政也，故先王貴之．」

王曰：「七律者何？」

對曰：「昔武王伐殷，歲在鶉火，月在天駟，日在析木之津，辰在斗柄，星在天黿．星與日辰之位，皆在北維．顓頊之所建也，帝嚳受之．我姬氏出自天黿，及析木者，有建星及牽牛焉．則我皇妣大姜之姪·伯陵之後，逢公之所憑神也．歲之所在，則我有周之分野也．月之所在，辰馬農祥也，我太祖后稷之所經緯也．王欲合是五位三所而用之．自鶉及駟七列也．南北之揆七同也．凡人神以數合之，以聲昭之．數合聲和，然後可同也．故以七同其數，而以律和其聲，於是乎有七律．

王以二月癸亥夜陳，未畢而雨．以夷則之上宮畢，當辰．辰在

戌上, 故長夷則之上宮, 名之曰羽, 所以藩屛民則也. 王以黃鍾之
下宮, 布戎于牧之野, 故謂之厲, 所以厲六師也, 以太蔟之下宮,
布令于商, 昭顯文德, 底紂之多罪, 故謂之宣, 所以宣三王之
德也. 反及嬴內, 以無射之上宮, 布憲施舍於百姓, 故謂之嬴亂,
所以優柔容民也.」

【無射】 '무역(無射)'이라는 종을 제조한 일. 앞장 참조.
【伶州鳩】 伶은 악관의 우두머리라는 뜻이며 州鳩는 그의 이름.
【律】 律呂. 六律(黃鍾·大蔟·姑洗·蕤賓·夷則·無射)과 六呂(大呂·夾鐘·仲呂·
林鐘·南呂·應鐘). 六律은 陽律, 六呂는 陰呂라고도 하며 六律 사이에 六呂가
차례대로 들어가 모두 12개의 음이 됨.
【神瞽】 고대 전설상의 樂正. 음악을 통해 천도를 알았던 사람으로 죽은 뒤 '樂祖'로
추앙됨.
【紀之以三】 三才(天地人)로써 벼리를 삼음.
【天之道】 1년이 12달이며 율려 역시 12개로써 하늘의 도를 상징함. 이에 따라
十干, 즉 子丑寅卯辰巳午未申酉戌亥와 상응하며, 그밖에도 12달과 연관지어
"仲冬日短至, 則生黃鍾; 季冬生大呂, 孟春生太蔟, 仲春生夾鐘, 孟夏生仲呂, 仲夏
日長至, 則生蕤賓, 季夏生林鐘, 孟秋生夷則, 仲秋生南呂, 季秋生無射, 孟冬生
應鐘"이라 함.
【夫六】 天(하늘)에는 六甲이 있으며 地(땅)에는 五方(五色)이 있음.
【黃鍾】 11월의 律.《易》의 乾卦 初九에 해당함. 하늘의 6과 땅의 5가 합하여
11이 되었으며 이로써 黃鍾은 律呂의 시작이 되며 중앙의 색이므로 黃자를
쓴 것.
【六氣九德】 六氣는 '陰·陽·風·雨·晦·明'을 뜻하며, 九德은 '水·火·金·木·
土·穀·正德·利用·厚生'을 가리키는 것이라 함.
【太蔟】 大蔟(太蔟)으로도 표기하며 正月의 律.《易》의 乾卦 九二에 해당함.
황종의 '鍾'과 태족의 '蔟(簇)'은 모두 '모이다'의 의미를 가지고 있음. 황종의
11월은 '양기가 모여 아직 아래에 엎드려 있는 상황'이며, 태족의 정월은 '양기가
모여 위로 올라가는 형상'임.

【金】太簇은 五音으로 商에 해당하며 五行으로는 金에 해당함.

【姑洗】3월의 律.《易》에서의 乾卦 九三에 해당함. '깨끗하게 세탁하다'의 뜻임. 五音으로는 角에, 五行으로는 木에 해당하며 봄기운을 상징함.

【蕤賓】5월의 律.《易》에서의 乾卦 九四에 해당함. '蕤'는 '초목이 꽃이 잘 피어 아래로 처진 모습'으로 '겸손히 손님을 잘 대접하다'의 뜻. 따라서 종묘 제사나 빈객을 모심을 상징함.

【夷則】7월의 律.《易》에서의 乾卦 九五에 해당함. '夷'는 '平'의 뜻이며, '則'은 '法'을 뜻함. 따라서 제왕으로서 올바른 법을 제정 만민을 바르게 다스리다의 뜻을 상징함.

【無射】'무역'으로 읽으며, 9월의 律.《易》에서의 乾卦 上九에 해당함. 9월은 양기가 상승하고 음기가 수장하며 만물이 이 시기를 만나면 천하에 현인의 미덕을 널리 펼 수 있게 됨을 상징함.

【六間】六呂(陰呂)를 말함. 六律(陽律)의 사이에 하나씩 차례를 잡아 그 음률의 역할을 함.

【大呂】六呂(陰呂)의 우두머리. 12월의 呂.《易》의 坤卦 六四에 해당함. '呂'는 '旅'로써 '황종을 보필하다'의 뜻임.

【夾鍾】2월의 呂.《易》의 坤卦 六五에 해당함. '음양이 서로 끼어 모여 있음'을 의미하며 무춘 2월은 '음양이 교체하여 만물이 始生하며, 사시의 氣가 처음 발하는 것'이라 하여 이를 상징함.

【仲呂】'中呂', '小呂'라고도 하며 4월의 呂.《易》의 坤卦 上六에 해당함. 4월은 기운이 널리 퍼져 만물을 모두 돕는 시기임을 상징함.

【林鍾】6월의 呂.《易》의 坤卦 初六에 해당함. '林'은 '衆多, 繁多, 聚集'의 뜻으로 '온갖 일을 모두 모아들여 화창하게 하다'의 의미임. 五聲으로는 치(徵), 五行으로는 火에 해당함.

【南呂】8월의 呂.《易》의 坤卦 六二에 해당함. 만물의 성장이 거의 멈추어 결실을 이룸을 상징함.

【應鍾】10월의 呂.《易》의 坤卦 六三에 해당함. 陰陽이 함께 모여들어(鍾) '만물이 결실 끝에 이처럼 모두 함께 모여들다'의 뜻을 상징함.

【鎛】청동으로 만든 종의 일종. 鍾은 大鍾이며 鎛은 小鍾이라 함.

【細】細音. 角·徵·羽의 음.

【七律】黃鍾(宮)·太蔟(商)·姑洗(角)·林鍾(徵)·南呂(羽)·應鐘(變宮)·蕤賓(變徵)을 말함.

【歲在鶉火】歲는 歲星의 줄인 말. 木星. 목성은 12년(一紀)만에 원위치로 온다고 믿었으며 그 동안 12개의 分次이 있어 각각 星紀·玄枵·娵訾·降婁·大梁·實沈·鶉首·鶉火·鶉尾·壽星·大火·析木이라 함. 鶉火는 12차의 하나로 대체로 별자리의 獅子宮에 해당함.

【月在天駟】천사는 房星.

【析木】銀河水의 견우와 직녀 사이의 중간 나루에 해당하는 곳.

【辰在斗柄】辰은 해와 달이 교차하며 만나는 지점. 대체로 1년 12개월의 月朔 때가 이에 해당함. 斗柄은 북두칠성의 자루에 해당하는 부분의 玉衡, 開陽, 搖光 세 별의 자리. 흔히 '杓'라고 함.

【星在天黿】星은 辰星, 즉 水星. 天黿은 玄枵. 12分次의 하나.

【北維】북방의 水位. 辰星(水星)이 玄枵의 자리에 있고, 해가 析木에 있으며 辰이 斗柄에 있으므로 모두가 북유에 있다고 본 것.

【顓頊】고대 전설상 高陽氏 부락의 수령. 北方 水를 상징하여 이 때문에 北方神으로 모셨음.

【帝嚳】역시 고대 高辛氏 부락의 수령이며 后稷의 부친. 周 민족의 조상으로 알려짐. 顓頊은 북방 水德이며 東方 木德의 왕인 帝嚳이 그 뒤를 이은 것으로 봄. 당시 周나라는 木德이므로 殷나라는 水德이었음을 말함.

【姬氏】周나라의 성씨. 고대 모계 사회에서 출발하여 혈연을 나타내는 성씨에는 거의 '女'(姬·姜·嬀·姚·妘·姞·嬴·姒 등)가 부수나 편방으로 한 글자를 쓰게 된 것이며, 부락이나 지연은 거의가 '氏'(軒轅氏, 神農氏, 金天氏, 高辛氏, 有虞氏, 有莘氏 등)를 붙여 구분하였음.

【出自天黿】天黿은 玄枵로서 分野는 齊나라 땅. 姬氏의 王季(季歷)의 어머니는 太姜으로 姜氏인 齊 땅에서 나온 여인이었음.

【建星及牽牛】天黿에서 析木까지의 별자리 중간에 建星과 牽牛星이 있으며 이들은 모두 수수(水宿)에 있음. 건성은 28수 중 두수(斗宿)에 속하며, 견우는 29수 중 여수(女宿)에 속함.

【伯陵】殷나라 때 齊 땅에 봉해졌던 제후. 太姜의 조상이며 逢公은 이 伯陵의 후예라 함.

【逢公】太姜의 姪女로 태강의 할아버지 逢伯陵의 후예. 원래 殷나라 때 제후로써 齊 땅에 봉해졌으며 齊 땅은 分野로는 天黿에 해당.

【分野】고대 별자리(星宿, 二十八宿)와 12分次를 땅의 지역과 연관시켜 어느 나라, 혹 지역을 '分野'라 하였음. 이에 따라 鶉火는 周나라 분야이며, 武王이 殷紂를 정벌하러 나설 때 歲星(木星)이 이 자리에 나타났음.

【辰馬農祥, 月在天駟】駟는 말을 의미하여 辰馬라 한 것이며 天駟는 房星으로 房星이 立春날에 나타나므로 농사를 시작하기에 알맞음.

【五位三所】'五位'는 歲星(木星), 日·月·辰星·日月의 교차지점을 말하며, '三所'는 逢公이 神에게 의지한 것, 周나라 分野의 소재, 后稷의 일을 말함.

【七列】鶉火는 3개의 별자리(柳·星·張)를 걸쳐 있으며, 무왕이 은을 칠 때 木星(歲星)이 張星에 나타났고, 張星 별자리로부터 天駟(房星 별자리)까지는 張·翼·軫·角·亢·氐·房 등 7개의 별자리가 있음.

【南北之揆七同】고대 하늘을 12分次로 나눈 것 외에 지평선에서의 권역을 다시 12등분하여 이를 '十二辰'이라 하였음. 이 12진은 땅의 12地支인 子·丑·寅·卯·辰·巳·午·未·辛·酉·戌·亥와 대응하며, 이는 다시 28수(宿)와 대응하여 天黿(玄枵)이 子가 되며 鶉火가 午가 되어 이 子午線은 전체 28의 4분의 1로 7度가 됨. 이를 七同이라 한 것임.

【二月癸亥】이 날은 2월 4일이었다 함.

【上宮】音階에서 基準音을 잡을 때 이를 宮音으로 하며 한 음계(5음, 6음, 7음)를 돌아 다시 궁음으로 왔을 때를 '旋相位宮'(줄여서 旋宮)이라 함. 그 기준을 정하는 데에 따라 12율은 각기 '均'이 있으며 이에 따라 '黃鍾均', '夷則均' 등의 표현을 쓴다고 함.

【辰在戌上】辰은 日月이 교차하는 月朔. 戌은 12지의 戌. 武王이 牧野에 군사를 포진하였을 때 斗柄이 이곳에 있었다 함.

【六師】六軍. 고대 1난 2천 5백 명을 1軍이라 하였으며 왕(천자)은 6군, 대국은 3군, 그 다음은 2군, 소국은 1군을 둘 수 있음.

【嬴內】지명. 무왕이 殷을 쳐부수고 돌아오는 길에 집결하였던 곳.

【嬴亂】'亂'은 '治'의 뜻. 원래 '亂'은 '다스리다, 엉킨 실을 풀다'의 뜻이었음. 따라서 '무왕이 영내에서 승리를 선포하고 군사 활동을 그치며 은나라 백성들에게 덕치를 베풀 것을 선포하였다'라는 뜻을 압축한 것임.

1. 《左傳》昭公 21년

二十一年春, 天王將鑄無射, 泠州鳩曰:「王其以心疾死乎! 夫樂, 天子之職也.
夫音, 樂之輿也; 而鐘, 音之器也. 天子省風以作樂, 器以鍾之, 輿以行之. 小者
不窕, 大者不摦, 則和於物. 物和則嘉成. 故和聲入於耳而藏於心, 心億則樂.
窕則不咸, 摦則不容, 心是以感, 感實生疾. 今鐘摦矣, 王心弗堪, 其能久乎!」

032(3-8) 賓孟見雄雞自斷其尾
빈맹이 수탉 스스로 그 꼬리를 자르는 것을 보다

주周 경왕景王이 이미 하문자下門子를 죽였다. 하문자의 정적이며 왕자조朝의 스승인 빈맹賓孟이 어느 날 교외에 나갔다가 수탉이 자신의 꼬리를 잘라 버리는 모습을 보고 물었더니 시자侍者가 이렇게 대답하는 것이었다.

"자신의 몸이 희생이 되는 것을 두려워해서 그런 것입니다."

빈맹은 급히 돌아와 왕에게 고하였다.

"오늘 저는 수탉이 자신의 꼬리를 자르는 것을 보았는데 남들이 '희생이 되는 것을 두려워해서 그런 것'이라 하더이다. 나는 그것이 정말로 가축답다고 여겼습니다.

사람으로서 남에 의해 희생이 된다는 것은 진실로 어려운 일입니다. 그러나 스스로 희생이 되겠다고 나선다면 자신에게 무슨 해가 되겠습니까?

생각하건대 닭으로써는 사람에게 희생으로 쓰이는 것을 싫어한다면 그렇게 하는 것이 옳은 일이겠지요. 그런데 사람은 그렇지 않습니다. 사람이 희생이 되는 것은 실제로 남을 부리는 것입니다."

왕은 이 말에 응하지 않았다.

그리고 공鞏 땅에서 사냥을 하면서 공경들을 모두 따라오도록 하였으며 그 기회를 빌미로 따라온 공경 중에 선자單子를 죽여 없애려 하였지만 뜻을 이루지 못한 채 죽고 말았다.

景王既殺下門子. 賓孟適郊, 見雄雞自斷其尾, 問之, 侍者曰:
「憚其犧也.」

遂歸告王, 曰:「吾見雄雞自斷其尾, 而人曰:『憚其犧也』, 吾以
爲信畜矣. 人犧實難, 己犧何害? 抑其惡爲人用也乎, 則可也.
人異於是. 犧者, 實用人也.」

王弗應.

田于翬, 使公卿皆從, 將殺單子, 未克而崩.

【景王】 027 주를 참조할 것.

【下門子】 周나라 대부. 景王의 아들 왕자 孟의 師傅. 景王에게 嫡子가 없어
왕자 맹을 태자로 삼았으나, 뒤에 다시 맹을 폐하고 아들 朝를 세우고자 우선
그 사부인 하문자를 죽인 것임.

【賓孟】 賓起. 王子 朝의 사부. 周 景王의 총애를 받고 있었으며 하문자와는
정적 관계였음.

【犧】 고대 종묘 제사에 제물을 바칠 때 색깔이 순정한 것을 '犧'라 하며, 신체가
온전한 것을 '牲'이라 하였음. 희생으로 선택되면 매우 영광스러운 일이기는
하지만 역시 생명을 잃는 것임. 그 때문에 닭이 자신의 몸을 훼손하여 그 희생의
선택을 미리 피하고자 한 것임.

【人犧實難】 남을 대신하여 희생이 되기는 실제로 쉽지 않은 일이지만 자신이
스스로 희생이 되겠다고 할 경우 무슨 손해가 되겠는가의 뜻. 즉 사람의 군주가
되어 예복을 차려 입고 종묘에 오르는 것은 희생과 같다는 뜻임.

【人異於是】 사람은 닭의 경우와 다름. 가축이 희생으로 선택되면 종묘 제사에
오르는 영광과 함께 죽음이 동반되지만, 임금은 종묘에 드나들면서 천하게
군림하며 만민을 통치함.

【田于翬】 翬은 지금의 河南 翬縣. 景王이 그곳에서 사냥을 나가 그 기회에 선목공
을 죽이려 하였지만, 심장병이 발작하여 죽고 말았음.

【單子】 單穆公. 경왕의 卿士로 單靖公의 후대이며 경왕에게 충간으로써 늘 맞섰
던 인물. 이에 경공이 공경들을 모두 사냥에 따라나서도록 한 다음, 그 때
이 선목공을 죽여 없애려 했던 것임.

1. 《**左傳**》昭公 22년

王子朝·賓起有寵於景王, 王與賓孟說之, 欲立之. 劉獻公之庶子伯蚠事單穆公,
惡賓孟之爲人也, 願殺之; 又惡王子朝之言, 以爲亂, 願去之. 賓孟適郊, 見雄鷄
自斷其尾. 問之, 侍者曰:「自憚其犧也.」遽歸告王, 且曰:「鷄其憚爲人用乎!
人異於是. 犧者實用人, 犧實難, 己犧何害?」王弗應. 夏四月, 王田北山, 使公卿
皆從, 將殺單子·劉子. 王有心疾, 乙丑, 崩于榮錡氏. 戊辰, 劉子摯卒, 無子,
單子立劉蚠. 五月庚辰, 見王, 遂攻賓起, 殺之, 盟羣王子于單氏.

033(3-9) 劉文公與萇弘欲城周
유문공과 장홍이 주나라에 성을 쌓고자 하다

주周 경왕敬王 10년, 유문공劉文公과 장홍萇弘이 동주 낙읍洛邑에 성을 쌓으려고 이를 진晉나라에 통고하였다.

진나라 위헌자魏獻子가 당시 정권을 쥐고 있었는데, 장홍을 좋아하던 터라 이를 허락하고 장차 제후를 모아 회합을 할 참이었다.

이때 위衛나라 표혜彪傒가 마침 주나라에 있었는데 선목공單穆公을 만나자 이렇게 말하였다.

"장홍과 유문공이 재앙을 만나지 않을 수 있을까요? 〈주시周詩〉에 '하늘이 받쳐 주는 자는 누구도 그를 허물 수 없으나, 역시 하늘이 무너뜨리고자 하는 사람은 그 누구도 지탱해 줄 수가 없네'라 하였습니다. 옛날 무왕武王이 은殷을 쳐 이길 때 이 시를 지어 어가飫歌로 삼고 이름을 '지支'라 하여 후손들로 하여금 길이 거울로 삼도록 하였습니다. 무릇 선 채로 연회의 예를 치르는 것을 어飫라 하며, 이때는 큰 절도를 밝히는 것이 목적으로 의전의 절차를 줄여 간단히 행하는 것입니다. 이로써 날마다 두려워할 일로 삼은 것이며, 이는 백성들로 하여금 경계해야 할 것을 가르치고자 한 것입니다. 그렇다면 이 '지'의 시에서 말한 내용은 무왕이 틀림없이 하늘과 땅이 하는 일을 알고 계셨던 것입니다. 그렇지 않다면 후세 사람들에게 남겨 주기 어려웠을 것입니다. 지금 장홍과 유문공은 하늘이 그를 허물고자 하고 있습니다. 그러니 어렵지 않겠습니까? 유왕幽王으로부터 하늘이 왕의 명석함을 빼앗아 갔고, 그로 하여금 미혹함과 혼란에 빠져 덕을 포기하도록 하였으며, 일탈을 법으로 여겨 그 백성을 잃도록 하였으니 이렇게 허물고 있은

지가 이미 오래되었습니다. 그런데 장차 이를 보충하겠다고 나서고 있으니 거의 불가능합니다! 물불이 닥쳐와도 오히려 구제할 수 없는데 하물며 하늘이 허물고자 함에야 어떻겠습니까? 속담에 '선을 행하여 올라가기는 어렵지만 악을 행하여 무너지기는 너무 쉽다'라 하였습

사도(司徒) 설(契) 《三才圖會》

니다. 옛날 공갑孔甲이 하夏나라 우禹의 법을 어지럽히자 4세世만에 하나라가 망했고, 현왕玄王 설契이 상商나라 시조로 그렇게 덕을 닦았지만 그로부터 14세가 지나서야 흥했습니다. 그러다가 제갑帝甲이 상나라 기강을 어지럽히자 그로부터 7세만에 망했습니다. 그리고 주나라는 후직后稷이 민족의 시조로 그토록 열심을 다했지만 15세가 지나서야 흥했고, 유왕이 그 훌륭한 주나라 법을 혼란시킨 지 14세가 되었습니다. 이 나라의 창고를 지키는 것만으로도 이미 복을 많이 받았다고 할 텐데 어찌 다시 흥하겠습니까? 무릇 주나라는 높은 산, 넓은 내, 큰 늪이 있어 좋은 재목이 많이 생산되고 있지만 유왕은 방탕하게 굴어 이를 낮은 구릉, 분토, 도랑물로 변화시켰으니 어찌 다시 고쳐지겠습니까?"

그러자 선목공이 물었다.

"그렇다면 그 허물을 누가 더 많이 지은 것입니까?"

표혜가 말하였다.

"장숙(萇叔, 장홍)이 틀림없이 더 빨리 재앙을 만날 것입니다. 그는 하늘의 도를 이용하여 인사를 보충하겠다고 사는 자입니다. 무릇 천도는 이제까지 도울 것은 돕지만 안 될 것은 안 되도록 해 왔습니다. 그런데 장숙은 이에 반대로 나가고 있으며 유문공을 속이고 있으니, 반드시 세 가지 재앙을 불러들이고 있기 때문입니다. 하늘의 뜻을 거스르고

있으니 그것이 하나요, 도에 어긋나게 반대로 가고 있으니 그것이 둘이며, 남을 속이고 있으니 그것이 세 번째입니다. 만약 주나라가 화를 뒤집어쓰지 않는다면 장숙이 대신 틀림없이 죽음을 당하고 말 것입니다. 비록 진나라 위헌자가 그를 돕고는 있다 해도 그래도 재앙이 다가 올 것입니다. 만약 하늘이 그에게 복을 내린다면 그 자신에게서 그치고 자손에게는 미치지 않는 것만으로도 다행이겠지요? 유문공의 경우라면 틀림없이 그 자손이 재앙을 입을 것입니다. 무릇 그들은 상법常法을 버리고 자신들의 욕심을 쫓아서 하며, 교묘한 변화를 이용하여 하늘의 재앙을 숭상하고 있으며, 백성의 노동을 빌려 자신의 명예로 세우고자 하고 있으니 그 재앙이 클 것입니다."

이 해에 위헌자가 제후들을 적천狄泉에 모아 회합을 가지고 나서 대륙大陸에서 불을 놓아 사냥을 하다가 그만 불이 타죽고 말았다.

그리고 범씨范氏와 중항씨中行氏가 진나라에서 반란을 일으켰을 때 장홍은 그에 연루되었으며 진나라에서 이를 두고 장홍을 성토하자 28년 주 경왕은 그를 죽이고 말았다.

그리고 정왕定王 때에 유문공의 집안도 패망하고 말았다.

敬王十年, 劉文公與萇弘欲城周, 爲之告晉.

魏獻子爲政, 說萇弘而與之, 將合諸侯.

衛彪傒適周, 見單穆公曰:「萇・劉其不殁乎? 〈周詩〉有之曰:『天之所支, 不可壞也. 其所壞, 亦不可支也.』昔武王克殷, 而作此詩也, 以爲飫歌, 名之曰『支』, 以遺後之人, 使永監焉. 夫禮之立成者爲飫, 昭明大節而已, 少典與焉. 是以爲之日惕, 其欲敎民戒也. 然則夫『支』之所道者, 必盡知天地之爲也. 不然, 不足以遺後之人. 今萇・劉欲支天之所壞, 不亦難乎? 自幽王而天奪之明, 使迷亂棄德, 而則愐淫, 以亡其百姓, 其壞之也久矣.

而又將補之, 殆不可矣! 水火之所犯, 猶不可救, 而況天乎? 諺曰:『從善如登, 從惡如崩.』昔孔甲亂夏, 四世而隕; 玄王勤商, 十有四而興. 帝甲亂之, 七世而隕; 后稷勤周, 十有五世而興. 幽王亂之, 十有四世矣. 守府之謂多, 胡可興也? 夫周, 高山·廣川·大藪也, 故能生是良材, 而幽王蕩以爲魁陵·糞土·溝瀆, 其有恔乎?」

單子曰:「其咎孰多?」

曰:「萇叔必速及, 將天以道補者也. 夫天道導可而省否, 萇叔反是, 以誆劉子, 必有三殃: 違天, 一也; 反道, 二也; 誆人, 三也. 周若無咎, 萇叔必爲戮. 雖晉魏子, 亦將及焉. 若得天福, 其當身乎? 若劉氏, 則必子孫實有禍. 夫子而棄常法, 以從其私欲, 用巧變以崇天災, 勤百姓以爲己名, 其殃大矣.」

是歲也, 魏獻子合諸侯之大夫於狄泉, 遂田于大陸, 焚而死. 及范·中行之難, 萇弘與之, 晉人以爲討, 二十八年, 殺萇弘. 及定王, 劉氏亡.

【敬王】춘추 시대 주나라 마지막 임금. 景王의 아들이며 悼王의 아우. B.C.519~476년까지 44년간 재위. 10년은 B.C.510년에 해당함.

【劉文公】敬王의 卿士. 이름은 卷. 劉摯의 아들.

【欲城周】周는 成周. 성주는 주공이 건설한 낙양의 조성을 말함. 이 성주를 도성으로 삼고자 하였음을 말함. 成周는 瀍水의 동쪽에 있었고, 王城은 전수의 서쪽에 있었음. 당시 王子 朝가 반란을 일으켰을 때 왕성으로 공격해 오자 敬王은 피신했다가 魯 昭公 26년(B.C.516)에야 晉나라 도움으로 겨우 성주로 돌아올 수 있었음. 왕자 조는 이때 楚나라로 도망하였으나, 그의 일파들은 모두 왕성에 남아 있어 경왕은 이들을 두려워한 나머지, 평왕이 동천했던 예를 들어 자신도 성주에 성을 쌓아 그곳을 왕도로 삼고자 하였음. 아울러 이 일을 다시 晉나라에게 도움을 청하기 위해 통고한 것임.

【魏獻子】晉나라 正卿 魏絳의 아들. 이름은 舒. 이들 후손이 전국시대 魏나라를
  세움.
【萇弘】周나라의 대부 萇叔.
【彪傒】衛나라 대부.
【飫歌】飫禮 때 연주하는 음악. 飫禮는 犧牲의 半만 차려놓고 급한 상황에서
  서서 하는 연회나 제사를 의미함. 따라서 무왕이 이러한 飫宴을 열면서 많은
  사람들에게 경계심을 불러일으키기 위해 지은 시이며 노래.
【孔甲】夏나라 禹임금의 14世 후대로 하나라 때 불초하여 국가의 혼란을 야기
  하였음.《史記》夏本紀 참조.
【玄王】商나라 조상이 설(契). 그 어머니가 玄鳥(제비)의 알을 먹고 설을 낳아
  玄王이라 부른 것. 舜임금 때 司徒를 지냈고, 商 땅에 봉해졌으며 그로부터
  14대를 지나 湯이 夏나라를 이어 商(殷)나라를 세움.
【七世】湯으로부터 帝甲(祖甲)에 이르기까지 24世이며 제갑으로부터 紂에 이르
  기까지 7世였으며 이때 나라가 망하고 말았음.《史記》殷本紀 참조.
【后稷】周나라의 시조. 姬棄. 后稷으로부터 武王까지 15世였으며 이때 은나라를
  멸하고 천하를 차지함.
【狄泉】翟泉으로도 표기하며 成周의 城으로 周나라 왕들의 묘소가 있던 곳.
【大陸】晉나라의 큰 못. 사냥터였으며 불을 질러 짐승이 튀어나오도록 한 다음
  하는 사냥을 하였고, 그 때 魏獻子가 잘못하여 그 불에 타죽고 말았음.
【范中行之難】晉나라 范氏와 周나라 劉氏 집안은 대대로 혼인을 맺었으며, 萇弘이
  劉文公과 가까워지자 范氏와도 친밀한 관계가 되었음. 이에 范吉射와 中行寅이
  晉나라에서 반란을 일으켰을 때, 趙鞅이 이름에 萇弘을 토벌하여 주실에게
  그 책임을 묻자, 敬王은 장홍을 죽일 수밖에 없었음.

참고 및 관련 자료

1.《左傳》昭公 32년
秋八月, 王使富辛與石張如晉, 請城成周. 天子曰:「天降禍于周, 俾我兄弟並有
亂心, 以爲伯父憂, 我一二親昵甥舅不遑啓處, 於今十年. 勤戍五年. 余一人無日
忘之, 閔閔焉如農夫之望歲, 懼以待時. 伯父若肆大惠, 復二文之業, 弛周室之憂,

徵文・武之福, 以固盟主, 宣昭令名, 則余一人有大願矣. 昔成王合諸侯城成周, 以爲東都, 崇文德焉. 今我欲徵福假靈于成王, 修成周之城, 俾戍人無勤, 諸侯用寧, 蝥賊遠屏, 晉之力也. 其委諸伯父, 使伯父實重圖之, 俾我一人無徵怨于百姓, 而伯父有榮施, 先王庸之.」范獻子謂魏獻子曰:「與其戍周, 不如城之. 天子實云, 雖有後事, 晉勿與知可也. 從王命以紓諸侯, 晉國無憂, 是之不務, 而又焉從事?」魏獻子曰:「善.」使伯音對曰:「天子有命, 敢不奉承以奔告於諸侯, 遲速衰序, 於是焉在.」冬十一月, 晉魏舒・韓不信如京師, 合諸侯之大夫于狄泉, 尋盟, 且令城成周. 魏子南面. 衛彪傒曰:「魏子必有大咎. 干位以令大事, 非其任也. 詩曰'敬天之怒, 不敢戲豫; 敬天之渝, 不敢馳驅', 況敢干位以作大事乎?」己丑, 士彌牟營成周, 計丈數, 揣高卑, 度厚薄, 仞溝洫, 物土方, 議遠邇, 量事期, 計徒庸, 慮材用, 書餱糧, 以令役於諸侯. 屬役賦丈, 書以授帥, 而效諸劉子, 韓簡子臨之, 以爲成命.

2.《史記》周本紀

敬王元年, 晉人入敬王, 子朝自立, 敬王不得入, 居澤. 四年, 晉率諸侯入敬王于周, 子朝爲臣, 諸侯城周. 十六年, 子朝之徒復作亂, 敬王奔于晉. 十七年, 晉定公遂入敬王于周.

〈노어魯語〉총 2권

노魯

서주西周 초 주공周公, 姬旦이 봉을 받았던 희성姬姓 제후국이다. 주공이 동정東征
하여 무경武庚의 난을 평정하고 나서 성왕成王이 주공의 아들 백금伯禽을 고대
엄국奄國의 고토였던 지금의 산동山東 곡부曲阜를 중심으로 나라를 세우도록 하고
이름을 '노魯'라 하였다. 도읍은 곡부였다. 한편 주 왕실에서는 노나라에게는 많은
문물과 전적, 관원을 하사하여 노나라로 하여금 동방의 거점을 삼고자 하였다.

춘추 초기 노나라는 동방의 강국으로써 노 은공隱公과 환공桓公 시대(B.C.722~662)
에는 여러 차례 제齊·송宋 등 대국과 싸워 승리를 거두었고 아울러 끊임없이
주변의 기杞·주邾·거莒 등 작은 제후국을 정벌하였으며 극極·방防 등을 흡수하였고
이에 따라 조曹·등滕·설薛·기紀 등이 조공을 바쳐오기도 하였다.

그러다가 전국 중기 이후에는 정권이 귀족대신의 수중으로 들어가면서 장기간의
침체기를 맞게 되었다. 즉 노 장공莊公의 세 아우 계우季友·숙아叔牙·경보慶父의
자손이 세력을 키워 숙손씨季孫氏·계손씨叔孫氏·맹손씨孟孫氏의 삼가를 이루었고
이들은 모두 노 환공의 후예로 흔히 '삼환三桓'이라 하였다.

노나라는 주나라 정통을 이어받았다고 자부하여 보수적이었으나 시대의 흐름에
따라 한 때 개혁정책을 서둘러 노 선공宣公 15년(B.C.594) 농지세를 규정화하였고,
성공成公 원년(B.C.590)에는 갑병甲兵 제도를 실시하였으며 애공哀公 12년(B.C.483)
에는 전부田賦 제도를 마련하였으며, 양공襄公 11년(B.C.562)에는 삼군三軍을 두어
병제를 개편하는 등 안간힘을 썼으나, 춘추 말기 국제 정세 속에 약소국의 지위에서
떨쳐 일어나지 못하였다.

춘추 말기에 이르러 소공은 결국 삼환에게 축출 당하여 객사하는 등 왕권은
바닥으로 추락하였고 정공定公 때(B.C.509~495)는 양호陽虎가 축출당하고 삼환이
다시 정권을 장악, 애공 때 왕권 회복을 서둘렀으나 삼환과의 세력 싸움에 밀려

월越나라로 망명하는 등 내리막길을 걷게 되었다. 그리하여 전국戰國시대 겨우 명맥만 유지하다가 초楚 고열왕考烈王 14년(B.C.249) 결국 당시 경공頃公이 폐출되고 초나라에 병탄되고 말았다. 이로써 노나라는 백금이래 경공의 망국까지 33세 8백여 년의 사직이 막을 내리게 된다. 특히 노나라는 춘추 후기 공자가 태어나 극변하는 정세를 직접 목격하였으며, 이에 따라 유가의 발흥과 중국 학술의 근원지로 자리를 차지하게 된 곳이기도 하며, 특히 공자가 《춘추》를 저술하면서 그 기년紀年은 노나라 세계世系를 중심으로 한 점은 매우 특이하다 할 것이다.

● 서주 말부터 춘추시대 말기까지(B.C.856~468)의 노나라 임금 세계는 대략 다음과 같다. ( )안은 재위 기간.

眞公(30) → 武公(19) → 懿公(9) → 孝公(38) → 惠公(46) → 隱公(11) → 桓公(18) → 莊公(32) → 湣公(閔公, 2) → 僖公(釐公, 33) → 文公(18) → 宣公(18) → 成公(18) → 襄公(31) → 昭公(32) → 定公(15) → 哀公(27)

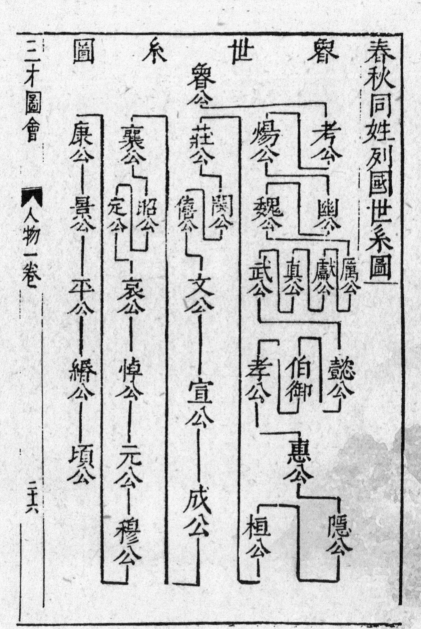

〈魯世系圖〉《三才圖會》

卷四 魯語(上)

034(4-1) 曹劌問戰
조귀가 전투에 대하여 질문하다

장작張勺의 전투에서 조귀曹劌가 노魯나라 장공莊公에게 전투를 어떻게 치를 것인지를 물었다.

장공이 말하였다.

"내 옷과 먹을 것을 아끼지 아니하고 백성에게 베풀었으며 희생과 옥을 아낌없이 신에게 바쳤소."

조귀가 대답하였다.

"무릇 혜택이 근본이 된 이후에야 백성이 의탁할 마음이 생기는 것이며, 백성이 화목한 이후에야 신이 복을 내려 주시는 것입니다. 만약 백성에게 덕을 베풀고 그 정치를 공평하게 하며, 군자는 그 다스림에 힘쓰고 백성은 자신의 농업에 힘쓰며, 동원할 때는 그 때를 거스르지 않으며, 재물은 지나치게 낭비하지 않아, 재용에 결핍됨이 없으면 그 누구도 함께 제사에 참여하지 못하는 자가 없게 됩니다. 이로써 백성을 부려도 들어 주지 않는 이가 없게 되고, 복을 구해도 풍성하지 않음이 없게 되는 것입니다. 지금 장차 은혜를 베푼다면서 조금 내릴 뿐이며 제사를 지낸다면서 임금 홀로 공경을 다하고 있습니다. 조금 내리는 재물은 누구나 혜택을 볼 수 없으며, 홀로 지내는 제사는 풍족할 수가 없습니다. 누구나 혜택을 받지 못함으로 해서 백성은 의탁할 마음이 생기지 않는 것이며, 제사가 풍족하지 못함으로 해서 신이 복을 내리지 않는 것입니다. 그런데 장차 어떻게 이 전투에 임할 수 있겠습니까? 무릇 백성이란 재물에 궁핍함이 없기를 바라고 있으며 신은 풍족하고 넉넉한 제물을 바라고 있으니 그 때문에 근본으로부터 시작하지 않을 수 없는 것입니다."

장공이 말하였다.

"내 소송을 들어 줄 때 비록 세밀하게 살필 수는 없다 해도 반드시 그 사정을 잘 듣고 판결을 내리겠소."

조귀가 말하였다.

"이렇게 하면 됩니다. 알고 계셨군요! 진실로 마음속에 백성을 생각하기만 하면 비록 지혜가 그에 미치지 못한다 해도 틀림없이 장차 목적에 이를 것입니다."

張勺之役, 曹劌問所以戰於莊公.

公曰:「余不愛衣食於民, 不愛牲玉於神.」

對曰:「夫惠本而後民歸之志, 民和而後神降之福. 若布德于民而平均其政事, 君子務治而小人務力; 動不違時, 財不過用; 財用不匱, 莫不能使共祀. 是以用民無不聽, 求福無不豐. 今將惠以小賜, 祀以獨恭. 小賜不咸, 獨恭不優. 不咸, 民不歸也; 不優, 神弗福也. 將何以戰? 夫民求不匱於財, 而神求優裕於享者也, 故不可以不本.」

公曰:「余聽獄雖不能察, 必以情斷之.」

對曰:「是則可矣. 知夫! 苟中心圖民, 智雖弗及, 必將至焉.」

【長勺之戰】魯 莊公 10년(B.C.684), 즉 齊 桓公 2년, 제 환공이 그 전해 노나라가 公子 糾를 호송하여 제나라 왕으로 세우고자 했던 일을 두고, 이 해에 군사를 일으켜 노나라를 공격, 노나라의 長勺에서 전투를 벌인 것임.

【曹劌】노나라 사람.

【莊公】노나라 군주. 桓公의 아들이며 이름은 同. B.C.693~662년까지 32년간 재위함.

【愛】 아낌. 인색함.

【牲玉】 희생과 옥. 신에게 제사를 지내면서 제품으로 올림.

【不違時】 요역, 정벌, 공사 등에 백성을 징집하되 농사철은 피함.

【獨恭】 신에게 제사를 지내거나 빌 때 임금 홀로 함.

【優】 충분함. 풍족함.

참고 및 관련 자료

1.《左傳》莊公 10년

十年春, 齊師伐我. 公將戰. 曹劌請見. 其鄕人曰:「肉食者謀之, 又何間焉?」
劌曰:「肉食者鄙, 未能遠謀.」乃入見, 問何以戰. 公曰:「衣食所安, 弗敢專也,
必以分人.」對曰:「小惠未徧, 民弗從也.」公曰:「犧牲·玉帛, 弗敢加也. 必以信.」
對曰:「小信未孚, 神弗福也.」公曰:「小大之獄, 雖不能察, 必以情.」對曰:「忠之
屬也, 可以一戰. 戰, 則請從.」公與之乘. 戰于長勺. 公將鼓之. 劌曰:「未可.」
齊人三鼓. 劌曰:「可矣!」齊師敗績. 公將馳之. 劌曰:「未可.」下, 視其轍, 登軾而
望之, 曰:「可矣!」遂逐齊師. 旣克, 公問其故. 對曰:「夫戰, 勇氣也. 一鼓作氣,
再而衰, 三而竭. 彼竭我盈, 故克之. 夫大國, 難測也, 懼有伏焉. 吾視其轍亂,
望其旗靡, 故逐之.」

035(4-2) 曹劌諫莊公如齊觀社
조귀가 장공이 제나라로 가서
사제를 관람하는 문제를 간하다

노魯 장공莊公 제齊나라의 사제社祭를 구경하러 가고자 하였다.

조귀曹劌가 이렇게 말렸다.

"안 됩니다. 무릇 예禮라는 백성을 바르게 하기 위한 것입니다. 그 때문에 선왕先王이 제후의 예를 제정하여 5년에 4번은 사신을 보내어 천자를 뵙고, 한 번은 제후가 직접 천자를 찾아오도록 되어 있습니다. 이러한 조회가 끝나면 회의를 열어 예를 강론하여 반작班爵의 의미를 바르게 알리며, 장유의 질서를 통솔하며, 상하의 법칙을 훈계하며, 재용의 절제를 제정하되 그 회의 기간에는 황음한 일을 저지르거나 나태하게 굴어서는 안 됩니다. 무릇 제나라는 태공太公의 법을 폐기하고 백성에게 사제를 구경하도록 하였는데, 임금께서 이러한 행사에 직접 가서 관람을 하시겠다니 이는 지켜오던 옛법이 아닙니다. 그렇게 하고서 어찌 백성을 훈도할 수 있겠습니까? 춘분 때 흙을 일구어 사제를 지내는 것은 농사가 시작되었음을 돕는 것이요, 수확하는 가을에 증제蒸祭를 올리는 것은 곡물을 토지신에게 바치고 조세를 받기 위한 것입니다. 지금 제나라 사제에 왕께서 가셔서 그들 군사 시위를 구경하는 것은 선왕의 유훈이 아닙니다. 천자는 하느님께 제사를 올리고, 제후는 그 모임에 가서 그 기회에 천자의 명을 받는 것입니다. 제후는 선왕先王과 선공先公에게 제사를 올리며 이때 경대부卿大夫가 그 제사를 도우며 그 기회에 업무를 지시받는 것입니다. 저는 제후끼리 서로 제사에 모인다는 예는 들어보지 못하였습니다. 게다가 그 제사는 불법이기도 합니다. 임금께서 거동하시면 틀림없이 이것이 기록으로 남을 것이며

그 기록에는 불법을 저질렀다고 쓸 것입니다. 후손이 이를 보면 어떻게
생각하겠습니까?"

　장공은 듣지 않고 드디어 제나라로 찾아갔다.

　　莊公如齊觀社.
　　曹劌諫曰:「不可. 夫禮, 所以正民也. 是故先王制諸侯, 使五年
四王·一相朝. 終則講於會, 以正班爵之義, 帥長幼之序, 訓上
下之則, 制材用之節, 其間無由荒怠. 夫齊棄太公之法而觀民
於社, 君爲是擧而往觀之, 非故業也, 何以訓民? 土發而社, 助
時也; 收攟㯹而蒸, 納要也. 今齊社而王觀旅, 非先王之訓也.
天子祀上帝, 諸侯會之受命焉. 諸侯祀先王先公, 卿大夫佐之
受事焉. 臣不聞諸侯相會祀也, 祀又不法. 君擧必書, 書而不法,
後嗣何觀?」
　　公不聽, 遂如齊.

【莊公】노나라 군주. 桓公의 아들이며 이름은 同. B.C.693~662년까지 32년간
　　재위함.
【社】社祭. 토지신에게 제사를 올리는 날을 社日이라 하며 春社와 秋社가 있음.
【五年】제후는 5년마다 네 번씩은 사신을 보내어 천자께 보고하고, 한 번은
　　제후왕이 직접 찾아와 조회에 참가하여야 함.
【太公】齊나라의 시조 姜太公·呂尙·姜子牙·呂望. 周 文王과 武王을 도와 殷을
　　멸한 공로로 지금의 山東 지역을 封地를 받아 제나라 시조가 되었음.《史記》
　　齊太公世家 참조.
【土發】농사짓기 시작하는 春分을 말함. 이때의 社祭를 春社라 함.
【收攟㯹而蒸】거두어들여 겨울 제사를 지냄. 蒸은 원래 겨울에 지내는 제사이나
　　여기서는 秋社를 의미하는 것으로써 가을 추수를 끝냈음을 말함.

【旅】제나라의 군사 시위. 혹 제나라에 사제를 구경하는 많은 일반 백성을 의미하는 것으로도 봄.

【先王先公】각 제후국의 선조와 개국 시조. 宋나라 帝乙, 鄭나라 厲王, 齊나라 太公, 魯나라 周公 등.

【必書】임금의 언행은 左史와 右史가 반드시 기록하여 후세에 전하게 되어 있음.

참고 및 관련 자료

1.《左傳》莊公 23년

二十三年夏, 公如齊觀社, 非禮也. 曹劌諫曰:「不可. 夫禮, 所以整民也. 故會以訓上下之則, 制財用之節; 朝以正班爵之義, 帥長幼之序; 征伐以討其不然. 諸侯有王, 王有巡守, 以大習之. 非是, 君不擧矣. 君擧必書. 書而不法, 後嗣何觀?」

036(4-3) 匠師慶諫莊公丹楹刻桷
장사 경이 장공의 단영각각을 간하다

노魯 장공莊公이 환공桓公의 사당 기둥에 단청을 하고, 그 서까래에는 조각을 하는 등 꾸미고자 하였다.

이에 장사匠師 경慶이 장공에게 말하였다.

"제가 듣기로 성스러운 왕공王公으로써 제일 처음 봉을 받은 시조가 후손에게 법을 남겨 주되, 악에 빠지지 않도록 하였습니다. 그리하여 그 후손이 대대로 전대의 훌륭한 유풍을 밝혀 대대로 길이 이를 살피도록 한 것입니다. 그 때문에 통치를 하면서 견고하게, 그리고 해이함이 없이 장구하게 된 것입니다. 지금 이 나라 옛 임금들은 검소하였는데 임금께서는 사치를 부리시니 그 아름답던 덕이 쇠해 가고 있습니다."

장공이 말하였다.

"내 그 덕을 아름답게 꾸미고자 하는 것이오."

장사 경이 대답하였다.

"이는 임금께 아무런 이익이 되지 않을뿐더러 전대의 아름다운 덕이 쇠하는 것이니, 저는 그 때문에 그만 두었으면 하고 말한 것뿐입니다."

경공은 듣지 않았다.

莊公丹桓宮之楹, 而刻其桷, 匠師慶言於公曰:「臣聞聖王公之先封者, 遺後人之法, 使無陷於惡. 其爲後世昭前之令聞也, 使長監於世, 故能攝固不解以久. 今先君儉而君侈, 令德替矣.」

公曰:「吾屬欲美之.」

對曰:「無益於君, 而替前之令德, 臣故曰: 庶可已矣.」
公弗聽

【莊公】노나라 군주. 桓公의 아들이며 이름은 同. B.C.693~662년까지 32년간 재위함.

【桓宮】魯나라 桓公(莊公의 아버지) 사당.

【匠師慶】匠師는 대목수. 慶은 이름.

【先封者】먼저 일찍이 봉을 받은 사람들. 商湯·周武王·周公·太公 등.

【令聞, 令德】令은 '아름답다'의 뜻.

【不解】'解'는 '懈'와 같음. 게을리 하지 않음.

【替】衰함. 廢棄됨. 衰替함.

【公弗聽】장공은 원래 제나라 哀姜을 아내로 맞이하기로 하고 그 때문에 환공의 사당(桓宮)을 꾸며 혼례의 하나인 사당 배례를 하고자 하였으나, 이는 구실일 뿐이었고 匠師慶의 의견을 듣고자 한 것은 아님.

참고 및 관련 자료

1. 《左傳》 莊公 23년
   秋, 丹桓宮之楹.

2. 《左傳》 莊公 24년
   二十四年春, 刻其桷, 皆非禮也. 御孫諫曰:「臣聞之, '儉, 德之共也; 侈, 惡之大也.' 先君有共德, 而君納諸大惡, 無乃不可乎?」

하보전이 종부가 폐로써
애강을 맞이하는 문제를 간하다

장공이 아내로 맞이한 애강哀姜이 오자, 장공은 대부들과 종부宗婦들로 하여금 모두 폐幣를 갖추고 상견례를 하도록 명하였다.

그러자 종인宗人 하보전夏父展이 말하였다.

"이는 예법에 맞지 않습니다."

장공이 말하였다.

"예법이란 임금이 만드는 것이오."

하보전이 다시 이렇게 대답하였다.

"임금이 짓되 순리에 맞으면 그것이 예법이 되는 것이지만, 순리에 어긋나면 역시 역사책에 그 어긋남을 기록하게 됩니다. 저는 유사로써 사실대로 하겠습니다. 그 어긋남을 기록하여 후세에 전하게 될 것이 두려워 그 때문에 감히 알려드리지 않을 수 없습니다. 무릇 부인의 상견례 예물이란 대추, 밤 따위를 넘어설 수 없으니, 이로써 부인의 행동이 일찍 일어나고 두려워해야 하는 등 경건함을 알리는 것이요, 남자로서 상견례의 예물이란 옥·비단·조류·새 등으로 함으로써 그 신분과 지위를 드러내는 것입니다. 지금 부인을 처음 보면서 폐로써 한다니, 이는 남녀의 구별이 없게 되는 것입니다. 남녀의 구별이란 나라의 큰 절조입니다. 없애서는 안 되는 것입니다."

장공은 이를 듣지 않았다.

哀姜至, 公使大夫·宗婦覿用幣.

宗人夏父展曰:「非故也.」

公曰:「君作故.」

對曰:「君作而順則故之, 逆則亦書其逆也. 臣從有司, 懼逆之書於後也, 故不敢不告. 夫婦贄不過棗·栗, 以告虔也. 男則玉·帛·禽·鳥, 以章物. 今婦執幣, 是男女無別也. 男女之別, 國之大節也, 不可無也.」

公不聽.

【哀姜】 魯 莊公의 부인. 齊나라에서 시집을 왔으며 齊 襄公의 딸. 시호는 哀.
　　장공의 아우 경보(慶父)와 사통하여 장공이 죽은 뒤 노나라에 난이 일어남.
【宗婦】 노나라 종실의 아내들.
【覿】 '적'으로 읽으며 서로 처음 만날 때의 상견례.
【幣】 大夫의 신분으로서 서로 처음 만날 때 주고받는 예물. 주로 玉·馬·皮·
　　圭·璧·帛 등이었음.
【宗人】 관직 이름. 大宗人과 家宗人이 있으며 대종인은 종족의 제사와 기도
　　등을 관장하며, 가종인은 집안의 제사일을 처리함.
【夏父展】 성이 하보(夏父)이며 展은 이름. 宗人의 업무를 맡아 보았던 인물.
【故】 禮法. 故事. 前例.
【贄】 부인이 처음 시집갈 때 보내는 혼례의 예물. 주로 棗와 栗로써 하였으며,
　　棗는 음이 早와 같아 아침 일찍 일어나는 근면을 상징하며, 栗은 慄과 같아
　　시집간 집안의 家法을 敬愼戰慄하여 경건하게 지킨다는 의미를 가지고 있었음.

참고 및 관련 자료

1. 《左傳》 莊公 24년

秋, 哀姜至, 公使宗婦覿, 用幣, 非禮也. 御孫曰:「男贄, 大者玉帛, 小者禽鳥,
以章物也. 女贄, 不過榛·栗·棗·脩, 以告虔也. 今男女同贄, 是無別也. 男女
之別, 國之大節也; 而由夫人亂之, 無乃不可乎?」

2. 《列女傳》 孽嬖傳「魯莊哀姜」

哀姜者, 齊侯之女, 莊公之夫人也. 初, 哀姜未入時, 公數如齊, 與哀姜淫. 旣入,
與其弟叔姜俱. 公使大夫宗婦用幣見, 大夫夏甫不忌曰:「婦贄不過棗栗, 以致
禮也. 男贄不過玉帛禽鳥, 以章物也. 今婦贄用幣, 是男女無別也. 男女之別,
國之大節也, 無乃不可乎?」公不聽. 又丹其父桓公廟宮之楹, 刻其桷以夸
哀姜. 哀姜驕淫, 通於二叔公子慶父·公子牙, 哀姜欲立慶父, 公薨, 子般立,
慶父與哀姜謀, 遂殺子般於黨氏, 立叔姜之子是爲閔公. 閔公旣立, 慶父與哀
姜淫益甚, 又與慶父謀殺閔公而立慶父. 遂令卜齮襲弑閔公於武闈, 將自立.
魯人謀之, 慶父恐, 奔莒. 哀姜奔邾. 齊桓公立僖公, 聞哀姜與慶父通以危魯,
乃召哀姜酖而殺之, 魯遂殺慶父. 詩云:『啜其泣矣, 何嗟及矣!』此之謂也. 頌曰:
『哀姜好邪, 淫於魯莊. 延及二叔, 驕妒縱橫. 慶父是依, 國適以亡. 齊桓征伐,
酖殺哀姜.』

3. 《史記》 齊太公世家

二十七年, 魯釐公母曰哀姜, 桓公女弟也. 哀姜淫於魯公子慶父, 慶父弑湣公,
哀姜欲立慶父, 魯人更立釐公. 桓公召哀姜, 殺之.

4. 《史記》 魯周公世家

莊公取齊女爲夫人曰哀姜. 哀姜無子. 哀姜娣曰叔姜, 生子開. 莊公無適嗣, 愛孟女,
欲立其子斑. 莊公病, 而問嗣於弟叔牙. 叔牙曰:「一繼一及, 魯之常也. 慶父在,
可爲嗣, 君何憂?」莊公患叔牙欲立慶父, 退而問季友. 季友曰:「請以死立斑也.」
莊公曰:「曩者叔牙欲立慶父, 奈何?」季友以莊公命命牙待於鍼巫氏, 使鍼季劫
飲叔牙以鴆, 曰:「飲此則有後奉祀; 不然, 死且無後.」牙遂飲鴆而死, 魯立其子
爲叔孫氏. 八月癸亥, 莊公卒, 季友竟立子斑爲君, 如莊公命. 侍喪, 舍于黨氏.
先時慶父與哀姜私通, 欲立哀姜娣子開. 及莊公卒而季友立斑, 十月己未, 慶父
使圉人犖殺魯公子斑於黨氏. 季友奔陳. 慶父竟立莊公子開, 是爲湣公. 湣公二年,
慶父與哀姜通益甚. 哀姜與慶父謀殺湣公而立慶父. 慶父使卜齮襲殺湣公於武闈.

260 **국어**

季友聞之，自陳與湣公弟申如邾，請魯求內之．魯人欲誅慶父．慶父恐，奔莒．於是季友奉子申入，立之，是爲釐公．釐公亦莊公少子．哀姜恐，奔邾．季友以賂如莒求慶父，慶父歸，使人殺慶父，慶父請奔，弗聽，乃使大夫奚斯行哭而往．慶父聞奚斯音，乃自殺．齊桓公聞哀姜與慶父亂以危魯，及召之邾而殺之，以其屍歸，戮之魯．魯釐公請而葬之．

038(4-5) 臧文仲如齊告糴
장문중이 제나라에 가서
식량을 꾸어 줄 것을 고하다

　노魯나라에 흉년이 들자 장문중臧文仲이 장공莊公에게 이렇게 제의하였다.

　"무릇 사방 이웃나라의 도움을 위해 제후들끼리 서로 믿음을 다지고 거듭 혼인을 성사시키며 맹약으로 이를 펴서 보이고 하는 것은, 진실로 나라에 힘든 위급함에 구제를 받기 위함입니다. 그리고 명기名器를 주조하고 보물과 재물을 소장하고 있는 것은, 진실로 백성의 죽거나 병으로 고통을 당할 때를 대비하기 위한 것입니다. 지금 나라가 이처럼 고통을 받고 있는데 임금께서는 어찌 명기를 풀어 제齊나라로부터 식량을 사 오지 않습니까!"

　장공이 말하였다.

　"누구를 시키면 되겠소?"

　장문중이 대답하였다.

　"나라에 기근이 들면 경卿벼슬 정도가 나서서 쌀을 팔아달라고 청해야 하는 것이 옛날 제도입니다. 제辰가 경의 벼슬에 이름이 올라 있으니 청컨대 제가 제나라에 가겠습니다."

　장공이 그를 사신으로 보냈다.

　그러자 장문중의 종자가 이렇게 말하였다.

　"임금께서 그대에게 직접 명을 내리지도 않았는데, 그대께서 청하시니 어찌 시키지도 않은 힘든 일을 골라서 하십니까?"

장문중이 말하였다.

"어진 이라면 위급한 일에는 남보다 먼저 나서며 평소 아무 일이 없을 때는 남에게 양보하는 것이다. 그리고 관직에 있는 자는 일을 당하면 어려움을 피해서는 안 되며, 직위에 있는 자는 백성의 환난을 불쌍히 여겨야 하는 것이다. 이렇게 해야 국가에 그릇됨이 없게 되는 것이다. 지금 내가 제나라에 가지 않으면 이는 위급함에 남보다 먼저 나서지 않는 것이 되며, 윗자리에 있으면서 아래 사람을 불쌍히 여기지 아니하며 관직에 있으면서 태만하게 군다면 이는 임금을 섬기는 도리가 아니다."

장문중의 창규牙圭와 옥경玉磬을 예물로 가지고 제나라에 가서 식량을 팔 것을 고하면서 이렇게 말하였다.

"하늘의 재앙이 널리 퍼져 우리나라를 괴롭히고 있습니다. 하늘이 기근을 연달아 내려 백성은 파리하고 거의 죽기에 이르렀습니다. 크게 두려운 것은 주공周公과 태공太公께 올릴 제사도 궁핍할까 하는 것입니다. 천자에 올릴 직공職貢도 의무를 다하지 못하여 죄를 얻게 되었습니다. 풍성하지는 못하나 선군의 우리 예물을 가지고 와서 감히 이 나라 쌓인 식량을 팔 것을 고합니다. 집사에게 느긋한 마음을 가지도록 부탁해 주셔서 우리나라를 구제해 주시기 바라며 그리하여 함께 직공의 의무를 다할 수 있도록 해 주시기 바랍니다. 그렇게만 해 주신다면 그것이 어찌 우리나라 임금과 여기에 온 우리 두 세 신하만이 임금의 은혜를 입는 것이겠으며, 주공과 태공 및 온갖 신지神祇들도 제사를 받아 길이 그 은혜를 입는 것이 아니겠습니까!"

제나라 사람들은 장문중이 가져온 보물을 되돌려 주며 쌀을 꾸어 주었다.

魯饑, 臧文仲言於莊公曰:「夫爲四鄰之援, 結諸侯之信, 重之以婚姻, 申之以盟約, 固國之艱急是爲. 鑄名器, 藏寶財, 固民之殄病是待. 今國病矣, 君盍以名器請糴于齊!」

公曰:「誰使?」

對曰:「國有饑饉, 卿出告糴, 古之制也. 辰也備卿, 辰請如齊.」公使往.

從者曰:「君不命吾子, 吾子請之, 其爲選事乎?」

文仲曰:「賢者急病而讓夷, 居官者當事不避難, 在位者恤民之患, 是以國家無違. 今我不如齊, 非急病也. 在上不恤下, 居官而惰, 非事君也.」

文仲以鬯圭與玉磬如齊告糴, 曰:「天災流行, 戾于弊邑, 饑饉荐降, 民羸幾卒, 大懼乏周公·太公之命祀, 職貢業事之不共而獲戾. 不腆先君之敝器, 敢告滯積, 以紓執事, 以救弊邑, 使能共職. 豈唯寡君與二三臣實受君賜, 其周公·太公及百辟神祇實永饗而賴之!」

齊人歸其玉而予之糴.

【魯饑】노나라에 흉년이 든 것은 莊公 28년(B.C.666)이었음.

【臧文仲】魯나라의 卿. 臧哀伯의 손자이며 臧文瓶의 아들. 臧孫辰.

【莊公】노나라 군주. 桓公의 아들이며 이름은 同. B.C.693~662년까지 32년간 재위함.

【糴】남에게 식량을 꾸어 주는 것을 조(糶), 남으로부터 식량을 꾸어 오거나 사들이는 것을 적(糴)이라 함. 여기서는 식량을 팔 것을 청구한 것임.

【急病而讓夷】急은 나서다, 病은 위급함. 讓은 양보함, 夷는 평소의 뜻.

【鬯圭】관규(祼圭), 혹 창규(瑒圭)라고도 하며, 관제(祼祭, 灌祭) 때 사용하는 술 국자.

【玉磬】옥으로 만든 편경. 관규와 옥경 모두 제나라에 예물로 가지고 간 것임.

【弊邑】자신의 나라를 낮추어 부르는 겸칭. '敝邑'으로 표기하는 것이 맞음.

【荐降】'荐'은 두 겹, 혹은 '연달아, 연이어'의 뜻. 재앙을 연이어 내림.

【周公, 太公】周公(姬旦)은 魯나라의 시조이며, 太公(姜子牙, 呂尙)은 제나라의 시조. 두 사람은 고대 모두 주 문왕, 무왕을 도와 주나라를 일으키고 殷을 멸한 공으로 함께 각기 魯(曲阜)와 齊(臨淄) 땅을 봉지로 받았음.

【命祀】후손이 반드시 모셔야 할 始祖神에 대한 제사.

【職貢事業】職貢은 제후로써 周 天子에게 올려야 할 貢品. 지역 특산물을 반드시 종주국 천자에게 올리도록 되어 있었음. 事業은 그 의무 사항을 말함.

【獲戾】'戾'는 '罪'의 뜻. 직공을 제때 올리지 못하여 죄를 얻음.

【執事】제나라에 식량 저장을 담당하는 임무를 맡은 관원을 말함.

【寡君】자신의 나라 임금을 낮추어 부르는 겸칭.

참고 및 관련 자료

1. 《左傳》 莊公 28년
冬, 饑, 臧孫辰告糴于齊, 禮也.

039(4-6) 展禽使乙喜以膏沐犒師
전금이 을희로 하여금 훌륭한 음식으로
군사를 위문하도록 하다

제齊 효공孝公이 노魯나라를 쳐들어오자, 장문중臧文仲이 말로써 그들을 물러가게 하고자 하였지만, 그 생각이 떠오르지 않아 고민하다가 전금展禽에게 자문을 구하였다.

그러자 전금은 이렇게 대답하였다.

"내獲 듣기로 '큰 나라가 작은 나라를 가르치는 것이며, 작은 나라는 큰 나라를 섬기는 것으로써 그래야 난을 막을 수 있다'라 하였소. 말로써 난을 물리친다는 것은 들어본 적이 없소. 만약 소국이면서 스스로 잘난 척하다가 대국을 노하게 하면 그 난을 더욱 가중시키게 되오. 난이 코앞에 닥쳤는데 말로써 한다는 것이 무슨 이익이 되겠소?"

장문중이 말하였다.

"나라가 위급합니다! 무슨 보물이든 다 주어서라도 가능하다면 해보아야 하오. 달려가 바치지 못할 것이 없소. 원컨대 그대는 말로라도 갖다 바칠 뇌물이 있다면 그것도 뇌물일 수 있지 않겠소?"

전금이 을희乙喜를 시켜 머리 감는 데 쓰는 기름을 제나라 군대에 가지고 가서 선물하면서 이렇게 말하였다.

"우리 임금께서 영명하지 못하여 귀국 강역 변경의 관리를 잘 받들지 못하였습니다. 그리하여 귀국 임금으로 하여금 이토록 화를 내서서 우리나라 들에 군사들로 하여금 햇볕에 고생을 하도록 하였습니다. 이에 여러 군사들에게 위로를 하러 왔습니다."

제나라 임금이 사신을 만나보고 이렇게 물었다.

"노나라 사람들이 무서워하는가?"

을희가 말하였다.

"소인들은 두려워하지만 군자는 두려워하지 않습니다."

효공이 물었다.

"국고가 텅 비어 재물은 바닥났고 들에는 푸른 풀조차 없는 흉년인데 무엇을 믿고 두려워하지 않는다는 것인가?"

을희가 대답하였다.

"주공周公과 태공太公 두 임금이 지키기로 하셨던 약속을 믿는 것이지요. 옛날 성왕成王이 우리 임금 주공과 귀국 선조이신 태공에게 이렇게 말씀하셨지요. '그대들은 주나라 왕실의 고굉으로 선왕을 도와 보필하였소. 그대들에게 토지를 하사하노니 희생을 잡아 천지에 제사를 올리며 서로 맹세하시오. 세세토록 자손 대대로 서로 해치지 않을 것임을' 하고 말입니다. 임금께서 지금 우리나라의 죄를 토벌하시려 오셨으니 이 역시 우리로 하여금 그 옛날 두 분의 약속을 순종하도록 하고 풀어 주시면 그만이라고 여기신 것이지, 반드시 우리의 사직을 민멸시키겠다고 하는 것은 아닐 것입니다. 게다가 어찌 영토까지 탐을 내어 선왕들의 명령을 폐기하고자 하시는 것이겠습니까? 그렇게 하신다면 어찌 제후를 진무鎭撫할 수 있겠습니까? 이러한 것을 믿고 우리나라 군자들은 겁을 내지 않는 것이지요."

효공은 이에 화평을 허락하고 군사를 돌려 되돌아갔다.

齊孝公來伐魯, 臧文仲欲以辭告, 病焉, 問於展禽.

對曰:「獲聞之, 處大教小, 處小事大, 所以禦亂也, 不聞以辭. 若爲小而崇以怒大國, 使加己亂, 亂在前矣, 辭其何益?」

文仲曰:「國急矣! 百物唯其可者, 將無不趨也. 願以子之辭行賂焉, 其可賂乎?」

展禽使乙喜以膏沐犒師, 曰:「寡君不佞, 不能事疆場之司, 使君盛怒, 以暴露於弊邑之野, 敢犒輿師.」

齊侯見使者曰:「魯國恐乎?」

對曰:「小人恐矣, 君子則否.」

公曰:「室如懸磬, 野無靑草, 何恃而不恐?」

對曰:「恃二先君之所職業. 昔者成王命我先君周公及齊先君太公曰:『女股肱周室, 以夾輔先王. 賜女土地, 質之以犧牲, 世世子孫無相害也.』君今來討敝邑之罪, 其亦使聽從而釋之, 必不泯其社稷, 豈其貪壤地, 而棄先王之命? 其何以鎭撫諸侯? 恃此以不恐.」

齊侯乃許爲平而還.

【齊孝公】 춘추시대 齊나라 임금. 桓公의 아들이며 이름은 昭. B.C.642~633년까지 10년간 재위함.

【伐魯】 魯 僖公 26년(B.C.634), 魯 僖公이 齊나라를 배신하고 衛나라, 莒나라와 洮에서 회맹을 열고 다시 向에서 모이자 제 효공이 군사를 일으켜 노나라를 공격한 사건.

【臧文仲】 魯나라의 卿. 臧哀伯의 손자이며 臧文甁의 아들. 臧孫辰.

【病焉】 그 생각이 떠오르지 않아 고민함.

【展禽】 柳下惠. 展獲. 성은 展, 이름은 獲, 자는 禽(子禽). 魯나라 대부 展無駭의 후손으로 노나라에 큰 영향을 미쳤음.

【乙喜】 노나라 대부 展喜. 성은 展, 이름은 喜, 자는 乙.

【膏沐】 머리를 감는 데 사용하는 凝膏된 비누의 일종.

【犒師】 군사를 위문함. '犒'는 음식이나 선물을 보내어 군대를 위문함을 말함.

【疆場】 疆域과 같음.

【懸磬】 집 안이 텅텅 비어 그저 대들보만 있고 거기에 경이 걸려 있는 것과 같음. 집안이나 나라의 재물이 바닥나 아무것도 없음을 비유함.

【二君】齊나라를 세운 姜太公(望, 呂尙, 姜子牙)과 魯나라를 세운 周公(姬旦). 둘 모두 주나라 초기 중요한 인물들로서 太宰(주공)와 太師(태공)를 지내어 함께 제사를 모셔 받드는 조상이었음.

【職業】주공과 태공이 후대에까지 서로 지키기로 했던 약속.

【成王】周나라 초기 武王의 아들이며 周公의 조카. 이름은 誦. 주공의 보필을 받았으며, 그 당시 魯나라와 齊나라가 함께 봉을 받아 天子의 명을 지키고 있었음.

【質】서로 맹약하여 믿음을 지킴.

참고 및 관련 자료

1. 《左傳》僖公 26년

夏, 齊孝公伐我北鄙, 衛人伐齊, 洮之盟故也. 公使展喜犒師, 使受命于展禽. 齊侯未入竟, 展喜從之, 曰:「寡君聞君親擧玉趾, 將辱於敝邑, 使下臣犒執事.」 齊侯曰:「魯人恐乎?」對曰:「小人恐矣, 君子則否.」齊侯曰:「室如縣罄, 野無青草, 何恃而不恐?」對曰:「恃先王之命. 昔周公·大公股肱周室, 夾輔成王. 成王勞之, 而賜之盟, 曰:'世世子孫無相害也!'載在盟府, 大師職之. 桓公是以糾合諸侯, 而謀其不協, 彌縫其闕, 而匡救其災, 昭舊職也. 及君卽位, 諸侯之望曰: '其率桓之功!'我敝邑用是不敢保聚, 曰:'豈其嗣世九年, 而弃命廢職? 其若先君何? 君必不然.'恃此以不恐.」齊侯乃還.

장문중이 희공에게 말하여
위 성공을 면책할 것을 청하다

온溫 땅의 회맹에서 진晉 문공文公이 위衛 성공成公을 잡아 주周나라로 보내면서 짐독鴆毒으로 죽여 없애도록 하였으나 죽지 않았고, 그 일을 맡았던 의원醫員도 사형에 처하지는 않았다.

장문중臧文仲이 노魯 희공僖公에게 이렇게 말하였다.

"무릇 위나라 임금은 아무런 죄가 없는 듯합니다. 형벌은 다섯 가지로 제한되어 있으며, 암살이란 있을 수 없고 암살은 바로 은밀하게 이루어지는 것입니다. 대형大刑은 무기로써 하며 그 다음은 부월斧鉞을 사용하여 집행합니다. 중형中刑은 도거刀鋸를 사용하며 그 다음은 찬착鑽笮을 사용합니다. 박형薄刑은 편복鞭扑을 사용하여 그저 백성들에게 위세를 보일 뿐입니다. 그 때문에 큰 죄인은 그 시신을 들에 진열하고, 작은 죄인은 저잣거리에 펼쳐놓습니다. 오형五刑은 공개된 세 곳의 장소에서 집행하니 이는 숨김이 없도록 하기 위함입니다. 그런데 지금 진 문공이 위나라 임금을 짐독으로 죽이라 하였는데 죽지 않았고, 그를 맡은 자도 더 이상 책임을 묻지 않았습니다. 이는 무언가 꺼리는 바가 있어 정당하지 않은 방법으로 죽이고자 했었기 때문입니다. 제후들의 소청이 있으면 틀림없이 면할 수 있는 죄입니다. 제가 듣기로 같은 등급의 신분이면 서로 불쌍히 여겨 도와 준다고 합니다. 그 때문에 서로 친함이 나타나는 것이지요. 무릇 제후의 근심은 제후들이 불쌍히 여겨 도와 주어야 합니다. 그로써 백성을 훈도할 수 있기 때문입니다. 군께서는 어찌 위나라 임금을 위해 소청하시어 제후들끼리는 친밀한 관계여야 함을 보여 주어 진晉나라로 하여금 함께 감동하도록 하지 않습니까?

무릇 진나라는 새롭게 제후들로부터 맹주의 지위를 얻고자 하는 마당이니, 사신 역시 문공에게 '노나라는 그 혈친을 버리지 않습니다. 가히 그러한 나라를 미움으로 대할 수 없습니다'라고 말할 것입니다."

희공은 즐겁게 여기면서 옥 20곡穀을 예물로 천자와 진 문공에게 보내어 결국 위나라 임금은 사면을 받게 되었다.

이로부터 진晉나라는 노나라에 빙문을 오게 되었고, 아울러 제후의 등급 중에 한 등급을 올려 노나라를 대우해 주었으며, 자신들과 동등한 작위로 인정하였다. 그리고 우호를 다지는 예물도 후하게 보내왔다.

위 성공이 자신을 살려 준 이가 장문중임을 듣고는 사신을 통해 그에게 예물을 보내왔다.

그러나 장문중은 이렇게 사양하였다.

"외신外臣의 말은 국경을 넘어서지 않는 법인데 감히 임금에게까지 알려졌다니요."

溫之會, 晉人執衛成公歸之于周, 使醫鴆之, 不死, 醫亦不誅.

臧文仲言於僖公曰:「夫衛君殆無罪矣. 刑五而已, 無有隱者, 隱乃讇也. 大刑用甲兵, 其次用斧鉞; 中刑用刀鋸, 其次用鑽笮; 薄刑用鞭扑, 以威民也. 故大者陳之原野, 小者致之市朝, 五刑三次, 是無隱也. 今晉人鴆衛侯不死, 亦不討使者, 讇而惡殺之也. 有諸侯之請, 必免之. 臣聞之: 班相恤也, 故能有親. 夫諸侯之患, 諸侯恤之, 所以訓民也. 君盍請衛君以示親於諸侯, 其以動晉? 夫晉新得諸侯, 使亦曰:『魯不棄其親, 其亦不可以惡.』」

公說, 行玉二十轂, 乃免衛侯.

自是晉聘於魯, 加於諸侯一等, 爵同, 厚其好貨.

衛侯聞其臧文仲之爲也, 使納賂焉.

辭曰:「外臣之言不越境, 不敢及君.」

【溫之會】이 회담에서 晉나라 사람들이 衛成公을 잡아 周나라로 호송하고 있었음. 〈周語〉(中) "溫之會, 晉人執衛成公歸之于周"를 볼 것.

【晉人】晉 文公을 가리킴.

【衛成公】衛나라 임금. B.C.634~600년까지 재위. 晉 文公이 B.C.632년 溫(지금의 河南 溫玄)에서 제후들을 모아 회맹을 하면서 패자가 되려하자, 위성공이 이에 복종하지 않았음.

【使醫鴆之】鴆은 毒鳥로써 그 깃털을 뽑아 술을 젓기만 하여도 그 독으로 사람을 죽일 수 있다 함. 晉 文公이 衛 成公을 체포하고 나서 周 襄王에게 그를 죽일 것을 청했지만, 양공은 이에 동의하지 않아 문공이 할 수 없이 의원으로 하여금 짐독을 넣어 독살하도록 함. 그러나 성공이 죽지 않았고 문공은 그를 죽이도록 임무를 맡았던 의원도 더 이상 책임을 묻지는 않았음.

【臧文仲】魯나라 僖公의 卿.

【僖公】魯 莊公의 아들이며 이름은 申. B.C.659~627년까지 33년간 재위함.

【五刑】형법의 집행은 다섯 가지로 제한되어 있으며 사사롭게 암살하거나 私刑을 내릴 수 없음을 말함. 원래 五刑은 본문에서 말한 甲兵·斧鉞·刀鋸·鑽笮·鞭扑을 사용하여 집행하는 형벌이며 그 외에 墨·劓·荆·宮·大辟 등으로 구분하기도 하고, 《漢書》刑法志에 "當三族者, 皆先黥劓. 斬左右趾, 笞殺之, 梟其首, 菹其骨肉於市, 其誹謗詈詛者, 又先斷舌, 故謂之具五刑"이라 함.

【隱】감춤. 은밀하게 형을 집행함. 이는 암살과 같은 것이라 여긴 것임.

【大刑】반역죄. 참살, 참수에 해당하며 정식 무기를 사용하여 집행함.

【斧鉞】반역죄보다 낮은 죄악의 경우 도끼를 사용하여 집행함.

【刀鋸】칼과 톱. 사지를 해체하는 데 사용하는 刑具.

【鑽笮】끌이나 송곳. '笮'은 '鑿'과 같음. 墨刑을 집행하는데 사용하는 형구.

【薄刑】아주 가벼운 형벌.

【鞭扑】채찍질로 고꾸라지게 하는 형벌.

【好貨】우호적 관계임을 알리기 위해 보내는 예물.

【外臣】다른 나라의 신하임을 겸손하게 말한 것.

1. 《史記》 衛康叔世家

成公三年, 晉欲假道於衛救宋, 成公不許. 晉更從南河度, 救宋. 徵師於衛, 衛大
夫欲許, 成公不肯. 大夫元咺攻成公, 成公出奔. 晉文公重耳伐衛, 分其地予宋,
討前過無禮及不救宋患也. 衛成公遂出奔陳. 二歲, 如周求入, 與晉文公會. 晉使
人鴆衛成公, 成公私於周主鴆, 令薄, 得不死. 已而周爲請晉文公, 卒入之衛,
而誅元咺, 衛君瑕出奔. 七年, 晉文公卒. 十二年, 成公朝晉襄公. 十四年, 秦穆
公卒. 二十六年, 齊邴歜弑其君懿公. 三十五年, 成公卒, 子穆公遨立.

041(4-8) 臧文仲請賞重館人
장문중이 중관인에게 상을 내릴 것을 청하다

진晉 문공文公이 조曹 땅을 나누어 제후들에게 주었다. 노魯 희공僖公은 이 일을 장문중臧文仲에게 처리하도록 파견하였다.

장문중이 도중에 중重 땅의 객관客館에 머물게 되었는데 객관을 관리하는 자가 장문중에게 이렇게 일러주는 것이었다.

"진나라가 막 패자가 되어 자신의 입지를 위해 제후들과 공고히 하고자 그 때문에 죄가 있는 나라의 땅을 나누어 제후들에게 주고자 하는 것입니다. 제후들은 그 땅도 받을 겸 이 기회에 진나라와 친밀해지고자 하지 않는 이가 없어 모두가 다투어 먼저 도착하려 서두르고 있습니다. 진나라는 진실로 작위의 등급에 따라 주는 것이 아니라 먼저 달려오는 자를 친히 여길 것입니다. 그대께서는 급히 서둘러 가지 않으면 안 됩니다. 노나라는 작위 등급으로 보아도 높으니 제일 먼저 도착해서 가장 많이 받는다고 해서 제후들 누가 원망하겠습니까? 만약 조금이라도 머뭇거렸다가는 늦지 않을까 싶습니다."

장문중이 그의 말을 따라 달려가 제후들 중에 가장 많은 땅을 얻게 되었다.

돌아와 그는 임금에게 업무를 보고하고 나서 이렇게 청하였다.

"땅을 이렇게 많이 받은 것은 중관重館의 관리 덕분입니다. 제가 듣기로 '잘한 일을 표창할 때는 그자가 비록 천한 신분이라 해도 상을 내려야 하며, 악한 일을 꾸미는 자라면 비록 그 신분이 귀하다 해도 벌을 내려야 한다'라 하더이다. 지금 그의 말 한 마디로 국경을 개척하였으니 이는 크게 표창할 일입니다. 청컨대 상을 내리시지요."

이에 그를 낮은 신분에게 뽑아 작위를 주었다.

晉文公解曹地以分諸侯, 僖公使臧文仲往, 宿於重館.

重館人告曰:「晉始伯而欲固諸侯, 故解有罪之地以分諸侯. 諸侯莫不望分而欲親晉, 皆將爭先. 晉不以固班, 亦必親先者, 吾子不可以不速行. 魯之班長而又先, 諸侯其誰望之? 若少安, 恐無及也」

從之, 獲地於諸侯爲多.

反, 旣復命, 爲之請曰:「地之多也, 重館人之力也. 臣聞之曰: 『善有章, 雖賤賞也; 惡有釁, 雖貴罰也.』今一言而辟境, 其章大矣, 請賞之.」

乃出而爵之.

【曹地】조나라 토지. 晉 文公(重耳)이 망명시절 曹나라에 들렀을 때 曹나라 共公이 중이의 늑골이 특이하다는 말을 듣고, 중이가 목욕하는 모습을 몰래 훔쳐보도록 하였음. 뒤에 중이가 晉나라로 돌아와 임금(문공)이 되어 曹나라를 정벌한 다음 曹 共公을 사로잡는다(노 희공 28년. B.C.632). 다시 3년 뒤 조나라 영토를 분할하여 제후들에게 나누어 주었음.

【重館】重은 魯나라 지명, 뒤에 重鄕으로 이름이 바뀌었으며 지금의 山東 魚臺縣 서북. 관은 주나라 때 제도에 도읍으로부터 10리마다 廬, 30리마다 宿, 50리마다 市를 두었으며, 시에는 候館을 두어 내왕하는 사신의 住宿을 해결하였음.

【固班】작위의 질서에 따라 기준을 삼음.

【復命】임무를 마치고 그 내용을 보고함.

【釁】징조. 악한 일을 몰래 꾸밈.

【出而爵之】그가 낮은 신분이었지만, 그를 뽑아 대부 벼슬을 내렸음을 말함.

참고 및 관련 자료

1.《左傳》僖公 31년

三十一年春, 取濟西田, 分曹地也. 使臧文仲往, 宿於重館. 重館人告曰:「晉新得諸侯, 必親其共. 不速行, 將無及也.」從之. 分曹地, 自洮以南, 東傅于濟, 盡曹地也.

042(4-9) 展禽論祭爰居非政之宜
전금이 원거에 제사올리는 것은
정치의 마땅함에 어긋남을 논하다

'원거爰居'라는 새가 노魯나라 동문東門에 사흘을 멈춰 앉아있는 것이었다. 이에 장문중臧文仲이 나라 사람들에게 그 새에게 제사를 지내도록 하였다.

그러자 전금展禽, 柳下惠이 이렇게 말하였다.

"도를 넘었구나. 장손(臧孫, 장문중)의 행정이여! 무릇 제사란 나라의 큰 전장제도이다. 전장제도란 정치에 성과가 있는 것이어야 한다. 그러므로 제사를 제정하는 것으로써 나라의 전범典範을 삼아야 한다. 지금 아무런 연고도 없는 새를 두고 또 전범을 만들어 낸다는 것은 정치의 마땅함이 아니다.

대체로 성왕聖王이 제사를 제정함에는 법을 백성에게 베풀면 그 사람을 제사로 모셨고, 죽음으로써 자신의 일에 부지런히 한 분이면 제사로 모셨고, 온갖 노고로써 나라를 안정시킨 자라면 이를 제사의 대상으로 삼았으며, 능히 큰 재앙을 막아내었으면 그분을 제사로 모셨으며, 큰 환난을 물리쳤다면 그분을 제사로 모셨다. 이와 같은 것이 아니라면 제사에 포함시키지 않았다. 옛날 열산씨烈山氏가 천하를 다스릴 때에 그 아들이 주柱는 온갖 곡물과 채소를 잘 가꾸었다. 하夏나라가 흥할 때에는 주족周族의 기棄, 姬棄가 그 업무를 이어받아 그 때문에 그를 농사의 신 후직后稷으로 모셔 제사를 올렸다. 그리고 공공씨共公氏가 구주九州를 평정하였을 때에는 그 아들 후토后土가 있었는데, 그는 능히 구주의 농토를 잘 정리하여 그 때문에 그를 토지신 사社로 모셔 제사를 올렸던 것이다. 황제黃帝는 온갖 물건을 발명하여 백성이 재물에 대하여 이름과 쓰임을 밝히 알게 하였고, 전욱顓頊이 그 사업을 발전시켰다. 제곡帝嚳은 능히 삼진三辰의 차례를 밝혀내어 백성을 안심시켰으며, 요堯는 능히 형법을 간단히 하고 균등히 하여 백성이 의표를 갖도록 하였고, 순舜은 백성을 위해 힘을 쓰다가 들에서 죽었으며, 곤鯀은 홍수를 막다가 우산羽山에서 죽음을 당하였고, 우禹는 덕을 닦아 곤의 사업을 성취하였으며, 설契은 사도司走가 되어 백성을 화목하게 하였으며, 명冥은 자신의 업무인 수관水官을 지키다가 물에 빠져 죽었으며, 탕湯은 백성을 너그럽게 다스려 그 사악함을 제거하였고, 직稷은 백성을 위해 농사에 온 힘을 쏟다가 죽었으며, 문왕文王은 문치로 그 이름을 드날렸고, 무왕武王은 백성의 더러움을 제거해 주었다. 그 때문에 유우씨有虞氏는 황제를 체제禘祭로, 전욱을 조제祖祭로, 요를 교제郊祭로 순을 종제宗祭로 제사를 올린다. 그리고 하후씨夏后氏는 황제를 체제로, 전욱을 조제로, 곤을 교제로, 우를 종제로 제사를 올린다. 다음으로 상나라는 순을 체제로, 설을 조제로, 명을 교제로, 탕을 종제로 제사를 올린다. 그리고 주나라는 제곡을 체제로, 후직을 교제로, 문왕을 조제로, 무왕을 종제로 제사를 올린다. 한편 막幕, 虞思은 전욱을 이어받은 자로서 유우씨가 그를 위해 보제報祭를 올리고, 저杼, 季杼는 능히 우를 이어받은 자로서 하후씨가 그를 위해 보제를 올리며, 상갑미上甲微는 설을 이어받은 자로서 상나라가 그를 위해 보제를 올리며, 고어高圉와 태왕(大王, 太王, 古公亶甫)은 후직을 이어받은 자로서 주나라 사람들이 그에게 보제를 올리는 것이다. 무릇 체제·교제·조제·종제·보제 이 다섯 가지는 국가가 제정한 제사이다.

　여기에 사직社稷과 산천山川의 신들은 모두 백성에게 공이 있고, 전대의 철인이나 아름다운 덕을 가진 사람들은 백성들이 밝게 그 바탕을 따라 삼고 있으며, 하늘의 일日·월月·성星 삼진은 백성들이 우러러보는 바이며, 땅의 오행五行은 만물을 자라고 번식하게 해 주는 것이며, 구주의 명산名山과 천택川澤은 백성이 일상 사용하는 재물을 공급해 주는 것이기 때문에 이들을 더하여 제사의 대상으로 삼되, 이러한 것 외에는 국가의 제사에 포함되지 않는다.

그런데 지금 바닷새가 왔다고 자신도 그것이 무엇인지 알지 못한 채 제사를 지내라 하며 나라의 전범으로 삼고 있으니 어질고 지혜롭다 하기 어렵도다. 무릇 어짊이란 그 공적을 가지고 따지는 것이며 지혜롭다는 것은 그 물건을 정확히 변별함을 두고 하는 말이다. 아무런 공적이 없는데 이를 제사지내는 것은 어짊이 아니며, 알지도 못한 채 묻지도 않는 것은 지혜로움이 아니다. 지금 그 바다에 아마 큰 재해가 발생한 것일까? 무릇 큰물에 사는 새나 짐승은 항상 그들이 피해야 할 재해를 알고 있기 때문이다."

이 해에 바다에 큰 바람이 불었고 겨울이 따뜻하였다.

장문중은 유하계(柳下季, 전금)의 말을 전해듣고 이렇게 말하였다. "진실로 나의 과실이다. 유하혜의 말은 법으로 삼지 않을 수 없다." 그리하여 이를 글로 베껴 세 개의 간책簡策으로 만들었다.

海鳥曰『爰居』, 止於魯東門之外三日, 臧文仲使國人祭之.

展禽曰:「越哉, 臧孫之爲政也! 夫祀, 國之大節也; 而節, 政之所成也. 故愼制祀以爲國典. 今無故而加典, 非政之宜也.

夫聖王之制祀也, 法施於民則祀之, 以死勤事則祀之, 以勞定國則祀之, 能禦大災則祀之, 能扞大患則祀之, 非是族也, 不在祀典. 昔烈山氏之有天下也, 其子曰柱, 能殖百穀百蔬; 夏之興也, 周棄繼之, 故祀以爲稷. 共公氏之伯九有也, 其子曰后土, 能平九土, 故祀以爲社. 黃帝能成命百物, 以明民共財, 顓頊能修之. 帝嚳能序三辰以固民, 堯能單均刑法以儀民, 舜勤民事而野死, 鯀鄣洪水而殛死, 禹能以德修鯀之功, 契爲司走而民輯, 冥勤其官而水死, 湯以寬治民而除其邪, 稷勤百穀而山死,

文王以文昭, 武王去民之穢. 故有虞氏禘黃帝而祖顓頊, 郊堯而宗舜; 夏后氏禘黃帝而祖顓頊, 郊鯀而宗禹, 商人禘舜而祖契, 郊冥而宗湯, 周人禘嚳而郊稷, 祖文王而宗武王; 幕, 能帥顓頊者也, 有虞氏報焉; 杼, 能帥禹者也, 夏后氏報焉; 上甲微, 能帥契者也, 商人報焉; 高圉·大王, 能帥稷者也, 周人報焉. 凡禘·郊·祖·宗·報, 此五者國之典祀也.

加之以社稷山川之神, 皆有功烈於民者也; 及前哲令德之人, 所以爲明質也; 及天之三辰, 民所以瞻仰也; 及地之五行, 所以生殖也; 及九州名山川澤, 所以出財用也. 非是不在祀典.

今海鳥至, 己不知而祀之, 以爲國典, 難以爲仁智矣. 夫仁者講功, 而智者處物. 無功而祀之, 非仁也; 不知而不能問, 非智也. 今茲海其有災乎? 夫廣川之鳥獸, 恒知避其災也.」

是歲也, 海多大風, 冬煖.

文仲聞柳下季之言, 曰:「信吾過也, 季子之言不可不法也.」

使書以爲三筴.

【爰居】 바닷새의 이름.

【臧文仲】 臧孫. 魯나라의 대부.

【展禽】 柳下惠. 展獲. 성은 展, 이름은 獲, 자는 禽(子禽). 魯나라 대부 展無駭의 후손으로 노나라에 큰 영향을 미쳤음.

【越】 迂闊함. 도를 넘어섬.

【非是族也】 '族'은 '類'와 같음. '이상과 같은 유가 아니면'의 뜻.

【烈山氏】 炎帝 神農氏. 山川을 태워 농사를 일으켜 문명을 세웠다 하여 烈山氏라 부르며, 혹 厲山氏라고도 함.

【稷】 穀神. 五穀의 신. 后稷을 곡신으로 모심.

【棄】 姬棄. 周 民族의 시조인 后稷 姬棄. 그 어머니가 거인의 발자국을 따라갔다가

잉태하여 불길하여 여겨 버렸었음. 그 때문에 이름이 棄라 하였음.《史記》
周本紀 참조.

【九有】 九州와 같음.

【后土】 共工의 아들 后土의 대를 이어 句龍이 黃帝를 도와 土官이 되었으며,
토지를 다스린다 하여 后土라 부름.

【社】 土地神.

【黃帝】 軒轅氏. 중국 민족의 고대 시조로 많은 물건을 발명하여 문명을 일으킨
부락연맹의 共主.

【顓頊】 高陽氏. 역시 고대 부락연맹의 共主.

【帝嚳】 高辛氏. 역시 고대 전설상의 부락 수령.

【三辰】 日·月·星을 가리킴. 여기서는 천문질서를 밝혀 설명해 줌으로써 백성
들이 이를 믿고 안정된 삶을 살아갈 수 있도록 하였음을 말함.

【堯】 五帝의 하나. 唐堯, 陶唐氏, 이름은 放勛. 중국 부계사회의 씨족시대 부락
연맹의 맹주.

【舜】 역시 고대 성왕으로 일컬어지며, 부락연맹의 수령으로 有虞氏 重華.

【鯀】 檮杌, 鯀. 禹의 부친. 堯나라 때의 崇伯으로 치수에 나섰으나, 9년 동안
아무런 실적을 올리지 못하여 舜이 羽山에서 죽여 없앰. 이가 神으로 화하여
黃熊이 되었다 함.

【禹】 중국 최초의 왕조인 夏王朝를 세운 임금. 鯀의 아들. 아버지가 실패한
치수사업을 성공시켰음.《史記》夏本紀 참조.

【契】 商族의 시조. 그 어머니가 玄鳥(제비)의 알을 먹고 설을 낳아 玄王이라
부르며 司徒 벼슬을 지냈음.

【冥】 설(契)의 6대 후손으로 根圉의 아들. 夏나라 때 水官을 지냈음.

【湯】 夏나라 말왕 桀을 쳐 없애고 殷(商)나라를 세운 첫 임금.

【文王, 武王】 周나라를 일으킨 문왕(姬昌)과 무왕(姬發). 희발에 이르러 殷의
말왕 周를 쳐 없애고 천하를 차지함.

【有虞氏】 舜의 후손으로 蒲阪(지금의 山西 永濟縣 서쪽 蒲阪鎭)을 근거지로
하였음.

【禘郊祖宗】 모두 조상에게 올리는 제사 이름. 禘는 圓丘壇에서 올리며 5년에
한 번 먼 조상과 하늘까지 모두 모셔 지내는 제사. 郊는 郊祭로 1년에 한 번
남쪽 교외에서 임금에게 올리는 제사. 祖宗은 조상의 시조와 그 뒤를 이은

二代를 추앙하여 올리는 제사.

【夏后氏】禹임금이 세운 夏나라. 중국 최초의 세습 왕조. 우와 하는 모두 黃帝와 顓頊의 후손으로 그 때문에 함께 禘祖의 예로써 제를 올리며, 啓는 禹의 아들, 禹는 鯀의 아들로 그 때문에 鯀은 郊祭에, 禹는 宗祭의 예로써 제를 올림.

【商人】商나라를 세운 이는 湯이며 湯의 선조는 설(契), 설의 부친은 帝嚳. 설의 6세손은 冥임.

【周人】주나라의 세운 이는 文王(姬昌)이며 문왕을 이어 나라를 일으킨 자는 무왕(姬發). 그러나 주나라의 먼 시조는 后稷(姬棄)이며 후직은 제곡의 아들 이므로 帝嚳은 禘祭로, 后稷은 郊祭의 예로써 제를 올림.

【幕】舜의 후손 虞思. 夏나라 때 제후를 지냈음.

【杼】禹의 7세손이며 少康의 아들 季杼.

【上甲微】설(契)의 8세손이며 湯의 선조.

【高圉】后稷의 10세손.

【大王】太王. 后稷의 후손이며 高圉의 증손. 古公亶甫를 가리킴.

【五行】땅의 만물을 이루는 기초 원소. 金·木·水·火·土. 이들이 상생과 상극, 상성의 순환과 변화를 통해 만물을 이룬다고 믿었음.

【柳下季】展禽. 柳下惠. 봉읍이 柳下였으며 자는 季.

【筴】'策'과 같은 글자임. '竹簡이나 木簡에 적어 이를 법으로 삼다'의 뜻.

> **참고 및 관련 자료**

1. 《左傳》 文公 2년

秋八月丁卯, 大事於大廟, 躋僖公, 逆祀也. 於是夏父弗忌爲宗伯, 尊僖公, 且明 見曰:「吾見新鬼大, 故鬼小. 先大後小, 順也. 躋聖賢, 明也. 明·順, 禮也.」 君子以爲失禮,「禮無不順. 祀, 國之大事也, 而逆之, 可謂禮乎? 子雖齊聖, 不先 父食久矣. 故禹不先鯀, 湯不先契, 文·武不先不窋. 宋祖帝乙, 鄭祖厲王. 猶上 祖也. 是以魯頌曰:'春秋匪解, 享祀不忒, 皇皇后帝, 皇祖后稷.' 君子曰'禮', 謂其后稷親而先帝也. 詩曰:'問我諸姑, 遂及伯姊.' 君子曰:'禮', 謂其姊親而 先姑也.」仲尼曰:「臧文仲, 其不仁者三, 不知者三. 下展禽, 廢六關, 妾織蒲, 三不仁也. 作虛器, 縱逆祀, 祀爰居, 三不知也.」

2.《孔子家語》顔回篇

顔回問於孔子曰:「臧文仲武仲孰賢?」孔子曰:「武仲賢哉!」顔回曰:「武仲世稱聖人, 而身不免於罪, 是智不足稱也; 好言兵討, 而挫銳於邾, 是智不足名也. 夫文仲其身雖歿, 而言不朽, 惡有未賢?」孔子曰:「身歿言立, 所以爲文仲也. 然猶有不仁者三, 不智者三, 是則不及武仲也..」回曰:「可得聞乎?」孔子曰: 「下展禽, 置六關, 妾織蒲, 三不仁; 設虛器, 縱逆祀, 祠海鳥, 三不智. 武仲在齊, 齊將有禍, 不受其田, 以避其難, 是智之難也. 夫臧文仲之智, 而不容於魯, 抑有由焉, 作而不順, 施而不恕也夫. <夏書>曰:『念茲在茲.』順事恕施.」

043(4-10) 文公欲弛孟文子與郈敬子之宅
문공이 맹문자와 후경자의 집을 헐고자 하다

　노魯 문공文公이 맹문자孟文子의 집을 헐어 자신의 궁궐을 넓히고자 사람을 시켜 이렇게 말하도록 하였다.

　"내 그대의 집을 밖의 넓은 곳에 지어 편리하도록 해 주고자 하오."

　맹문자가 이렇게 말하였다.

　"무릇 작위란 정치를 세우는 것이며, 관서는 작위의 표상이며, 거복車服은 그 표상을 드러내는 것이며, 집은 그것을 드러내는 등급이며, 봉록은 등급에 따라 주는 물질의 대우입니다. 임금은 이 다섯 가지를 결정하여 정치를 꾸려 나가는 것으로 쉽게 바꿀 수 있는 것이 아닙니다. 지금 유사有司가 와서 저의 관서와 거복을 바꾸라 명하면서 '장차 그 등급인 집을 옮겨라. 그대를 위해 넓고 편리하게 해 주는 것'이라 하시니, 무릇 관서란 조석으로 임금의 명을 받아 공무를 처리하는 곳입니다. 저는 선조께서 세운 관서를 이어받았고, 선조의 거복을 그대로 사용하고 있으니, 편리함을 위하여 그 등급을 바꾼다는 것은 임금의 명령을 욕되게 하는 것입니다. 감히 명령을 들을 수 없습니다. 만약 이것이 죄가 된다면 봉록과 거복은 반납할 것이니, 관서를 철거하시는 일을 이재里宰에게 명하여 내 주거지를 정하도록 하면 될 것입니다."

　결국 문공은 계획을 철회하였다.

　장문중臧文仲이 이를 듣고 이렇게 말하였다.

　"맹손孟孫은 그 직무를 잘 지켰다. 그 부친 목백穆伯 못지않게 노나라에서 그 뒤를 지켜가고 있구나!"

　문공은 이번에는 후경자郈敬子의 집을 헐고자 역시 같은 말을 전하도록 하였다.

그러자 후경자도 역시 이와 같이 말하는 것이었다.

"저의 선조 혜백惠伯께서 사리司里의 명을 받으시어 상嘗·체禘·증蒸·향享의 제사에서 임금께서 신에게 올리는 고기를 준비해 오신 지 여러 세대가 되었습니다. 그리고 국경을 오가며 예물을 받아 임금에게 전해 드리는 명을 받아 수행해 온 지도 역시 여러 해가 되었습니다. 지금 저를 밖의 다른 곳으로 이사를 가라 명하시는데 만약 유사가 작위의 등급에 따라 예물을 전달하고자 할 때면 너무 멀지 않을까요! 청컨대 저로 하여금 사도司徒가 작위 등급에 따라 이사를 가도록 정하는 것을 따르도록 허락해 주십시오."

문공은 역시 그의 집도 선택하지 않았다.

文公欲弛孟文子之宅, 使謂之曰:「吾欲利子於外之寬者.」

對曰:「夫位, 政之建也; 署, 位之表也; 車服, 表之章也; 宅, 章之次也; 祿, 次之食也. 君議五者以建政, 爲不易之故也. 今有司來命易臣之署與其車服, 而曰:『將易而次, 爲寬利也.』夫署, 所以朝夕建君命也. 臣立先臣之署, 服其車服, 爲利故而易其次, 是辱君命也, 不敢聞命. 若罪也, 則請納祿與車服而違署, 唯里人所命次.」

公不取.

臧文仲聞之曰:「孟孫善守矣, 其可以蓋穆伯而守其後於魯乎!」

公欲弛郈敬子之宅, 亦如之.

對曰:「先臣惠伯以命於司里, 嘗·禘·蒸·享之所致君胙者有數矣. 出入受事之幣以致君命者, 亦有數矣. 今命臣更次於外, 爲有司之以班命事也, 無乃違乎! 請從司徒以班徒次.」

公亦不取.

【文公】魯나라 僖公(釐公)의 아들이며 이름은 興. B.C.626~609년까지 18년간 재위함.

【弛】허물어 버림.

【孟文子】伯穀. 魯나라 대부이며 公孫敖의 아들. 孟孫.

【里人】里는 周代의 행정 단위. 里人은 里宰이며 里의 행정 책임자. 관할 지역 사람이 죄를 지었을 때 里宰는 그 죄인의 주거지를 제한할 수 있음.

【孟孫】孟文子. 伯穀.

【穆伯】公孫敖. 孟文子의 아버지.

【邱敬子】노나라 대부. 이름은 同(혹 回). 邱惠伯의 현손. 敬伯이라고도 부름.

【嘗禘蒸享】천자와 제후의 종묘에 지내는 사철 제사 이름. 享은 春祭, 禘는 夏祭, 嘗은 秋祭, 蒸은 冬祭.

【出入】국경을 오고 감. 여기서는 외교활동에 종사함을 뜻함.

【司徒】나라의 교화를 담당한 관직.

044(4-11) 夏父弗忌改昭穆之常
하보불기가 소목의 상례를 바꾸다

하보불기夏父弗忌가 종묘 제사를 총괄하는 종백宗伯이 되어 증제蒸祭를 지낼 때 희공僖公의 위패를 민공閔公의 앞으로 바꾸어 놓는 것이었다.

종백의 유사有司가 말하였다.

"소목昭穆에 어긋납니다."

종백이 말하였다.

"내가 종백이다. 명덕明德을 갖추었던 자를 소昭로 하고 그에 미치지 못하는 자를 목穆으로 한다. 무슨 정해진 법칙이 있다는 거냐!"

유사가 말하였다.

"무릇 종묘에는 소목이 있음으로 세대별 장유의 차례가 있고, 적자를 중심으로 한 친소의 등급이 있는 것입니다. 무릇 제사란 효孝를 밝히는 것입니다. 각각 그 황조皇祖에게 재계하여 공경함을 다하는 것은 효를 밝히는 지극함입니다. 그 때문에 악사와 사관이 그 세대별로 기록을 하고, 종축宗祝이 소목을 정리하는 것은 그 질서를 넘어설까 해서 그렇게 하는 것입니다. 지금 명덕을 갖춘 자라 해서 위패를 앞으로 내세우고 그 조상을 오히려 뒤로 한다면, 상商나라는 현왕契으로부터 탕湯의 아버지 주계主癸에 이르기까지 그 누구도 탕임금 만한 이가 없었으며, 주周나라는 후직后稷으로부터 문왕文王의 아버지 왕계王季에 이르기까지 문왕이나 무왕武王만한 이가 없었습니다. 그럼에도 상나라나 주나라의 증제에서 한 번도 탕이나 문무의 위패를 앞으로 내세운 적이 없었으니, 이는 그 순서를 넘을 수 없었기 때문입니다. 노魯나라는 상나라, 주나라 만 못하거늘 그런데도 상법을 바꾼다면 이는 불가한 것이 아닙니까?"

하보불기는 이를 듣지 아니하고 희공의 위패를 앞으로 내세웠다.

전금展禽이 이렇게 말하였다.

"하보불기는 반드시 재앙을 만나리라. 종백의 유사의 말이 순리에 타당하다. 희공이 그렇다고 정말 명덕을 가진 것도 아니다. 순리를 거역하는 것은 불상不祥이며, 순리를 거역하는 것으로써 백성을 가르치는 것도 불상이며, 신위神位의 순서를 바꾸는 것도 역시 불상이며, 명덕을 갖추지도 않은 자를 앞으로 내세우는 것도 역시 불상이다. 귀신의 도를 범한 것이 두 가지, 사람의 도리를 범한 것이 두 가지이니 어찌 재앙이 없을 수 있겠는가?"

전금의 시종자가 물었다.

"만약 재앙을 만난다면 어떤 형태에서 생깁니까? 생각건대 형륙刑戮을 당하는 것입니까? 역질을 앓아 일찍 죽는 것입니까?"

전금이 말하였다.

"아직 알 수 없다. 만약 그의 혈기가 강하다면 장차 총애를 실컷 받고 무사히 생을 마칠 수도 있을 것이다. 비록 수를 누리고 죽는다 해도 재앙이 없을 수는 없을 것이다."

그가 죽어 장례를 치르고자 할 때 그 관에 갑자기 불이 붙어 연기가 하늘로 치솟았다.

夏父弗忌爲宗, 蒸將躋僖公.

宗有司曰：「非昭穆也.」

曰：「我爲宗伯, 明者爲昭, 其次爲穆, 何常之有!」

有司曰：「夫宗廟之有昭穆也, 以次世之長幼, 而等胄之親疏也. 夫祀, 昭孝也. 各致齊敬於其皇祖, 昭孝之至也. 故工史書世, 宗祝書昭穆, 猶恐其踰也. 今將先明而後祖, 自玄王以及主癸莫若湯, 自稷以及王季莫若文武, 商周之蒸也, 未嘗躋湯與文武, 爲不踰也. 魯未若商周而改其常, 無乃不可乎?」

弗聽, 遂躋之.

展禽曰:「夏父弗忌必有殃. 夫宗有司之言順矣, 僖又未有
明焉. 犯順不祥, 以逆訓民亦不祥, 易神之班亦不祥, 不明而躋
之亦不祥, 犯鬼道二, 犯人道二, 能無殃乎?」

侍者曰:「若有殃焉在? 抑刑戮也, 其夭札也?」

曰:「未可知也. 若血氣強固, 將壽寵得沒, 雖壽而沒, 不爲
無殃.」

旣其葬也, 焚, 煙徹于上.

【夏父不忌】魯나라 대부. 夏父는 복성. 이름은 不忌. 夏父展의 후손.

【宗】宗伯. 국가의 제사를 관장하는 최고 책임자.

【蒸】蒸祭. 겨울 제사를 가리킴.

【僖公】魯나라 군주. B.C.659~627년까지 33년간 재위함. 그는 閔公(B.C.661~
660년 재위)과 함께 모두 莊公(B.C.693~662 재위)의 아들이었으며, 희공이 형
이었으나 아우보다 나중에 왕위에 오름.

【有司】어떤 일을 맡아 하는 관원. 여기서는 종백을 도와 그 제사일을 직접
준비하고 진행하는 부하직원 간사를 말함.

【昭穆】고대 宗法制度로써 宗廟에 위패를 배열하는 규정. 始祖는 중앙에, 二世
이후 짝수 선조는 왼쪽에 배치하며 이를 '昭'라 함. 그리고 三世 이후 홀수의
선조는 오른쪽에 배치하며 이를 '穆'이라 함. 흔히 左昭右穆, 先昭後穆이라 함.

【工史】工은 樂師, 史는 史官.

【齊】'齋'와 같음. 엄숙하게 공경히 함.

【祝】太祝. 제사와 기도를 담당하는 관직.

【玄王】商의 시조인 설(契)을 가리킴. 그 어머니가 玄鳥(제비)의 알을 먹고
설을 낳아 玄王이라 부른 것.

【主癸】商나라를 세운 湯임금의 아버지 이름.

【湯】商(殷)을 세운 첫 임금. 개국시조.

【稷】后稷. 周나라의 시조. 姬棄. 農稷之官을 역임함.

【王季】季歷. 周 文王(姬昌)의 아버지이며 古公亶甫의 막내아들. 泰伯과 虞仲의 아우.

【文武】周나라를 일으킨 文王(姬昌)과 武王(姬發)

【展禽】柳下惠. 展獲. 성은 展, 이름은 獲, 자는 禽(子禽). 魯나라 대부 展無駭의 후손으로 노나라에 큰 영향을 미쳤음.

【札】疫死함. 疫疾로 인해 죽음.

참고 및 관련 자료

1. 《左傳》 文公 2년

秋八月丁卯, 大事於大廟, 躋僖公, 逆祀也. 於是夏父弗忌爲宗伯, 尊僖公, 且明見曰: 「吾見新鬼大, 故鬼小. 先大後小, 順也. 躋聖賢, 明也. 明·順, 禮也.」君子以爲失禮, 「禮無不順. 祀, 國之大事也, 而逆之, 可謂禮乎? 子雖齊聖, 不先父食久矣. 故禹不先鯀, 湯不先契, 文·武不先不窋. 宋祖帝乙, 鄭祖厲王. 猶上祖也. 是以魯頌曰: '春秋匪解, 享祀不忒, 皇皇后帝, 皇祖后稷.' 君子曰'禮', 謂其后稷親而先帝也. 詩曰: '問我諸姑, 遂及伯姊.' 君子曰: '禮', 謂其姊親而先姑也.」仲尼曰: 「臧文仲, 其不仁者三, 不知者三. 下展禽, 廢六關, 妾織蒲, 三不仁也. 作虛器, 縱逆祀, 祀爰居, 三不知也.」

045(4-12) 里革更書逐莒太子僕
이혁이 편지 내용을 고쳐
거나라 태자 복을 축출하다

거莒나라 태자太子 복僕이 아버지 기공紀公을 죽이고 나라 보물을 가진 채 노魯나라로 도망해 오고 있었다.

선공宣公이 하급 관리에게 편지를 주어 계문자季文子에게 가서 이렇게 명하도록 하였다.

"무릇 거나라 태자는 나를 위해 아무런 거리낌이 없이 그 임금을 죽이고 보물을 가지고 오고 있소. 나를 사랑함이 이토록 지극하니 나를 대신하여 그에게 읍邑을 주시오. 틀림없이 오늘 즉시 주어 내 명령을 거역함이 없도록 하기 바라오."

이혁里革이 길에서 그 하급 관리를 만나 편지를 보고는 이렇게 내용을 바꾸어 버렸다.

"무릇 거나라 태자는 그 임금을 죽이고 나라 보물을 훔쳐오는 놈이다. 자신이 궁벽하고 고루한 줄 모르고 다시 나를 찾아 다가온 놈이니 나를 위해 그자를 멀리 오랑캐 땅으로 추방시켜 버려라. 오늘 반드시 처리할 것이며 내 명령을 거역함이 없도록 하라."

이튿날 유사有司가 와서 보고하자 선공이 힐문하였다. 하급 관리가 이혁이 한 짓이라 대답하자 선공은 이혁을 붙들어 잡아들이고는 물었다.

"임금의 명령을 위반한 자는 그 죄가 어떤 것인지 너도 들어서 알고 있겠지?"

이혁이 대답하였다.

"제가 붓을 들고 편지 내용을 고칠 때는 죽을 각오를 하였습니다. 어찌 그저 그 죄목을 들은 정도에 그치겠습니까? 제가 듣기로 '국가를 허문 자는 적賊이요, 그 적을 엄호해 주는 것은 장藏이며, 보물을 훔친 자는 귀宄요 그 귀의 재물을 사용하는 자는 간姦이라 한다' 하더이다. 임금으로 하여금 장간藏姦이 되도록 하는 자라면 제거하지 않을 수 없습니다. 신하로서 임금의 명령을 어긴 것도 역시 죽여 없애지 않을 수 없습니다."

선공은 이렇게 말하였다.

"과인이 탐욕을 부렸소. 그대의 죄가 아니오."

그리고 그를 풀어 주었다.

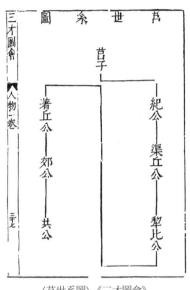

〈莒世系圖〉《三才圖會》

莒太子僕弑紀公, 以其寶來奔.

宣公使僕人以書命季文子曰:「夫莒太子不憚以吾故殺其君, 而以其寶來, 其愛我甚矣. 爲我予之邑, 今日必授, 無逆命矣.」

里革遇之而更其書曰:「夫莒太子殺其君而竊其寶來, 不識窮固又求自邇, 爲我流之於夷, 今日必通, 無逆命矣.」

明日, 有司復命, 公詰之, 僕人以里革對. 公執之, 曰:「違君命者, 女亦聞之乎?」

對曰:「臣以死奮筆, 奚啻其聞之也! 臣聞之曰:『毀則者爲賊, 掩賊者爲藏, 竊寶者爲宄, 用宄之財者爲姦.』使君爲藏姦者, 不可不去也. 臣違君命者, 亦不可不殺也.」

公曰:「寡人實貪, 非子之罪.」

乃舍之.

【莒太子】莒나라 紀公이 태자 僕을 낳은 다음 다시 季佗를 낳자, 계타를 좋아하여 태자 복을 폐출하고 게다가 무도한 짓을 저지르자 태자 복이 아버지 기공을 죽임. 莒는 지금의 山東 동남부에 있던 작은 나라.

【來奔】莒나라의 보물을 가지고 노나라로 투항함.

【宣公】魯나라 임금. B.C.608~591년까지 18년간 재위함. 文公의 아들이며 이름은 倭.

【季文子】魯나라 正卿 季孫行父.

【里革】노나라 태사. 史官. 이름은 剋.

【有司】어떤 일을 담당한 관리.

【奚齊】'어찌 ~함에 그치겠는가?'의 구문.

【賊藏尤姦】賊은 國賊. 藏은 국적을 용납하고 받아주는 잘못된 행위. 尤는 도적질한 자. 姦은 장물을 알고도 사용한 자를 말함.

참고 및 관련 자료

1.《左傳》文公 18년

莒紀公生大子僕, 又生季佗, 愛季佗而黜僕, 且多行無禮於國. 僕因國人以弒紀公, 以其寶玉來奔, 納諸宣公. 公命與之邑, 曰:「今日必授!」季文子使司寇出諸竟, 曰:「今日必達!」公問其故. 季文子使大史克對曰:「先大夫臧文仲敎行父事君之禮, 行父奉以周旋, 弗敢失墜, 曰:「見有禮於其君者, 事之, 如孝子之養父母也; 見無禮於其君者, 誅之, 如鷹鸇之逐鳥雀也.」先君周公制周禮曰:「則以觀德, 德以處事, 事以度功, 功以食民.」作誓命曰:「毀則爲賊, 掩賊爲藏. 竊賄爲盜, 盜器爲姦. 主藏之名, 賴姦之用, 爲大凶德, 有常, 無赦. 在九刑不忘.」行父還觀莒僕, 莫可則也. 孝敬·忠信爲吉德, 盜賊·藏姦爲凶德. 夫莒僕, 則其孝敬, 則弒君父矣; 則其忠信, 則竊寶玉矣. 其人, 則盜賊也; 其器, 則姦兆也. 保而利之, 則主藏也. 以訓則昏, 民無則焉. 不度於善, 而皆在於凶德, 是以去之. 昔高陽氏有才子八人, 蒼舒·隤凱·檮戴·大臨·龍降·庭堅·仲容·叔達, 齊·聖·廣·淵· 明·允·篤·誠, 天下之民謂之八愷. 高辛氏有才子八人, 伯奮·仲堪·叔獻· 季仲·伯虎·仲熊·叔豹·季狸, 忠·肅·共·懿·宣·慈·惠·和, 天下之民謂之八元. 此十六族也, 世濟其美, 不隕其名. 以至於堯, 堯不能擧. 舜臣堯, 擧八愷,

使主后土, 以揆百事, 莫不時序, 地平天成. 舉八元, 使布五敎于四方, 父義·
母慈·兄友·弟共·子孝, 内平外成. 昔帝鴻氏有不才子, 掩義隱賊, 好行凶德;
醜類惡物. 頑嚚不友, 是與比周, 天下之民謂之渾敦. 少皥氏有不才子, 毁信廢忠,
崇飾惡言; 靖譖庸回, 服讒蒐慝, 以誣盛德, 天下之民謂之窮奇. 顓頊氏有不才子,
不可敎訓, 不知話言; 告之則頑, 舍之則嚚, 傲很明德, 以亂天常, 天下之民謂之
檮杌. 此三族也, 世濟其凶, 增其惡名, 以至于堯, 堯不能去. 縉雲氏有不才子,
貪于飲食, 冒于貨賄, 侵欲崇侈, 不可盈厭, 聚斂積實, 不知紀極, 不分孤寡, 不恤
窮匱, 天下之民以比三凶, 謂之饕餮. 舜臣堯, 賓于四門, 流四凶族, 渾敦·窮奇·
檮杌·饕餮, 投諸四裔, 以禦螭魅. 是以堯崩而天下如一, 同心戴舜, 以爲天子,
以其舉十六相, 去四凶也. 故虞書數舜之功, 曰「愼徽五典, 五典克從」, 無違敎也.
曰「納于百揆, 百揆時序」, 無廢事也. 曰「賓于四門, 四門穆穆」, 無凶人也. 舜有
大功二十而爲天子, 今行父雖未獲一吉人, 去一凶矣. 於舜之功, 二十之一也,
庶幾免於戾乎!」

046(4-13) 里革斷宣公罟而棄之
이혁이 선공의 그물을 잘라 내던지다

노魯 선공宣公이 여름 사수泗水 깊은 물에 그물을 치고 마구 고기를 잡고 있었다. 이를 본 이혁里革이 그 그물을 찢어서 내던져 버리며 이렇게 말하였다.

"옛날에는 대한大寒이 지나고 흙이 터져 동면하던 벌레들이 나오면 수우水虞가 그물의 종류를 설명하고 대어나 대합을 잡아 이를 침묘寢廟에 제물로 바칩니다. 그러고 나서 나라 안에서 고기잡이를 시작하게 됩니다. 이는 땅 속의 양기陽氣가 퍼지도록 돕기 위함이었습니다. 새나 짐승이 알을 낳거나 새끼를 배고, 수충水蟲이 성장할 때면 수우獸虞가 이에 그것을 잡는 그물을 치지 못하게 하며, 단지 작살로 물고기나 자라를 잡아 여름 제사용으로 말립니다. 이는 조수의 생장을 도와 풍부하게 늘어나도록 돕는 것입니다. 새와 짐승이 성장하고 수충이 알을 밸 때면, 수우가 이에 그들을 잡는 그물을 금지하고 대신 함정을 설치하여 그것으로 잡은 것을 사당과 주방에 올립니다. 이는 가축 대신 그들을 잡아 그 용도에 사용하기 위한 것입니다. 게다가 산에는 어린싹이 나는 나무를 베지 못하도록 하며, 못에서는 금방 자란 어린 풀을 베지 못하도록 하며, 물고기는 치어나 알은 잡지 못하도록 하며, 짐승은 어린 사슴, 어린 노루는 그대로 자랄 수 있도록 놓아두며, 새는 어린것과 알은 품고 있도록 놓아두며, 벌레는 개미 알이나 메뚜기 어린것도 놓아 주었으니 이렇게 모든 생물이 번성하도록 한 것이 옛날의 가르침입니다. 그런데 지금 물고기가 막 부화하였는데, 큰 고기로 자라지 못하게 하며 다시 그물질까지 하시니 그 탐욕이 한계가 없으시군요."

선공이 이를 듣고 말하였다.

"나의 잘못에 이혁이 바로잡아 주었으니 이 역시 훌륭한 일이 아닌가! 이는 나를 얽어매는 훌륭한 그물이로다. 나를 위해 법을 터득하도록 해 주었으니 유사有司로 하여금 이 좋은 그물을 소장하도록 하여 나로 하여금 잊지 않고 늘 경계로 삼을 수 있도록 하라."

그러자 악사樂師 존存이라는 사람이 곁에 모시고 있다가 이렇게 말하였다.

"그 그물을 보관하느니 차라리 이혁을 곁에 두고 늘 잊지 않으심만 못하옵니다."

宣公夏濫於泗淵, 里革斷其罟而棄之, 曰:「古者大寒降, 土蟄發, 水虞於是乎講眾罶, 取名魚, 登川禽, 而嘗之寢廟, 行諸國, 助宣氣也. 鳥獸孕, 水蟲成, 獸虞於是乎禁罝羅, 獵魚鱉以爲夏犒, 助生阜也. 鳥獸成, 水蟲孕, 水虞於是禁罝罜麗, 設穽鄂, 以實廟庖, 畜功用也. 且夫山不槎蘖, 澤不伐夭, 魚禁鯤鮞, 獸長麑麌, 鳥翼鷇卵, 蟲舍蚔蝝, 蕃庶物也, 古之訓也. 今魚方別孕, 不教魚長, 又行網罟, 貪無藝也.」

公聞之曰:「吾過而里革匡我, 不亦善乎! 是良罟也, 爲我得法. 使有司藏之, 使吾無忘諗.」

師存侍, 曰:「藏罟不如寘里革於側之不忘也.」

【泗淵】魯나라 수도 曲阜 북쪽에 흐르는 泗水의 못.
【罟】촉고(數罟). 그물코가 작아 작은 물고기조차 빠져 나갈 수 없는 그물.
【蟄發】겨울 동안 칩거하던 동물들이 봄이 되어 활동을 시작함.
【水虞】물과 호수, 내를 관리하는 관원.

【講罛罶】 講은 알려 주거나 가르쳐 줌. 고(罛)와 큰 그물. 류(罶)는 물고기를 잡는 그물이나 통발, 혹은 竹簍라 하기도 함.

【名魚】 큰 물고기.

【川禽】 자라나 조개, 혹 甲魚, 大蛤 등.

【獸虞】 도수 등 동물을 관리하는 관원.

【罝羅】 저(罝)는 짐승을 잡는 그물. 羅는 새를 잡는 그물.

【猎】 '색'으로 읽으며 작살.

【夏犒】 여름 제사나 식용으로 쓰기 위해 포로 말림. 肉乾.

【窜鄂】 함정.

【槎蘖】 어린 싹이 나는 나무를 벰.

【夭】 처음 싹이 돋아 아주 약한 초목.

【鯤】 물고기의 알.

【鷇卵】 둥지에서 어미의 먹이를 받아먹고 있는 상태의 어린 새. 卵은 새알.

【蚳蝝】 蚳는 개미 알. 이를 蝝는 아직 날개가 나지 않은 메뚜기. 이를 肉醬으로 만들어 먹었다 함.

【藝】 한도.

【謥】 規諫. 좋은 교훈이나 경계로 삼음.

【有司】 어떤 한 가지 일을 맡은 사람. 지금 어떤 모임이나 일처리에서 幹事의 직책과 같음.

【師存】 師는 樂師, 存은 그의 이름.

자숙성백이 식읍을 사양하다

자숙성백子叔聲伯이 진晉나라에 가서 계문자季文子를 풀어 줄 것을 청하였다. 그가 온 김에 극주郤犨, 苦成叔가 노魯 성공成公에게 청하여 성백에게 읍邑 하나를 주기로 하였지만 성백은 받지 않았다.

성백이 돌아오자 포국鮑國이 물었다.

"그대는 어찌하여 고성숙이 주겠다는 읍을 사양하셨습니까? 겸양을 보이고자 하신 것입니까, 아니면 그 불가함을 아셨기 때문입니까?"

자숙성백이 말하였다.

"내 듣기로 그 동량이 튼튼하지 못하면 그 무거움을 견뎌내지 못한다 하였소. 무겁기로 나라만한 것이 없고, 동량으로써 덕德만한 것이 없지요. 무릇 고성숙의 집안은 두 나라를 책임지고 있으면서도 큰 덕은 갖추지 못했으니, 그가 더 이상 버티기는 거의 몇 날 남지 않았을 것입니다. 비유컨대 그는 큰 질환에 걸린 사람과 같아 내 그러한 병을 옮을까 두려웠소. 고성숙씨는 세 가지를 갖추지 못한 사람이오. 덕이 적으면서도 총애는 크게 입고 있는 것, 지위가 낮으면서도 높은 정치에 참여하려 드는 것, 큰 공적도 없으면서 큰 봉록을 욕심내는 것이니, 이는 모두가 남으로부터 원망을 살 창고를 가진 셈이지요. 그리고 그 나라 임금은 교만하고 많은 일을 사사롭게 처리하여, 지난번 싸움에 승리를 하고 돌아와서는 틀림없이 새로운 대부들을 세워 봉할 것입니다. 새로운 대부들이 들어서게 되면 백성을 핑계로 옛 대부들을 제거하지 않을 수 없을 테고, 백성을 핑계로 대면 백성으로부터 원망을 많이 사는 사람부터 시작하지 않을 수 없을 것이오. 그런데 고성숙은 세 가지 원망의 창고를 가지고 있으니 원망이 많다고 할 수 있겠지요. 그는 이처럼 제 몸조차 안정을 얻지 못하고 있는데, 어찌 능히 남에게 읍을 선물할 수 있겠소!"

포국이 말하였다.

"저는 진실로 그대만 못합니다. 만약 우리 포씨鮑氏 집안에 재앙의 징조가 있다 해도 저는 그렇게 판단하지 못했을 것입니다. 지금 그대의 앞날을 내다보는 심원한 판단은 틀림없이 그대를 길이 안전한 곳에 설 수 있게 해 줄 것입니다."

子叔聲伯如晉謝季文子, 邻犨欲予之邑, 弗受也.

歸, 鮑國謂之曰:「子何辭苦成叔之邑? 欲信讓耶, 抑知其不可乎?」

對曰:「吾聞之, 不厚其棟, 不能任重. 重莫如國, 棟莫如德. 夫苦成叔家欲任兩國而無大德, 其不存也, 亡無日矣. 譬之如疾, 余恐易焉. 苦成氏有三亡: 少德而多寵, 位下而欲上政, 無大功而欲大祿, 皆怨府也. 其君驕而多私, 勝敵而歸, 必立新家. 立新家, 不因民不能去舊; 因民, 非多怨民無所始. 爲怨三府, 可謂多矣. 其身之不能定, 焉能予人之邑!」

鮑國曰:「我信不若子, 若鮑氏有釁, 吾不圖矣. 今子圖遠以讓邑, 必常立矣.」

【子叔聲伯】公孫嬰齊. 宣公의 아우인 叔肸의 아들.

【季文子】季孫行父. 魯나라 上卿. 노나라 下卿 叔孫僑如가 그를 증오하여 晉나라에게 계문자가 진나라를 배반할 것이라 무고하여 진나라에서 그를 잡아들임. 이에 魯 成公은 자숙성백을 파견하여 계문자를 풀어 줄 것을 청한 것임.

【郤犨】晉나라의 卿. 苦成叔. 극주의 아내가 子叔成伯의 외사촌 동생이었으며, 이에 성백을 위하여 식읍을 봉하도록 청하여 가까운 친척임을 표시하려 한 것임.

【鮑國】인명. 鮑叔牙의 후손으로 魯나라 대부가 되어 있었음. 鮑文子라고도 불렀음.

【易】傳染됨.

【怨府】원한을 사게 되는 계기나 그러한 행동의 누적되는 창고.

【勝敵】당시 晉나라는 厲公이 다스리고 있었으며, 楚나라와 鄢陵에서 전투 (B.C.575)를 벌여 승리하고 돌아왔음.

【釁】징조. 특히 재앙이 닥칠 빌미를 뜻함.

참고 및 관련 자료

1. 《左傳》成公 16년

宣伯使告郤犨曰:「魯之有季·孟, 猶晉之有欒·范也, 政令於是乎成. 今其謀曰: '晉政多門, 不可從也. 寧事齊楚, 有亡而已, 蔑從晉矣.' 若欲得志於魯, 請止行父而殺之, 我斃蔑也, 而事晉, 蔑有貳矣. 魯不貳, 小國必睦. 不然, 歸必叛矣.」九月, 晉人執季文子于苕丘. 公還, 待于鄆, 使子叔聲伯請季孫于晉. 郤犨曰:「苟去仲孫蔑, 而止季孫行父, 吾與子國, 親於公室.」對曰:「僑如之情, 子必聞之矣. 若去蔑與行父, 是大棄魯國, 而罪寡人也. 若猶不棄, 而惠徼周公之福, 使寡君得事晉君, 則夫二人者, 魯國社稷之臣也. 若朝亡之, 魯必夕亡. 以魯之密邇仇讎, 亡而爲讎, 治之何及?」郤犨曰:「吾爲子請邑.」對曰:「嬰齊, 魯之常隸也, 敢介大國以求厚焉? 承寡君之命以請, 若得所請, 吾子之賜多矣, 又何求?」范文子謂欒武子曰:「季孫於魯, 相二君矣. 妾不衣帛, 馬不食粟, 可不謂忠乎? 信讒慝而棄忠良, 若諸侯何? 子叔嬰齊奉君命無私, 謀國家不貳, 圖其身不忘其君. 若虛其請, 是棄善人也. 子其圖之!」乃許魯平, 赦季孫. 冬十月, 出叔孫僑如而盟之. 僑如奔齊. 十二月, 季孫及郤犨盟于扈. 歸, 刺公子偃. 召叔孫豹于齊而立之. 齊聲孟子通僑如, 使立於高·國之間. 僑如曰:「不可以再罪.」奔衛, 亦間於卿.

048(4-15) 里革論君之過
이혁이 임금의 과실을 논하다

진晉나라 사람들이 여공厲公을 살해하자, 노魯나라 변경 사람이 이 소식을 알려왔다. 노 성공成公은 마침 조회를 열고 있었는데 대부들에게 이렇게 물었다.

"신하가 그 임금을 죽였다면 이는 누구의 잘못인가?"

대부 중 아무도 대답을 하지 못하고 있었다.

그러자 이혁里革이 나서서 이렇게 말하였다.

"임금의 잘못이지요. 무릇 임금이라고 하는 자는 그 위엄이 큽니다. 그런데 그 큰 위엄을 잃고 죽음에 이르렀다면 이는 그의 과실이 크기 때문이었을 것입니다. 게다가 임금이란 백성을 이끌고 그들의 사악함을 바로잡아 주는 자입니다. 만약 임금이 사사롭게 일을 왜곡하기를 방종하게 하며 그 백성의 일을 내팽개친다면, 백성들이 곁에서 사특한 마음을 품어도 이를 살필 수 없게 되니 더욱 그러한 사특한 자들이 많아지게 됩니다. 만약 임금이 사악한 마음으로 백성에게 임한다면 임금은 그에 함몰되어 헤어나지 못하며, 훌륭한 사람을 등용하고도 그에게 전담시키기를 허락하지 않으면 그를 부릴 수 없습니다. 그리하여 백성이 진멸珍滅의 지경에 이르러도 그를 불쌍히 여길 줄 모르게 됩니다. 그렇게 된다면 임금이 무슨 소용이 있겠습니까? 그 때문에 걸桀은 남소南巢로 도망해야 했고, 주紂는 서울에서 고꾸라지고 말았으며, 여왕厲王은 체彘 땅으로 추방당하였고, 유왕幽王은 희산戲山에서 멸망하고 말았으니 이는 모두가 그러한 통치술을 썼기 때문입니다. 무릇 임금이란 백성에게 있어서 천택川澤입니다. 어디로 흐르는가에 따라 백성은 따라가게 마련입니다. 미악美惡이 모두 임금으로부터 말미암는 것이니, 백성이 어찌 능히 스스로 할 수 있는 것이겠습니까?"

晉人殺厲公, 邊人以告, 成公在朝.

公曰:「臣殺其君, 誰之過也?」

大夫莫對.

里革曰:「君之過也. 夫君人者, 其威大矣. 失威而至於殺, 其過多矣. 且夫君也者, 將牧民而正其邪者也, 若君縱私回而棄民事, 民旁有慝無由省之, 益邪多矣. 若以邪臨民, 陷而不振, 用善不肯專, 則不能使, 至於珍滅而莫之恤也, 將安用之? 桀奔南巢, 紂踣于京, 厲流于彘, 幽滅于戲, 皆是術也. 夫君也者, 民之川澤也, 行而從之. 美惡皆君之由, 民何能爲焉?」

【殺厲公】欒書와 中行偃이 B.C.573년 厲公을 시해하고 悼公을 세운 사건. 〈周語〉(下) 첫머리 "柯陵之會"를 볼 것.

【邊人】변방을 다스리는 관리.

【成公】魯나라 군주. 이름은 黑肱. B.C.590∼573년까지 18년간 재위함.

【回】비뚤어짐. 邪曲됨.

【慝】사특함. 악함.

【省】'살피다'의 뜻.

【南巢】나라 이름. 지금의 安徽省 巢縣에 있던 작은 나라. 夏나라 말왕 桀이 殷湯에게 패하여 도망하여 죽었던 곳.

【踣】원래 '넘어지다'의 뜻이나 여기서는 '죽다'의 뜻.

【京】殷나라 말왕 紂가 武王에게 패하여 당시 別都였던 朝歌에서 죽음. 지금의 河南 淇縣.

【彘】周나라 폭군 厲王이 쫓겨나 죽었던 곳. 지금의 山西 霍縣 경내.

【戲】戲山. 西周의 말왕 幽王이 쫓겨 죽은 곳. 지금의 陝西 臨潼市 동쪽.

049(4-16) 季文子論妾馬
계문자가 첩과 말을 논하다

　계문자季文子는 노魯나라에서 선공宣公과 성공成公 두 임금의 재상이었으면서도 비단을 입는 첩이 없었고, 말에게는 곡식을 먹이는 법이 없었다.

　이에 중손타仲孫它가 이렇게 간언하였다.

　"그대는 노나라의 상경上卿으로써 두 임금을 도우셨습니다. 그런데 첩에게는 비단옷을 입히지 아니하고 말에게는 곡식도 먹이지 아니하시니, 남들은 그대를 너무 아낀다고 여길 것이며 게다가 나라를 화려하게 하지 않는 것입니다!"

　계문자가 말하였다.

　"나도 그렇게 하고 싶소. 그러나 내가 우리 백성을 보았더니 그 부형父兄의 음식이 거칠기 그지없고, 입은 옷 역시 조악하기 이루 말할 수 없는 자가 너무 많더이다. 내 이를 보고 감히 그렇게 하지 못하는 것이오. 백성의 부형들이 거친 밥에 거친 옷으로 살고 있는데, 나만 아름다운 첩에 좋은 말을 가지고 있다면, 이는 재상이 아닌 사람이나 할 수 있는 것이 아니겠소? 그리고 내 듣기로 덕의 영예로써 나라의 화려함을 삼는 것이라 하였지, 첩과 말로써 그렇게 한다는 말은 듣지 못하였소."

　문자가 이때 나눈 대화를 중손타의 아버지 맹헌자孟獻子에게 고하자, 맹헌자는 아들을 이레 동안이나 가두어 버렸다.

　이로부터 자복타子服它, 仲孫它의 첩들은 칠승지포七升之布의 거친 옷감을 넘어서지 않았고, 말먹이도 양유粮莠의 거친 꼴을 넘지 않았다.

문자가 이를 듣고 말하였다.

"허물을 짓고 능히 고칠 수 있었으니 백성의 윗사람이로다."

그러고는 그를 상대부上大夫로 삼아 주었다.

季文子相宣·成, 無衣帛之妾, 無食粟之馬.

仲孫它諫曰:「子爲魯上卿, 相二君矣, 妾不衣帛, 馬不食粟, 人其以子爲愛, 且不華國乎!」

文子曰:「吾亦願之. 然吾觀國人, 其父兄之食麤而衣惡者猶多矣, 吾是以不敢. 人之父兄食麤衣惡, 而我美妾與馬, 無乃非相人乎? 且吾聞以德榮爲國華, 不聞以妾與馬.」

文子以告孟獻子, 獻子囚之七日.

自是, 子服之妾衣不過七升之布, 馬餼不過稂莠.

文子聞之, 曰:「過而能改者, 民之上也.」

使爲上大夫.

【季文子】魯나라의 上卿. 季孫行父.

【宣成】魯나라 宣公(B.C.608~591)과 成公(B.C.590~573).

【仲孫它】子服它. 孟獻子의 아들.

【愛】인색하게 아낌.

【七升之布】고대 80縷를 1승이라 하였으며, 그 베의 폭은 2척 2촌이었다 함. 따라서 승수가 많을수록 그 포는 가는 細布로 여겼으며, 七升之布는 매우 거친 粗布였음을 말함.

【馬餼】말먹이. 말에게 주는 사료. 꼴.

【稂莠】〈三民本〉에는 '粮莠'로 잘못되어 있음. '稂'(랑)과 '莠'(유)는 모두 강아지풀(가라지풀). 매우 거친 풀 사료를 의미함.

참고 및 관련 자료

1. 《左傳》 襄公 5년

季文子卒. 大夫入斂, 公在位. 宰庀家器爲葬備, 無衣帛之妾, 無食粟之馬, 無藏金玉, 無重器備, 君子是以知季文子之忠於公室也,「相三君矣, 而無私積, 可不謂忠乎?」

2. 《史記》 魯周公世家

五年, 季文子卒. 家無衣帛之妾, 廐無食粟之馬, 府無金玉, 以相三君. 君子曰:「季文子廉忠矣.」

3. 《說苑》 反質篇

季文子相魯, 妾不衣帛, 馬不食粟. 仲孫它諫曰:「子爲魯上卿, 妾不衣帛, 馬不食粟, 人其以子爲愛, 且不華國也.」文子曰:「然乎? 吾觀國人之父母衣食蔬, 吾是以不敢. 且吾聞君子以德華國, 不聞以妾與馬. 夫德者得於我, 又得於彼, 故可行; 若淫於奢侈, 沈於文章, 不能自反, 何以守國?」仲孫它慙而退.

卷五 魯語(下)

050(5-1) 叔孫穆子聘於晉
숙손목자가 진나라에 초빙되다

노魯나라 숙손목자叔孫穆子가 진晉나라에 초빙되어 갔더니 진晉 도공悼公이 잔치를 베풀어 주면서 음악을 연주하도록 하였는데, 〈녹명鹿鳴〉 제3장에 이르렀을 때에 목자가 일어서서 세 번 배례를 하는 것이었다.

진 도공이 행인行人을 시켜 이렇게 물어 보도록 하였다.

"그대는 임금의 명을 받고 이 나라를 안정시키고자 오셨습니다. 우리 임금께서 선군의 풍성한 예를 갖추지 못하여 그대의 시종들에게 욕을 끼쳤습니다. 그리하여 풍성하지는 못하나마 음악으로 예를 갖춘 것입니다. 그런데 그대께서 중대한 음악에는 관심을 두지 아니하고 세세한 음악에 예를 더하시는데 감히 여쭙건대 그것이 어떠한 예禮입니까?"

숙손목자는 이렇게 설명하였다.

"우리나라 임금께서 저豹로 하여금 전데 임금들께서 서로 맺은 우의를 이어갈 수 있도록 하셨습니다. 그런데 귀국 임금께서 제가 제후의 사신이라는 이유로 저에게 대례大禮를 내려 주셨습니다. 무릇 금종金鍾으로 〈사하번肆夏樊〉·〈알遏〉·〈거渠〉를 연주하셨는데, 이 음악은 천자가 원후元侯에게 잔치를 열어 들려 주는 음악입니다. 그리고 〈문왕文王〉·〈대명大明〉·〈면緜〉 이 세 가지 노래는 대등한 두 임금이 상견례相見禮에서 연주하는 음악입니다. 모두가 아름다운 덕을 서로 밝혀 우호를 다지는 것으로써 저 같은 사신이 감히 들을 수 있는 것이 아닙니다. 그 음악의 연주에 저는 직책상 습관이 되어 감히 배례를 하지 않은 것입니다. 그런데 배우나 피리, 음악으로 〈녹명〉의 세 곡이 연주되었으니 이는 임금이 사신에게 내리는 음악입니다. 그러니 제가 감히

그 사은賜恩에 배례를 하지 않을 수 있었겠습니까? 무릇 〈녹명〉은
귀국 임금이 두 나라 선군의 우호를 아름답게 여기는 것이니, 제가
감히 그 축하에 배례를 하지 않을 수 있었겠습니까? 〈사모〉는 귀국
임금께서 사신으로 온 저의 근면함을 칭찬해 주신 것이니 감히 그
칭찬에 배례를 하지 않을 수 있었겠습니까? 〈황황자화〉는 귀국 임금
께서 저에게 '매번 임무를 완성하지 못하면 어쩌나 생각하라'라고 가르쳐
주시는 것이었으며, 논의할 때(諏), 모책을 짤 때(謀), 남의 사정을 헤아릴
때(度), 질문할 때(詢) 등 모든 것을 반드시 충성된 자(周)에게 자문을
구하라고 하시는 것이었으니 감히 배례를 하지 않을 수 있었겠습니까?
제가 듣기로 '온화함을 품고 있는 것을 매회每懷라 하고, 재능 있는
이에게 자문을 구하는 것을 추諏라 하며, 일에 자문을 구하는 것을
모謀라 하며, 의에 대하여 자문을 구하는 것을 탁度이라 하며, 친함에
대하여 자문을 구하는 것을 순詢이라 하며, 충신忠信함을 주周라 한다'라
하더이다. 귀국 임금께서 사신에게 대례를 내려 주셨으며, 이에 거듭
육덕六德을 일러 주셨으니 감히 거듭 배례를 하지 않을 수 있겠습니까?"

叔孫穆子聘於晉, 晉悼公饗之, 樂及〈鹿鳴〉之三. 而後拜
樂三.

晉侯使行人問焉, 曰:「子以君命鎭撫弊邑, 不腆先君之禮,
以辱從者, 不腆之樂以節之. 吾子舍其大而加禮於之細, 敢問
何禮也?」

對曰:「寡君使豹來繼先君之好, 君以諸侯之故, 貺使臣以大禮.
夫先樂金奏〈肆夏樊〉‧〈遏〉‧〈渠〉, 天子所以饗元侯也; 夫歌
〈文王〉‧〈大明〉‧〈縣〉, 則兩君相見之樂也. 皆昭令德以合好也,
皆非使臣之所敢聞也. 臣以爲肆業及之, 故不敢拜. 今伶簫詠
歌及〈鹿鳴〉之三, 君之所以貺使臣, 臣敢不拜貺? 夫〈鹿鳴〉,

君之所以嘉先君之好也, 敢不拜嘉?〈四牡〉, 君之所以章使臣
之勤也, 敢不拜章;〈皇皇者華〉, 君教使臣曰:『每懷靡及』, 諏·
謀·度·詢, 必咨於周, 敢不拜教? 臣聞之曰:『懷和爲每懷, 咨才
爲諏, 咨事爲謀, 咨義爲度, 咨親爲詢, 忠信爲周.』君旣使臣以
大禮, 重之以六德, 敢不重拜.」

【叔孫穆子】魯나라 卿으로 이름은 豹. 叔孫得臣의 아들.
【晉悼公】춘추시대 晉나라 군주. B.C.572~558년까지 15년간 재위. 晉 厲公을
　이어 왕이 되었음.
【鹿鳴】《詩經》小雅의 편명. 같은 小雅의 첫 3편〈鹿鳴〉,〈四牡〉,〈皇皇者華〉
　등은 周나라 때 연회에서 군신들과 嘉賓을 위해 연주하던 음악임.〈鹿鳴〉은
　들의 사슴이 서로 부르며 동류임을 즐거워하는 것으로써 주인이 상대를 환영하는
　뜻을 가지고 있음. 叔孫穆子는 悼公이 이 음악을 연주해 주는 것을 매우 영광
　스럽게 여겨 배례를 하며 감사를 표한 것임.
【行人】외교관. 大行人과 小行人이 있었으며, 접빈·통역·의전 등을 담당하였음.
【金奏】金鍾 따위의 웅장한 악기로 연주를 함. 천자의 음악이었음을 말함.
【肆夏樊, 遏, 渠】모두 夏나라 때의 음악으로〈遏〉은〈韶夏〉라고도 하며,〈渠〉는
　〈納夏〉라고도 함. 지금은 세 곡 모두 실전됨.
【元侯】제후들의 우두머리. 여기서 연주한 음악 중 '樊'은 肆夏, '遏'은 韶夏,
　'渠'는 納夏라 하여 고대 '三夏曲'이었으며 송축하는 시의 일종으로 饗禮에
　연주하는 격조가 가장 높은 음악이었음.
【文王, 大明, 縣】모두《詩經》大雅의 첫머리에 시작되는 음악이며 편명.
【相見之樂】위에서 말한 3장은〈大雅〉의 3편이며, 모두가 文王과 武王의 聖德을
　기리는 것으로 그 때문에 제후들이 서로 禮見할 때 연주함.
【肄業】직업이나 습관상 그렇게 하게 되는 행동. 자신의 직책이 원후나 제후가
　아니므로, 그러한 음악이 연주될 때 일어서 배례를 해서는 안 된다고 판단
　하였음을 말함.
【四牡】이 시는 사신이 오는 것을 수고했다고 표현하는 것으로, 숙손목자가
　도공이 이를 연주함을 고맙게 여긴 것.

【皇皇者華】이 역시 사신의 임무를 띠고 온 숙손목자를 칭찬하는 내용이므로 고맙게 여긴 것임.

【諏謀度詢】추(諏)는 논의하여 어떤 일을 결정함. 탁(度)은 촌탁함. 남의 사정을 헤아려 생각함. 詢은 詢問함. 사신이나 위정자가 갖추어야 할 덕목으로 본 것임.

【咨於周】'周'는 모든 일을 두루 거쳐 널리 알고 충직함을 갖춘 사람을 의미함.

【六德】每懷와 諏·謀·度·詢·周를 가리킴.

051(5-2) 叔孫穆子諫季武子爲三軍
숙손목자가 계무자의 삼군 편성을 간하다

　계무자季武子가 삼군三軍을 편성하려 하자 숙손목자叔孫穆子가 반대하고 나섰다.

　"안 됩니다. 천자가 군대를 두어 이를 공公이 통솔하여 부덕不德한 자를 정벌하며, 원후元侯가 군대를 두어 이를 경卿이 통솔하여 천자의 명령을 수행합니다. 그리고 제후 중에는 경의 벼슬일 경우 군대를 두지 않으며 무술을 가르친 위사를 통솔하여 원후의 일을 돕습니다. 백伯·자子·남男으로부터 그 이하에게는 대부만 있고, 경은 둘 수 없으며 병역을 부과한 이들을 징집하여 제후를 따라 작전을 펴며 그들을 돕습니다. 이 까닭으로 위에 있는 작위가 아래 작위를 정벌할 수는 있지만, 아래 신분이 위의 신분에게 간악한 짓을 할 수는 없는 것입니다. 지금 우리나라는 작은 제후로써 큰 나라 사이에 처하고 있으니, 공물과 병역 임무를 잘 정비하여 그들을 위해 대비하고 있어야지 오히려 삼군을 두었다가는 그들로부터 토벌 대상이 되지 않을까 두렵습니다. 만약 원후가 되겠다고 나섰다가는 대국의 노여움을 살 것이니 어찌 불가한 일이 아니겠습니까?"

　계무자는 이를 듣지 아니하고 드디어 중군中軍을 두어 삼군 편제를 마련하였다.

　이로부터 제齊·초楚 두 나라는 차례로 노나라를 토벌 대상으로 삼았고, 양공襄公과 소공昭公이 모두 초나라에 불려 가는 꼴을 당하게 되었다.

　季武子爲三軍, 叔孫穆子曰:「不可. 天子作師, 公帥之, 以征不德. 元侯作師, 卿帥之, 以承天子. 諸侯有卿無軍, 帥教衛以贊

元侯. 自伯·子·男有大夫無卿, 帥賦以從諸侯. 是以上能征下,
下無姦慝. 今我小侯也, 處大國之間, 繕貢賦以共從者, 猶懼
有討. 若爲元侯之所, 以怒大國, 無乃不可乎?」

　弗從. 遂作中軍.

　自是齊·楚代討於魯, 襄·昭皆如楚.

【季武子】魯나라 上卿. 季文子의 아들 季孫夙.
【三軍】《周禮》에 의하면 천자는 六軍, 대국은 三軍, 그 아래는 二軍, 소국은
　一軍을 두게 되어 있으며, 魯나라는 그 중 伯禽의 후손으로 三軍을 둘 수 있었음.
　그러나 당시 노나라는 이미 쇠퇴하여 二軍을 두었으며, 전쟁이 일어나면 三卿이
　차례로 원수의 직책을 맡아 지휘함. 季武子는 자신의 세력을 과시하기 위하여
　삼군으로 개편하여 季氏·孟氏·叔孫氏가 각기 일군씩 장악하였음.
【元侯】제후의 우두머리. 천자가 제후들 중에 전체 제후를 통솔할 수 있도록
　권한을 위임받은 제후.
【敎衛】衛士에게 武를 가르쳐 그 임무를 맡도록 함.
【無卿】왕명(천자의 임명)을 받지 못한 경. 대국은 三卿으로 각기 천자의 임명을
　받았으며, 그 다음 나라는 二卿으로 그 중 하나는 천자의 임명, 하나는 제후
　임금의 임명이었음. 다시 소국은 二卿을 두되 모두 제후 왕이 임명함.
【中軍】노나라는 제후 중에 소국으로 二軍(上軍, 下軍)이었으나, 여기에 중군을
　두어 삼군으로 편제를 정한 것.

참고 및 관련 자료

1.《左傳》襄公 11년
十一年春, 季武子將作三軍, 告叔孫穆子曰:「請爲三軍, 各征其軍.」穆子曰:「政將
及子, 子必不能.」武子固請之. 穆子曰:「然則盟諸?」乃盟諸僖閎, 詛諸五父之衢.
正月, 作三軍, 三分公室而各有其一. 三子各毁其乘. 季氏使其乘之人, 以其役邑
入者無征, 不入者倍征. 孟氏使半爲臣, 若子若弟. 叔孫氏使盡爲臣, 不然不舍.

052(5-3) 諸侯伐秦魯人以莒人先濟
제후가 진나라를 칠 때
노나라가 거나라 사람을 먼저 건너게 하다

진晉나라 육경六卿이 제후들을 이끌고 진秦나라를 치고자 경수涇水에 이르자 아무도 그 강을 건너려 하지 않는 것이었다.

진나라 숙향叔向이 숙손목자叔孫穆子를 만나 대책을 물었다.

"제후들은 진秦나라가 공손하지 못하여 이를 토벌한다고 여기고 있습니다. 그런데 이 경수에 이르러 더 나가지 않으니, 그렇게 되면 진秦나라에 어떤 이익이 될까요?"

숙손목자가 말하였다.

"제가 할 수 있는 일이란 《시경詩經》〈포유고엽匏有苦葉〉일 뿐이오. 그 외에는 아는 것이 없소."

숙향이 물러나 주우舟虞와 사마司馬를 불러 이렇게 말하였다.

"무릇 쓴 박이란 사람에게 아무런 쓸모가 되지 못한다. 다만 이를 껴안고 물을 건너는 데 사용할 뿐이다. 노나라 숙손께서 〈포유고엽〉 시를 말씀하시니 반드시 장차 건널 셈이리라. 배를 갖추고 길을 닦도록 하라. 그렇게 하지 않으면 군법에 따라 처벌하리라."

이러한 행동에 노나라는 거莒나라에서 차출되어 온 사람들을 먼저 건너게 하였고 제후들이 뒤따라 건넜다.

諸侯伐秦, 及涇莫濟.

晉叔向見叔孫穆子曰:「諸侯謂秦不恭而討之, 及涇而止, 於秦何益?」

穆子曰:「豹之業, 及〈匏有苦葉〉矣, 不知其他.」

叔向退, 召舟虞與司馬, 曰:「夫苦匏不材於人, 共濟而已. 魯叔
孫賦〈匏有苦葉〉, 必將涉矣. 具舟除隧, 不共有法.」

是行也, 魯人以莒人先濟, 諸侯從之.

【諸侯伐秦】魯 襄公 11년(B.C.562) 晉 悼公이 鄭나라를 치자 秦나라가 晉나라를
　　쳐 鄭나라를 구원함. 이에 노 양공 14년(B.C.559) 晉 悼公이 六卿에게 명하여
　　각국 대부를 거느리고 秦나라에 보복하도록 한 것임.
【叔向】晉나라 대부 羊舌肹. 〈周語〉(下) "晉羊舌肹聘於周"를 볼 것.
【叔孫穆子】魯나라 卿으로 이름은 豹. 叔孫得臣의 아들.
【舟虞】배를 관리하는 사람.
【司馬】군사 지휘를 담당한 직책.
【共】'供'과 같음.
【詩】《詩經》邶風 匏有苦葉의 구절. 匏는 박의 일종. 먹을 수 없으며 강을 건널
　　때 浮囊으로 사용함. '물이 깊으면 이를 타고 건너고 물이 얕으면 발을 걷고
　　건너면 됨'을 비유하여 설명한 것. 叔向이 이를 듣고 알아차렸으며 穆子 역시
　　그 방법을 인정한 것임.
【除隧】길을 소제함. 여기서는 전진할 수 있는 길을 닦아 나감을 말함.
【莒】지금의 山東 동부에 있던 작은 제후국. 당시 차출되어 이 전투에 참가하였음.

참고 및 관련 자료

1.《左傳》襄公 14년
夏, 諸侯之大夫從晉侯伐秦, 以報櫟之役也. 晉侯待于竟, 使六卿帥諸侯之師
以進. 及涇, 不濟. 叔向見叔孫穆子, 穆子賦匏有苦葉, 叔向退而具舟. 魯人·莒人
先濟. 鄭子蟜見衛北宮懿子曰:「與人而不固, 取惡莫甚焉, 若社稷何?」懿子說.
二子見諸侯之師而勸之濟. 濟涇而次. 秦人毒涇上流, 師人多死. 鄭司馬子蟜帥
鄭師以進, 師皆從之, 至于棫林, 不獲成焉. 荀偃令曰:「鷄鳴而駕, 塞井夷竈,

唯余馬首是瞻.」欒黶曰:「晉國之命, 未是有也. 余馬首欲東.」乃歸. 下軍從之.
左史謂魏莊子曰:「不待中行伯乎?」莊子曰:「夫子命從帥, 欒伯, 吾帥也, 吾將
從之. 從帥, 所以待夫子也.」伯游曰:「吾令實過, 悔之何及, 多遺秦禽.」乃命
大還. 晉人謂之「遷延之役」. 欒鍼曰:「此役也, 報櫟之敗也. 役又無功, 晉之恥也.
吾有二位於戎路, 敢不恥乎?」與士鞅馳秦師, 死焉. 士鞅反. 欒黶謂士匃曰:
「余弟不欲往, 而子召之. 余弟死, 而子來, 是而子殺余之弟也. 弗逐, 余亦將
殺之.」士鞅奔秦. 於是, 齊崔杼·宋華閱·仲江會伐秦. 不書, 惰也. 向之會亦
如之. 衛北宮括不書於向, 書於伐秦, 攝也. 秦伯問於士鞅曰:「晉大夫其誰先亡?」
對曰:「其欒氏乎!」秦伯曰:「以其汏乎?」對曰:「然. 欒黶汏虐已甚, 猶可以免,
其在盈乎!」秦伯曰:「何故?」對曰:「武子之德在民, 如周人之思召公焉, 愛其
甘棠, 況其子乎? 欒黶死, 盈之善未能及人, 武子所施沒矣, 而黶之怨實章, 將於
是乎在.」秦伯以爲知言, 爲之請於晉而復之.

2. 《詩經》邶風 匏有苦葉

匏有苦葉, 濟有深涉. 深則厲, 淺則揭. 有瀰濟盈, 有鷕雉鳴. 濟盈不濡軌, 雉鳴求
其牡. 雝雝鳴鴈, 旭日始旦. 士如歸妻, 迨冰未泮. 招招舟子, 人涉卬否, 人涉卬否,
卬須我友.

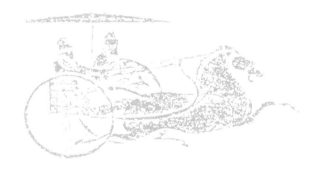

053(5-4) 襄公如楚
양공이 초나라에 가다

노魯 양공襄公이 초楚나라로 가면서 한수漢水에 이르렀을 때, 초 강왕康王이 죽었다는 소식을 듣고 발길을 돌리고자 하였다.

그러자 숙중소백叔仲昭伯이 이렇게 말하였다.

"임금께서 오신 것은 강왕 한 사람을 위해서 온 것이 아닙니다. 초나라가 패자의 명의가 있고 그 나라가 대국이기 때문입니다. 지금 그 왕이 죽었다고 패자의 명의가 바뀌는 것은 아니며 그 대국이 무너진 것도 아닙니다. 어찌 발길을 돌리시려 하십니까?"

그러나 다른 대부들도 모두 되돌아가기를 원하고 있었다.

그러자 자복혜백子服惠伯이 이렇게 제의하였다.

"어찌해야 할지 알 수 없으니 우선 임금의 의견을 따릅시다!"

숙중은 이렇게 말하였다.

"그대가 온 것은 그대 몸 하나 안전하고자 한 것이 아니라 국가의 이익을 위한 것일 것이오. 그 때문에 먼 길의 노고를 마다 아니하고 초나라로부터 명령을 듣고 있는 것은 초나라가 의로운 나라이기 때문이 아니라, 그들이 패자의 명의가 있고 나아가 대국임을 두려워 그렇게 하기 때문일 거요. 무릇 의로운 사람이라고만 해도 진실로 그의 기쁨은 축하하고 그의 슬픔은 조문해야 하는 것인데 하물며 우리를 두렵게 하고 우리를 복종시키는 상대라면 어떻게 해야 하겠습니까? 그가 두려운 존재라는 말을 듣고 쫓아가고, 그가 죽었다는 말을 듣고 발길을 돌렸다가 만약 그 미씨羋氏의 성씨가 뒤를 잇는다면 누가 그이 상사喪事를 맡아 하겠습니까? 강왕의 태자는 이미 장성하였고, 그들의 집정執政도 아직 교체되지 않았는데, 우리가 그들의 선군(강왕)을 위해 오다가 그가 죽었다고 돌아가 버리면 그들 중 누가 '우리는 선군만 못하니 돌아가는 것도 당연하지'라고 말하겠습니까? 장차 곧 상례를 치르고자 한다는 말을 국내에서 들었더라도 가야 할 텐데, 오는 길에 상례 소식을 듣고 발길을 돌린다면 그들 중 누가 '우리를 모욕하는 것이 아니다'라고 말해 주겠습니까? 초나라에서 그 임금을 모시며 그 정치를 맡은 자들 중에 누가 자신이 집정하는 사이에, 제후들 중 누가 자기로 인해 두 마음을 가진 자가 나타나기를 바라겠습니까? 그들은 그 모욕을 벗기 위하여 전대보다 더 급하게 서두를 것이니, 두 나라 사이의 원한은 점점 커지지 않겠습니까? 그들은 모욕에서 벗어나기 위해 나약함을 보이지 않을 것이요, 집정자들이 두 마음을 가지지 아니하고 대군을 인솔하여 우리 소국에게 겁을 준다면 우리들 중 누가 그들을 기다리자고 할 것입니까? 그러니 임금의 의견을 따랐다가 환난으로 달려가느니 차라리 임금의 명령을 거역하고라도 난을 피하는 편이 낫습니다. 게다가 군자란 계책이 있은 다음에야 행동으로 옮기는 것입니다. 여러분의 계책은 무엇입니까? 바로 초나라의 술책을 막고 우리나라를 지켜낼 방비라면 가하려니와 만약 그러한 계책이 아니라면 그대로 가느니만 못합니다."

이리하여 가던 길을 계속하였다.

귀국하는 길에 방성方城에 이르렀을 때 계무자季武子가 변읍卞邑을 습격했다는 소식이 들려오자, 양공은 초나라가 군사를 내어 노나라 계무자를 쳐 주었으면 하고 초나라로 되돌아가고자 하였다.

그러자 영성백榮成伯이 이렇게 말하였다.

"안 됩니다. 임금은 신하에게 있어서 그 위엄이 가장 큰 것입니다. 자신의 나라 안에 명령이 시행되지 않는다고 해서 다른 제후를 믿는다면 다른 제후들 누가 친하게 여기려 하겠습니까? 만약 초나라 군사를 얻어 노나라 변읍을 친다 해도 노나라 백성들이 계무자(夙)가 변읍을 취한 것이 위배된 것이 아니라고 한다면 틀림없이 그들은 틀림없이 계무자의 명령을 들을 것이요, 그 읍을 반드시 견고히 지켜낼 것입니다. 만약 초나라가 변읍을 쳐서 이긴다고 하면 여러 희성姬姓들은 초나라를 두려워하여 눈동자도 돌리지 못할 터인데, 하물며 임금께서는 초나라에게 얼마나 하찮은 존재가 되겠습니까? 그렇게 되면 초나라는 자신의 동성을 변읍에 배치하고, 동이東夷를 정복하고 나서 제하諸夏를 마구 흔들어 천하의 왕 노릇을 하고자 하지 않겠습니까? 그 때면 초나라가 임금에게 무슨 덕을 베풀어 노나라 땅을 다시 임금에게 주겠습니까? 만약 초나라가 노나라 계무자를 이기지 못한다면, 임금께서는 만이蠻夷의 힘을 빌려 자신의 나라를 친 것이니 다시 나라로 되돌아가고 싶어도 그렇게 할 수 없을 것입니다. 차라리 변읍을 계무자에게 주어 그(夙)로 하여금 계속 임금을 섬기면서 감히 잘못을 뉘우치지 않을 수 없도록 하느니만 못합니다. 사람이 취했을 때 화를 내다가 깨어나 즐거운 표정을 짓는 것이 무슨 상처가 되겠습니까? 임금께서는 귀국을 서두르시지요."

양공은 이에 귀국 길을 재촉하였다.

襄公如楚, 及漢, 聞康王卒, 欲還.

叔仲昭伯曰:「君之來也, 非爲一人也, 爲其名與其衆也, 今王死, 其名未改, 其衆未敗, 何爲還?」

諸大夫欲還.

子服惠伯曰:「不知所爲, 姑從君乎!」

叔仲曰:「子之來也, 非欲安身也, 爲國家之利也. 故不憚勤遠而聽於楚; 非義楚也, 畏其名與衆也. 夫義人者, 固慶其喜而弔其憂, 況畏而服焉? 聞畏而往, 畏喪而還? 苟芈姓實嗣, 其誰代之任喪? 王太子又長矣, 執政未改, 予爲先君來, 死而去之, 其誰曰不如先君? 將爲喪擧, 聞喪而還 其誰曰非侮也? 事其君而

任其政, 其誰由己貳? 求說其侮, 而亟於前之人, 其離不滋大乎? 說侮不懦, 執政不貳, 帥大離以憚小國, 其誰云待之? 若從君而走患, 則不如違君以避難. 且夫君子計成而後行, 二三子計乎? 有禦楚之術而有守國之備, 則可也; 若未有, 不如往也.」

乃遂行.

反, 及方城, 聞季武子襲卞, 公欲還, 出楚師以伐魯.

榮成伯曰:「不可. 君之於臣, 其威大矣; 不能令於國, 而恃諸侯, 諸侯其誰暱之? 若得楚師以伐魯, 魯旣不違夙之取卞也, 必用命焉, 守必固矣. 若楚之克魯, 諸姬不獲闕焉, 而況君乎? 彼無亦置其同類以服東夷, 而大攘諸夏, 將天下是王, 而何德於君, 其予君也? 若不克魯, 君以蠻夷伐之, 而又求入焉, 必不獲矣. 不如予之, 夙之事君也, 不敢不悛. 醉而怒, 醒而喜, 庸何傷? 君其入也.」

乃歸.

【襄公如楚】 襄公은 魯나라 成公의 아들로 이름은 午. 魯 襄公 27년(B.C.546) 楚나라가 주동이 되어 宋에서 제후들을 모아 회맹을 하였으며, 이 결정에 따라 이듬해 11월 襄公·宋公·陳侯·鄭伯·許男이 초나라에 갔음. 당시 초나라는 子爵이었는데 이 제후들 중에 許나라만 男爵이었으며, 다른 나라는 작위가 모두 초나라보다 높았음. 당시 초나라가 매우 강성하여 어쩔 수 없이 조빙하게 된 것임.

【漢】 漢水.

【康王】 楚 恭王의 아들이며 이름은 昭. B.C.559~545년까지 15년간 재위함.

【叔仲昭伯】 仲帶. 叔仲惠伯의 손자이며 魯나라의 대부.

【一人】 楚 康王을 가리킴.

【子服惠伯】 子服椒. 仲孫它(子服它)의 아들이며 魯나라 대부.

【芈姓】 楚나라의 성씨.

【執政】 楚나라의 令尹과 司馬를 가리킴.

【由己貳】 '由'는 '말미암다'의 뜻이며, '貳'는 배반함을 말함.

【求說其侮】 '說'은 '脫'과 같음. 그들이 받은 모욕을 벗어나기 위하여 적대 행위를 할 것임을 말함. 아래의 '說侮不懦'의 '說'도 같음.

【方城】 초나라의 북쪽 변방 도시. 혹 산 이름. 지금의 河南 葉縣 남쪽.

【卞】 魯나라의 읍. 지금의 山東 泗水縣 동쪽. 季武子가 公室을 읍을 차지하여 자신의 것으로 삼았던 곳임.

【榮成伯】 노나라 대부. 子叔聲伯(公孫嬰齊)의 아들로 이름은 欒.

【夙】 季文子의 이름.

【諸姬】 여러 姬姓들. 周나라와 魯나라 등 中原의 여러 정통 周나라 왕실과 같은 계통의 나라들. 楚나라는 이와 다른 羋氏였음.

【不獲闚】 '闚'는 '窺'와 같음. 너무 두려워 그를 엿볼 수도 없는 상태가 됨. 모든 희씨 제후국들이 모두 초나라를 두려워함을 뜻함.

【諸夏】 中原 지역을 일컫는 말.

【悛】 잘못을 뉘우치고 고침. 改悛과 같음.

참고 및 관련 자료

1. 《左傳》 襄公 28년

爲宋之盟故, 公及宋公·陳侯·鄭伯·許男如楚. 公過鄭, 鄭伯不在, 伯有迂勞於黃崖, 不敬. 穆叔曰:「伯有無庸於鄭, 鄭必有大咎. 敬, 民之主也, 而棄之, 何以承守? 鄭人不討, 必受其辜. 濟澤之阿, 行潦之蘋·藻, 寘諸宗室, 季蘭尸之, 敬也. 敬可棄乎?」及漢, 楚康王卒. 公欲反. 叔仲昭伯曰:「我楚國之爲, 豈爲一人? 行也!」子服惠伯曰:「君子有遠慮, 小人從邇. 飢寒之不恤, 誰遑其後? 不如姑歸.」叔孫穆子曰:「叔仲子專之矣, 子服子, 始學者也.」榮成伯曰:「遠圖者, 忠也.」公遂行.

宋向戌曰:「我一人之爲, 非爲楚也. 飢寒之不恤, 誰能恤楚? 姑歸而息民, 待其立君而爲之備.」宋公遂反. 楚屈建卒, 趙文子喪之如同盟, 禮也. 王人來告喪, 問崩日, 以甲寅告, 故書之, 以徵過也.

2.《說苑》正諫篇

魯襄公朝荊, 至淮, 聞荊康王卒, 公欲還, 叔仲昭伯曰:「君之來也, 爲其威也;
今其王死, 其威未去, 何爲還?」大夫皆欲還, 子服景伯曰:「子之來也, 爲國家之
利也, 故不憚勤勞, 不遠道塗?」而聽於荊也, 畏其威也! 夫義人者, 固將慶其喜,
而弔其憂, 況畏而聘焉者乎! 聞畏而往, 聞喪而還, 其誰曰非侮也. 羋姓是嗣王,
太子又長矣, 執政未易, 事君任政, 求說其侮, 以定嗣君, 而示後人, 其讎滋大,
以戰 小國, 其誰能止之? 若從君而致患, 不若違君以避難, 且君子計而後行,
二三子其計乎? 有御楚之術, 有守國之備, 則可; 若未有也, 不如行.」乃遂行.

054(5-5) 季冶致祿
계야가 봉록을 내어놓다

　노魯 양공襄公이 초楚나라에 있는 동안, 계무자季武子가 변읍卞邑을 점거하고는 계야季冶를 초나라에 보내어 양공을 맞아오도록 하였다.
　그러고는 뒤따라 다른 사람에게 새서璽書의 편지를 보내었는데 그 편지에는 "변읍 사람들이 반란을 일으켜 제(계야)가 이를 토벌하였고 아울러 이미 안정시켰습니다."
　양공이 아무런 대꾸를 하지 않자 영성자榮成子가 나섰다.
　"그대는 노나라의 고굉지신으로서 사직의 큰일은 그대가 실권을 가지고 처리하여 왔소. 그대가 이익을 취한 것이 어찌 변읍뿐이었겠소? 변읍 사람들이 죄를 지었다 하여 그대가 토벌하였는데 이는 그대에게 예속된 일인데 어찌 다시 보고할 필요까지 있겠소?"
　계야는 귀국하자 봉록을 모두 반납하고 밖에 나오지도 않았다. 그러면서 이렇게 말하였다.
　"나로 하여금 임금을 속이도록 한 것은 내가 그만큼 재능이 있다는 뜻이다. 그렇게 재능이 있다면서 모시는 임금을 속였으니 내 어찌 감히 그 녹을 향유하며 조정에 설 수 있단 말인가?"

　襄公在楚, 季武子取卞, 使季冶逆.
　追而予之璽書, 以告曰:「卞人將畔, 臣討之, 旣得之矣.」
　公未言, 榮成子曰:「子股肱魯國, 社稷之事, 子實制之, 唯子所利, 何必卞? 卞有罪而子征之, 子之隸也, 又何謁焉?」

子冶歸, 致祿而不出, 曰: 「使予欺君, 謂予能也; 能而欺其君, 敢享其祿而立其朝乎?」

【季冶】노나라 대부. 襄公을 영접하여 귀국함.
【璽】漢代 이전에는 대부의 도장도 璽라 하였으며, 그 이후에는 황제의 도장만 璽라 하였음. 季武子가 먼저 계야를 보내어 양공을 맞이해 오는 임무를 주고 뒤이어 다른 사람을 보내어 봉한 편지를 주었는데, 계야는 그 내용을 알지 못하였으며 결국 계무자의 계략에 걸려들고 만 것임.
【畔】'叛'과 같음. 雙聲互訓. 계무자가 卞人이 반란한다는 것은 거짓이었음.
【榮成子】榮成伯. 襄公이 계무자의 말을 두고 화를 낼 것을 두려워하여 먼저 대답을 한 것임.

055(5-6) 叔孫穆子知楚公子圍有簒國之心
숙손목자가 초나라 공자 위가 나라를
찬탈할 마음을 가지고 있음을 알아차리다

괵虢의 회맹에서 초楚나라 공자公子 위圍는 창 든 두 사람을 앞에 세우는 등 과시하였다.

채蔡나라 공손귀생公孫歸生과 정鄭나라 한호罕虎가 숙손목자叔孫穆子를 만나자 목자가 이렇게 말하였다.

"초나라 공자가 심히 멋지군요. 대부로써 그칠 자가 아닌 것 같소. 임금자리를 노릴 거요."

한호罕虎가 말을 거들었다.

"창을 잡은 자를 앞세운 것을 보고 내 곤혹스러웠소."

그러자 공손귀생(子家)은 이렇게 말하였다.

"초나라는 대국입니다. 공자 위는 그 나라 영윤令尹이구요. 창을 잡은 자를 앞세운 것 정도는 그럴 수 있는 것이 아닙니까?"

이에 숙손목자는 이렇게 설명하였다.

"그렇지 않습니다. 천자가 호분虎賁을 두는 것은 무훈武訓을 드러내기 위한 것이며, 제후가 여분旅賁을 두는 것은 뜻밖의 재해를 방어하기 위한 것이며, 대부가 이거貳車를 두는 것은 왕의 명령을 이어받을 준비를 위한 것이며, 사士가 배승陪乘을 두는 것은 급히 달려가 보고할 일에 대비한 것입니다. 지금 초나라 왕자는 대부의 신분이면서 제후의 복장을 하고 있으니 그 마음에 뜻을 둔 바가 있기 때문이지요. 만약 그 마음에 의도하는 것이 없다면 어찌 감히 제후의 복장으로 제후의 대부들을 만날 수 있겠습니까? 장차 그는 대부의 등급에 들어있지 않을 것입니다.

무릇 복장이란 마음의 표상입니다. 마치 거북이 그 속을 불로 지지면 그 겉에 무늬가 나타나는 것과 같습니다. 만약 초나라 공자가 임금이 되지 못한다면 틀림없이 스스로 죽음을 택할 것이며, 대부의 신분으로는 더 이상 제후들의 회합에 참석하지 않을 것입니다."

결국 공자 위는 반란을 일으켰고 겹오郟敖를 죽이고 대신 임금이 되었다.

虢之會, 楚公子圍二人執戈先焉.

蔡公孫歸生與鄭罕虎見叔孫穆子, 穆子曰: 「楚公子甚美, 不大夫矣, 抑君也.」

鄭子皮曰: 「有執戈之前, 吾惑之.」

蔡子家曰: 「楚, 大國也; 公子圍, 其令尹也. 有執戈之前, 不亦可乎?」

穆子曰: 「不然. 天子有虎賁, 習武訓也; 諸侯有旅賁, 禦災害也; 大夫有貳車, 備承事也; 士有陪乘, 告奔走也. 今大夫而設諸侯之服, 有其心矣. 若無其心, 而敢設服以見諸侯之大夫乎? 將不入矣. 夫服, 心之文也. 如龜焉, 灼其中, 必文於外. 若楚公子不爲君, 必死, 不合諸侯矣.」

公子圍反, 殺郟敖而代之.

【虢之會】魯 昭公 원년(B.C.541) 魯나라 叔孫豹(叔孫穆子)가 晉 趙武, 楚 公子圍, 그리고 齊·宋·衛·陳·蔡·鄭·許·曹 등 각국 대부들을 虢 땅으로 불러 회맹을 한 것.

【公子圍】초나라 恭王의 서자이며 뒤에 靈王이 됨. 이름은 熊虔. 괵 땅의 회맹 때 초나라 令尹 신분이었으며 다른 나라의 대부와 동급이었음.

【公孫歸生】蔡나라 태사 子朝의 아들, 字는 子家.

【罕虎】鄭나라 대부. 子罕의 손자이며 子展의 아들. 자는 子皮.

【叔孫穆子】魯나라 대부. 叔孫豹.

【虎賁】왕궁을 호위하는 임무를 맡은 군사. 천자만이 쓸 수 있는 군사임.

【旅賁】제후들이 출행할 때 호위의 임무를 맡은 군사.

【貳軍】주력 부대를 돕는 副車, 혹 副車手.

【陪乘】車右라고도 하며, 수레에 함께 올라 제후나 임금을 호위하는 임무를 맡은 力士.

【郟敖】楚 康王의 아들 子麇. 노 소공 28년(B.C.514) 강왕이 죽자 웅균(熊麇)이 즉위하였고, 왕자 圍는 令尹이 됨. 뒤에 웅균이 병이 나자 왕자 圍가 병문안을 핑계로 입궁하여 융균을 죽이고 郟 땅에 장례를 지냄. 그 때문에 시호가 없으며 초나라 사람들은 시호가 없는 귀족을 敖라 불러 郟敖라 한 것임. B.C.544~541년까지 4년간 재위함. 公子 圍는 이를 죽이고 왕이 되었으며 이가 靈王임. B.C.540~529년까지 12년간 재위함.

1.《史記》楚世家

康王寵弟公子圍・子比・子晳・棄疾. 郟敖三年, 以其季父康王弟公子圍爲令尹, 主兵事. 四年, 圍使鄭, 道聞王疾而還. 十二月己酉, 圍入問王疾, 絞而弑之, 遂殺其子莫及平夏. 使使赴於鄭. 伍舉問曰:「誰爲後?」對曰:「寡大夫圍.」伍舉更曰:「共王之子圍爲長.」子比奔晉, 而圍立, 是爲靈王.

056(5-7) 叔孫穆子不以貨私免
숙손목자가 재물로 사사롭게 면하기를 거부하다

　괵虢 땅의 회맹에서 각 제후를 대표하여 참가한 대부들이 회맹을 아직 마치지 않았을 때였다. 그 때 노魯나라 계무자季武子가 거莒를 쳐 운鄆 땅을 점거한 일이 벌어져, 거나라 사람이 회의장에 나타나 그 사실을 고하였다.

　초楚나라 대표는 이 책임을 물어 회의에 참가 중인 노나라 대표 숙손목자叔孫穆子를 죽여야 한다고 주장하였다.

　이에 진晉나라 대표 악왕부樂王鮒가 목자에게 뇌물거리가 될 만한 것을 달라고 하면서 이렇게 말하였다.

　"제가 그대를 위해 초나라에게 뇌물을 써 보겠습니다."

　목자는 주지 않았다.

　그러자 목자의 가신 양기경梁其踁이 목자에게 여쭈었다.

　"재물을 가지고 있는 것은 몸을 보호하기 위한 것입니다. 재물을 내놓으면 가히 살아날 수 있는데 그대는 어찌 아까워하십니까?"

　목자가 말하였다.

　"너는 알 바가 아니다. 임금의 명을 받들고 큰일의 모임에 참가하여 나라에 죄가 있는데 내가 사사롭게 뇌물을 써서 살아난다면 이는 이 회의에 참가한 목적이 사사로운 것이 된다. 진실로 이와 같이 한다면 그 외 다른 일에도 역시 재물을 내어 나의 욕심을 얼마든지 채워도 된다는 것이냐? 비록 그렇게 하여 죽음을 면한다 해도 내가 제후의 일에 무엇을 한 것이 되겠느냐? 그렇게 했다가는 장차 다른 사람도 나의 전례를 따를 자가 틀림없이 있게 될 것이다. 그러면서 그들은 '제후의 경으로써 그렇게 한 일이 있기 때문에 나도 그렇게 한 것'이라

핑계를 댈 것이니 내가 내 몸 하나 안전을 구하느라 제후에게 선례를
만들어 놓는 꼴이 되고 만다. 군자는 이 까닭으로 선례를 만드는 것을
두려워하는 것이다. 선례를 만들어 놓고 충직하지 못하다면 장차 혹
뒷사람이 입방아를 찧을 것이며 그 충직하지 못한 것이 밝히 드러나고
만다. 내 재물을 아까워하는 것이 아니라 그 충직하지 못함을 미워하는
것이다. 게다가 죄는 내가 지은 것이 아니니 내가 죽음을 당한들 내
명예에 무슨 해가 되겠느냐?"

초나라 대표가 결국 그를 풀어 주었다.

목자가 귀국하자 계무자는 그를 위로하고자 찾아갔지만 목자는
한낮이 되도록 집에서 나오지 않는 것이었다.

그러자 그 집 가신이 이렇게 말하였다.

"나가셔도 됩니다."

그러자 목자가 말하였다.

"내가 죽음조차도 어려운 것이 아니라 여긴 것은 우리나라 대들보를
위한 것이었다. 대들보가 부러지면 서까래가 무너질 것이며, 그렇게
되면 나도 깔려죽을 것이라 걱정한 것이다. 그 때문에 비록 밖에서
죽을지라도 안으로 우리 안을 보호하는 것이 옳다고 말한 것이다.
지금 이미 그 큰 치욕을 면했는데 작은 분함을 참아내지 못한다면
현능한 자라 여길 수 있겠는가?"

그러고는 나가서 계무자를 만나 주었다.

虢之會, 諸侯之大夫尋盟未退.

季武子伐莒取鄆, 莒人告于會, 楚人將以叔孫穆子爲戮.

晉樂王鮒求貨於穆子, 曰:「吾爲子請於楚.」

穆子不予.

梁其踁謂穆子曰:「有貨, 以衛身也. 出貨而可以免, 子何愛焉?」

穆子曰:「非女所知也. 承君命以會大事, 而國有罪, 我以貨

私免, 是我會吾私也. 苟如是, 則又可以出貨而成私欲乎? 雖可
以免, 吾其若諸侯之事何? 夫必將或循之, 曰:『諸侯之卿有然
者故也.』則我求安身而爲諸侯法矣. 君子是以患作. 作而不衰,
將或道之, 是昭其不衰也. 余非愛貨, 惡不衰也. 且罪非我之由,
爲戮何害?」

　楚人乃赦之.

　穆子歸, 武子勞之, 日中不出.

　其人曰:「可以出矣.」

　穆子曰:「吾不難爲戮, 養吾棟也. 夫棟折而榱崩, 吾懼壓焉.
故曰雖死在外, 而庇宗於內, 可也. 今旣免大恥, 而不忍小忿,
可以爲能乎?」

　乃出見之.

【虢之會】魯 昭公 원년(B.C.541) 魯나라 叔孫豹(叔孫穆子)가 晉 趙武, 楚 公子
　圍, 그리고 齊·宋·衛·陳·蔡·鄭·許·曹 등 각국 대부들을 虢 땅으로 불러
　회맹을 한 것.

【季武子】魯나라 上卿. 季文子의 아들 季孫夙.

【莒】지금의 山東 膠州 아래 莒縣 근처에 있던 작은 나라. 齊 桓公(小白)이
　피신하였던 곳으로 유명하며, 전국시대 燕나라의 침입에 卽墨과 함께 마지막
　까지 버티었던 곳이기도 함.

【鄆】莒나라의 읍 이름.

【叔孫穆子】魯나라 대부 叔孫豹. 季武子가 莒를 정벌하고 鄆邑을 취하자 莒나라
　사람들이 회맹에 나타나 이를 고함. 이때 회맹은 주로 弭兵(전쟁을 중지하는
　문제)을 주제로 다루고 있었으며, 이에 초나라는 晉나라 대표에게 "이 회의
　중에 노나라가 거를 침범하였으니 그 죄를 물어야 한다"고 동의를 구한 것임.
　당시 계무자는 이 회맹에 없었으며 참가한 숙손목자에게 대신 그 책임이 돌아간
　것임.

【樂王鮒】晉나라 대부 樂桓子.

【梁其踁】叔孫穆子의 가신. 함께 모시고 회의에 참석 중이었음.

【衷】衷直한 속마음. 옳고 정당한 생각이나 행동.

【吾棟】季武子를 비유함.

【榱】서까래.

【小忿】계무자가 莒나라의 鄆 땅을 점거함으로써 자신이 회맹 회의에서 죽을 뻔한 일을 말함.

057(5-8) 子服惠伯從季平子如晉
자복혜백이 계평자를 따라 진나라에 가다

평구平丘의 회맹에서 진晉 소공昭公은 숙향叔向을 노魯나라에 보내어
노魯 소공昭公에게 회맹의 참가를 거부한다고 통고하도록 하였다.

자복혜백子服惠伯이 이렇게 말하였다.

"진나라는 만이를 믿으면서 형제의 나라는 저버리고 있으며, 그
집정자들은 두 가지 잣대를 가지고 있습니다. 두 마음을 가지고 있으면
틀림없이 제후들에게 믿음을 잃을 것인데, 유독 우리 노나라에게만
믿음을 잃겠습니까? 그러나 그 정치에 잘못이 있는 자는 틀림없이
남에게 분풀이를 하게 마련입니다. 노나라에게 그 재앙이 올까 두렵습
니다. 그러나 공손하게 모시지 않을 수 없지요. 반드시 상경上卿 정도의
직책을 가진 자를 보내어 그들에게 순종하는 모습을 보여야 합니다."

계평자季平子가 물었다.

"그렇다면 저(意如)를 두고 하는 말이겠네요? 만약 제가 가면 진나라
에서는 틀림없이 나를 해코지하고자 할 것입니다. 누구를 저의 부하로
데려가면 좋겠소?"

자복혜백이 말하였다.

"제椒가 말을 꺼냈는데 감히 그 어려움을 피하려 하겠습니까? 제가
청컨대 따르겠습니다."

회의에서 과연 진나라가 계평자를 잡아 가두었다. 그러자 자복혜백
이 나서서 한선자韓宣子를 만나 이렇게 말하였다.

"맹약이라고 하는 것은 믿음의 요체입니다. 진나라가 맹주라면 믿음
을 위주로 그렇게 된 것입니다. 만약 회맹에서 노나라 임금을 배제시킨

다면 믿음이 결여된 것입니다. 지난 날 난씨欒氏의 난이 일어나자, 제齊나라가 진나라에 그 난이 일어난 틈을 비집고 진나라의 조가朝歌 땅을 취해 버렸습니다. 그 때 우리 선군 양공襄公께서 감히 자신만 안녕을 취할 수 없다고 여겨 숙손표叔孫豹로 하여금 우리나라 모든 이들에게 군역軍役을 부여하여 나서도록 하였으며, 심지어 다리를 저는 장애인들까지 종군하도록 하여 집에 남아 있는 자들이 없이 군리軍吏를 따랐습니다. 그들이 옹유雍渝에 주둔하여 귀국 한단승邯鄲勝과 함께 제나라 좌군左軍을 협공, 제나라 장수 안래晏萊를 견제하여 제나라 군사를 퇴각시킨 뒤에야 감히 돌아올 수 있었습니다. 먼 지난날의 공로를 찾고자 하는 것이 아닙니다. 우리 노나라는 제나라와 아주 가까이 연접해 있으며, 게다가 우리는 소국입니다! 제나라가 아침에 수레를 몰아 나서면 저녁이면 노나라에 이를 수 있습니다. 그럼에도 감히 제나라를 겁내지 않는 것은, 바로 귀국 진나라와 환난을 같이 하게 될 것이라는 믿음 때문입니다. 다시 말해 '이렇게 하는 것이 노나라에게 유리하다!'라고 여기는 것입니다. 그런데 지금 만이의 오랑캐를 믿고 우리를 버리신다면, 제후들 중에 그대 진나라 임금을 믿고 있는 이들에게 장차 무어라고 권할 수 있겠습니까? 만약 노나라를 버리고 대신 제후들과의 관계를 공고히 하신다면, 우리 신하들이 어찌 감히 죽음을 두려워하겠습니까? 제후들로써 귀국 진나라를 섬기는 자들 중에 노나라가 그래도 가장 힘을 쓰는 나라입니다. 만약 만이를 얻겠다고 우리를 버린다면, 그것이 어찌 만이를 얻는 대신 제후들로부터의 신임을 잃는 것이 아니겠습니까? 그대가 이로운 쪽을 계산해 보신다면 우리 소국과 운명을 같이 하는 것일 것입니다."

한선자는 기쁘게 생각하며 계평자를 풀어 귀국시켜 주었다.

平丘之會, 晉昭公使叔向辭昭公, 弗與盟.

子服惠伯曰：「晉信蠻夷而棄兄弟, 其執政貳也. 貳心必失諸侯, 豈唯魯然? 夫失其政者, 必毒於人, 魯懼及焉, 不可以不恭. 必使上卿從之.」

季平子曰：「然則意如乎? 若我往, 晉必患我, 誰爲之貳?」

子服惠伯曰：「椒旣言之矣, 敢逃難乎? 椒請從.」

晉人執平子. 子服惠伯見韓宣子曰：「夫盟, 信之要也. 晉爲盟主, 是主信也. 若盟而棄魯侯, 信抑闕矣. 昔欒氏之亂, 齊人間晉之禍, 伐取朝歌. 我先君襄公不敢寧處, 使叔孫豹悉帥敝賦, 踦跂畢行, 無有處人, 以從軍吏, 次於雍渝, 與邯鄲勝擊齊之左, 掎止晏萊, 齊師退而後敢還. 非以求遠也, 以魯之密邇於齊, 而又小國也! 齊朝駕則夕極於魯國. 不敢憚其患, 而與晉共其憂, 亦曰：『庶幾有益於魯國乎!』今信蠻夷而棄之, 夫諸侯之勉於君者, 將安勸矣? 若棄魯而苟固諸侯, 羣臣敢憚戮乎? 諸侯之事晉者, 魯爲勉矣. 若以蠻夷之故棄之, 其無乃得蠻夷而失諸侯之信乎? 子計其利者, 小國共命.」

宣子說, 乃歸平子.

【平丘之會】魯 昭公 10년(B.C.532) 노나라 上卿 季平子가 莒나라를 쳐 鄆(지금의 山東 沂水縣)을 점거하자, 莒나라와 邾나라 사람들이 晉나라에 와서 "우리가 망하면 귀국 진나라에 더 이상 조공할 수 없을 것"이라 고함. 이에 진나라는 노 소공 13년(B.C.529) 평구에서 회맹을 열면서 노 소공에게는 참가를 거부하였음. 평구는 지금의 河南 商丘縣 근처.

【晉昭公】晉 平公의 아들이며 이름은 夷. B.C.541~510년까지 32년간 재위.

【昭公】魯 昭公을 가리킴. 이름은 裯. B.C.531~526까지 6년간 재위.

【叔向】 晉나라 대부. 羊舌肹.

【子服惠伯】 노나라 대부. 이름은 椒.

【蠻夷】 여기서는 莒나라와 邾나라를 가리킴.

【貳】 배반함. 두 마음을 가지고 있음.

【季平子】 魯나라 上卿. 季武子의 손자이며 季悼子의 아들. 이름은 如意.

【韓宣子】 晉나라 正卿. 韓獻子의 아들이며 韓起. 그 후손이 전국시대 한나라를
세움.

【欒氏之亂】 欒氏는 晉나라 대부 欒盈(懷子)를 가리킴. 난영은 欒桓子(黶)와
范宣子 딸 사이에 태어났으며, 魯 襄公 21년(B.C.552) 欒盈이 무고를 입어 韓宣子
에게 의심을 받자, 楚나라로 도망하였다가 이듬해 齊나라로 옮겨간 이듬해
晉나라로 돌아와 난을 일으킴. 이때 齊나라에서는 그 틈을 이용하여 晉나라를
공격, 朝歌(지금의 河南 淇縣)를 점거한 사건으로 이를 欒氏之亂이라 함.

【叔孫豹】 叔孫穆子. 魯나라 卿으로 이름은 豹. 叔孫得臣의 아들.

【朝歌】 지명. 晉나라에 속했음.

【賦】 兵賦. 주나라 때 제도로 전쟁이 일어나면 伯子男의 작위를 가진 소국은
대부를 帥賦로 삼아 제후를 따라 전투에 참여하도록 되어 있었음. 노나라는
公爵이었으므로 이에 해당하지 않으나, 이렇게 '賦'라 한 것은 겸손을 표시한
것임.

【次】 군대나 여행자가 하루 머무는 것을 '舍'라 하며 이틀 머무는 것을 '信',
그 이상 머물러 있는 것을 '次'라 함.

【雍渝】 지명. 晉나라 관할이었음. 지금의 河南 滑縣 서북.

【邯鄲勝】 晉나라 대부. 趙旃의 아들 須子勝. 采邑이 邯鄲이었음.

【晏萊】 齊나라 대부이며 당시 싸움에 나섰던 장군.

058(5-9) 季桓子穿井獲羊
계환자가 우물을 파다가 양을 얻다

　계환자季桓子가 집에서 우물을 파다가 흙으로 빚은 항아리가 나왔는
데, 그 안에는 양처럼 생긴 괴물이 들어 있는 것이었다. 이에 사람을
시켜 중니仲尼, 孔子에게 여쭙도록 하였다.
　"제가 우물을 파다가 개 비슷한 것이 출토되었는데 무슨 일입니까?"
　이에 공자가 대답하였다.
　"내가 들은 바로는 그것은 양이어야 합니다. 내가 듣기로 나무나
돌의 괴물은 기夔나 망량蝄蜽이라 하고, 물속의 괴물은 용龍, 망상罔象
이라 하며, 땅 속의 괴물은 분양羵羊이라 한다 하더이다."

　季桓子穿井, 獲土缶, 其中有羊焉.
　使問之仲尼曰:「吾穿井而獲狗, 何也?」
　對曰:「以丘之所聞, 羊也. 丘聞之: 木石之怪曰夔·蝄蜽,
水之怪曰龍·罔象, 土之怪曰羵羊.」

【季桓子】魯나라의 正卿. 季平子의 아들이며 이름은 斯.
【缶】원래 술이나 국물 따위를 담는 질그릇.
【獲狗】양의 모습을 한 괴물이 나왔는데 '개'라고 한 것은 사실을 속여 공자의
　판단력을 시험해 보고자 한 것임.

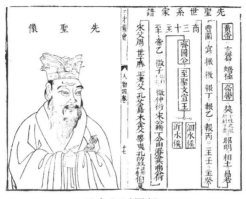

공자《三才圖會》

【夔】 전설 중의 고대 異獸. 소처럼 생겼으며 뿔은 없고 다리는 한 쌍이라 함. 혹 人面獸身의 외다리 괴물. '山繅'라고도 함.

【蝄蜽】 '魍魎'으로도 쓰며 고대 산에 사는 精靈. 사람의 말을 흉내낸다고 함. 疊韻連綿語로 되어 있음.

【罔象】 역시 첩운연면어의 괴물 이름으로 물에 살고 있어 혹 '沐腫'이라고도 부른다 함. 역시 첩운연면어임.

【羵羊】 흙 속의 괴물로 암수 구별이 없는 양의 모습이라 함. '墳羊'으로도 표기함.

참고 및 관련 자료

1.《說苑》辨物篇
季桓子穿井得土缶, 中有羊, 以問孔子, 言得狗. 孔子曰:「以吾所聞, 非狗, 乃羊也, 木之怪夔罔兩, 水之怪龍罔象, 土之怪羵羊也, 非狗也.」桓子曰:「善哉!」

2.《史記》孔子世家
季桓子穿井得土缶, 中若羊, 問仲尼云「得狗」. 仲尼曰:「以丘所聞, 羊也. 丘聞之, 木石之怪, 夔罔閬; 水之怪, 龍罔象; 土之怪, 墳羊.」

3.《漢書》五行志(中之下)
史記魯定公時, 季桓子穿井, 得土缶, 中得蟲若羊, 近羊禍也. 羊者, 地上之物,

幽於土中, 象定公不用孔子而聽季氏, 暗昧不明之應也. 一曰, 羊去野外而拘土
缶者, 象魯君失其所而拘於季氏, 季氏亦將拘於家臣也. 是歲季氏家臣陽虎囚季
桓子. 後三年, 陽虎劫公伐孟氏, 兵敗, 竊寶玉大弓而出亡.

4.《孔子家語》辨物篇

季桓子穿井, 獲如土缶, 其中有羊焉. 使使問於孔子, 曰:「吾穿井於費, 而於井中
得一狗, 何也?」孔子曰:「丘之所聞者, 羊也. 丘聞之, 木石之怪, 夔 蝄蜽; 水之怪,
龍罔象; 土之怪, 羵羊也.」

5.《韓詩外傳》佚文.(《太平御覽》902와《初學記》7에 인용된 것으로 지금의
《韓詩外傳》에는 없음.)

魯哀公使人穿井三月, 不得泉, 得一玉羊焉. 公以爲玉羊, 使祀鼓舞之, 欲上
於天, 羊不能上. 孔子見曰:「水之精爲玉, 土之精爲羊, 願無怪, 此羊肝土.」公使
殺之, 視肝卽土矣.

6.《搜神記》卷12〈穿井獲羊〉

季桓子穿井, 獲如土缶, 其中有羊焉. 使問之仲尼曰:「吾穿井而獲狗, 何耶?」
仲尼曰:「以丘所聞, 羊也. 丘聞之, 木石之怪, 夔‧蝄蜽; 水中之怪, 龍‧罔象;
土中之怪, 曰羵羊.」《夏鼎志》曰:「罔象, 如三歲兒. 赤目, 黑色, 大耳, 長臂,
赤爪, 索縛則可得食.」《王子》曰:「木精爲遊光, 金精爲淸明也.」

7.《博物志》卷9

水之怪爲龍‧罔象, 木石之怪爲夔‧罔兩, 土之怪爲羵羊, 火之怪爲宋無忌.

8.《法苑珠林》11

季桓子穿井, 獲如土缶, 其中有羊焉. 使問之仲尼曰:「吾穿井而獲狗, 何也?」
仲尼曰:「以丘所聞, 羊也. 丘聞之, 木石之怪, 蚯夔‧蝄蜽; 水中之怪, 龍‧罔象;
土中之怪曰羵羊.」《夏鼎志》曰:「罔象如三歲兒. 赤目, 黑色, 大耳, 長臂, 赤爪,
索縛則可得食.」《王子》曰:「木精爲遊光, 金精爲淸明也.」

9.《琱玉集》12

季桓子穿井, 獲如土缶, 其中. 而有羊焉. 使問之孔子曰:「吾穿井得狗, 何也?」
孔子對曰:「以丘所聞, 羊也. 丘聞之, 木石之怪, 夔‧蝄蜽; 水中之怪, 龍‧罔象;
土之怪, 羵羊也.」使者曰:「實如夫子之言矣.」

059(5-10) 公父文伯之母對季康子問
공보문백의 어머니가
계강자의 질문에 대답하다

계강자季康子가 공보문백公父文伯의 어머니께 여쭈었다.

"대부인께서 역시 저에게 가르쳐 주실 말씀이 있으시겠지요?"

문백의 어머니가 말했다.

"내 이렇게 나이가 들었을 뿐, 그대에게 무슨 말을 해 줄게 있겠는가!"

강자가 말하였다.

"비록 그렇다고는 하나, 저는 대부인께 좋은 말씀을 듣고자 합니다."

이에 문백의 어머니는 이렇게 일러 주었다.

"내 선고先姑께 '군자는 능히 힘써야 하며 후손은 이를 이어받아야
한다'라 하더이다."

자하子夏가 이를 듣고 이렇게 말하였다.

"훌륭하도다. 내 듣기로 '옛날 시집갈 때 시부모가 없는 집으로 가는
것을 일러 불행不幸이라 하였다'라 하였는데, 무릇 며느리란 시부모에게
배우는 것이기 때문이리라."

季康子問於公父文伯之母曰:「主亦有以語肥也?」

對曰:「吾能老而已, 何以語子!」

康子曰:「雖然, 肥願有聞於主.」

對曰:「吾聞之先姑曰:『君子能勞, 後世有繼.』」

子夏聞之曰:「善哉! 商聞之曰:『古之嫁者, 不及舅姑, 謂之
不幸.』夫婦, 學於舅姑者也.」

【季康子】魯나라의 정경. 季悼子의 증손이며 季平子의 손자. 季桓子의 아들. 이름은 肥.

【公父文伯】魯나라의 대부이며 季桓子의 손자. 公父穆伯의 아들. 이름은 歇. 그의 어머니는 穆伯의 아내인 敬姜. 목백은 悼子의 아들이므로 경강은 康子의 조모 항렬임.

【主】대부를 일컫는 말이며 역시 그 대부의 아내도 '主'라 불렀음.

【先姑】부인은 시아버지는 '舅', 시어머니는 '姑'라 불렀으며 돌아가신 시어머니는 '先姑'라 불렀음. 敬姜의 시어머니는 季悼子의 처이며 季康子의 증조모가 됨.

【子夏】공자 제자. 卜商.

【不及】시부모가 이미 돌아가시고 없는 집으로 시집감을 말함.

참고 및 관련 자료

1.《列女傳》母儀傳「魯季敬姜」: 061의 참고란을 볼 것.

060(5-11) 公父文伯飮南宮敬叔酒
공보문백이 남궁경숙에게
술자리를 마련하다

공보문백公父文伯이 남궁경숙南宮敬叔을 청하여 술을 마시면서 노도보露睹父도 상객으로 모셨다. 그 술상에 자라 요리가 있었는데 매우 작은 것이었다.

그러자 노도보가 노하여 한참 젓가락이 오갈 때 가겠다고 일어서면 이렇게 비꼬았다.

"장차 이 자라가 더 크거든 그 때 먹읍시다!"

그러고는 나가 버렸다.

문백의 어머니가 이를 듣고 노하여 말하였다.

"내 선자先子께 듣기로 '제사에는 시주를 극진히 모시는 것이며, 초대에는 빈객을 최상으로 모셔야 한다'라 하였다. 무슨 대접에 자라를 내놓았단 말이냐? 어찌하여 남으로 하여금 그토록 화를 내게 만들었단 말이냐!"

그러고는 아들 문백을 내쫓아 버렸다.

닷새 뒤 대부들이 그 사정을 말씀드리자 그제야 집으로 받아들였다.

公父文伯飲南宮敬叔酒, 以露睹父爲客. 羞鼈焉, 小.

睹父怒, 相延食鼈, 辭曰:「將使鼈長而後食之!」

遂出.

文伯之母聞之, 怒曰:「吾聞之先子曰:『祭養尸, 饗養上賓.』鼈於何有? 而使夫人怒也!」

遂逐之.

五日, 魯大夫辭而復之.

【南宮敬叔】南宮說. 孟僖子의 아들이며 孟懿子의 아우. 魯나라 대부.

【露睹父】노나라 대부.

【羞】바침. 차려 내놓음. 술상을 차림.

【先子】季悼子를 가리킴. 공보문백의 할아버지.

【尸】제사를 지낼 때 죽은 이나 신을 대신하는 역할.

【辭】청함. 요구함. 자신의 사정을 말함.

> 참고 및 관련 자료

1. 《列女傳》母儀傳「魯季敬姜」

魯季敬姜者, 莒女也, 號戴己. 魯大夫公父穆伯之妻·文伯之母·季康子之從祖叔母也. 博達知禮. 穆伯先死, 敬姜守養. 文伯出學而還歸, 敬姜側目而盼之, 見其友上堂, 從後階降而卻行, 奉劍而正履, 若事父兄, 文伯自以爲成人矣. 敬姜召而數之曰:「昔者武王罷朝而結絲絑絶, 左右顧, 無可使結之者, 俯而自申之, 故能成王道. 桓公坐友三人, 諫臣五人, 日舉過者三十人, 故能成伯業. 周公一食而三吐哺, 一沐三握髮, 所執摯而見於窮閭隘巷者七十餘人, 故能存周室. 彼二聖一賢, 皆霸王之君也, 而下人如此; 其所與遊者, 皆過己者也. 是以日益而不自知也. 今以子年之少而位之卑, 所與遊者, 皆爲服役, 子之不益, 亦以明矣.」

文伯乃謝罪. 於是乃擇嚴師賢友而事之, 所與遊處者皆黃耇倪齒也, 文伯引袵攘捲而親饋之. 敬姜曰:「子成人矣!」君子謂:「敬姜備於教化.」詩云:『濟濟多士, 文王以寧.』此之謂也.

文伯相魯, 敬姜謂之曰:「吾語汝, 治國之要, 盡在經矣. 夫幅者, 所以正曲枉也, 不可不彊. 故幅可以爲將, 畫者, 所以均不均服不服也. 故畫可以爲正. 物者, 所以治蕪與莫也, 故物可以爲都大夫. 持交而不失. 出入不絕者捆也, 捆可以爲大行人也. 推而往引而來者綜也, 綜可以爲關內之師. 主多少之數者均也, 均可以爲內史. 服重任, 行遠道, 正直而固者軸也, 軸可以爲相. 舒而無窮者摘也, 摘可而爲三公.」文伯再拜受教. 文伯退朝, 朝敬姜, 敬姜方績. 文伯曰:「以歜之家, 而主猶績, 懼干季孫之怒, 其以歜爲不能事主乎?」敬姜歎曰:「魯其亡乎! 使童子備官, 而未之聞也? 居, 吾語汝: 昔聖王之處民也, 擇瘠土而處之, 勞其民而用之, 故長王天下. 夫民勞則思, 思則善心生; 逸則淫, 淫則忘善, 忘善則惡心生. 沃土之民不材, 淫也. 瘠土之民嚮義, 勞也. 是故天子大采朝日, 與三公九卿組織施德, 日中考政, 與百官之政事, 使師尹維旅牧, 宣敬民事, 少采夕月, 與太史司載, 糾虔天刑, 日入監九御, 使潔奉禘郊之粢盛, 而後即安. 諸侯朝修天子之業令, 晝考其國, 夕省其典刑, 夜儆百工, 使無慆淫, 而後即安. 卿大夫朝考其職, 晝講其庶政, 夕序其業, 夜庀其家事, 而後即安. 士朝而受業, 晝而講隸, 夕而習復, 夜而討過, 無憾而後即安. 自庶人以下, 明而動, 晦而休, 無自以怠. 王后親織玄紞, 公侯之夫人加之以紘綖; 卿之內子爲大帶, 命婦成祭服, 則士之妻加之以朝服; 自庶士以下, 皆衣其夫. 社而賦事, 烝而獻功, 男女效績, 否則有辟, 古之制也. 君子勞心, 小人勞力, 先王之訓也. 自上以下, 誰敢淫心舍力? 今我寡也, 爾又在下位, 朝夕處事, 猶恐忘先人之業, 況有怠惰, 其何以辟? 吾冀汝朝夕脩我曰:‘必無廢先人.’爾今也曰:‘胡不自安?’以是承君之官, 余懼穆伯之絕嗣也.」仲尼聞之曰:「弟子記之, 季氏之婦不淫矣!」詩曰:『婦無公事, 休其蠶織.』言婦人以織績爲公事者也, 休之非禮也. 文伯飲南宮敬叔酒, 以露堵父爲客. 羞鼈焉小, 堵父怒. 相延食鼈, 堵父辭曰:「將使鼈長而食之.」遂出. 敬姜聞之, 怒曰:「吾聞之先子曰:『祭養尸, 饗養上賓.』鼈於人何有? 而使夫人怒!」遂逐文伯. 五日, 魯大夫辭而復之. 君子謂:「敬姜爲慎微.」詩曰:『我有旨酒, 嘉賓式讌以樂.』言尊賓也. 文伯卒, 敬姜戒其妾曰:「吾聞之: 好內女死之, 好外士死之. 今吾子夭死, 吾惡其以好內聞也. 二三婦之辱共祀先祀者, 請毋瘠色, 毋揮涕, 毋陷膺,

毋憂容, 有降服, 毋加服, 從禮而靜, 是昭吾子.」仲尼聞之曰:「女知莫如婦, 男知莫如夫, 公父氏之婦知矣, 欲明其子之令德.」詩曰:『君子有穀, 貽厥孫子.』此之謂也. 敬姜之處喪也, 朝哭穆伯, 暮哭文伯. 仲尼聞之曰:「季氏之婦, 可謂知禮矣. 愛而無私, 上下有章.」敬姜嘗如季氏, 康子在朝, 與之言不應. 從之, 及寢門, 不應而入. 康子辭於朝, 而入見曰:「肥也不得聞命, 毋乃罪耶?」敬姜對曰:「子不聞耶? 天子及諸侯, 合民事於內朝, 自卿大夫以下, 合官職於外朝, 合家事於內朝. 寢門之內, 婦人治其職焉, 上下同之. 夫外朝, 子將業君之官職焉; 內朝, 子將庀季氏之政焉, 皆非吾所敢言也.」康子嘗至敬姜闈(門+爲)門而與之言, 皆不踰閾. 祭悼子康子與焉, 酢不受, 徹俎不讌, 宗不具不繹, 繹不盡飲則不退. 仲尼謂:「敬姜別於男女之禮矣.」

詩曰:『女也不爽.』此之謂也. 訟曰:『文伯之母, 號曰敬姜. 通達知禮, 德行光明. 匡子過失, 教而法理. 仲尼賢焉, 列爲慈母.』

2.《戰國策》趙策(三)

王曰:「雖然, 試言公之私.」樓緩曰:「王亦聞夫公甫文伯母乎? 公甫文伯官於魯, 病死. 婦人爲之自殺於房中者二八. 其母聞之, 不肯哭也. 相室曰:「焉有子死而不哭者乎?」其母曰:「孔子, 賢人也, 逐於魯, 是人不隨. 今死, 而婦人爲死者十六人. 若是者, 其於長者薄, 而於婦人厚!」故從母言之, 之爲賢母也; 從婦言之, 必不免爲妒婦. 故其言一也, 言者異, 則人心變矣.」

3.《史記》虞卿列傳

王曰:「雖然, 試言公之私.」樓緩對曰:「王亦聞夫公甫文伯母乎? 公甫文伯仕於魯, 病死. 女子爲自殺於房中者二人. 其母聞之, 弗哭也. 其相室曰:「焉有子死而弗哭者乎?」其母曰:「孔子, 賢人也, 逐於魯, 是人不隨也. 今死, 而婦人爲死者二人. 若是者, 必其於長者薄, 而於婦人厚也!」故從母言之, 是爲賢母; 從婦言之, 是必不免爲妒婦也. 故其言一也, 言者異, 則人心變矣.」

4.《韓詩外傳》卷一

魯公甫文伯死, 其母不哭也. 季孫聞之, 曰:「公甫文伯之母, 貞女也. 子死不哭, 必有方矣.」使人問焉. 對曰:「昔, 是子也, 吾使之事仲尼. 仲尼去魯, 送之, 不出魯郊, 贈之, 不與家珍. 病, 不見士之視者; 死, 不見士之流淚者; 死之日, 宮女繀絰而從者, 十人. 此不足於士, 而有餘於婦人也. 吾是以不哭也.」詩曰:「乃如之人兮, 德音無良.」

5.《新序》善謀篇

王曰:「雖然, 試言公之私.」樓緩對曰:「亦聞夫公父文伯母乎? 公父文伯仕於魯, 病死, 女子爲自殺於房中者二人, 其母聞之, 不肯哭也. 其相室曰:「焉有子死而不哭者乎?」其母曰:「孔子, 賢人也, 逐於魯, 而是人不隨也. 今死而婦人爲自殺者二人, 若是者必其於長者薄, 而於婦人厚也.」故從母言, 是爲賢母, 從妻言, 是必不免爲妬婦. 故其言一也, 言者異則人心變矣.」

6.《孔叢子》卷上 記義篇

公父文伯死, 室人有從死者, 其母怒而不哭. 相室諫之, 其母曰:「孔子, 天下之賢人也, 不用于魯退而去, 是子素宗之而不能隨. 今死而内人從死者二人焉, 若此于長者薄, 于婦人厚也.」既而夫子聞之曰:「季氏之婦尚賢哉!」子路愀然對曰:「夫子亦好人之譽己乎? 夫子死而不哭, 是不慈也, 何善爾?」子曰:「怒其子之不能隨賢, 所以爲尚賢者, 吾何有焉其亦善此而已矣?」

7.《孔子家語》正論解篇

公父文伯之母, 紡績不解, 文伯諫焉, 其母曰:「古者, 王后親織玄紞, 公侯之夫人, 加之紘綖, 卿之内子, 爲大帶, 命婦成祭服, 列士之妻, 加之以朝服, 自庶士已下, 各衣其夫, 社而賦事, 烝而獻功, 男女紡績, 愆則有辟, 聖王之制也. 今我寡也, 爾又在位, 朝夕恪勤, 猶恐忘先人之業, 況有怠墮, 其何以避辟?」孔子聞之曰:「弟子志之! 季氏之婦, 可謂不過矣.」

8.《蒙求》卷上 文伯羞鼈

魯語曰: 公父文伯, 飲南宮敬叔酒, 以露睹父爲客, 羞鼈小焉. 睹父怒, 相延食鼈, 辭曰:「將使鼈長而後食之.」遂出. 文伯之母聞之怒曰:「吾聞之先子曰:『祭養尸, 饗養上賓.』鼈於何有, 而使夫人怒也?」遂逐之. 五日魯大夫辭而復之.

9.《蒙求》卷下 敬姜猶績

古列女傳: 魯季敬姜莒女也, 號戴己. 魯大夫公父穆伯妻, 文伯之母. 博達知禮. 文伯退朝, 朝敬姜. 敬姜方績, 文伯曰:「以歜之家而主猶績, 懼干季孫之怒. 其以歜爲不能事主乎!」敬姜歎曰:「魯其亡乎? 使僮子備官, 而未之聞邪. 昔聖王處民, 男女效績. 否則有辟, 古制也.」又出魯語.

10.《太平御覽》826

文伯相魯, 敬姜謂之曰:「吾語汝, 治國之要, 盡在經耳. 夫幅者, 所以正枉也. 不可不强. 故幅可以爲將, 畫者, 所以均不均不服也. 故畫可以爲正. 物者, 所以

治蕪與莫, 莫也, 故物可以爲都大夫. 持交而不失. 出入不絶者惆也, 以爲大行人也. 推而往引而來者綜也, 綜可以爲關內之師. 主多少之數者均也, 均可爲内史. 服重任, 行遠道, 正直而固者軸也, 軸可以爲相. 舒而無窮者摘, 摘可而爲三公.」文伯載拜受教.

11.《文選》(58) 齊敬皇后哀策文　注

列女傳: 敬姜曰:「皇后親蠶玄紞, 公侯夫人加之以紘綖.」

12. 기타 참고자료

《禮記》 檀弓(下)·《太平御覽》 441·《孔子家語》 曲禮子夏問

061(5-12) 公父文伯之母論內朝與外朝
공보문백의 어머니가 내조와 외조를 논하다

공보문백公父文伯의 어머니가 계씨季氏 집으로 갔더니 강자康子가 마침 아침 회의를 하고 있었다. 그러면서 문백의 어머니에게 말을 걸자 어머니는 이에 응하지 않는 것이었다. 강자가 그를 따라 침문寢門에 이르자 어머니는 그 때에도 아무런 응답도 하지 아니한 채 방으로 들어가 버리는 것이었다.

강자가 조회를 중도에 마치고 들어가 뵈며 여쭈었다.

"제가 방금 아무런 가르침을 받지 못하였사온데 무슨 죄라도 지은 것이 없는지요?"

그러자 어머니가 말하였다.

"너는 듣지 못하였느냐? 천자와 제후는 백성의 일을 처리할 때 외조外朝에서는 사무를 보며, 신을 모시는 일이라면 내조內朝에서 이를 행한다. 경卿 이하의 지위일 때는 외조에서는 관직의 일을 보며 내조에서는 집안일을 처리한다. 침문의 안쪽은 부인이 그 업무를 위해 활동하는 곳이다. 위와 아래가 모두 한결같이 그 구분이 있는 것이다. 무릇 외조란 그대가 임금으로부터 위임받은 사무를 처리하는 곳이며, 내조란 그대가 계씨 집안의 처리하는 장소이다. 그 두 곳은 모두 내가 감히 말을 해도 되는 곳이 아니었단다."

公父文伯之母如季氏, 康子在其朝, 與之言, 弗應, 從之及寢門,
弗應而入.

康子辭於朝而入見, 曰:「肥也不得聞命, 無乃罪乎?」

曰:「子弗聞乎? 天子及諸侯合民事於外朝, 合神事於內朝;
自卿以下, 合官職於外朝, 合家事於內朝; 寢門之內, 婦人治其
業焉. 上下同之. 夫外朝, 子將業君之官職焉; 內朝, 子將庀季
氏之政焉, 皆非吾所敢言也.」

【文伯之母】 공보문백의 어머니는 敬姜이며 季康子의 祖母뻘에 해당함.
【朝】 고대 경대부 관청의 구조 중에 앞은 공무를 보는 곳으로 '外朝'라 하였으며,
　　그 안은 자신의 가정사를 보는 '內朝', 그리고 다시 그 안쪽은 안방 문, 즉
　　寢門 안은 '家室'이었음.
【聞命】 '命'은 가르침. 敎誨.
【庀】 '다스리다, 처리하다'의 뜻.

참고 및 관련 자료

1. 《列女傳》 母儀傳 「魯季敬姜」: 061의 참고란을 볼 것.

062(5-13) 公父文伯之母論勞逸
공보문백의 어머니가
노고로움과 편안함을 논하다

공보문백公父文伯이 조회에서 물러나 어머니를 뵈었더니, 그 어머니 경강敬姜은 마침 길쌈을 하고 있었다. 공보문백이 말하였다.

"제歜가 집안을 알아서 꾸려 나가고 있는데, 어머님께서는 그래도 길쌈을 하시면 종손인 계손季孫이 제가 어머님을 잘 모시지 못한다고 원망할까 두렵습니다!"

그 어머니는 이렇게 탄식하였다.

"노나라가 망하려는가! 이 어린아이를 벼슬자리에 앉히고 있다니. 너는 듣지 못하였느냐! 앉거라. 내 너에게 일러 주마.

옛날 성왕聖王께서 백성을 다스림에는, 척박한 땅을 택해 그 곳에 백성을 살도록 하여 백성을 열심히 일하도록 하고 나서 등용하였다. 그 까닭으로 오래도록 천하에 왕 노릇을 할 수 있었던 것이다. 무릇 백성이란 노고로우면 생각하게 되고, 생각하게 되면 선한 마음이 생긴다. 그러나 안일하면 일탈하게 되고, 일탈하면 선을 잊게 되며, 선을 잊으면 악한 마음이 생긴다. 비옥한 토지에서는 인재가 나지 않으니 이는 편안히 여기기 때문이다. 그러나 척박한 땅의 백성들은 의義를 향하지 아니하는 자가 없으니 이는 노고롭기 때문이다.

그러므로 천자가 춘분에 오색의 곤룡포를 입고 뜨는 해를 향해 제사를 지내면, 삼공三公과 구경九卿이 함께 참가하여 땅의 덕을 고맙게 여겨 익힌다. 그리고 정오가 되면 조정의 정사를 검사하고 백관百官들과 함께 정사를 살핀다. 사윤師尹은 많은 이들과 지방의 목牧·상相을 이끌고 널리 백성의 일을 펴 나간다. 그리고 가을 추분에는 천자가 삼색의 곤포를 입고 달을 향해 제사를 지내며, 이때 태사大史, 太史와 사재司載는 천문의 법칙을 경건히 살폈다. 그들은 해가 지면 구어九御를 감독하고 그들로 하여금 체제禘祭와 교제郊祭에 올릴 자성粢盛을 정결하게 하여 준비하도록 한 다음에야 편히 잠자리에 들 수 있었다. 제후들은 아침에 천자의 업무 명령을 잘 처리하고, 낮에는 나라의 직무를 살피고, 저녁이면 법 집행의 정황을 살피며, 밤이면 백공百工들을 경계시켜 일탈함이 없도록 한 다음에야 편안히 잠자리에 들 수 있었다. 다음으로 경卿 대부大夫는 아침에 그 직무를 살피고, 낮에는 여러 가지 서무를 처리하며, 저녁에는 그 업적을 살피며, 밤에는 자신 집안의 일을 정리한 다음에야 편안히 잠자리에 들 수 있었다. 사士는 아침에 업무를 받아 낮에는 이를 강습하여 관철하며, 저녁이면 다시 이를 복습하고, 밤이면 그 날 과오나 유감스러운 일이 없는가를 따져 본 다음에야 겨우 편안히 잠자리에 들 수 있었다. 서인庶人으로부터 그 이하는 날이 밝으면 노동하고, 어두워지면 휴식하되 하루도 태만히 굴지를 않았다. 왕후王后는 몸소 현담玄紞을 짰고, 공후公侯의 부인은 거기에 다시 굉紘과 연綖을 더하였으며, 경卿의 내자內子는 예복의 대대大帶를 만들었으며, 명부命婦는 제복을 지었고, 열사列士의 처는 거기에 조복朝服을 더하였으며, 서사庶士 이하는 모두가 남편의 옷을 지었다. 사제社祭에는 부역을 나섰고, 증제蒸祭에는 그 해 수확과 그 동안 짠 포백을 바쳤으니 남녀가 모두 각기 자신의 업적을 내었던 것이다. 만약 자신의 의무를 다하지 않으면 형벌이 가해졌으니 이상이 옛날의 제도이다. 군자는 마음을 쓰고 소인은 힘을 써야 하는 것이 선왕의 가르침이다. 위로부터 아래에 이르기까지 누군들 감히 마음이 일탈하거나 자신의 힘을 헛되이 버릴 수 있었겠느냐? 지금 나는 과부이며 너는 나라의 낮은 관리이다. 아침저녁으로 일에 임하면서 오히려 선인이 이루어 놓은 업적을 잊으면 어쩌나 걱정을 해야 할 판인데, 하물며 게으르게 군다면 어찌 형벌을 피할 수 있겠느냐! 아침저녁으로 '선인의 업적을 폐기하지 않도록' 이라는 말로 나를 다독거려 주기를 기다렸는데 너는 지금 '어찌 편안히 계시지 않느냐'고 하니 이로써 임금이 주신 관직을 이어받는다면 내 두렵기는 목백穆伯의 제사가 끊어지면 어쩌나 하는 점이다."

중니仲尼가 이를 듣고 말하였다.

"제자들아, 기억하라. 계씨의 부인 경강은 일탈함이 없었다고."

公父文伯退朝, 朝其母, 其母方績.

文伯曰:「以歜之家而主猶績, 懼忓季孫之怒也, 其以歜爲不能事主乎!」

其母歎曰:「魯其亡乎! 使僮子備官而未之聞耶? 居, 吾語女. 昔聖王之處民也, 擇瘠土而處之, 勞其民而用之, 故長王天下. 夫民勞則思, 思則善心生; 逸則淫, 淫則忘善, 忘善則惡心生. 沃土之民不材, 逸也; 瘠土之民莫不嚮義, 勞也. 是故天子大采朝日, 與三公·九卿祖識地德; 日中考政, 與百官之政事, 師尹維旅·牧·相, 宣序民事; 少采夕月, 與大史·司載糺虔天刑; 日入監九御, 使潔奉禘·郊之粢盛, 而後卽安. 諸侯朝修天子之業命, 晝考其國職, 夕省其典刑, 夜儆百工, 使無慆淫, 而後卽安. 卿大夫朝考其職, 晝講其庶政, 夕序其業, 夜庀其家事, 而後卽安. 士朝受業, 晝而講貫, 夕而習復, 夜而計過無憾, 而後卽安. 自庶人以下, 明而動, 晦而休, 無日以怠. 王后親織玄紞, 公侯之夫人加之以紘·綖, 卿之內子爲大帶, 命婦成祭服, 列士之妻加之以朝服, 自庶士以下, 皆衣其夫. 社而賦事, 蒸而獻功, 男女效績, 愆則有辟, 古之制也. 君子勞心, 小人勞力, 先王之訓也. 自上以下, 誰敢淫心舍力? 今我, 寡也, 爾又在下位, 朝夕處事, 猶恐忘先人之業. 況有怠惰, 其何以避辟! 吾冀而朝夕修

我曰:『必無廢先人.』爾今曰:『胡不自安.』以是承君之官, 余懼穆伯之絶嗣也.」

　仲尼聞之曰:「弟子志之, 季氏之婦不淫矣.」

【大采】五彩. 천자가 매년 春分 때 五彩의 곤룡포를 입고 日神에게 배례를 함.
【三公, 九卿】국가의 가장 높은 관직으로 太師·太傅·太保를 三公이라 하며, 조정 각 부서의 장관, 즉 冢宰·司徒·宗伯·司馬·司寇·司空·少師·少傅·少保를 九卿이라 함.
【師尹】대부와 장관들.
【牧相】牧은 지방 장관들. 相은 제후국의 재상들.
【少采】三彩. 천자가 매번 秋分 때 삼채의 곤룡복을 입고 月神에게 배례하고 제사지내는 의식.
【九御】九嬪. 천자의 궁궐 后妃의 등급에 따른 칭호의 아홉 가지.
【粢盛】천자가 가을 수확한 곡물을 조상의 사당에 올리는 것으로 六粢(六穀)가 있었음. 즉 黍·稷·稻·粱·麥·苽임.
【玄紞】'현담'으로 읽으며, 王冠의 양쪽으로 옥을 꿰어 늘어뜨린 술.
【紘綖】굉(紘)은 왕관의 끈. 綖은 왕관은 윗 덮개.
【命婦】대부의 아내.
【社, 蒸】社는 春社. 봄에 토지신에게 지내는 마을 제사. 蒸은 겨울에 지내는 제사.
【穆伯】公父文伯의 아버지. 公父穆伯. 公孫敖. 혹 公甫靖이라고도 하며, 文公 8년 周나라에 조문사절로 가다가, 중간에서 莒나라 己氏와 사통하고 莒나라로 도망간 적이 있었으며 뒤에 齊나라에서 죽음.
【志】기억함. 혹은 지(識)와 같음. 기록함.

참고 및 관련 자료

1.《列女傳》母儀傳「魯季敬姜」: 061의 참고란을 볼 것.

063(5-14) 公父文伯之母別於男女之禮
공보문백의 어머니가 남녀의 예를 구별하다

공보문백公父文伯의 어머니 경강敬姜은 계강자季康子의 종조숙모從祖叔母였다. 강자가 찾아갔더니 그는 문을 연 채 말을 나누면서 문지방을 넘지 않는 것이었다.

계도자季悼子의 제삿날 강자가 이에 참여하였는데 경강은 강자가 건네 주는 제사 고기를 직접 받지 아니하였고, 철조徹俎의 연음에도 함께하지 않는 것이었다. 그리고 종신宗臣이 함께 있지 아니하면 역繹의 제사도 지내지 않았으며, 역을 지낸다 해도 어례飫禮가 아직 끝나지 않았을 때 먼저 물러나는 것이었다.

중니仲尼, 孔子가 이를 듣고 남녀 구별의 예를 잘 지킨다고 여겼다.

公父文伯之母, 季康子之從祖叔母也. 康子往焉, 闔門與之言, 皆不踰閾. 祭悼子, 康子與焉, 酢不受, 徹俎不宴, 宗不具不繹, 繹不盡飫則退.

仲尼聞之, 以爲別於男女之禮矣.

【闔】 '문을 열다'의 뜻.
【閾】 문지방. 門檻.
【酢】 제사를 지낸 다음 각기 나누어 주는 육류.
【徹俎】 제사를 끝낸 뒤 제사상을 거두면서 함께 마시는 飲福의 禮.

【宗】宗臣. 가족 중에 제사를 이끌고 순서대로 안내하여 집전하는 임무를 맡은 家臣.

【繹】제사에서 둘째 날 다시 한 번 더 지내는 제사를 '繹'이라 함.

【飫禮】繹의 제사가 끝나고 모두가 모여 함께 마시고 담소를 나누는 의식.

참고 및 관련 자료

1. 《列女傳》 母儀傳 「魯季敬姜」: 061의 참고란을 볼 것.

064(5-15) 公父文伯之母欲室文伯
공보문백의 어머니가 문백을 장가들이려 하다

공보문백公父文伯의 어머니 경강敬姜이 아들 문백에게 아내를 얻어 주고자 하여 그 종로宗老에게 잔치를 열도록 하였다. 종인이 문백의 어머니를 위해 《시경》의 〈녹의綠衣〉의 3장을 읊었고, 가신은 수구守龜에게 청하여 며느리 될 집안을 위해 점을 쳐 보도록 하였다.

그러자 사해師亥가 이를 듣고 말하였다.

"훌륭하도다! 남녀 결혼을 위해 잔치를 열 때는 종신宗臣까지 모실 필요가 없으며, 종실宗室의 집안 혼사에 대한 일이라면, 그저 종인宗人 이상을 넘어서지 않아도 되는데 그렇게까지 하였도다. 일을 처리 하면서 예법을 범하지 않았고, 품은 뜻이 미세하나 큰 뜻을 밝혔도다. 《시》도 그 뜻에 합당하였으며, 노래도 그 시를 잘 읊은 것이로다. 지금 그 《시》는 아내를 구하여 가정으로 이루기에 아주 알맞으며, 노래로써 옛 시까지 읊었으니 법에 아주 합치되도다."

公父文伯之母欲室文伯, 饗其宗老. 而爲賦〈綠衣〉之三章, 老請守龜卜室之族.

師亥聞之曰:「善哉! 男女之饗, 不及宗臣; 宗室之謀, 不過宗人. 謀而不犯, 微而昭矣. 詩所以合意, 歌所以詠詩也. 今詩以合室, 歌以詠之, 度於法矣.」

【室文伯】'문백이 아내를 얻어 가정을 이루다'의 뜻.

【宗老】집안의 제사와 儀禮를 담당하는 늙은 가신. '老'는 늙은 가신을 말함.

【綠依】《詩經》邶風의 구절. 장부가 어진 아내를 찬미하는 노래라 함. 그 3절에 "綠兮絲兮, 女所治兮. 我思古人, 俾無訧兮"라 함.

【守龜】점에 쓰이는 거북 껍질을 관리하는 사람. 卜人이라 함.

【師亥】魯나라의 가장 유명한 樂師. 시의 내용과 음악에 대하여 최고 권위를 가진 당시의 악관.

【宗臣】임금과 同姓의 신하.

【宗人】제사를 담당한 관리. 諸侯나 大夫는 모두 종인을 둘 수 있었음.

참고 및 관련 자료

1. 《列女傳》 母儀傳 「魯季敬姜」: 061의 참고란을 볼 것.

065(5-16) 公父文伯卒其母戒其妾

공보문백이 죽자 그 어머니가
그 첩을 경계시키다

공보문백公父文伯이 죽자, 그 어머니 경강敬姜이 그 첩들에게 이렇게
경계하였다.

"내 듣기로 안으로 여자만 좋아하는 자는 여자 때문에 죽고, 밖으로
선비를 좋아하는 자는 선비 때문에 죽는다 하더라. 지금 내 아들이
일찍 죽었는데, 나는 그가 안으로 여자만 좋아하다가 죽었다는 소문이
날까 두렵다. 너희들은 그의 상례 제사를 모시면서 얼굴에 너무 수척한
기색을 보이지 않도록 할 것이며, 눈물을 너무 흘리지 말 것이며,
가슴을 치며 통곡하는 모습을 보이지 말 것이며, 근심스러운 용모를
드러내지 말 것이니라. 상복은 한 등급 낮추어 입고, 공연히 등급을
높여 입는 일이 없도록 하라. 예법대로 따라 조용히 치를 것이니 이것이
내 아들의 덕을 밝게 드러내어 주는 것이니라."

중니仲尼가 듣고 이렇게 말하였다.

"여인의 지혜로써 부인만한 것이 없고, 남자의 지혜로써 남편만한
것이 없는 법이다. 공보씨의 부인은 지혜롭도다! 그 아들의 아름다운
덕을 밝히고자 하였으니."

公父文伯卒, 其母戒其妾曰:「吾聞之: 好內, 女死之; 好外,
士死之. 今吾子夭死, 吾惡其以好內聞也. 二三婦之辱共先者祀,
請無瘠色, 無洵涕, 無搯膺, 無憂容, 有降服, 無加服. 從禮而靜,
是昭吾子也.」

仲尼聞之曰：「女知莫若婦, 男知莫若夫. 公父氏之婦智也夫!
欲明其子之令德.」

【辱】위축됨. 위축된 모습으로 죽은 남편을 대함. 자신에 대한 사랑을 너무
顯示하거나 드러나게 표현하지 않음.
【洵涕】슬픔에 겨워 눈물을 심하게 흘림.
【共先者祀】'共'은 '供'과 같음. '先者'는 '先死者'. 공보문백. '먼저 죽은 남편에게
喪禮에서 올리는 제사'라는 뜻.
【搯膺】가슴을 두드리며 애통해 함.
【降服】상복이 원래 규정된 상례에 비해 가벼움. 고대 상복 제도에 親疎의 차이에
따라 斬衰・齊衰・大功・小功・緦麻를 입는 것을 '五服'이라 하며 여기서는 그
규정보다 한 단계 아래 상복을 입도록 한 것을 말함.
【加服】원래 규정된 상복보다 한 단계를 높임.
【從禮而靜】상례에 따라 조용히 상을 치름.
【令德】아름다운 덕. 문백이 생전에 아내보다는 선비를 더 사랑했음을 간접적
으로 표현함을 말함.

> ### 참고 및 관련 자료

1. 《戰國策》趙策(三)
秦・趙戰於長平, 趙不勝, 亡一都尉. 趙王召樓昌與虞卿曰：「軍戰不勝, 尉復死,
寡人使卷甲而趨之, 何如?」樓昌曰：「無益也, 不如發重使而爲媾.」虞卿曰：
「夫言媾者, 以爲不媾者軍必破, 而制媾者在秦. 且王之論秦也, 欲破王之軍乎?
其不邪?」王曰：「秦不遺餘力矣, 必且破趙軍.」虞卿曰：「王聊聽臣, 發使出重寶
以附楚・魏. 楚・魏欲得王之重寶, 必入吾使. 趙使入楚・魏, 秦必疑天下合從也,
且必恐. 如此, 則媾乃可爲也.」趙王不聽, 與平陽君爲媾, 發鄭朱入秦, 秦內之.
趙王召虞卿曰：「寡人使平陽君媾秦, 秦已內鄭朱矣, 子以爲奚如?」虞卿曰：
「王必不得媾, 軍必破矣, 天下之賀戰勝者皆在秦矣. 鄭朱, 趙之貴人也, 而入
於秦, 秦王與應侯必顯重以示天下. 楚・魏以趙爲媾, 必不救王. 秦知天下不
救王, 則媾不可得成也.」趙卒不得媾, 軍果大敗. 王入秦, 秦留趙王而后許之媾.

2.《戰國策》趙策(三)

秦攻趙於長平, 大破之, 引兵而歸. 因使人索六城於趙而講. 趙計未定. 樓緩新從秦來, 趙王與樓緩計之曰:「與秦城何如? 不與何如?」樓緩辭讓曰:「此非人臣之所能知也.」王曰:「雖然, 試言公之私.」樓緩曰:「王亦聞夫公甫文伯母乎? 公甫文伯官於魯, 病死. 婦人爲之自殺於房中者二八. 其母聞之, 不肯哭也. 相室曰:『焉有子死而不哭者乎?』其母曰:『孔子, 賢人也, 逐於魯, 是人不隨. 今死, 而婦人爲死者十六人. 若是者, 其於長者薄, 而於婦人厚.』故從母言之, 之爲賢母也; 從婦言之, 必不免爲妬婦也. 故其言一也, 言者異, 則人心變矣. 今臣新從秦來, 而言勿與, 則非計也; 言與之, 則恐王以臣之爲秦也. 故不敢對. 使臣得爲王計之, 不如予之.」王曰:「諾.」虞卿聞之, 入見王, 王以樓緩言告之. 虞卿曰:「此飾說也.」秦旣解邯鄲之圍, 而趙王入朝, 使趙郝約事於秦, 割六縣而講. 王曰:「何謂也?」虞卿曰:「秦之攻趙也, 倦而歸乎? 王以其力尙能進, 愛王而不攻乎?」王曰:「秦之攻我也, 不遺餘力矣, 必以倦而歸也.」虞卿曰:「秦以其力攻其所不能取, 倦而歸. 王又以其力之所不能攻而資之, 是助秦自攻也. 來年秦復攻王, 王無以救矣.」王又以虞卿之言告樓緩. 樓緩曰:「虞卿能盡知秦力之所至乎? 誠知秦力之不至, 此彈丸之地, 猶不予也, 令秦來年復攻王, 得無割其內而媾乎?」王曰:「誠聽子割矣, 子能必來年秦之不復攻我乎?」樓緩對曰:「此非臣之所敢任也. 昔者, 三晉之交於秦, 相善也. 今秦釋韓・魏而獨攻王, 王之所以事秦必不如韓・魏也. 今臣爲足下解負親之攻, 啓關通敝, 齊交韓・魏. 至來年而王獨不取於秦, 王之所以事秦者, 必在韓・魏之後也. 此非臣之所敢任也.」王以樓緩之言告. 虞卿曰:「樓緩言不媾, 來年秦復攻王, 得無更割其內而媾. 今媾, 樓緩又不能必秦之不復攻也, 雖割何益? 來年復攻, 又割其力之所不能取而媾也, 此自盡之術也. 不如無媾. 秦雖善攻, 不能取六城; 趙雖不能守, 而不至失六城. 秦倦而歸, 兵必罷. 我以五城收天下以攻罷秦, 是我失之於天下, 而取償於秦也. 吾國尙利, 孰與坐而割地, 自弱以强秦? 今樓緩曰:『秦善韓・魏而攻趙者, 必王之事秦不如韓・魏也.』是使王歲以六城事秦也, 卽坐而地盡矣. 來年秦復求割地, 王將予之乎? 不與, 則是棄前貴而挑秦禍也; 與之, 則無地而給之. 語曰:『强者善攻, 而弱者不能自守.』今坐而聽秦, 秦兵不敝而多得地, 是强秦而弱趙也. 以益愈强之秦, 而割愈弱之趙, 其計固不止矣. 且秦虎狼之國也, 無禮義之心. 其求無已, 而王之地有盡. 以有盡之地, 給無已之求, 其勢必無趙矣. 故曰: 此飾說也. 王必勿與.」王曰:「諾.」樓緩聞之, 入見於王, 王又以虞卿言告之. 樓緩曰:「不然, 虞卿得其一,

未知其二也. 夫秦·趙構難, 而天下皆說, 何也? 曰:『我將因强而乘弱.』今趙兵
困於秦, 天下之賀戰者, 則必盡在於秦矣. 故不若亟割地求和, 以疑天下, 慰秦心.
不然, 天下將因秦之怒, 秦趙之敝而瓜分之. 趙且亡, 何秦之圖? 王以此斷之,
勿復計也.」虞卿聞之, 又入見王曰:「危矣, 樓子之爲秦也! 夫趙兵困於秦, 又割地
爲和, 是愈疑天下, 而何慰秦心哉? 是不亦大示天下弱乎? 且臣曰勿予者, 非固
勿予而已也. 秦索六城於王, 王以五城賂齊. 齊, 秦之深讐也, 得王五城, 并力而
西擊秦也, 齊之聽王, 不待辭之畢也. 是王失於齊而取償於秦, 一擧結三國之親,
而與秦易道也.」趙王曰:「善.」因發虞卿東見齊王, 與之謀秦. 虞卿未反, 秦之使
者已在趙矣. 樓緩聞之, 逃去.

3. 《韓詩外傳》卷一

魯公甫文伯死, 其母不哭也. 季孫聞之, 曰:「公甫文伯之母, 貞女也. 子死不哭,
必有方焉.」使人問焉. 對曰:「昔, 是子也, 吾使之事仲尼. 仲尼去魯, 送之, 不出
魯郊, 贈之, 不與家珍. 病, 不見士之視者; 死, 不見士之流淚者; 死之日, 宮女縗
絰而從者, 十人. 此不足於士, 而有餘於婦人也. 吾是以不哭也.」詩曰:『乃如之
人分, 德音無良.』

4. 《史記》虞卿列傳

虞卿者, 游說之士也. 躡蹻檐簦趙孝成王. 一見, 賜黃金百鎰, 白璧一雙; 再見,
爲趙上卿, 故號爲虞卿. 秦趙戰於長平, 趙不勝, 亡一都尉. 趙王召樓昌與虞卿
曰:「軍戰不勝, 尉復死, 寡人使束甲而趨之, 何如?」樓昌曰:「無益也, 不如發重
使爲媾.」虞卿曰:「昌言媾者, 以爲不媾軍必破也. 而制媾者在秦. 且王之論秦也,
欲破趙之軍乎, 不邪?」王曰:「秦不遺餘力矣, 必且欲破趙軍.」虞卿曰:「王聽臣,
發使出重寶以附楚·魏, 楚·魏欲得王之重寶, 必內吾使. 趙使入楚·魏, 秦必疑
天下之合從, 且必恐. 如此, 則媾乃可爲也.」趙王不聽, 與平陽君爲媾, 發鄭朱
入秦. 秦內之. 趙王召虞卿曰:「寡人使平陽君爲媾於秦, 秦已內鄭朱矣, 卿以爲
奚如?」虞卿對曰:「王不得媾, 軍必破矣. 天下賀戰勝者皆在秦矣. 鄭朱, 貴人也,
入秦. 秦王與應侯必顯重以示天下. 楚·魏以趙爲媾, 必不救王. 秦知天下不救王,
則媾不可得成也.」應侯果顯鄭朱以示天下賀戰勝者, 終不肯媾. 長平大敗, 遂圍
邯鄲, 爲天下笑. 秦旣解邯鄲圍, 而趙王入朝, 使趙郝約事於秦, 割六縣而媾.
虞卿謂趙王曰:「秦之攻王也, 倦而歸乎? 王以其力尚能進, 愛王而弗攻乎?」
王曰:「秦之攻我也, 不遺餘力矣, 必以倦而歸也.」虞卿曰:「秦以其力攻其所不
能取, 倦而歸, 王又以其力之所能取以送之, 是助秦自攻也. 來年秦復攻王,

王無救矣.」王以虞卿之言告趙郝. 趙郝曰:「虞卿誠能盡秦力之所至乎? 誠知秦力之所不能進, 此彈丸之地弗予, 令秦來年復攻王, 王得無割其內而媾乎?」王曰:「請聽子割矣, 子能必使來年秦之不復攻我乎?」趙郝對曰:「此非臣之所敢任也. 他日三晉之交於秦, 相善也. 今秦善韓·魏而攻王, 王之所以事秦必不如韓·魏也. 今臣爲足下解負親之攻, 開關通幣, 齊交韓·魏, 至來年而王獨取攻於秦, 此王之所以事秦必在韓·魏之後. 此非臣之所敢任也.」王以告虞卿. 虞卿對曰:「郝言『不媾, 來年秦復攻王, 王得無割其內而媾乎』. 今媾, 郝又以不能必秦之不復攻. 今雖割六城, 何益? 來年復攻, 又割其力之所不能取而媾, 此自盡之術也, 不如無媾. 秦雖善攻, 不能取六縣; 趙雖不能守, 終不失六城. 秦倦而歸, 兵必罷. 我以六城收天下以攻罷秦, 是我失之於天下而取償於秦也. 吾國尚利, 孰與坐而割地, 自弱以彊秦哉? 今郝曰:『秦善韓·魏而攻趙者, 必(以爲韓魏不救趙也而王之軍必孤有以)王之事秦不如韓·魏也』, 是使王歲以六城事秦也, 卽坐而城盡. 來年秦復求割地, 王將與之乎? 弗與, 是弃前功而挑秦禍也; 與之, 則無地而給之. 語曰:『彊者善攻, 弱者不能守.』今坐而聽秦, 秦兵不獘而多得地, 是彊<秦>而弱趙也. 以益彊之秦而割愈弱之趙, 其計故不止矣. 且王之地有盡而秦之求無已, 以有盡之地而給無已之求, 其勢必無趙矣.」趙王計未定, 樓緩從秦來, 趙王與樓緩計之, 曰:「予秦地(何)如毋予, 孰吉?」緩辭讓曰:「此非臣之所能知也.」王曰:「雖然, 試言公之私.」樓緩對曰:「王亦聞夫公甫文伯母乎? 公甫文伯仕於魯, 病死, 女子爲自殺於房中者二人. 其母聞之, 弗哭也. 其相室曰:『焉有子死而弗哭者乎?』其母曰:『孔子, 賢人也, 逐於魯, 而是人不隨也. 今死而婦人爲之自殺者二人, 若是者必其於長者薄而於婦人厚也.』故從母言之, 是爲賢母; 從妻言之, 是必不免爲妒妻. 故其言一也, 言者異則人心變矣. 今臣新從秦來而言勿予, 則非計之; 言予之, 恐王以臣爲爲秦也: 故不敢對. 使臣得爲大王計, 不如予之.」王曰:「諾.」虞卿聞之, 入見王曰:「此飾說也, 王愼勿予!」樓緩聞之, 往見王. 王又以虞卿之言告樓緩. 樓緩對曰:「不然. 虞卿得其一, 不得其二. 夫秦趙構難而天下皆說, 何也? 曰:『吾且因彊而乘弱矣』. 今趙兵困於秦, 天下之賀戰勝者則必盡在於秦矣. 故不如亟割地爲和, 以疑天下而慰秦之心. 不然, 天下將因秦之(彊)怒, 乘趙之獘, 瓜分之. 趙且亡, 何秦之圖乎? 故曰虞卿得其一, 不得其二. 願王以此決之, 勿復計也.」虞卿聞之, 往見王曰:「危哉樓子之所以爲秦者, 是愈疑天下, 而何慰秦之心哉? 獨不言其示天下弱乎? 且臣言勿予者, 非固勿予而已也. 秦索六城於王, 而王以六城賂齊.

齊, 秦之深讎也, 得王之六城, 并力西擊秦, 齊之聽王, 不待辭之畢也. 則是王失之於齊而取償於秦也. 而齊·趙之深讎可以報矣, 而示天下有能爲也. 王以此發聲, 兵未窺於境, 臣見秦之重賂至趙而反媾於王也. 從秦爲媾, 韓·魏聞之, 必盡重王; 重王, 必出重寶以先於王. 則是王一舉而結三國之親, 而與秦易道也.」趙王曰:「善.」則使虞卿東見齊王, 與之謀秦. 虞卿未返, 秦使者已在趙矣. 樓緩聞之, 亡去. 趙於是封虞卿以一城.

5. 《孔叢子》卷上 記義

公父文伯死, 室人有從死者, 其母怒而不哭. 相室諫之, 其母曰:「孔子, 天下之賢人也, 不用於魯退而去, 是子素宗之而不能隨. 今死而內人從死者二人焉, 若此于長者薄, 于婦人厚也.」旣而夫子聞之曰:「季氏之婦尚賢哉!」子路愀然對曰:「夫子亦好人之譽己乎? 夫子死而不哭, 是不慈也, 何善爾?」子曰:「怒其子之不能隨賢, 所以爲尚賢者, 吾何有焉其亦善此而已矣?」

6. 《新序》善謀(上)

樓緩對曰:「亦聞夫公父文伯母乎? 公父文伯仕於魯, 病死, 女子爲自殺於房中者二人. 其母聞之, 不肯哭也. 其相室曰:『焉有子死而不哭者乎?』其母曰:『孔子, 賢人也. 逐於魯, 而是人不隨. 今死而婦人爲自殺者二人, 若是者, 必其於長者薄, 而於婦人厚也.』故從母言, 是爲賢母; 從妻言, 是必不免爲妬婦. 故其言一也, 言者異, 則人心變矣.

7. 《孔子家語》曲禮子夏問篇

公父文伯卒, 其妻妾皆行哭失聲, 敬姜戒之曰:「吾聞好外者士死之, 好內者女死之, 今吾子早夭, 吾惡其以好內聞也, 二三婦人之欲供先祀者, 請無瘠色, 無揮涕, 無拊膺, 無哀容, 無加服, 有降服, 從禮而靜, 是昭吾子也.」孔子聞之曰:「女智無若婦, 男智莫若夫, 公文氏之婦智矣, 剖情損禮, 欲以明其子爲令德也.」

8. 《禮記》檀弓(下)

文伯之喪, 敬姜據其牀而不哭, 曰:「昔者吾有斯子也, 吾以將爲賢人也, 吾未嘗以就公室; 今及其死也, 朋友諸臣未有出涕者, 而內人皆行哭失聲. 斯子也, 必多曠於禮矣夫.」

9. 《列女傳》(1) 『魯季敬姜』

文伯卒, 敬姜戒其妾曰:「吾聞之: 好內女死之, 好外士死之. 今吾子夭死, 吾惡其以好內聞也. 二三婦之辱共祀先祀者, 請毋瘠色, 毋揮涕, 毋陷膺, 毋憂容, 有降服, 毋加服, 從禮而靜, 是昭吾子.」仲尼聞之曰:「女知莫如婦, 男知莫如夫, 公父氏

之婦知矣, 欲明其子之令德」詩曰: 『君子有穀, 貽厥孫子.』此之謂也. 敬姜之處喪也, 朝哭穆伯, 暮哭文伯. 仲尼聞之曰: 「季氏之婦, 可謂知禮矣. 愛而無私, 上下有章.」

10.《韓詩外傳》卷一

魯公甫文伯死, 其母不哭也. 季孫聞之, 曰: 「公甫文伯之母, 貞女也. 子死不哭, 必有方矣.」使人問焉. 對曰: 「昔, 是子也, 吾使之事仲尼. 仲尼去魯, 送之, 不出魯郊, 贈之, 不與家珍. 病, 不見士之視者; 死, 不見士之流淚者; 死之日, 宮女縗絰而從者, 十人. 此不足於士, 而有餘於婦人也. 吾是以不哭也.」詩曰: 「乃如之人兮, 德音無良.」

11.《蒙求》卷上 文伯羞鼈

魯語曰: 公父文伯, 飲南宮敬叔酒, 以露睹父爲客, 羞鼈小焉. 睹父怒, 相延食鼈, 辭曰: 「將使鼈長而後食之.」遂出. 文伯之母聞之怒曰: 「吾聞之先子曰: 『祭養尸, 饗養上賓.』鼈於何有, 而使夫人怒也?」遂逐之. 五日魯大夫辭而復之.

12.《蒙求》卷下 敬美猶績

古列女傳: 魯季敬姜莒女也, 號戴己. 魯大夫公父穆伯妻, 文伯之母. 博達知禮. 文伯退朝, 朝敬姜. 敬姜方績, 文伯曰: 「以歜之家而主猶績, 懼干季孫之怒. 其以歜爲不能事主乎!」敬姜歎曰: 「魯其亡乎? 使僮子備官, 而未之聞邪. 昔聖王處民, 男女效績. 否則有辟, 古制也.」又出魯語.

13.《太平御覽》826

文伯相魯, 敬姜謂之曰: 「吾語汝, 治國之要, 盡在經耳. 夫幅者, 所以正枉也, 不可不強. 故幅可以爲將, 畫者, 所以均不均不服也. 故畫可以爲正. 物者, 所以治蕪與莫, 莫也, 故物可以爲都大夫. 持交而不失. 出入不絕者悃也, 以爲大行人也. 推而往引而來者綜也, 綜可以爲關內之師. 主多少之數者均也, 均可爲內史. 服重任, 行遠道, 正直而固者軸也, 軸可以爲相. 舒而無窮者摘, 摘可而爲三公.」文伯載拜受教.

14. 기타 참고 자료

《禮記》檀弓(下)·《太平御覽》441·《孔子家語》曲禮子夏問

066(5-17) 孔丘謂公父文伯之母知禮
공자가 공보문백의 어머니는
예를 안다고 말하다

공보문백公父文伯의 어머니 경강敬姜이 아침에는 남편 목백穆伯의 죽음을 곡哭하였고 저녁이면 아들 문백文伯의 혼을 기려 곡을 하였다.
중니仲尼가 듣고 말하였다.

"계씨季氏의 부인은 가히 예를 안다 하리라. 지친에 대한 사랑을 표현하면서도 사사롭게 마구하지 아니하고 위아래의 순서를 밝혀 드러내는구나."

公父文伯之母朝哭穆伯, 而暮哭文伯.

仲尼聞之曰:「季氏之婦可謂知禮矣. 愛而無私, 上下有章.」

【愛而無私】 사랑하되 사사로움이 없음. 敬姜이 곡을 한 것은 공인된 예절에 의해 한 것으로, 자신의 감정을 절제하였음을 말함.
【章】 '彰'과 같음. 敬姜이 남편과 아들의 순서인 上下를 바르게 드러내었다는 뜻.

⬛ 참고 및 관련 자료 ⬛

1.《列女傳》母儀傳「魯季敬姜」: 061의 참고란을 볼 것.

067(5-18) 孔丘論大骨
공자가 대골에 대하여 논하다

오吳나라가 월越나라를 정벌하여 회계산會稽山을 파헤치다가 뼈를 발견하였는데, 뼈 하나가 수레에 가득할 만큼 컸다. 오왕 부차夫差가 사신을 노魯나라에 보내어 우호 관계를 맺는 김에 공자孔子에게 이 일을 물어 보도록 하면서 이렇게 부탁하였다.

"나의 명령이라고 하지는 말라."

사신이 노나라에서 대부들에게 차례로 예물을 증정하면서 공자에게 이르자, 공자가 답례의 술잔을 올렸다. 이윽고 철조徹俎하고 잔치가 벌어지자 사신이 그 뼈를 집어들고 공자에게 물었다.

"감히 여쭙건대 뼈 중에 어떤 것이 가장 큽니까?"

공자가 대답하였다.

"내 들기로 옛날 우禹임금이 신들을 회계산에 모이게 하였을 때, 방풍씨防風氏가 가장 늦게 도착하자, 우임금이 그를 죽여 시신을 펴놓았습니다. 그 때 그의 뼈 한 마디가 수레에 가득 찰 정도였습니다. 그것이 가장 큰 뼈일 겁니다."

사신이 물었다.

"감히 여쭙건대 무엇을 지키는 것을 신神이라 합니까?"

공자가 대답하였다.

"산천의 신령 중에 족히 천하의 기강紀綱이 될 수 있는 것이 있으니 그것을 지키는 것이 신이 되는 것이며, 사직社稷을 지키는 자는 공후公侯가 되는 것이며, 이들 신과 공후는 모두 왕에게 속합니다."

사신이 물었다.

"방풍씨는 무엇을 지켰습니까?"
공자가 대답하였다.

"그는 왕망씨汪茫氏의 군주로 봉산封山과 우산嵎山을 지키던 자로써 성은 칠씨漆氏였습니다. 우순虞舜, 하대夏代와 상대商代에는 왕망씨汪茫氏라고 불렀고 주대周代에 장적씨長狄氏가 되었으며 지금의 대인국大人國이 그들입니다."

사신이 물었다.

"사람 키의 크기는 그 지극함이 얼마나 됩니까?"

공자가 대답하였다.

孔子別像《三才圖會》

"초요씨僬僥氏는 키가 삼척三尺으로 가장 작은 사람입니다. 가장 큰 사람이라 해도 그 열 배가 넘지 않으니, 이것이 크기의 지극함일 것입니다."

吳伐越, 墮會稽, 獲骨焉, 節專車.

吳子使來好聘, 且問之仲尼, 曰:「無以吾命.」

賓發幣於大夫, 及仲尼, 仲尼爵之.

旣徹俎而宴, 客執骨而問曰:「敢問骨何爲大?」

仲尼曰:「丘聞之: 昔禹致羣神於會稽之山, 防風氏後至, 禹殺而戮之, 其骨節專車. 此爲大矣.」

客曰:「敢問誰守爲神?」

仲尼曰:「山川之靈, 足以紀綱天下者, 其守爲神; 社稷之守者, 爲公侯. 皆屬於王者.」

客曰:「防風何守也?」

仲尼曰:「汪芒氏之君也, 守封·嵎之山者也, 爲漆姓. 在虞·夏·商爲汪芒氏, 於周爲長狄, 今爲大人.」

客曰:「人長之極幾何?」

仲尼曰:「僬僥氏長三尺, 短之至也. 長者不過十之, 數之極也.」

【吳伐越】魯 哀公 元年(B.C.494)에 오나라가 월나라를 쳐 會稽山으로 몰아넣은 사건.

【節專車】뼈 한 骨節이 수레에 가득함. 혹 수레의 길이만큼 되는 것이라고도 함.

【吳子】吳王 夫差. 자는 그의 작위가 子爵이었기 때문에 그렇게 부른 것.

【無以吾命】이는 공자의 지혜나 능력, 지식, 박식함 등을 시험해 보기 위한 것이었음.

【爵之】술 한 잔을 올림. 답례의 술잔을 올림.

【防風氏】夏나라 때의 부족으로 제후에 봉해졌으며, 지금의 浙江 武康縣이 고대 방풍씨의 근거지였다고 보고 있음.

【戮】죽여 그 시신을 전시함.

【紀綱】산천은 구름과 바람을 일으켜 만물을 자라게 하며, 만백성을 길러 주는 것으로써 그 자연의 고마움을 높여 신으로 모시되 이 역시 왕에게 예속되어 있으니, 오왕이 아무리 강하다 해도 왕실을 존경해야 한다는 뜻을 가지고 있음.

【僬僥氏】고대 전설 속의 소인으로 아주 왜소하였다 함.《列子》湯問篇에 身長이 1척 5촌이었다 함.

참고 및 관련 자료

1.《說苑》辨物篇

吳伐越, 隳會稽, 得骨專車, 使使問孔子曰:「骨何者, 最大?」孔子曰:「禹致群臣會稽山, 防風氏後至, 禹殺而戮之, 其骨節專車, 此爲大矣.」使者曰:「誰爲神?」孔子曰:「山川之靈, 足以紀綱天下者, 其守爲神. 社稷爲公侯, 山川之祀爲諸侯,

皆屬於王者.」曰：「防風氏何守?」孔子曰：「汪芒氏之君守封嵎之山者也，其神爲
釐姓，在虞夏爲防風氏，商爲汪芒氏，於周爲長狄氏，今謂之大人.」使者曰：「人長
幾何?」孔子曰：「僬僥氏三尺，短之至也；長者不過十，數之極也.」使者曰：「善哉!
聖人也.」

2.《孔子家語》辨物篇

吳伐越，墮會稽，獲巨骨一節，專車焉。吳子使來聘於魯，且問之孔子，命使者曰：
「無以吾命也.」賓既將事，乃發幣於大夫，及孔子，孔子爵之。既徹俎而燕，客執
骨而問曰：「敢問骨何如爲大?」孔子曰：「丘聞之，昔禹致群臣於會稽之山，防風氏
後至，禹殺而戮之，其骨專車焉。此爲大矣.」客曰：「敢問誰守爲神?」孔子曰：
「山川之靈，足以紀綱天下者，其守爲神　諸侯社稷之守爲公侯，山川之祀者爲
諸侯，皆屬於王.」客曰：「防風氏何守?」孔子曰：「汪芒氏之君，守封　嵎者也，
爲漆姓。在虞　夏爲防風氏，商爲汪芒氏，於周爲長翟氏，今曰：大人.」客曰：
「人長之極幾何?」孔子曰：「焦僥氏長三尺，短之至也，長者不過十，數之極也.」

3.《史記》孔子世家

吳伐越，墮會稽，得骨節專車。吳使使問仲尼：「骨何者最大?」仲尼曰：「禹致群神
於會稽山，防風氏後至，禹殺而戮之，其節專車，此爲大矣.」吳客曰：「誰爲神?」
仲尼曰：「山川之神足以綱紀天下，其守爲神，社稷爲公侯，皆屬於王者.」客曰：
「防風何守?」仲尼曰：「汪罔氏之君守封　禺之山，爲釐姓。在虞　夏　商爲汪罔，
於周爲長翟，今謂之大人.」客曰：「人長幾何?」仲尼曰：「僬僥氏長三尺，短之
至也。長者不過十之，數之極也.」於是吳客曰：「善哉聖人!」

4.《博物志》卷2

禹致群臣於會稽，防風氏後至，戮而殺之，其骨專車。長狄喬如，身橫九畝，長五
丈四尺，或長十丈.

068(5-19) 孔丘論楛矢
공자가 호시에 대하여 논하다

공자가 진陳나라에 있을 때 매 한 마리가 진후陳侯, 惠公의 정원 나무에 걸려 죽었는데 호시楛矢가 매에 꿰뚫려 있었다. 그 호시는 돌로 만든 촉으로써 길이는 1척尺 8촌寸이었다. 진 혜공惠公은 사람을 시켜 그 매를 공자가 묵고 있는 객사로 가지고 가서 물어 보도록 하였다.
공자는 이렇게 설명해 주었다.
"이 매는 매우 먼 곳에서 왔구려! 이는 숙신씨肅愼氏의 화살입니다. 옛날 무왕武王이 상商을 쳐 승리하고 나서 구이九夷와 백만百蠻까지 통하도록 길을 열었습니다. 그리하여 각 지방에서 공물을 바치도록 명령하며 그들의 생업과 공물貢物을 잊지 않도록 하였습니다. 이에 숙신씨는 호시와 돌촉을 바쳤으며 그 길이는 한 자 8촌이었습니다. 선왕께서 그 먼 곳에서 온 숙신씨의 아름다운 덕을 밝히시고, 후인들에게 보여 영원히 볼 수 있도록 화살에 '숙신씨가 바친 화살'이라고 새긴 다음 이를 대희大姬에게 나누어 주었습니다. 대희는 우호공虞胡公에게 시집을 갔으며, 그 우호공은 바로 이 진陳나라 제후로 봉을 받은 사람입니다. 옛날에는 동성同姓에게는 진옥珍玉을 나누어 줌으로써 관계가 친밀함은 표시하였으며, 이성異姓일 경우 먼 곳에서 온 공품貢品을 나누어 줌으로써 왕실에 대한 복종을 잊지 않도록 하였습니다. 따라서 숙신씨의 공물을 이 진나라에 나누어 주었던 것입니다. 임금께서 유사有司로 하여금 옛 창고에서 이를 찾아보도록 한다면 가히 확인할 수 있을 것입니다."
사람을 시켜 찾아보았더니 과연 금으로 만든 궤짝이 있었으며 공자의 말과 같았다.

仲尼在陳, 有隼集于陳侯之庭而死, 楛矢貫之, 石砮其長尺有咫.

陳惠公使人以隼如仲尼之館問之.

仲尼曰:「隼之來也遠矣! 此肅愼氏之矢也. 昔武王克商, 通道于九夷・百蠻, 使各以其方賄來貢, 使無忘職業. 於是肅愼氏貢楛矢・石砮, 其長尺有咫. 先王欲昭其令德之致遠也, 以示後人, 使永監焉, 故銘其栝曰『肅愼氏之貢矢』, 以分大姬, 配虞胡公而封諸陳. 古者, 分同姓以珍玉, 展親也; 分異姓以遠方之職貢, 使無忘服也. 故分陳以肅愼氏之貢. 君若使有司求諸故府, 其可得也.」

使求, 得之金櫝, 如之.

【陳】 나라 이름. 嬀姓으로 宛丘(지금의 河南 淮陽)에 도읍하고 있었음.
【隼集】 '隼'은 맹금류 새매. 集은 나무에 걸려 있었음을 말함.
【陳侯】 陳나라 惠公을 가리킴. 侯는 侯爵이었음을 말함. 惠公은 공자와 같은 시기의 임금으로 B.C.533~506년까지 28년간 재위함.
【楛矢】 호(楛)는 화살대를 만드는 나무의 일종.
【肅愼氏】 고대 동북 만주 지역에 살던 민족.
【武王】 周 武王. 姬發.
【九夷, 百蠻】 남북 각 지역에 널리 분포하고 있던 많은 이민족.
【方賄】 각 지역에서 나는 특산물. 貢品. 이를 종주국에 바침.
【大姬】 周 武王의 장녀.
【虞胡公】 舜의 후대로 虞遏父의 아들. 虞滿. 陳에 봉을 받았으며 周(姬姓)나라와 異姓(嬀姓)으로 그 때문에 외국 공품인 이 호시를 하사받게 된 것임.
【有司】 어떤 일을 책임지고 맡은 관원.
【金櫝】 金櫃. 나라의 보물을 보관하는 상자, 궤짝.

1.《說苑》辨物篇

仲尼在陳, 有隼集于陳侯之廷而死. 楛矢貫之, 石砮矢長尺有咫. 陳侯使問孔子,
孔子曰:「隼之來也遠矣, 此肅愼氏之矢也. 昔武王克商, 通道九夷百蠻, 使各以
其方賄來貢, 思無忘職業. 於是肅愼氏貢楛矢石砮, 長尺而咫. 先王欲昭其令德
之致, 故銘其栝曰:『肅愼氏貢楛矢.』以勞大姬, 配虞胡公而封諸陳. 分同姓以
珍玉, 展親也; 分別姓以遠方職貢, 使無忘服也. 故分陳以肅愼氏之矢.」試求之
故府, 果得焉.

2.《孔子家語》辨物篇

孔子在陳, 陳惠公賓之於上館. 時有隼集於陳侯之庭而死, 楛矢貫之, 石砮, 其長
尺有咫. 惠公使人持隼, 如孔子館而問焉. 孔子曰:「隼之來遠矣, 此肅愼氏之矢.
昔武王克商, 通道於九夷八蠻, 使各以其方賄來貢而無忘職業. 於是肅愼氏貢楛
矢石砮, 其長尺有咫. 先王欲昭其令德之致遠物也, 以示後人, 使永鑒焉, 故銘其
栝曰『肅愼氏貢楛矢』以分大姬, 配胡公而封諸陳. 古者, 分同姓以珍玉, 所以展
親親也; 分異姓以遠方之職貢, 所以無忘服也. 故分陳以肅愼氏貢焉. 君若使有
司求諸故府, 其可得也.」公使人求, 得之金牘, 如之.

3.《史記》孔子世家

有隼集於陳廷而死, 楛矢貫之, 石砮, 矢長尺有咫. 陳湣公使使問仲尼. 仲尼曰:
「隼來遠矣, 此肅愼之矢也. 昔武王克商, 通道九夷百蠻, 使各以其方賄來貢, 使無
忘職業. 於是肅愼貢楛矢石砮, 長尺有咫. 先王欲昭其令德, 以肅愼矢分大姬,
配虞胡公而封諸陳. 分同姓以珍玉, 展親; 分異姓以遠方職, 使無忘服. 故分陳以
肅愼矢.」試求之故府, 果得.

4.《漢書》五行志(下之上)

史記魯哀公時, 有隼集于陳廷而死, 楛矢貫之, 石砮, 長矢有咫. 陳閔公使使問
仲尼. 仲尼曰:「隼之來遠矣. 昔武王克商, 通道百蠻, 使各以方物來貢, 肅愼貢
楛矢, 石砮, 長尺有咫. 先王分異姓以遠方職, 使毋忘服. 故分陳以肅愼矢.」試求
之故府, 果得之. 劉向以爲隼近黑祥, 貪暴類也; 矢貫之, 近射妖也. 死於廷, 國亡
表也. 象陳眊亂, 不服事周, 而行貪暴, 將致遠夷之禍, 爲所滅也. 是時中國齊晉,
南夷吳楚爲彊, 陳交晉不親, 附楚不固, 數被二國之禍. 後楚有白公之亂, 陳乘而
侵之, 終爲楚所滅.

069(5-20) 閔馬父笑子服景伯
민마보가 자복경백의 말을 듣고 웃다

제齊나라 여구명閭丘明이 맹약을 맺고자 노나라에 오자, 자복경백子服景伯이 재인宰人을 이렇게 경계시켰다.

"과실을 저질렀다면 얼른 공손한 모습을 취하라."

그러자 민마보閔馬父가 이를 듣고 웃었다. 경백이 웃은 이유를 묻자 민마보는 이렇게 대답하였다.

"그대의 그 뽐냄을 웃은 것이오. 옛날 정고보正考父가 주周나라 태사太師가 있던 그곳에서, 상商나라의 명송名頌 12편을 얻어 대조하였는데 그 첫 편이 〈나那〉라는 시詩였소. 그 끝 문장 후렴에 '옛날 옛날 세상에 사람이 나면서부터 노래와 춤이 있었네. 아침저녁 온유하고 공손하시니 올리는 음식 경건하도다'라 하였소. 옛 성왕聖王이 우리에게 전해 준 것은 바로 공경이라는 것으로, 이는 감히 누구 한 사람이 독차지할 수 있는 것이 아니라오. '자고自古'라 하고, 옛날을 일러 '재석在昔'이라 하였으며, 옛날 있었던 사람을 일러 '선민先民'이라 하였습니다. 지금 그대는 관리에게 경계하되 '과실이 있으면 얼른 공손한 모습을 취하라'라 하시니 그 가득 참이 너무 심하군요. 주周 공왕恭王은 능히 소왕昭王과 목왕穆王의 결점을 비호하여 그 때문에 시호가 '공恭'이 된 것이며, 초楚 공왕恭王 역시 능히 자신의 과실을 알았기 때문에 시호가 '공恭'이 된 것입니다. 지금 그대의 관료 가르치심이 '잘못에 빠져들고 난 뒤에야 공손하라' 하시니 그렇다면 도리에 맞는 일을 했다면 그 다음에는 어떻게 해야 하는 것입니까?"

齊閭丘來盟, 子服景伯戒宰人曰:「陷而入於恭.」

閔馬父笑, 景伯問之, 對曰:「笑吾子之大也. 昔正考父校商之名頌十二篇於周太師, 以〈那〉爲首, 其輯之亂曰:『自古在昔, 先民有作. 溫恭朝夕, 執事有恪.』先聖王之傳恭, 猶不敢專, 稱曰『自古』, 古曰『在昔』, 昔曰『先民』. 今吾子之戒吏人曰『陷而入於恭』, 其滿之甚也. 周恭王能庇昭·穆之闕而爲『恭』, 楚恭王能知其過而爲『恭』. 今吾子之敎官僚曰『陷而後恭』, 道將何爲?」

【閭丘】제나라 대부 閭丘明. 그가 맹약을 맺은 것은 魯 哀公 8년(B.C.487)임.

【子服景伯】노나라 대부 子服何. 子服惠伯의 손자이며 昭伯의 아들.

【陷而入於恭】'陷'은 과실에 빠져듦. 맹약의 대화 중에 혹 잘못 말한 것이 있음을 알아차렸다면, 즉시 공손한 모습으로 돌아서라는 뜻임.

【閔馬父】노나라 대부.

【正考父】宋나라 대부로 孔子의 선조.

【名頌】덕의 아름다움을 찬미한 노래. 여기서는 商頌을 가리킴.

【那】《詩經》商頌의 첫 편명.

【太師】음악을 관장하는 직책으로 흔히 장님이었음.

【亂】음악의 終章. 후렴.

【恭王】서주시대 주나라 임금으로 穆王의 아들이며 昭王의 손자. 이름은 繄扈. 昭王이 南征을 떠나 돌아오지 않자, 목왕이 마구 행동하였으나 공왕이 그 허물을 덮어 주었음. 그 때문에 공왕의 시호가 '恭'이 된 것임.

【楚恭王】춘추시대 莊王의 아들. 이름은 審(熊審). 그는 임종 때 자신의 행동을 참회하여 시호를 악한 글자를 써 줄 것을 요구하였으나, 대부들이 그 사후에 그의 참회 태도를 감안하여 시호를 '恭'으로 한 것임. B.C.590~560년까지 31년간 재위함. 〈楚語〉(上) "恭王有疾"을 참조할 것.

1. 《詩經》 商頌 那

猗與那與, 置我鞉鼓. 奏鼓簡簡, 衎我烈祖. 湯孫奏假, 綏我思成. 鞉鼓淵淵, 嘒嘒
管聲. 旣和且平, 依我磬聲. 於赫湯孫, 穆穆厥聲. 庸鼓有斁, 萬舞有奕. 我有嘉客,
亦不夷懌. 自古在昔, 先民有作. 溫恭朝夕, 執事有恪. 顧予烝嘗, 湯孫之將.

070(5-21) 孔丘非難季康子以田賦
공자가 계강자의 전부를 비난하다

    계강자季康子가 토지에 따를 군역을 제정하려고, 염유冉有를 시켜 중니仲尼, 孔子를 예방하고 여쭈어 보도록 하였다.

    공자는 아무런 대답도 하지 않다가 사사롭게 염유에게 이렇게 일러 주었다.

    "구야, 가까이 오너라! 너는 듣지 못하였느냐? 선왕께서 토지를 제정할 때 백성의 노동력에 따라 공전公田을 분배하되 그들 거주지의 원근까지 헤아렸단다. 그리고 상인들로부터 세금을 거둘 때도 그 유무에 따라 차등을 두었으며, 장정에게 힘을 맡길 때도 그 노유老幼를 따져 달리 하였단다. 이에 홀아비, 과부, 고아, 질환자의 경우도 군역軍役 대신 세금을 부과하되 전쟁이 없을 경우에는 면제해 주었다. 전쟁이 있는 해에는 토지 1정井에 벼 1종稷, 말먹일 꼴 1병秉, 쌀 1부缶였으며 이 양을 초과하지 않았다. 선왕은 이 정도로써 족하게 여겼던 것이란다. 그런데 만약 네가 모시고 있는 계손씨季孫氏가 새로 법을 정하고자 한다면, 주공周公의 세법을 부활해야 할 것이다. 그러나 만약 법을 어기고자 한다면 그 하고 싶은 대로 하면 그만이지, 어찌 다시 나를 찾아온단 말이냐!"

    季康子欲以田賦, 使冉有訪諸仲尼.

    仲尼不對, 私於冉有曰:「求來! 女不聞乎? 先王制土, 籍田以力, 而砥其遠邇; 賦里以入; 而量其有無; 任力以夫, 而議其老幼.

於是乎有鰥, 寡, 孤, 疾, 有軍旅之出則徵之, 無則已. 其歲, 收田
一井, 出稯禾·秉芻·缶米, 不是過也. 先王以爲足. 若子季孫
欲其法也, 則有周公之籍矣; 若欲犯法, 則苟而賦, 又何訪焉!」

【田賦】 토지의 다소에 의해 부과하는 軍役.

【冉有】 공자의 제자. 이름은 求. 季康子의 가신이었음.

【籍田】 고대 井田制에서 백성의 힘을 빌어 公田을 경작함을 말함. 여기서는
공전 이외의 나머지 八田의 넓이에 따라 부세하고자 하였음을 말함.

【里】 상인들이 거주하는 지역. 여기서는 商稅를 가리킴.

【鰥寡孤疾】 鰥寡孤獨과 같음. 鰥은 홀아비, 寡는 과부, 孤는 고아, 疾은 병으로
고통을 받는 자, 獨은 늙어 자식이 없는 자. 고대 이러한 부류는 국가에서
보호해야 할 대상으로 여겼음.

【稯禾】 종(稯)은 곡물을 세는 단위로 640斛이었다 함. 화는 곡물의 총칭.

【秉芻】 秉은 240두의 양. 芻는 말에게 먹이는 꼴.

【缶米】 缶는 역시 곡물을 재는 단위로 한 항아리 정도.

【周公】 姬旦. 周初 文物制度를 정비하였으며, 여기에서는 그가 백성을 위해
이상적으로 제정한 稅法制度를 말함.

【何訪焉】 季康子는 哀公 12년(B.C.483) 田賦制를 실행하였으며, 冉有가 주동이
되어 적극 나서자 공자가 매우 반대하였음을 말함. 《論語》 先進篇 참조.

참고 및 관련 자료

1. 《論語》 先進篇
"季氏富於周公, 而求也爲之聚斂而附益之. 子曰:「非吾徒也. 小子鳴鼓而攻之,
可也.」"

2. 《左傳》 哀公 27년
夏四月己亥, 季康子卒. 公弔焉, 降禮.

〈제어齊語〉총 1권

제齊

춘추시대 강성姜姓의 제후국이다. 지금의 산동山東 지역을 중심으로 풍부한 자원 어염魚鹽을 바탕으로 발전하였으며, 주초 강태공姜太公 여망呂望이 봉을 받은 곳으로 전국시대에는 전씨田氏, 陳氏에게 나라를 빼앗겨 전씨제田氏齊가 되었다. 주공周公이 삼감三監의 난, 즉 무경武庚의 난을 평정한 뒤 포고蒲姑의 옛 땅을 여망에게 주어 나라를 세우도록 하였으며 그 도읍은 영구(營丘, 지금의 山東 淄博市 臨淄鎭)였다.

서주 후기 주周 이왕夷王이 기후紀侯의 참언을 듣고 제齊 애공哀公을 죽인 다음 그 아우 정靜을 호공胡公으로 삼아 한 때 도읍을 포고로 옮기기도 하였으나, 애공의 아우 산山이 영구의 백성을 이끌고 호공을 죽이고 왕이 되었는데 이가 헌공獻公이다. 헌공은 다시 도읍을 영구(임치)로 옮겼다.

춘추 초기에는 이웃 노魯나라와 자주 알력이 생겨 전투를 치렀으며, B.C.689년 제 양공襄公이 노나라의 부용국 기紀나라를 멸하여 동쪽 바닷가로 넓혀 나가는 계기를 만들었다. 그러나 B.C.686년 공손무지公孫無知가 양공을 죽이고 자립하자 공자 규糾는 노나라로, 소백小白은 거莒나라로 도망하였다. 이듬해 무지가 피살되자 두 공자가 먼저 귀국하여 왕위에 오르고자 서둘렀다. 이때 규를 모시고 있던 관중管仲 이 길목에서 소백 일행을 쏘아 소백은 허리띠 고리에 화살을 맞고 죽은 척하다가 급히 귀국, 왕위에 오르게 된다. 이가 제齊 환공桓公이며 관중을 용서하고 등용하여 춘추오패의 수장으로서 패권을 잡게 된다. 그의 재위기간 제나라는 개혁을 서두르고 군비를 정비하여 국세가 천하를 호령하게 되었다. 그리하여 아홉 차례나 제후를 불러 회맹을 하였으며, 천하를 바로잡았다는 "구합제후九合諸侯, 일광천하一匡天下" 의 큰 업적을 마련하였다.

춘추 말기에 이르러서는 제나라 공실은 쇠락하여 경 대부들이 겸병하는 사태가 벌어졌다. 최저崔杼가 장공莊公을 살해하고 경공景公을 세웠으며, 경공은 한때

안자晏子, 룡룆의 도움으로 나라를 잘 이끌었으나, 경봉慶封이 집정하게 되자 그는 최씨 일족을 살해하고 난씨欒氏, 고씨高氏, 진씨陳氏, 포씨鮑氏 등 네 대족大族이 조정을 좌지우지하는 상태에 이르고 말았다. 이 네 대족 중에 그 조상이 진陳나라에서 온 진씨들이 세력을 키운 뒤에 전씨田氏로 성을 바꾸었으며, 이때 진환자陳桓子, 田桓子가 백성에게 은혜를 베풀어 민심을 얻고 나서 포씨와 연합, 난씨와 고씨를 몰아내었다. 경공이 죽자 또 다른 대족 국씨國氏와 남은 고씨들이 다시 안유자晏孺子를 옹립하였으나 진희자陳僖子는 다시 포씨와 연합, 고씨와 국씨를 몰아내고는 드디어 안유자까지 죽여 없애고 나서 공자 양생陽生을 세웠다. 이가 도공悼公이다. 도공은 4년 재위 끝에 피살되고 다시 도공의 아들을 세웠는데 이가 간공簡公이며 감지闞止가 정권을 휘둘렀다. 그러다가 B.C.481년 진성자陳成子가 감지와 간공을 죽이고 평공平 公을 세웠으며 제나라 정권을 쥐게 되었다. 결국 B.C.386년 진성자의 현손이 강공康公 을 바닷가로 쫓아 버렸으며 B.C.379년 강공이 죽음으로써 강씨 제나라의 사직은 끊어지고 말았다. 그 뒤를 이어 전국시대는 전씨田氏, 陳氏 제齊가 된다.

● 서주 말 무공武公부터 춘추 말기 평공까지(B.C.851~476)의 강씨姜氏 제나라
   임금 세계는 대략 다음과 같다. ( )안은 재위 기간.

武公(26) → 厲公(9) → 文公(12) → 成公(9) → 莊公(64) → 鰲公(33) → 襄公(12) → 桓公(43) → 孝公(10) → 昭公(20) → 懿公(4) → 惠公(10) → 頃公(17) → 靈公(28) → 莊公(6) → 景公(58) → 晏孺子(1) → 悼公(4) → 簡公(4) → 平公(5년 이후 戰國시대)

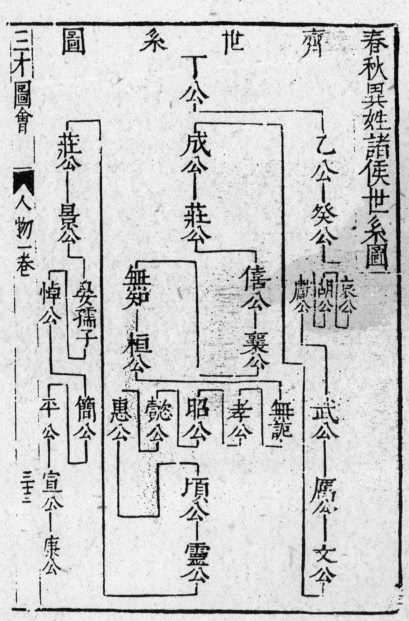

齊世系圖

三才圖會　人物一卷

三十二

〈齊世系圖〉《三才圖會》

卷六 齊語

071(6-1) 管仲對桓公以霸術
관중이 환공에게 패술을 대답하다

제齊 환공桓公이 거莒로부터 제齊나라로 돌아와 임금에 올라 포숙鮑叔을 재상으로 삼고자 하자 포숙이 사양하였다.

"저는 임금의 용렬한 신하일 뿐입니다. 임금께서 저에게 은혜를 베푸시어 저로 하여금 얼어 죽거나 굶어 죽지 않도록 해 주시는 것만으로도 이는 저에게 충분히 내려 주신 것입니다. 만약 필히 나라를 다스릴 자라면 저는 이에 능한 바가 없습니다. 꼭 국가를 다스릴 자라면 관이오管夷吾, 管仲여야 합니다! 제가 관이오만 못한 점이 다섯 가지입니다. 너그럽게 은혜를 베풀고 백성을 부드럽게 하는 면에서 저는 그만 못합니다. 나라를 다스려 그 근본을 놓치지 않을 수 있는 면에서 저는 그만 못합니다. 충성과 믿음으로써 백성을 단결하게 하는 면에서 저는 그만 못합니다. 예의禮義를 제정하여 사방 이웃에게 법이 되도록 하는 면에서 저는 그만 못합니다. 북채를 잡고 군문軍門에서 서서 백성들로 하여금 용기를 배가시킬 수 있는 면에서 저는 그만 못합니다."

환공이 말하였다.

"무릇 관중은 과인의 허리띠 고리를 활로 쏘아 맞혀 이로써 나를 죽일 뻔했었소."

포숙이 대답하였다.

"무릇 그가 모시는 공자公子 규糾를 위해 행동한 것입니다. 임금께서 만약 너그럽게 용서하고 그를 귀국시키면 그는 임금을 똑같은 방법으로 모실 것입니다."

환공이 물었다.

"어떻게 하면 되겠소?"

포숙이 대답하였다.

"노魯나라에게 요청을 하십시오."

환공이 말하였다.

"시백施伯은 노 장공莊公의 모신謀臣이오. 만약 내가 관중을 등용하고자 하는 것을 그가 안다면 틀림없이 넘겨 주지 않을 것이오. 어찌하면 되겠소?"

포숙이 대답하였다.

"사람을 보내어 노나라에게 이렇게 청하십시오. '과인의 명령을 듣지 않는 못된 신하가 그대의 나라에 있다. 반드시 그를 잡아서 우리 여러 신하들 앞에서 육시戮尸하고자 한다. 그 때문에 청하는 것이다'라고 말입니다. 그렇게 하면 우리에게 넘겨 줄 것입니다."

齊桓公

환공이 사절을 보내어 노나라에게 요청하자 과연 포숙의 말과 같았다. 이에 노 장공이 시백에게 묻자, 시백은 이렇게 대답하는 것이었다.

"이는 그를 죽이고자 하는 것이 아니라 그를 등용하여 정치를 맡기고자 하는 것입니다. 무릇 관중은 천하의 인재입니다. 그가 있는 나라라면 틀림없이 천하게 그 뜻을 펴게 될 것입니다. 그가 제齊나라에 있게 된다면 틀림없이 길이 우리 노나라의 근심거리가 될 것입니다."

장공이 물었다.

"어떻게 하면 되겠소?"

시백이 대답하였다.

"죽여서 그 시신을 보내 주십시오."

장공이 장차 관중을 죽이려 하자, 제나라 사신이 이렇게 청하였다.

"우리 임금께서 직접 죽이셔야 한다 하였습니다. 만약 살아 있는 채로 신하들 앞에서 죽이지 못한다면 이는 우리 청을 들어 주지 않은 것과 같습니다. 청컨대 살려서 넘겨 주십시오."

이에 장공은 그를 묶어 제나라 사신에게 넘겨 주었으며 제나라 사신은 이를 받아 물러났다.

국경에 이르자 세 번 훈초 향기로 씻고, 세 번 목욕을 시켜 과거의 과실과 재앙을 씻어 없애도록 의식을 치러 주었다.

환공은 친히 교외까지 나가 그를 맞이하여 함께 수레에 태운 채 이렇게 물었다.

"지난 날 선군先君이신 양공襄公이 축대를 높이 쌓고 사냥과 수렵, 그물로 하는 사냥, 실을 매어 하는 사냥의 즐거움에 빠져 국정을 돌보지 아니하고 성인과 선비를 비하하고 모욕하였을 때 오직 그대만이 재앙의 빌미가 될 것이라 하였소. 그리고 양공은 구비九妃와 육빈六嬪에다가 첩들이 수백 명에 이르고, 음식은 반드시 고량膏粱과 육미肉味여야 하며, 옷은 반드시 문채 나는 비단이어야 한다고 하였소. 병사들은 얼어 죽고 배곯아 죽었으며 전차는 유거遊車의 다 부서진 것으로 하고 병사들의 식사는 그 많은 첩들이 먹고 남은 것으로 하였소. 배우들의 웃기는 장면을 앞에 세우고 훌륭한 인재는 뒤꼍으로 밀렸소. 이로써 나라는 날로 시들어 가고 달로 허물어져 갔소. 그 때의 영향으로 지금 종묘宗廟의 청소도 제대로 하지 못하고 사직에 희생도 제대로 바치지 못할까 걱정이오. 감히 묻건대 이를 어떻게 해결하면 되겠소?"

관중이 대답하였다.

"옛날 주周나라 선왕先王이신 소왕昭王과 목왕穆王은 대대로 문왕文王과 무왕武王을 법으로 삼아, 그 업적을 멀리까지 펼치고 명성을 이루었습니다. 그리하여 많은 원로들을 모으고, 백성 중에 도를 가진 자를 비교하여 뽑아 들이고, 법을 만들어 백성의 기강으로 삼았으며, 권형을 모범으로 만들어 이에 상응하게 하였으며, 인구의 다소를 헤아려 백성들을 조직하며 근본을 고르게 하며 말을 정확하게 하였습니다. 그리고 상사賞賜로써 백성을 권장하며, 형벌로써 이들을 규찰하였으며, 이마의 머리틸, 즉 장유長幼에 따라 반열과 질서를 제정하여 백성의 기율과 통치 방법으로 삼았습니다."

환공이 물었다.

"이를 위해 어떻게 하면 됩니까?"

관중이 대답하였다.

"옛날 성왕聖王이 천하를 다스릴 때에는 그 국도를 셋으로 하고 변방은 다섯 가구씩 묶었습니다. 그리하여 그들의 주거지를 정해 주고 백성들이 생업을 이룰 수 있도록 해 주었습니다. 그리고 죽으면 무덤을 만들 수 있도록 해 주었으며 여섯 가지 중요한 원칙에 신중을 기했습니다."

환공이 물었다.

"백성이 생업을 이루도록 하는 것은 어떤 것입니까?"

관자가 대답하였다.

"사농공상士農工商의 사민四民을 뒤섞여 살도록 해서는 안 됩니다. 뒤섞여 살면 말이 많아지고 생업이 뒤바뀌게 됩니다."

환공이 말하였다.

"사농공상은 어떻게 자리를 정해 주어야 합니까?"

관자가 설명하였다.

"옛날 성왕들이 선비의 거처를 정함에는 그들로 하여금 조용하고 한가한 곳에 살도록 하였고, 공인은 관부官府에 살도록 하였으며, 상인은 시정市井에 농부는 전야田野에 살도록 하였습니다. 선비로 하여금 훌륭한 이들이 무리를 이루어 모여 살도록 함으로써 그 분위기가 깨끗하면 아버지는 아버지들끼리 의義를 논하고, 아들은 아들들끼리 효孝를 화제로 삼으며, 그 임금을 모시는 일이라면 경敬을 논하며, 어린아이라면 우애를 화제로 삼게 됩니다. 어려서부터 이에 습성이 되면 그 마음이 안정되어 괴이한 사물을 보더라도 그에 마음이 그리로 휩쓸리지 않습니다. 이 까닭으로 부형의 가르침이 엄숙하지 않아도 저절로 성취되며, 그 자제의 학문은 노고롭지 않아도 능해집니다. 무릇 이와 같이 함으로써 선비의 아들은 항상 선비가 되는 것입니다.

다음으로 상인은 뛰어난 자들을 함께 모여 살게 함으로써 네 계절의 수요를 살펴 힘들게 공들여 한 것과 고통을 변별하여 보수를 주고 그 쓰임을 저울질하고 조절하며, 각 품질의 정밀한 정도와 자재와 생산품의 연계 관계 등을 따지며, 아침저녁으로 이 일에 종사하여 사방으로 널리 퍼지게 하여 그 기술을 자제에게 이어가도록 하되, 서로 상의하여 일을 하며, 서로 공교함을 보여 줍니다. 이렇게 생산한 물건을 진열하여 그 공을 인정하니 어려서부터 이를 익힘으로써 그 마음이 안정을 얻고 괴이한 사물을 보아도 뜻을 바꾸지 않게 됩니다. 이 까닭으로 그 부형의 가르침이 엄숙하지 않아도 이룰 수 있으며, 그 자제의 배움은 힘들이지 않고도 능해집니다. 이렇게 함으로써 공인의 아들은 항상 공인이 될 수 있는 것입니다.

다음으로 상인은 뛰어난 자들이 무리를 이루어 함께 모여 살게 함으로써, 절기별로 필요한 물건을 관찰하고 각 향鄕마다 나는 물자를 감찰하여 시중의 가격을 알아낸 다음, 이를 이고 지고 메고 들고, 혹은 소에 싣거나 수레에 끌고 사방을 돌며 그 물건이 있는 곳의 것을 가지고 그 물건이 없는 곳에 이르러 이를 바꿉니다. 싸게 사서 비싸게 팔되 아침저녁으로 이 일에 종사하면서 그 자제에게 일을 가르치며, 서로 이익을 논의하고 이익을 내어 보이며, 상품을 진열하는 방법과 값을 알아보는 방법을 익히게 됩니다. 이렇게 어릴 때부터 익히게 되니 마음이 안정을 갖게 되며 괴이한 사물을 보더라도 그에 이끌리지 않게 되는 것입니다. 그 까닭으로 부형의 가르침이 엄숙하지 않아도 전해 줄 수 있으며, 그 자제는 힘들이지 않고도 익숙하게 됩니다. 무릇 이와 같이 함으로써 상인의 아들은 항상 상인이 되는 것입니다.

다음으로 농부의 경우, 뛰어난 자들이 함께 무리를 이루어 살아감으로써, 사시의 작물을 살피고 그 쓰임을 저울질하고 조절하여 보습과 쟁기질, 풀뽑기와 풀베기를 겨울이 올 때까지 계속합니다. 쑥과 같은 잡초는 쳐서 농토에서 없애고 때를 기다려 땅을 갈되, 쟁기질할 때에 이르면 깊이 갈아 급히 씨를 뿌리고 흙으로 덮어 주고 나서 비가 올 때를 기다립니다. 우기가 이윽고 다가오면 말뚝과 낫, 괭이, 호미를 들고 아침부터 저녁까지 들에서 그 일에 매달립니다. 옷을 벗고 일을 하기도 하고, 머리에는 초립을 쓰고 몸에는 도롱이를 입고, 몸은 땀과 비에 젖고 발은 물과 진흙에 흠뻑 빠지며, 머리와 피부는 햇볕에 그을리지만 사지를 민첩하게 움직여 농사일에 종사합니다. 어려서부터 이러한 일이 몸에 익숙하여 그 마음이 안정되며 괴이한 사물을 보아도 그에 마음이 옮겨가지 않습니다. 그러한 까닭으로 부형의 가르침이 엄격하지 않아도 농사 기술을 전해 줄 수 있으며 그 자제는 이를 배우되 힘들이지 않아도 능해지는 것입니다. 이렇게 함으로써 농부의 아들은 항상 농부로서 역할을 다할 수 있게 되는 것이며 이에 들에 살며 도성 가까이 살 수 없는 것입니다.

사농공상이라 하여도 그들 중에 뛰어난 자는 선비가 될 수 있으나 대신 그 능력이 반드시 충족되어야 합니다. 유사有司가 이러한 자를 발견하고도 보고하지 아니하면 그 죄는 오형五刑에 해당합니다. 이처럼 유사는 이러한 일까지 모두 마치고 나서야 자신의 일을 끝낸 것이 됩니다."

환공이 물었다.

"백성의 주거지를 정해 주는 일은 어떻게 합니까?"

관자가 대답하였다.

"국도를 21개의 향鄕으로 편제를 삼아야 합니다."

환공이 말하였다.

"좋소."

관자는 이에 국도를 21개 향으로 편제를 삼고 그 중 공상工商의 향을 여섯 개, 사士의 향을 15개로 하고 환공이 직접 5개 향을 통솔하고, 국자國子가 5개 향을, 고자高子 역시 5개 향을 통솔하였다. 나라 행정 조직을 셋으로 나누어 기안을 올리도록 하였으며 이를 삼관三官으로 삼았다. 그리고 신하들을 통솔하는 삼재三宰를 두었고 공인의 일은 세 족성族姓을 세워 담당하도록 하고, 시장에는 삼향三鄕을 두고, 못과 물을 관리하는 임무를 위해 삼우三虞를, 산림을 관리하는 자로써 삼형三衡을 두었다.

환공이 물었다.

"내 무력으로써 제후들에게 나서고 싶은데 가능하겠소?"

관자가 대답하였다.

"아직 안 됩니다. 나라가 아직 안정되지 않았습니다."

환공이 물었다.

"나라를 안정시키려면 어떻게 해야 합니까?"

관자가 대답하였다.

"옛 법을 잘 수정하여 그 중 좋은 것을 택해 이를 다스림에 이용하여야 합니다. 백성의 숫자를 늘리고 재용이 부족한 이에게 베풀며, 백성을 공경하십시오. 그러면 나라가 안정될 것입니다."

환공이 말하였다.

"그렇게 하겠소."

그리하여 드디어 옛 법을 수정하고 그 중 훌륭한 것을 선택하여 통치에 이용하고, 백성을 늘리며, 재용이 부족한 집에 재물을 대어 주며 백성을 공경하였다.

이렇게 하여 이윽고 나라가 안정되자 환공이 물었다.

"나라가 안정되었소. 이제 가능하겠소?"

관자가 대답하였다.

"아직 안 됩니다. 임금께서 졸오卒伍를 바르게 고치시고, 무기를 수선하시면 다른 대국大國들도 역시 졸오를 개편하고 무기를 수선할 것이니 그렇게 되면 급히 뜻을 이루기 어렵게 됩니다. 또 임금께서는 공격과 정벌에 필요한 무기만 가지시면 소국小國의 제후들은 방어의 무기로 대비할 것이니 그렇게 하는 것도 역시 뜻을 속히 이루기는 어렵습니다. 임금께서 천하 제후에게 서둘러 뜻을 펴고자 하신다면 은밀히 군령軍令을 내리시되 이를 알 수 없도록 정령政令에 끼워 넣어야 합니다."

환공이 물었다.

"어떤 방법입니까?"

관자가 대답하였다.

"내정을 제정하면서 그것을 군령에 끼워 넣어 숨기십시오."

환공이 말하였다.

"훌륭하오."

관자는 이에 나라의 제도를 이렇게 편제를 삼아 제정하였다.

"5가家를 1궤軌로 하며 궤에는 궤장軌長을 둡니다. 10궤를 이里로 하며 이里마다 유사有司를 둡니다. 4리를 1연連으로 하며 연장連長을 둡니다. 10련을 1향鄕으로 하며 향에는 양인良人을 둡니다. 이들을 군사 조직으로 하고 군령은 다음과 같이 합니다. 5가를 1궤로 하므로 5인이 오伍가 되며 궤장이 통솔합니다. 10궤가 1리이므로 50명이 소융小戎이 되고, 유사가 이를 통솔합니다. 4리가 1련이므로 200명이 졸卒이 되고 연장이 통솔합니다. 10련이 향이 되므로 2천 명이 여旅가 되고 양인이 통솔합니다. 5향이 1수帥가 되므로 1만 명이 1군軍이 되고, 각 향의 향수鄕帥가 이를 통솔합니다. 삼군三軍에서 중군中軍에게 북을 가지고 지휘하도록 하며, 국자의 부대도 북을 가지고 지휘하고, 고자의 군대도 북으로써 지휘하도록 합니다. 봄에는 수蒐의 사냥 행사를 통해 여단을 훈련시키고, 가을에는 선獮의 사냥을 통해 전체 병사를 훈련시킵니다. 이로써 졸오卒伍는 이里에서 그 군대의 정비를 맡고 군려軍旅는 교외에 편성합니다. 내부의 교육이 이윽고 완성되면 다른 곳으로 옮겨갈 수 없도록 합니다. 오伍에 속한 사람들끼리 함께 제사를 올리며 같은 복을 빌고 죽은 사람이 있을 경우 함께 구휼하며, 재앙이 있을 경우 공동으로 대처하게 합니다. 사람과 사람은 함께 무리를 이루며, 가구와 가구끼리도 무리를 이루며, 대대로 함께 살고 어려서부터 함께 놀아 서로 익숙하도록 합니다. 그리하여 밤에 전투를 하더라도 그 소리로 서로를 알아들어 어긋남이 없게 되며, 낮에 전투를 할 때면 서로 눈으로 보아 족히 알아볼 수 있도록 합니다. 기쁨을 함께 함으로써 죽음에 처하면 서로 도울 수 있도록 합니다. 함께 살아 즐거움을 같이 하고 함께 행동하여 화합을 이루며 죽음에는 함께 슬퍼할 수 있도록 합니다. 이렇게 하면 지키면 함께 견고해지고, 전투에 나서면 함께 강해지는 것입니다. 임금께서 이러한 병사 3만 명을 가지고 방정한 행동으로 천하에 임하여 무도한 자에게 주벌을 내려 주실周室을 보호해 준다면 천하 대국의 군주라 할지라도 능히 막아낼 수 없을 것입니다."

桓公自莒反於齊, 使鮑叔爲宰, 辭曰:「臣, 君之庸臣也. 君可惠於臣, 使不凍餒, 則是君之賜也. 若必治國家者, 則非臣之所能也. 若必治國家者, 則其管夷吾乎! 臣之所不若夷吾者五: 寬惠柔民, 弗若也; 治國家不失其柄, 弗若也; 忠信可結於百姓, 弗若也; 制禮義可法於四方, 弗若也; 執枹鼓立於軍門, 使百姓皆加勇焉, 弗若也.」

桓公曰:「夫管夷吾射寡人中鉤, 是以濱於死.」

鮑叔對曰:「夫爲其君動也. 君若宥而反之, 夫猶是也.」

桓公曰:「若何?」

鮑叔對曰:「請諸魯.」

桓公曰:「施伯, 魯君之謀臣也. 夫知吾將用之, 必不予我矣. 若之何?」

鮑叔對曰:「使人請諸魯, 曰:『寡君有不令之臣在君之國, 欲以戮之於羣臣, 故請之.』則予我矣.」

桓公使請諸魯, 如鮑叔之言.

莊公以問施伯, 施伯對曰:「此非欲戮之也, 欲用其政也. 夫管子, 天下之才也, 所在之國, 則必得志於天下. 令彼在齊, 則必長爲魯國憂矣.」

莊公曰:「若何?」

施伯對曰:「殺而以其屍授之.」

莊公將殺管仲，齊使者請曰：「寡君欲親以爲戮，若不生得以戮於羣臣，猶未得請也．請生之．」

於是莊公使束縛以予齊使，齊使受之而退．

比至，三釁，三浴之．

桓公親逆之于郊，而與之坐而問焉，曰：「昔吾先君襄公築臺以爲高位，田‧狩‧畢，弋，不聽國政，卑聖侮士，而唯女是崇．九妃六嬪，陳妾數百，食必粱肉，衣必文繡．戎士凍餒，戎車待遊車之裂，戎士待陳妾之餘．優笑在前，賢材在後．是以國家不日引，不月長．恐宗廟之掃除，社稷之不血食，敢問爲此若何？」

管子對曰：「昔吾先王昭王‧穆王，世法文‧武遠績成名，合羣叟，比校民之有道者，設象以爲民紀，式權以相應，比綴以度，薄本肇末，勸之以賞賜，糾之以刑罰，班序顛毛，以爲民紀統．」

桓公曰：「爲之若何？」

管子對曰：「昔者，聖王之治天下也，參其國而伍其鄙，定民之居，成民之事，陵爲之終，而愼用其六柄焉．」

桓公曰：「成民之事若何？」

管子對曰：「四民者，勿使雜處，雜處則其言哤，其事易．」

公曰：「處士農工商若何？」

管子曰：「昔聖王之處士也，使就閒燕；處工，就官府；處商，就市井；處農，就田野．

令夫士，羣萃而州處，閒燕則父與父言義，子與子言孝，其事君者言敬，其幼者言弟．少而習焉，其心安焉，不見異物而遷焉．是故其父兄之教不肅而成，其子弟之學不勞而能．夫是，故士之子恆爲士．

令夫工, 羣萃而州處, 審其四時, 辨其功苦, 權節其用, 論比協材,
旦暮從事, 施於四方, 以飭其子弟, 相語以事, 相示以巧. 相陳以功,
少而習焉, 其心安焉, 不見異物而遷焉. 是故其父兄之敎不肅
而成, 其子弟之學不勞而能.

夫是, 故工之子恆爲工. 令夫商, 羣萃而州處, 察其四時, 而監其
鄕之資, 以知其市之賈, 負任擔荷, 服牛輅馬, 以周四方, 以其所有,
易其所無, 市賤鬻貴, 旦暮從事於此, 以飭其子弟, 相語以利,
相示以賴, 相陳以知賈, 少而習焉, 其心安焉, 不見異物而遷焉.
是故其父兄之敎不肅而成, 其子弟之學不勞而能. 夫是, 故商
之子恆爲商.

令夫農, 羣萃而州處, 察其四時, 權節其用, 耒耜枷芟, 及寒,
擊菓除田, 以待時耕; 及耕, 深耕而疾耰之, 以待時雨; 時雨旣至,
挾其槍刈耨鎛, 以旦暮從事於田野. 脫衣就功, 首戴茅蒲, 身衣
襏襫, 霑體塗足, 暴其髮膚, 盡其四支之敏, 以從事於田野. 少而
習焉, 其心安焉, 不見異物而遷焉. 是故其父兄之敎不肅而成,
其子弟之學不勞而能. 夫是, 故農之子恆爲農, 野處而不暱.

其秀民之能爲士者, 必足賴也. 有司見而不以告, 其罪五. 有司
已於事而竣.」

桓公曰:「定民之居若何?」

管子對曰:「制國以爲二十一鄕.」

桓公曰:「善.」

管子於是制國以爲二十一鄕: 工商之鄕六; 士鄕十五, 公帥
五鄕焉, 國子帥五鄕焉, 高子帥五鄕焉. 參國起案, 以爲三官,
臣立三宰, 工立三族, 市立三鄕, 澤立三虞, 山立三衡.

桓公曰：「吾欲從事於諸侯，其可乎？」

管子對曰：「未可. 國未安.」

桓公曰：「安國若何？」

管子對曰：「修舊法，擇其善者而業用之；遂滋民，與無財，而敬百姓，則國安矣.」

桓公曰：「諾.」

遂修舊法，擇其善者而業用之；遂滋民，與無財，而敬百姓. 國既安矣，桓公曰：「國安矣，其可乎？」

管子對曰：「未可. 君若正卒伍，修甲兵，則大國亦將正卒伍，修甲兵，則難以速得志矣. 君有攻伐之器，小國諸侯有守禦之備，則難以速得志矣. 君若欲速得志於天下諸侯，則事可以隱令，可以寄政.」

桓公曰：「爲之若何？」

管子對曰：「作內政而寄軍令焉.」

桓公曰：「善.」

管子於是制國：「五家爲軌，軌爲之長；十軌爲里，里有司；四里爲連，連爲之長；十連爲鄉，鄉有良人焉. 以爲軍令：五家爲軌，故五人爲伍，軌長帥之；十軌爲里，故五十人爲小戎，里有司帥之；四里爲連，故二百人爲卒，連長帥之；十連爲鄉，故二千人爲旅，鄉良人帥之；五鄉一帥，故萬人爲一軍，五鄉之帥帥之. 三軍，故有中軍之鼓，有國子之鼓，有高子之鼓. 春以蒐振旅，秋以獮治兵. 是故卒伍整於里，軍旅整於郊. 內教既成，令勿使遷徙. 伍之人祭祀同福，死喪同恤，禍災共之. 人與人相疇，家與家相疇，世同居，少同遊. 故夜戰聲相聞，足以不乖；晝戰目相見，

足以相識. 其歡欣足以相死. 居同樂, 行同和, 死同哀. 是故守則
同固, 戰則同彊. 君有此士也三萬人, 以方行於天下, 以誅無道,
以屏周室, 天下大國之君莫之能禦.」

【桓公】齊 桓公. 이름은 小白. 僖公의 아들이며 襄公의 아우. 齊나라 양공 때
　　내란이 일어나자 鮑叔牙가 소백을 모시고 莒나라로 피신하였고, 管仲과 邵忽은
　　公子 糾를 모시고 魯나라고 피신하였음. 公孫無知가 양공을 죽여 제나라에
　　왕위를 이을 자가 필요하자, 소백과 공자 규가 각기 서둘러 귀국하였다. 이때
　　관중이 소백이 오는 길목에서 기다리다가 활로 이들을 쏘았으나 소백은 허리띠에
　　맞아 죽은 척하다가 급히 귀국하여 왕이 되었음. 이가 제 환공이며 春秋五霸의
　　수장으로 많은 일화와 고사를 낳았음. B.C.685~643년까지 43년간 재위함.
【鮑叔】鮑叔牙. 소백을 모시고 莒나라로 피신하였다가 귀국하여 소백을 임금
　　으로 만들었으며, 管仲을 불러 제나라를 크게 부강하도록 만든 인물. '管鮑之交'
　　로 유명함.
【宰】太宰. 국가 행정의 최고 책임자. 다른 나라의 相國, 宰相, 令尹과 같음.
【施伯】魯나라 대부. 惠公의 손자이며 施父의 아들.
【莊公】魯나라 桓公의 아들이며 이름은 同. B.C.693~662년까지 32년간 재위함.
【釁】薰草를 태웠을 때 나는 향기. 국경 근처에 이르러 관중에게 이처럼 훈초를
　　태운 향기를 세 번 쐬어 줌으로써 재앙을 완전히 씻도록 儀式을 행한 것임.
【襄公】桓公의 형이며 僖公(釐公)의 아들. B.C.697~686년까지 12년간 재위함.
　　결국 公孫無知에게 죽음을 당함. 재위 시절 제대로 정치를 돌보지 않아 난이
　　일어났으며, 그 때문에 공자 규와 소백(환공)이 국외로 망명하였음.
【遊車】놀이나 나들이에 사용하던 수레. 이것이 모두 낡아 헤어지면 그것을
　　융거(戎車)로 사용할 정도로 군비를 열악하게 하였음.
【昭王, 穆王】西周의 제 4, 5대 왕으로 昭王은 姬瑕. 穆王은 姬滿. 2대 成王과
　　3대 康王의 뒤를 이어 文武의 업적을 빛내었음.
【象】象魏. 고대 법령을 처음 반포할 때 그 내용을 걸어 널리 알리는 門樓.
【薄本肇末】근본을 동등하게 하고 그 末을 정확하게 구분함.

392 국어

【班序顚毛】長幼의 질서를 바로 세움. '顚毛'는 이마의 머리털. 즉 長幼를 의미함.

【賞賜】명예롭게 상을 내릴 것은 상을 내리고 물질로 격려해야 할 경우 물건을 하사함.

【參其國而伍其鄙】國都는 셋으로 그 행정구역을 나누고, 鄙는 다섯씩 묶어 그 행정단위를 조직함. 鄙는 시골을 말함.

【陵爲之終】생명을 마치면 무덤을 쓸 수 있도록 해 줌.

【六秉】生·殺·貧·富·貴·賤 등 여섯 가지 백성을 다스리고 관리하는 治民의 근본.

【四民】士·農·工·商 등 백성의 살아가는 생업 네 종류와 등급.

【負任擔荷】'負'는 등에 지는 것(背), '任'은 안아 들어 옮기는 것(抱), '擔'은 어깨에 메는 것(肩), '荷'는 손으로 드는 것(扛).

【茅蒲】풀로 엮어 만든 갓. 草笠.

【襏襫】비옷. 우의. 도롱이.

【野處而不暱】'暱'은 韋昭 주에 '暱, 近也'라 하여 '들에 처하며 都城 가까이 살 수 없다'의 뜻으로 보았음.

【二十一鄕】향은 행정 단위로 2천 가구를 1鄕으로 하였음.

【工商鄕六】공인과 상인은 각 3향씩 모두 6향으로 구분하였으며, 이들은 兵役은 부과하지 않았음.

【士鄕十五】士는 군사를 뜻하며 15鄕이면 모두 3만 명으로 三軍(左軍, 右軍, 中軍)을 편성할 수 있는 숫자임.

【公帥五鄕】公은 15향 중에 5향의 군대(中軍)를 통솔함. 그 외 國子와 高子는 左軍, 右軍 각 15향씩 통솔함. 國子와 高子는 齊나라의 大族으로 큰 영향력을 미치고 있었음.

【三宰】신하들을 관리하고 통솔하는 임무를 맡은 세 명의 冢宰.

【三族】공산품을 생산하는 일을 담당하도록 세 族姓에게 그 임무를 부여함.

【三虞】虞는 虞人. 못과 늪, 그리고 임금의 苑囿를 담당하는 관직. 전국에 이를 관리하기 위하여 세 명의 虞人을 둠.

【三衡】衡人은 산림을 관리하는 직책. 전국에 이를 위해 세 명을 둠.

【卒伍】卒은 士卒. 伍는 隊伍. 군대의 편제를 말함.

【良人】각 鄕의 대부.

【小戎】작은 戰車. 有司가 타고 다니는 수레.

【蒐, 獮】'蒐'는 봄에 사냥과 동시에 군사 훈련 및 閱兵을 하는 의식이며, '獮'은 '선'으로 읽으며, 역시 가을에 하는 사냥이며 동시에 군사 훈련과 열병을 함께 함. 《司馬法》 人本偏에 "故國雖大, 好戰必亡; 天下雖安, 忘戰必危. 天下旣平, 天下大愷, 春蒐秋獮, 諸侯春振旅, 秋治兵, 所以不忘戰也"라 하였고, 《李衛公問對》 上卷에는 "太宗曰:「《司馬法》首序蒐狩, 何也?」靖曰:「順其時而要之以神, 重其事也. 《周禮》最爲大政. 成有岐陽之蒐, 康有酆宮之朝, 穆有塗山之會, 此天子之事也. 及周衰, 齊桓有召陵之師, 晉文有踐土之盟, 此諸侯奉行天子之事也. 其實用九伐之法以爲不恪, 假之以朝會, 因之以巡狩, 訓之以甲兵. 言『無事兵不妄擧, 必於農隙』, 不忘武備也. 故首序蒐狩, 不其深乎!」"라 함.

참고 및 관련 자료

1.《左傳》莊公 9년

夏, 公伐齊, 納子糾. 桓公自莒先入. 秋, 師及齊師戰于乾時, 我師敗績. 公喪戎路, 傳乘而歸. 秦子・梁子以公旗辟于下道, 是以皆止. 鮑叔帥師來言曰:「子糾, 親也, 請君討之. 管・召, 讎也, 請受而甘心焉.」乃殺子糾于生竇. 召忽死之. 管仲請囚, 鮑叔受之, 及堂阜而稅之. 歸而以告曰:「管夷吾治於高傒, 使相可也.」公從之.

2.《管子》小匡篇

桓公自莒反于齊, 使鮑叔牙爲宰, 鮑叔辭曰:「臣, 君之庸臣也. 君有加惠于其臣, 使臣不凍饑, 則是君之賜也. 若必治國家, 則非臣之所能也, 其唯管夷吾乎. 臣之所不如管夷吾者五: 寬惠愛民, 臣不如也; 治國不失秉, 臣不如也; 忠信可結于諸侯, 臣不如也; 制禮義可法于四方, 臣不如也; 介胄執枹, 立于軍門, 使百姓皆加勇, 臣不如也. 夫管仲, 民之父母也, 將欲治其子, 不可弃其父母.」

3.《韓詩外傳》(十)

鮑叔薦管仲, 曰:「臣所不如管夷吾者五: 寬惠柔愛, 臣弗如也; 忠信可結於百姓, 臣弗如也; 制禮約法於四方, 臣弗如也; 決獄折中, 臣弗如也, 執枹鼓, 立於軍門, 使士卒勇, 臣弗如也.」詩曰:『濟濟多士, 文王以寧.』

4.《史記》齊太公世家

初, 襄公之醉殺魯桓公, 通其夫人, 殺誅數不當, 淫於婦人, 數欺大臣, 群弟恐禍及, 故次弟糾奔魯. 其母魯女也. 管仲・召忽傅之. 次弟小白奔莒, 鮑叔傅之. 小白母,

衛女也, 有寵於釐公. 小白自少好善大夫高傒. 及雍林人殺無知, 議立君, 高‧國先陰召小白於莒. 魯聞無知死, 亦發兵送公子糾, 而使管仲別將兵遮莒道, 射中小白帶鉤. 小白詳死, 管仲使人馳報魯. 魯送糾者行益遲, 六日至齊, 則小白已入, 高傒立之, 是爲桓公. 桓公之中鉤, 詳死以誤管仲, 已而載溫車中馳行, 亦有高‧國內應, 故得先入立, 發兵距魯. 秋, 與魯戰于乾時, 魯兵敗走, 齊兵掩絶魯歸道. 齊遺魯書曰:「子糾兄弟, 弗忍誅, 請魯自殺之. 召忽‧管仲讎也, 請得而甘心醢之. 不然, 將圍魯.」魯人患之, 遂殺子糾于笙瀆. 召忽自殺, 管仲請囚. 桓公之立, 發兵攻魯, 心欲殺管仲. 鮑叔牙曰:「臣幸得從君, 君竟以立. 君之尊, 臣無以增君. 君將治齊, 卽高 與叔牙足也. 君且欲霸王, 非管夷吾不可. 夷吾所居國國重, 不可失也.」於是桓公從之. 乃詳爲召管仲欲甘心, 實欲用之. 管仲知之, 故請往. 鮑叔牙迎受管仲, 及堂阜而脫桎梏, 齋祓而見桓公. 桓公厚禮以爲大夫, 任政. 桓公旣得管仲, 與鮑叔‧隰朋‧高傒修齊國政, 連五家之兵, 設輕重魚鹽之利, 以贍貧窮, 祿賢能, 齊人皆說.

5.《史記》魯周公世家

八年, 齊公子糾來奔. 九年, 魯欲內子糾於齊, 後桓公, 桓公發兵擊魯, 魯急, 殺子糾. 召忽死. 齊告魯生致管仲. 魯人施伯曰:「齊欲得管仲, 非殺之也, 將用之, 用之則爲魯患. 不如殺, 以其屍與之.」莊公不聽, 遂囚管仲與齊. 齊人相管仲.

6.《史記》管晏列傳(管仲)

管仲夷吾者, 潁上人也. 少時常與鮑叔牙游, 鮑叔知其賢. 管仲貧困, 常欺鮑叔, 鮑叔終善遇之, 不以爲言. 已而鮑叔事齊公子小白, 管仲事公子糾. 及小白立爲桓公, 公子糾死, 管仲囚焉. 鮑叔遂進管仲. 管仲旣用, 任政於齊, 齊桓公以霸, 九合諸侯, 一匡天下, 管仲之謀也. 管仲曰:「吾始困時, 嘗與鮑叔賈, 分財利多自與, 鮑叔不以我爲貪, 知我貧也. 吾嘗爲鮑叔謀事而更窮困, 鮑叔不以我爲愚, 知時有利不利也. 吾嘗三仕三見逐於君, 鮑叔不以我爲不肖, 知我不遭時也. 吾嘗三戰三走, 鮑叔不以我爲怯, 知我有老母也. 公子糾敗, 召忽死之, 吾幽囚受辱, 鮑叔不以我爲無恥, 知我不羞小節而恥功名不顯于天下也. 生我者父母, 知我者鮑子也.」鮑叔旣進管仲, 以身下之. 子孫世祿於齊, 有封邑者十餘世, 常爲名大夫. 天下不多管仲之賢而多鮑叔能知人也. 管仲旣任政相齊, 以區區之齊在海濱, 通貨積財, 富國彊兵, 與俗同好惡. 故其稱曰:「倉廩實而知禮節, 衣食足而知榮辱, 上服度則六親固. 四維不張, 國乃滅亡. 下令如流水之原, 令順民心.」故論卑而易行. 俗之所欲, 因而予之; 俗之所否, 因而去之. 其爲政也, 善因禍而

爲福, 轉敗而爲功. 貴輕重, 愼權衡. 桓公實怒少姬, 南襲蔡, 管仲因而伐楚, 責包茅不入貢於周室. 桓公實北征山戎, 而管仲因而令燕修召公之政. 於柯之會, 桓公欲背曹沬之約, 管仲因而信之, 諸侯由是歸齊. 故曰:「知與之爲取, 政之寶也.」管仲富擬於公室, 有三歸·反坫, 齊人不以爲侈. 管仲卒, 齊國遵其政, 常彊於諸侯. 後百餘年而有晏子焉.

072(6-2) 管仲佐桓公爲政
관중이 환공의 정치를 보좌하다

정월 초하루 조회에서 향장鄕長들이 차례로 자신이 다스리고 있는 향의 업적을 보고하였다. 이에 환공桓公이 친히 향장들에게 이렇게 물었다.

"그대들이 관할하는 향에 평소에는 '의義'를 실천하고 배움을 좋아하며, 부모에게 효도하며 총명하고 지혜롭고 성품이 어질다는 것으로써 그 향리鄕里에 소문이 나 있는 자가 있을 것이다. 있다면 보고하라. 있는데도 보고하지 않는다면 이는 명석한 자를 가리는 것이니, 그 죄는 오형五刑으로 책임을 물을 것이다."

이에 관한 일을 담당한 유사有司가 보고를 마치고 물러나 자리에 섰다.

환공이 다시 향장들에게 물었다.

"그대들의 향에 주먹으로 용맹을 떨치며 팔다리의 힘이 많은 무리 속에 출중한 자가 있을 것이다. 있다면 보고하라. 있는데도 보고하지 않는다면 이는 어진 이를 가린다는 것이니, 그 죄는 오형으로 책임을 물을 것이다."

이 일을 담당한 유사가 보고를 마치고 물러나 자리에 가서 섰다.

환공이 다시 향장들에게 이렇게 물었다.

"그대들의 향에 부모에게 불효하고, 향리에서 형제에게 우애가 없으며, 교만하고 급하고 일탈되어 포악하며, 윗사람의 명령을 듣지 않는 자가 있을 것이다. 있다면 보고하라. 있는데도 보고하지 않으면 이는 아랫것들과 사당私黨을 짓는 것이니 그 죄는 오형으로 책임을 물을 것이다."

이 일을 담당한 유사가 보고를 마치고 물러나 자리에 가서 섰다.

이렇게 하여 향장들이 물러나 자신의 고을에 덕을 닦고 어진 이를 천거하면, 환공은 친히 그들을 만나보고 그들을 관리로 임무를 맡겼다.

환공은 각 기관의 행정 우두머리로 하여금 매년 정기적으로 그 공적을 기록하여 이를 근거로 훌륭한 이를 뽑아 보고하도록 하였으며, 그 관서에서 훌륭하다고 올린 자를 다시 뽑아 천거하면서 이렇게 말하였다.

"저의 부서에 이 사람은 공적과 아름다운 덕이 있으며, 오직 신중하고 단정하며 공경으로써 시기도 잘 파악하고 있으며, 비방하는 말이 있으면 잘 해결합니다. 족히 그 직책에 맞지 않은 자가 있으면 그 자리에 보임補任시킬 수 있습니다."

이에 환공은 그를 불러 말을 나누어 보고 그의 바탕 됨을 헤아리며, 그가 족히 맡은 일을 해 낼 수 있는지를 따져 진실로 가능하다면 그에게 관직을 주었다. 그리고 국가의 환난을 가설하여 질문을 하되 그가 대답을 하지 못하면 물러서게 한 다음, 다시 그 향리의 행정 문제를 물어 그의 능력을 살펴보며 큰 허물이 없으면 그를 승진시켜 상경上卿의 부하로 삼아 주었다. 이를 일러 '삼선三選'이라 하였다.

국자國子와 고자高子는 조정에서 물러나 자신의 향으로 돌아가 그곳을 잘 다스렸고, 향장은 향에서 자신의 연連으로 돌아가 그곳을 잘 다스렸으며, 연장連長은 그곳에서 물러나 자신의 이里를 잘 다스렸으며, 이장里長은 물러나 자신의 궤軌를 잘 다스렸으며, 궤장軌長은 물러나 자신의 오伍를 잘 다스렸으며, 오장伍長은 물러나 자신의 집안을 잘 다스렸다.

이 까닭으로 필부匹夫일지라도 착한 면이 있으면 가히 추천을 받을 수 있으며, 필부라도 불선을 저지르면 가히 주벌을 받았다. 행정이 이윽고 성과를 거두자 향에서는 향장을 참월하는 자가 없게 되었으며, 조정에서는 작위를 참월하는 자가 없어졌으며, 덕이 없는 남자는 대오隊伍에 들 수 없고, 덕이 없는 여자는 시집을 갈 수가 없었다.

이리하여 백성들은 누구나 부지런히 선을 행하기에 힘을 기울였다. '향鄕'에서 선으로 이름을 내느니 차라리 '이里'에서 선으로 이름을 내느니만 못하다 여겼으며, 마을에서 선으로 이름이 나느니 차라리 집안에서 선행을 하는 편이 낫다고 여기게 된 것이다. 이 까닭으로 선비라면 감히 하루 잠깐 편하면 된다는 말을 하는 자가 없이 모두가 1년을 계획하게 되었고, 1년을 두고 감히 의논을 벌이는 자는 없어지고 대신 평생을 두고 세울 공을 논하게 되었다.

이쯤 되자 환공이 물었다.

"오비伍鄙는 어떻게 편제를 갖추면 되겠소?"

관자管子는 이렇게 대답하였다.

"땅의 비옥한 정도를 따져 척박한 땅일수록 세금을 낮추면 백성들이 떠나가지 않을 것입니다. 그리고 행정에서 임금의 옛 친구라 하여 그를 사려師旅로 삼는 일이 없으면, 백성들은 구차하게 대충 일을 하는 경우가 없을 것입니다. 그리고 산택山澤에 각기 그 들어가서 재용을 채취해도 되는 시기를 정해 주면 백성은 구차스럽게 불법으로 들어가는 일이 없을 것입니다. 뭍, 언덕, 구릉, 물가의 땅, 정전의 공전公田, 자신들의 사전私田, 삼밭 등 모두를 균등하게 해 주면 백성은 불만을 느끼지 않을 것입니다. 그리고 백성들 농사짓는 시기를 빼앗지 않으면 백성들은 부유해질 것이며, 희생에 쓴다고 가축을 마구 거두어 가는 일이 없으면 소와 양들이 제대로 번식하게 될 것입니다."

환공이 물었다.

"백성의 거처를 안정되게 해 주려면 어떻게 하면 됩니까?"

관자가 대답하였다.

"변읍을 세우는 것입니다. 30가구를 읍邑으로 하고 읍에는 유사有司를 두며, 10개의 읍을 졸卒로 하며 졸에는 졸수卒帥를 두고, 10개의 졸을 향鄕으로 하며 향에는 향수鄕帥를 두고, 3개의 향을 현縣으로 하며 현에는 현수縣帥를 두고, 10개의 현을 속屬으로 하며 속에는 대부大夫를 배치합니다. 다섯 개의 속을 두니 그 때문에 오대부五大夫를 세워 각기 하나의 속을 다스리도록 합니다. 그리고 오정五正을 세워 각기 한 개의 속屬씩 여론을 듣고 감찰하도록 합니다. 이렇게 되면 오정의 임무는 속의 행정 여론을 듣는 것이요, 목(牧, 대부)의 임무는 현의 여론을 듣는 것이며, 현수縣帥의 임무는 향의 여론을 들어 처리하는 것입니다."

환공이 말하였다.

"각기 그대들이 다스리는 곳을 안전하게 보살피도록 하라. 혹 그 중 일탈하여 게으르거나 다스림을 제대로 따르지 않는 자가 없도록 하라!"

正月之朝, 鄕長復事, 君親問焉, 曰:「於子之鄕, 有居處爲義好學·慈孝於父母·聰慧質仁·發聞於鄕里者, 有則以告. 有而不以告, 謂之蔽明, 其罪五.」

有司已於事而竣.

桓公又問焉, 曰:「於子之鄕, 有拳勇股肱之力秀出於衆者, 有則以告. 有而不以告, 爲之蔽賢, 其罪五.」

有司已於事而竣.

桓公又問焉, 曰:「於子之鄕, 有不慈孝於父母·不長悌於鄕里·驕躁淫暴·不用上令者, 有則以告. 有而不以告, 謂之下比, 其罪五.」

有司已於事而竣.

是故鄕長退而修德進賢, 桓公親見之, 遂使役官.

桓公令官長期而書伐, 以告且選, 選其官之賢者而復之, 曰:「有人居我官, 有功休德, 惟愼端慤以待時, 使民以勸, 綏謗言, 足以補官之不善政.」

桓公召而與之語, 訾相其質, 足以比成事, 誠可立而授之. 設之以國家之患而不疚, 退而問之其鄕, 以觀其所能而無大厲, 升以爲上卿之贊. 謂之三選.

國子·高子退而修鄉, 鄉退而修連, 連退而修里, 里退而修軌, 軌退而修伍, 伍退而修家.

是故匹夫有善, 可得而擧也; 匹夫有不善, 可得而誅也. 政旣成, 鄕不越長, 朝不越爵, 罷士無伍, 罷女無家.

夫是, 故民皆勉爲善. 與其爲善於鄕也, 不如爲善於里; 與其爲善於里也, 不如爲善於家. 是故士莫敢言一朝之便, 皆有終歲之計; 莫敢以終歲之議, 皆有終身之功.

桓公曰:「伍鄙若何?」

管子對曰:「相地而衰征, 則民不移; 政不旅舊, 則民不偸; 山澤各致其時, 則民不苟; 陸·阜·陵·墐·井·田·疇均, 則民不憾; 無奪民時, 則百姓富; 犧牲不略, 則牛羊遂.」

桓公曰:「定民之居若何?」

管子對曰:「制鄙. 三十家爲邑, 邑有司; 十邑爲卒, 卒有卒帥; 十卒爲鄕, 鄕有鄕帥; 三鄕爲縣, 縣有縣帥; 十縣爲屬, 屬有大夫. 五屬, 故立五大夫, 各使治一屬焉; 立五正, 各使聽一屬焉. 是故正之政聽屬, 牧政聽縣, 下政聽鄕.」

桓公曰:「各保治爾所, 無或淫怠而不聽治者!」

【正月之朝】正月 吉日에 새해 시작과 함께, 국내 각 향별로 그 鄕長이 桓公에게 자신들이 다스리고 있는 고을의 행정업무를 보고하는 행사. 鄕은 고대 行政 단위로써 隣·里·鄕·黨·州·閭의 단계가 있었으며, 5家는 鄰, 25家는 里, 1萬2千 5百家는 鄕, 5百家는 黨이라 하였음.

【鄕長】향을 다스리는 우두머리. 鄕大夫.

【復事】'復'은 '白'과 같으며 사업과 업적을 보고함을 말함.

【罪五】다섯 가지 죄명으로써 처벌함. 五罪는 五刑과 같으며 墨·劓·荆·宮·大辟 등이 있어 아주 중형으로 다스리겠다고 선포한 것임.

【比】서로 결탁하여 私黨을 이룸.

【愨】박실함. 근심함. 진실함.

【訾】대략 헤아려 봄.

【三選】세 번의 단계를 거쳐 임명함. 향리의 추천과 관장의 선발, 임금의 면접을 거침을 뜻함.

【國子, 高子】國氏와 高氏는 齊나라의 大姓이며 이들이 卿大夫의 높은 관직을 차지하고 있었음.

【鄕, 連, 里, 軌, 伍】모두가 행정단위로써 순서대로 아래 단위에 해당함.

【伍鄙】교외의 땅을 다섯 등급으로 나누어 농사를 짓도록 함. 伍는 다섯 가구를 하나의 단위로 묶어 공동으로 농사와 협동을 하도록 한 조직.

【管子】管仲. 管夷吾.

【衰征】척박한 정도를 헤아려 그에 맞게 세금을 부과함.

【政不旅舊】임금의 옛 친구라는 이유 하나만으로 그를 師旅(무리의 우두머리)로 삼는 경우가 없도록 함.

【偸】偸安. 그저 자신만 편하면 그만이라는 생각으로 일을 대충함.

【堘】도랑 가의 길.

【井】井田制의 분할된 토지 중 가운데의 公田.

【田】곡식을 가꾸는 농지.

【疇】옷감을 생산하기 위하여 삼을 기르는 밭.

【制鄙】鄙의 제도를 세움. 鄙는 王畿 밖 교외의 먼 邊邑.

【五正】五長.

【牧】五屬의 대부.

【下政】縣의 우두머리. 縣帥.

> ### 참고 및 관련 자료

1. 《管子》中匡 内言

正月之朝, 鄕長復事, 公親問焉, 曰:「于子之鄕, 有居處爲義·好學·聰明·質仁·慈孝于父母·長弟聞于鄕里者, 有則以告, 有而不以告, 謂之蔽賢, 其罪五.」

有司已于事而竣. 公又問焉, 曰:「于子之鄉, 有拳勇‧股肱之力‧筋骨秀出于
衆者, 有則以告, 有而不以告, 謂之蔽才, 其罪五.」有司已于事而竣. 公又問焉,
曰:「于子之鄉, 有不慈孝于父母‧不長弟于鄉里‧驕躁淫暴‧不用上令者, 有則
以告, 有而不以告, 謂之下比, 其罪五.」有司已于事而竣. 于是乎鄉長退而修德
進賢, 桓公親見之, 遂使役之官. 公令官長, 期而書伐以告, 且令選官之賢者而
復之, 曰:「有人居我官有功, 休德維順, 端慤以待時使, 使民恭敬以勸, 其稱秉言,
則足以補官之不善政.」公宣問其鄉里, 而有考驗, 乃召而與之坐, 省相其質, 以參
其成功成事, 可立而時; 設問國家之患而不肉, 退而察問其鄉里, 以觀其所能,
而無大過, 登以爲上卿之佐, 名之曰三選. 高子‧國子退而修鄉, 鄉退而修連,
連退而修里, 里退而修軌, 軌退而修家, 是故匹夫有善, 故可得而舉也; 匹夫有
不善, 故可得而誅也. 政旣成, 鄉不越長, 朝不越爵; 罷士無伍, 罷女無家; 士三
出妻, 逐于境外; 女三嫁, 入于舂穀. 是故民皆勉爲善, 士與其爲善于鄉, 不如爲
善于里, 與其爲善于里, 不如爲善于家. 是故士莫敢言一朝之便, 皆有終歲之計;
莫敢以終歲爲議, 皆有終身之功.

管仲(管夷吾) 《三才圖會》

073(6-3) 桓公爲政旣成
환공의 정치가 이윽고 완성되다

정월 첫 조회에서 다섯 부서의 대부들이 각기 새해 첫 업무보고를 하였다.

제齊 환공桓公 그들 중 성과가 가장 낮은 자를 택하여 이렇게 견책하였다.

"토지 분배와 백성의 배치도 똑같건만 어찌 그대만 유독 성과가 모자라오? 교화가 제대로 되지 않으면 정치도 제대로 되지 않는 법이오. 한두 번이면 용서하겠소만 세 번이나 이러니 더 이상 용서할 수 없소."

그러고 나서 환공은 친절하게 다시 이렇게 물었다.

"그대 부서에 평소 의를 위해 배움을 좋아하고, 부모에게 효성을 다하며, 총명하고 지혜로우면서 어짊에 바탕을 두어 향리鄕里에 소문이 난 자가 있으면 나에게 보고하시오. 그러한 자가 있는데도 나에게 보고하지 않는다면 이는 명석한 자를 가려버린다는 죄명이며 그 죄는 오형으로 다스릴 것이오."

그 부서의 유사有司가 이 일에 대한 보고를 마치고 물러났다.

환공이 다시 물었다.

"그대 부서에 속한 지역에 팔다리의 힘이 세면서 용감무쌍하여 무리 가운데 특출하게 뛰어난 자가 있으면 보고하시오. 만약 있는데도 보고하지 않으면 이는 어진 이를 가린다는 죄명이며 그 죄는 오형에 속할 것이오."

그 부서의 유사가 이 일에 대한 보고를 마치고 물러났다.

환공이 다시 물었다.

"그대 부서에 속한 지역에 부모에게 불효하고 향리에서 공경도 우애도 없으며 교만하고 조급하여 제멋대로 포악하여 윗사람의 명령을 듣지 않는 자가 있으면 나에게 보고하시오. 만약 있는데도 보고하지 않으면 이는 간악한 자를 비호한다는 죄명이며 그 죄는 오형에 속할 것이오."

그 부서의 유사가 이 일에 대한 보고를 마치고 물러났다.

다섯 부서의 대부들은 이에 물러나 자신의 소속을 정비하였고, 그 부서 사람들은 다시 자신이 맡은 현縣을 정비하였으며, 현의 관리는 자신이 거느린 향鄕을 정비하였으며, 향의 관리들은 돌아가 자신이 거느린 졸卒을 정비하였고, 졸은 물러나 자신의 읍邑을 정비하였으며, 읍의 관리는 돌아가 자신의 집을 정비하였다.

그 까닭으로 필부라도 선하게 교화되면 가히 얻어 쓸 수가 있게 되었고, 필부로써 선하지 못한 짓을 하면 찾아내어 죽여 버릴 수 있었다. 정교가 이미 완성되자 지키면 견고해졌고, 정벌하면 강한 나라가 되었다.

正月之朝, 五屬大夫復事, 桓公擇是寡功者而譙之, 曰：「制地·分民如一, 何故獨寡功? 敎不善則政不治, 一再則宥, 三則不赦.」

桓公又親問焉, 曰：「於子之屬, 有居處爲義好學·慈孝於父母·聰慧質仁·發聞於鄕里者, 有則以告. 有而不以告, 謂之蔽明, 其罪五.」

有司已於事而竣.

桓公又問焉, 曰:「於子之屬, 有拳勇股肱之力秀出於衆者, 有則以告. 有而不以告, 謂之蔽賢, 其罪五.」

有司已於事而竣.

桓公又問焉, 曰:「於子之屬, 有不慈孝於父母·不長悌於鄉里·驕躁淫暴·不用上令者, 有則以告. 有而不以告, 謂之下比, 其罪五」

有司已於事而竣.

五屬大夫於是退而修屬, 屬退而修縣, 縣退而修鄉, 鄉退而修卒, 卒退而修邑, 邑退而修家.

是故匹夫有善, 可得而擧也; 匹夫有不善, 可得而誅也. 政旣成矣, 以守則固, 以征則彊.

【五屬】 다섯 부서에 속해 있는 책임자들.
【復事】 자신의 업무 성적이나 앞으로의 계획 등을 보고함.
【讁】 譴責함. 나무람. 책임을 물음. 꾸짖음.

참고 및 관련 자료

1.《管子》中匡 內言

正月之朝, 五屬大夫復事于公, 擇其寡功者而讁之曰:「列地分民者若一, 何故獨寡功? 何以不及人? 敎訓不善, 政事其不治, 一再則宥, 三則不赦.」公又問焉, 曰:「于子之屬, 有居處爲義·好學·聰明·質仁·慈孝于父母, 長弟聞于鄉里者, 有則以告, 有而不以告, 謂之蔽賢, 其罪五.」有司已事而竣. 公又問焉, 曰:「于子之屬, 有拳勇·股肱之力秀出于衆者, 有則以告, 有而不以告, 謂之蔽才, 其罪五.」有司已事而竣. 公又問焉, 曰:「于子之屬, 有不慈孝于父母, 不長弟于鄉里, 驕躁淫暴, 不用上令者, 有則以告, 有而不以告者, 謂之下比, 其罪五.」有司已事

而竣. 于是乎五屬大夫退而修屬, 屬退而修連, 連退而修鄉, 鄉退而修卒, 卒退而修邑, 邑退而修家, 是故匹夫有善, 可得而舉, 匹夫有不善, 可得而誅. 政成國安, 以守則固, 以戰則强; 封內治, 百姓親, 可以出征四方, 立一霸王矣.

074(6-4) 管仲教桓公親鄰國
관중이 환공에게 이웃나라와 친할 것을 가르치다

환공桓公이 물었다.

"제후들을 무력으로 굴복시키고자 하는데 가능하겠소?"

관중管仲이 대답하였다.

"아직 안 됩니다. 이웃 나라는 아직 우리가 친해 두지 못하였습니다. 임금께서 천하 제후들을 무력으로 굴복시키려면 이웃 나라부터 친하게 해 두어야 합니다."

환공이 물었다.

"어떻게 하면 되겠소?"

관자가 대답하였다.

"우리 강역疆場을 잘 살펴 우리가 점령했던 땅을 그들에게 되돌려 주어야 합니다. 그리고 봉지의 강토를 바르게 하여 남의 땅에서 나는 세금을 받아서는 안 됩니다. 그리고 다시 피폐皮幣의 선물로 중히 여겨 주시고 제후들에게 빈번하게 조빙朝聘을 교환하여 보살펴 주는 모습으로 사방 이웃을 안심시켜 두어야 합니다. 그렇게 되면 사방 이웃들이 우리나라를 친히 여기게 됩니다. 그리고 다시 80명의 유세객에게 거마車馬와 의구衣裘, 자금과 선물 등을 갖추어 주어 사방을 주유하면서 천하의 현사賢士들을 불러모은다고 널리 떠들고 다니도록 해야 합니다. 아울러 그 좋은 가죽, 비단, 완호품玩好品은 일반 사람들로 하여금 사방을 돌아다니며 팔면서 그 나라 위아래 사람들이 무엇을 좋아하는지 살피도록 한 다음, 그 중 음란한 짓을 하는 자를 택해 먼저 그들을 정벌하면 됩니다."

桓公曰:「吾欲從事於諸侯, 其可乎?」

管子對曰:「未可. 鄰國未吾親也. 君欲從事於天下諸侯, 則親鄰國.」

桓公曰:「若何?」

管子對曰:「審吾疆場, 而反其侵地; 正其封疆, 無受其資; 而重爲之皮幣, 以驟聘眺於諸侯, 以安四鄰, 則四鄰之國親我矣. 爲遊士八十人, 奉之以車馬, 衣裘, 多其資幣, 使周遊於四方, 以號召天下之賢士. 皮幣玩好, 使民鬻之四方, 以監其上下之所好, 擇其淫亂者而先征之.」

【從事】用兵. 제후들을 무력으로 굴복시키고자 함을 말함.

【皮幣】옛날 예물로 사용하던 狐貉, 縑帛 따위의 옷감이나 가죽.

【以驟聘眺】'驟'는 車馬의 왕래를 뜻하며, 眺는 조(覜)와 같음. '覜'는 사신의 왕래가 잦음을 말함. 제후들이 각기 대부를 파견하여 활발히 聘問의 외교활동을 벌임을 뜻함.

【遊士八十人】유사는 외교관. 유세를 임무로 각국을 돌아다니는 책사. 팔십인은 고대 천하를 九州로 나누었으며, 그 중 齊나라가 1주를 차지하고 있어 나머지 8주에 각 10명씩 모두 80인을 파견하였음을 말함.

【玩好】玩好品. 신기하지만 정치와 덕에는 손상을 끼치는 물건.

【監】살펴봄. 정보를 알아냄.

【淫亂】못된 짓을 하는 자. 백성을 괴롭히며 자신의 권력을 남용하는 정벌 대상이 될 자를 말함.

참고 및 관련 자료

1. 《管子》中匡 内言

桓公曰:「甲兵大足矣, 吾欲從事于諸侯, 可乎?」管仲對曰:「未可. 治内者未具也, 爲外者未備也.」故使鮑叔牙爲大諫, 王子城父爲將, 弦子旗爲理, 寧戚爲田, 隰朋爲行, 曹孫宿處楚, 商容處宋, 季勞處魯, 徐開封處衛, 匽尙處燕, 審友處晉. 又游士八千人, 奉之以車馬衣裘, 多其資糧, 財幣足之, 使出周游于四方, 以號召收求天下之賢士; 飾玩好, 使出周游于四方, 鬻之諸侯, 以觀其上下之所貴好, 擇其沈亂者而先政之.

075(6-5) 管仲敎桓公足甲兵

관중이 환공에게 갑병을 충족시킬 것을 가르치다

환공桓公이 물었다.

"무릇 군령軍令은 이미 정령 속에 이를 함께 붙여 놓았으나, 우리 제齊나라가 갑병甲兵이 적으니 어떻게 하면 좋겠소?"

관자가 대답하였다.

"과실을 저지른 자들에게 벌을 경감시켜 주는 대신 이들에게 갑병을 대신 바치는 의무를 지우면 됩니다."

환공이 다시 물었다.

"어떻게 하면 됩니까?"

관자가 이렇게 설명하였다.

"중대한 죄를 저지른 자에게는 서갑犀甲과 창 하나를 바치는 것으로 죄를 면해 주고, 가벼운 죄를 저지른 자에게는 귀순과 창 하나를 바치는 것으로 면제해 주며, 작은 죄를 저지른 자에게는 쇠붙이를 바치는 것으로 견책을 대신하며, 혐의 가 있는 자에게는 관대함을 베 푸는 것입니다. 소송을 제기한 자에게는 사흘을 감금한 다음 누가 옳은지 밝혀낼 수 없으면, 한 다발의 화살을 내는 것으로 소송의 판결을 냅니다. 강한 금 속으로는 칼과 창을 만들어 이를 개나 말에게 그 강도를 시험해

《管子》

보며, 거친 금속의 경우 호미·낫·도끼·괭이 등 농기구를 만들어 토양에 시험해 보고 사용하면 됩니다."

그리하여 무기가 아주 넉넉하게 되었다.

桓公問曰:「夫軍令則寄諸內政矣, 齊國寡甲兵, 爲之若何?」

管子對曰:「輕過而移諸甲兵.」

桓公曰:「爲之若何?」

管子對曰:「制重罪贖以犀甲一戟, 輕罪贖以鞼盾一戟, 小罪讁以金分, 宥閒罪. 索訟者三禁而不可上下, 坐成以束矢. 美金以鑄劍戟, 試諸狗馬; 惡金以鑄鉏·夷·斤·斸, 試諸壤土.」

甲兵大足.

【甲兵】 갑옷과 투구 등 병기. 무기.

【重罪】 사형에 해당하는 죄.

【犀甲】 물소 가죽으로 만든 갑옷이나 투구.

【輕罪】 가벼운 죄. 흔히 劓刑, 刖刑 따위.

【鞼盾】 가죽으로 장식한 방패.

【小罪】 아주 미미한 죄. 채찍이나 笞杖으로 다스림.

【閒罪】 혐의가 있는 범죄.

【三禁】 사흘 동안 가두어 구류함.

【坐成】 소송이 이미 이루어져 판결이 남.

【束矢】 矢은 12개를 한 다발로 묶은 것. 화살 12개를 말함. 화살은 쏘아놓은 다음에는 다시 되돌아오지 않음을 비유한 것.

【美金】 가장 훌륭한 금속. 여기서는 구리나 강한 강도를 가진 쇠 따위를 말함.

【惡金】 거칠고 조악한 금속. 粗鐵을 말함.

【鉏夷斤斸】 鉏는 鋤(호미). 夷는 낫(혹, 호미)의 일종. 斤은 斧(도끼). 촉(斸)은 괭이. 모두 농기구를 뜻함.

참고 및 관련 자료

1.《管子》中匡 內言

桓公曰:「卒伍定矣, 事已成矣, 吾欲從事于諸侯, 其可乎?」管子對曰:「未可. 若軍令則吾旣寄諸內政矣, 夫齊國寡甲兵, 吾欲輕重罪而移之于甲兵.」公曰: 「爲之奈何?」管子對曰:「制重罪入以兵甲犀脅・二戟, 輕罪入蘭・盾・鞈革・ 二戟, 小罪入以金鈞分, 宥薄罪入以半鈞, 無坐抑而訟獄者, 正三禁之而不直, 則入一束矢以罰之. 美金以鑄戈・劍・矛・戟, 試諸狗馬; 惡金以鑄斤・斧・鉏・ 夷・鋸・欘, 試諸木土.」

환공이 제후들을 이끌고 천자를 조견하다

환공桓公이 물었다.

"내 남쪽을 정벌하고자 하면 어느 나라를 그 길로 삼아야 하오?"

관자管子가 대답하였다.

"노魯나라를 그 길로 삼아야 합니다. 그들로부터 빼앗았던 상常, 잠潛 땅을 되돌려 주고, 우리 군대로 하여금 그들 큰 호수는 엄폐할 수 있는 곳으로 삼으며, 그들의 작은 호수 물가는 우리 군대가 숙영宿營할 수 있는 곳으로 삼으며, 산이 둘러친 지형은 우리가 큰 잔치를 열 수 있는 곳으로 삼도록 하면 됩니다."

환공이 말하였다.

"우리가 서쪽으로 정벌을 하고자 한다면 어느 나라를 길로 삼아야 하오?"

관자가 대답하였다.

"위衛나라를 그 길로 삼으면 됩니다. 그들로부터 빼앗았던 대臺·원原·고姑 그리고 칠리漆里 땅을 되돌려 주고, 대신 우리 군대로 하여금 그들 큰 호수는 엄폐할 수 있는 곳으로 삼으며, 그들의 작은 호수 물가는 우리 군대가 숙영할 수 있는 곳으로 삼으며, 산이 둘러친 지형은 우리가 큰 잔치를 열 수 있는 곳으로 삼도록 하면 됩니다."

환공이 물었다.

"우리가 북쪽으로 정벌해 나가고자 하면 어느 나라를 길로 삼으면 됩니까?"

관자가 대답하였다.

"연燕나라를 그 길로 삼으면 됩니다. 그들로부터 빼앗았던 시부柴夫, 구폐狗狁 땅을 되돌려 주고, 대신 우리 군대로 하여금 그들의 큰 호수는 엄폐할 수 있는 곳으로 삼으며, 그들의 작은 호수 물가는 우리 군대가 숙영할 수 있는 곳으로 삼으며, 산이 둘러친 지형은 우리가 큰 잔치를 열 수 있는 곳으로 삼도록 하면 됩니다."

이렇게 하여 사방 이웃 나라가 크게 친해졌다. 제나라는 이미 빼앗았던 땅도 되돌려 주고 국경을 정확하게 해 주었으며, 이로써 땅이 남쪽으로는 도음錙陰, 서쪽으로는 제수濟水, 북쪽으로는 하수河水, 동쪽으로는 기휴紀酅에 이르렀고, 혁거革車 8백 승乘을 갖추어 천하게 심하게 일탈한 나라부터 우선 정복해 나가기로 하였다.

환공이 즉위한 지 몇 년, 동남쪽에 일탈한 나라들로써 내萊, 거莒, 서이徐夷, 오吳, 월越이 나타나자 한 번 전쟁에 31개의 나라를 정복할 수 있었다. 그리고 드디어 남쪽으로 초楚나라를 정벌하고자 여수汝를 건너고 방성方城을 넘어 문산汶山을 바라보는 지역까지 들어가, 초나라로 하여금 비단을 주실周室에 바치도록 하고 돌아왔다. 이리하여 형주荊州의 여러 제후들이 감히 와서 복종하지 않는 자가 없게 되었다.

드디어 북쪽으로 산융山戎을 정벌하여 영지令支를 치고, 고죽孤竹을 베고 남으로 돌아왔다. 그러자 바닷가 제후들로써 감히 찾아와 복종하지 않는 자가 없게 되었다. 이에 제후들과 희생을 잡아 회맹을 맺어 위아래로 등급에 따라 여러 신들에게 죽을힘을 다해 한마음으로 협력할 것임을 서약하였다.

서쪽으로는 백적白狄의 땅을 평정하여 서하西河에 이르러 배를 이어 대어 다리를 만들고, 뗏목을 타고 하수를 건너 석침石枕에 이르렀다. 그리하여 수레를 매달고 말을 묶어 태항산太行山을 넘고 벽이산辟耳山 협곡 구하拘夏를 통과하여 서쪽 유사流沙와 서오西吳를 정복하였다.

남쪽으로는 제후들 군대를 이끌고 주周나라의 난을 평정하고 왕성王城을 지켜 주도록 해 주었으며, 진晉나라에서는 난을 평정하고 혜공惠公으로 하여금 강읍絳邑으로 돌아가 제사를 이어가도록 해 주었다. 이렇게 하여 북악北嶽 일대의 제후들이 감히 복종해 오지 않는 자가 없게 되자, 제후를 이끌고 곡양穀陽에서 크게 회맹을 가졌다.

환공은 모두 열병 의식을 갖춘 회맹을 여섯 번 행하였으며, 수레를 타고 치르는 회맹은 세 번을 행하였다. 이러한 회맹으로 제후들은 자신의 군대를 묶어 놓은 채 풀어 보지도 못하였고, 무기는 활통에 넣어 둔 채 꺼내 보지도 못하였으며, 활집에는 활이 없고 화살통에는 활을 담을 수 없었다.

이리하여 무사武事는 숨긴 채 문도文道를 행하여 제후들을 인솔하고 천자를 알현하였던 것이다.

桓公曰:「吾欲南伐, 何主?」

管子對曰:「以魯爲主. 反其侵地常·潛, 使海於有蔽, 渠弭於有渚, 環山於有牢.」

桓公曰:「吾欲西伐, 何主?」

管子對曰:「以衛爲主. 反其侵地臺·原·姑與漆里, 使海於有蔽, 渠弭於有渚, 環山於有牢.」

桓公曰:「吾欲北伐, 何主?」

管子對曰:「以燕爲主. 反其侵地柴夫·吠狗, 使海於有蔽, 渠弭於有渚, 環山於有牢.」

四隣大親. 旣反侵地, 正封彊, 地南至於䣄陰, 西至于濟, 北至于河, 東至于紀鄼, 有革車八百乘, 擇天下之甚淫亂者而先征之.

卽位數年, 東南多有淫亂者, 萊·莒·徐夷·吳·越, 一戰帥服三十一國. 遂南征伐楚, 濟汝, 踰方城, 望汶山, 使貢絲於周而反. 荊州諸侯莫敢不來服.

遂北伐山戎, 制令支·斬孤竹而南歸. 海濱諸侯莫敢不來服.

與諸侯飾牲爲載, 以約誓于上下庶神, 與諸侯戮力同心.

西征攘白狄之地, 至於西河, 方舟設泭, 乘桴濟河, 至于石枕. 懸車束馬, 踰太行與辟耳之谿拘夏, 西服流沙·西吳.

南城於周, 反胙于絳. 嶽濱諸侯莫敢不來服. 而大朝諸侯於陽穀.

兵車之屬六, 乘車之會三, 諸侯甲不解纍, 兵不解翳, 弢無弓, 服無矢.

隱武事, 行文道, 帥諸侯而朝天子.

【何主】제 환공이 사방을 정벌하고자 하면서 이웃 나라 영토를 통과해야 하기 때문에 어느 나라 길을 빌려야 할 것인가를 질문한 것.

【棠, 潛】노나라의 두 읍. 棠邑(지금의 山東 金鄕縣 동쪽)과 潛邑.

【海】큰 호수.

【渠弭】작은 호수.

【渚】물가나 가운데 작게 드러난 뭍.

【牢】소, 양, 돼지를 잡아 대접하거나 잔치를 여는 것.

【臺·原·姑·漆里】衛나라의 읍 이름. 臺는 지금의 山東 費縣 남쪽.

【柴夫, 狗吠】燕나라의 읍 이름.

【餇陰】齊나라 남방의 지명.

【濟】물 이름. 고대 四瀆의 하나.

【河】河水. 黃河.

【紀鄙】'鄙'는 '휴'로 읽으며 나라 이름. 紀나라 鄙城. 지금의 산동 수광현 동남으로 B.C.690년 제나라에게 소멸되었음.

【萊】고대 나라 이름. 지금의 山東 黃縣 동남쪽 萊子城.

【莒】고대 나라 이름. 처음 介根(지금의 山東 膠州 서남)에 도읍하였다가 춘추 초기 莒(지금의 山東 莒縣)로 옮김.

【徐夷】徐州 일대의 東夷族.

【汝】물 이름.

【方城】 草나라 북부의 지명(산 이름)이며 군사 요충지. 지금의 河南 葉縣 남쪽.

【汶山】 方城山의 남쪽. 岷山.

【山戎】 북쪽의 이민족. 鮮卑族을 지칭함.

【令支】 지금의 하북 란현과 안현 사이에 있었으며 B.C.664년 제환공에게 망하였음.

【孤竹】 지금의 河北 盧龍 근처의 고대 나라 이름. 伯夷와 叔齊의 고국이며 그 당시 이미 망하고 없었다. 여기서는 그 지역을 뜻함.

【白狄】 北狄의 한 지파. 그 외에도 赤狄, 長狄 등이 있었음.

【西河】 물 이름. 지금의 河南 湯陰縣 동쪽.

【泭】 물을 건너기 위해 간단하게 만든 뗏목.

【石枕】 晉나라 내의 지명.

【辟耳】 산 이름. 지금의 山西 平陸縣 서북쪽.

【拘夏】 辟耳山의 협곡.

【南城於周】 魯 僖公 13년(B.C.647) 周 襄王의 庶弟 王子 帶가 난을 일으키자 齊 桓公이 仲孫湫로 하여금 제후를 이끌고 주나라 王城을 지키도록 한 일을 말함.

【阼】 임금이 즉위함을 뜻함. 즉위를 다른 말로 '踐阼'라 함.

【絳】 晉나라의 수도. 지금의 山西 翼城縣, 혹 侯馬市라고도 함. 여기서는 齊 桓公이 晉나라 公子 夷吾를 惠公으로 세워 준 일을 말하며 魯 僖公 9년(B.C.651)임.

【嶽】 위치로 보아 北嶽 恒山을 가리킴. 지금의 山西 북쪽에 있음.

【陽穀】 지명. 지금의 山東 陽穀縣. B.C.657년 齊 桓公이 이곳에서 제후들을 불러 모아 회맹을 가졌음.

【翳】 활과 화살을 담는 기구.

【弢】 '韜'와 같으며 활을 담는 자루.

【服】 箙服. 화살을 담는 자루. 살통.

참고 및 관련 자료

1. 《史記》 齊太公世家

五年, 伐魯, 魯將師敗. 魯莊公請獻遂邑以平, 桓公許, 與魯會柯而盟. 魯將盟, 曹沫以匕首劫桓公於壇上, 曰:「反魯之侵地!」桓公許之. 已而曹沫去匕首, 北面

就臣位. 桓公後悔, 欲無與魯地而殺曹沫. 管仲曰:「夫劫許之而倍信殺之, 愈一
小快耳, 而棄信於諸侯, 失天下之援, 不可.」於是遂與曹沫三敗所亡地於魯.
諸侯聞之, 皆信齊而欲附焉. 七年, 諸侯會桓公於甄, 而桓公於是始霸焉.
十四年, 陳厲公子完, 號敬仲, 來奔齊. 齊桓公欲以爲卿, 讓; 於是以爲工正.
田成子常之祖也.
二十三年, 山戎伐燕, 燕告急於齊. 齊桓公救燕, 遂伐山戎, 至于孤竹而還.
燕莊公遂送桓公入齊境. 桓公曰:「非天子, 諸侯相送不出境, 吾不可以無禮
於燕.」於是分溝割燕君所至與燕, 命燕君復修召公之政, 納貢于周, 如成康
之時. 諸侯聞之, 皆從齊.

2.《史記》齊太公世家

是時周室微, 唯齊・楚・秦・晉爲彊. 晉初與會, 獻公死, 國內亂. 秦穆公辟遠,
不與中國會盟. 楚成王初收荊蠻有之, 夷狄自置. 唯獨齊爲中國會盟, 而桓公
能宣其德, 故諸侯賓會. 於是桓公稱曰:「寡人南伐至召陵, 望熊山; 北伐山戎・
離枝・孤竹; 西伐大夏, 涉流沙; 束馬懸車登太行, 至卑耳山而還. 諸侯莫違
寡人. 寡人兵車之會三, 乘車之會六, 九合諸侯, 一匡天下. 昔三代受命, 有何
以異於此乎? 吾欲封泰山, 禪梁父.」管仲固諫, 不聽; 乃說桓公以遠方珍怪物
至乃得封, 桓公乃止.

3.《管子》中匡 內言

公曰:「外內定矣, 可乎?」管子對曰:「未可. 鄰國未吾親也.」公曰:「親之奈
何?」管子對曰:「審吾疆場, 反其侵地, 正其封界, 毋受其貨財, 而美爲皮幣,
以極聘覜于諸侯, 以安四鄰, 則鄰國親我矣.」桓公曰:「甲兵大足矣, 吾欲南伐,
何主?」管子對曰:「以魯爲主, 反其侵地常潛, 使海于有弊, 渠彌于河陼, 綱山
于牢.」桓公曰:「吾欲西伐, 何主?」管子對曰:「以衛爲主, 反其侵地吉臺原姑
與柒里, 使海于有弊, 渠彌于有陼, 綱山于有牢.」桓公曰:「吾欲北伐, 何主?」
管子對曰:「以燕爲主, 反其侵地柴夫・吠狗, 使海于有弊, 渠彌于有陼, 綱山于
有牢.」四鄰大親. 既反其侵地, 正其封疆, 地南至于岱陰, 西至于濟, 北至于海,
東至于紀隨, 地方三百六十里. 三歲治定, 四歲教成, 五歲兵出, 有教士三萬人,
革車八百乘. 諸侯多沈亂, 不服于天子, 于是乎桓公東救徐州, 分吳半; 存魯
蔡陵, 割越地; 南據宋鄭征伐楚, 濟汝水, 踰方地, 望文山, 使貢絲于周室, 成周
反胙于隆嶽, 荊州諸侯莫不來服; 中救晉公, 禽狄王, 敗胡貉, 破屠何, 而騎

寇始服; 北伐山戎, 制泠支, 斬孤竹, 而九夷始聽, 海濱諸侯莫不來服; 西征攘
白狄之地, 遂至于西河, 方舟投柎, 乘桴濟河, 至于石沈, 縣車束馬, 踰大行與卑
耳之貉, 拘秦夏, 西服流沙西虞, 而秦戎始從. 故兵一出而大功十二, 故東夷·
西戎·南蠻·北狄·中諸侯國, 莫不賓服. 與諸侯飾牲爲載書, 以誓要于上下
薦神, 然後率天下定周室, 大朝諸侯于陽穀, 故兵車之會六, 乘車之會三, 九合
諸侯, 一匡天下, 甲不解壘, 兵不解翳, 弢無弓, 服無矢, 寢武事, 行文道, 以朝
天子.

077(6-7) 葵丘之會天子致胙於桓公
규구의 회맹에
천자가 환공에게 제사고기를 보내다

규구葵丘의 회맹에서 천자는 재공宰孔으로 하여금 환공桓公에게 제사
지낸 고기를 보내도록 하면서 이렇게 말하였다.

"내가 방금 문왕文王과 무왕武王에게 제사를 지내고, 재공을 시켜
그대에게 제사고기를 보내오."

다시 그 다음 이렇게 명을 내렸다.

"그대는 겸손하면서 수고를 많이 하여 실제 과인이 그대를 '백구伯舅'
라고 불러야 할 것이니 하배下拜하면서 받을 필요는 없소."

환공이 관자管子를 불러 이 일을 상의하자 관자는 이렇게 대답하였다.

"군주가 군주답지 못하고 신하가 신하답지 못한 것, 이것이 난의
근본입니다."

환공은 두려워하며 나아가 재공을 맞이하며 이렇게 말하였다.

"천자의 위엄에 용안이 지척을 벗어나지 않은 가까운 곳에 있는데
내(小白) 어찌 감히 '절을 하지 않고 받아도 된다'는 천자의 명령을
따를 수 있겠는가? 아랫사람으로서 이를 허물거나 참월했다가 천자
에게 수치를 안겨 줄까 두렵소이다."

그러고는 드디어 아래로 내려가 절을 한 다음 올라가 이를 받았다.
천자는 환공에게 제수의 조회복과 대로大輅 · 용기龍旗 · 구류九旒 그리고
거문渠門에 세우는 적기赤旗를 상으로 내렸으며, 제후들은 환공이 예에
순종한 것을 칭찬하였다.

葵丘之會, 天子使宰孔致胙於桓公曰:「余一人之命有事於文·武, 使孔致胙.」

且有後命曰:「以爾自卑勞, 實謂爾伯舅, 無下拜.」

桓公召管子而謀, 管子對曰:「爲君不君, 爲臣不臣, 亂之本也.」

桓公懼, 出見客, 曰:「天威不違顏咫尺, 小白余敢承天子之命曰『爾無下拜』, 恐隕越於下, 以爲天子羞.」

遂下拜, 升受命. 賞服大輅, 龍旗九旒, 渠門赤旂, 諸侯稱順焉.

【葵丘】춘추시대 宋나라에 속했던 지명으로 지금의 河南 蘭考縣 근처. 魯 僖公 9년(B.C.651) 여름 齊 桓公이 이곳에 제후들을 모아 회맹을 하였음.
【天子】周 襄王을 가리킴.
【宰孔】주나라의 公.
【致胙】‘致’는 ‘보내다’의 뜻. ‘胙’는 제사를 지낸 다음 신분과 공로에 따라 아랫 사람에게 내려주는 고기.
【伯舅】큰아버지나 외삼촌이라는 뜻으로, 천자가 제후국 군주 가운데 특별히 노고가 많거나 가까운 이에게 동성(姬姓)일 경우 伯, 叔, 季 등을 붙이고, 이성일 경우 舅자를 붙여 높여 줌. 齊나라는 姜姓으로 동성이 아니어서 ‘백구’라 부른 것.
【隕越】허물어뜨리거나 참월함.
【大輅】주나라 때 제후들이 조회에 갈 때 타는 수레.
【九旒】旌旗 아래에 아홉 개의 술을 단 깃발.
【渠門赤旂】‘渠門’은 두 개의 깃발을 세운 군대의 문을 뜻하며, ‘赤旂’는 交龍의 모습을 수놓은 깃발을 말함.

> 참고 및 관련 자료

1. 《史記》 齊太公世家
三十五年夏, 會諸侯于葵丘. 周襄王使宰孔賜桓公文武胙·彤弓矢·大路, 命無拜. 桓公欲許之, 管仲曰「不可」, 乃下拜受賜. 秋, 復會諸侯於葵丘, 益有驕色. 周使

宰孔會. 諸侯頗有叛者. 晉侯病, 後, 遇宰孔. 宰孔曰:「齊侯驕矣, 弟無行.」從之.
是歲, 晉獻公卒, 里克殺奚齊·卓子, 秦穆公以夫人入公子夷吾爲晉君. 桓公於
是討晉亂, 至高梁, 使隰朋立晉君, 還.

2.《管子》中匡 內言

葵丘之會, 天子使大夫宰孔致胙于桓公曰:「餘一人之命有事于文武, 使宰孔
致胙.」且有後命曰:「以爾自卑勞, 實謂爾伯舅毋下拜.」桓公召管仲而謀, 管仲
對曰:「爲君不君, 爲臣不臣, 亂之本也.」桓公曰:「餘乘車之會三, 兵車之會六,
九合諸侯, 一匡天下, 北至于孤竹·山戎·穢貉; 拘秦夏·西至流沙西虞; 南至
吳·越·巴.」

078(6-8) 桓公霸諸侯
환공이 제후를 제패하다

제齊 환공桓公이 천하 제후들을 걱정하고 있는 터에, 노魯나라에 장공
莊公의 부인 경강敬姜과 경보慶父가 사통하면서 난을 일으켜, 태자와
민공閔公을 죽여 나라에 후사가 끊어지는 일이 벌어지고 말았다.

환공이 이를 듣고 고자高子를 파견하여 희공僖公을 세워 노나라가
보존되도록 하였다.

그리고 적인狄人이 형邢나라를 공격하자, 환공은 이의夷儀에 성을 쌓아
형나라를 그리로 옮겨 살도록 도와 주었다. 그리하여 남녀의 일탈함이
없었고, 우마牛馬도 가려 뽑아 암수를 갖출 수 있도록 해 주었다. 적인이
이번에는 위衛나라를 공격하여 그 백성들이 도망하여 조曹나라로 피해
오자, 환공이 초구楚丘에 성을 쌓아 그들을 막아 주었다. 그 난리에
가축이 흩어져 번식시킬 수 없게 되자, 환공은 이들에게 말 3백 필을
묶어 보내 주었다. 천하 제후들은 환공의 어짊을 칭하게 되었다. 이에
천하 제후들은 환공이 자신을 위해서 행동하는 것이 아니라는 것을
알게 되었고, 그 까닭으로 제후들이 그에게 모여들게 된 것이다.

환공은 제후들이 자신에게 모여듦을 알게 되자, 고의로 자신들을
찾아올 때는 아주 적은 예물을 가져오되 그들이 돌아갈 때는 푸짐한
선물을 주도록 하였다. 그 때문에 천하 제후들은 그에게 그저 늙은
말을 선물로 삼아도 되었고, 옷감으로 만든 옥받침대 정도 또는 사슴
가죽 4장이면 되었다. 제후들의 사신들은 빈 자루로 환공을 뵈러
제나라에 들어왔다가 갈 때는 수레에 가득 묶은 예물을 싣고 돌아가는
형국이었다. 이렇게 이익으로써 제후를 묶고, 믿음으로 결맹을 맺고,

무력으로 위세를 보여 주었다. 그 때문에 천하의 작은 제후라면 환공에게 이미 허락한 약속은 감히 배반할 수 없었고, 이익을 향해 나아가며 그 어짊을 믿고 그 무력을 두려워하게 되었다. 환공은 천하 제후들이 거의 자기편을 들어 준다는 것을 알고 나서, 다시 더 큰 혜택과 충심을 보여 주었다. 그리하여 행동을 해 주어야 할 일에는 행동으로 나섰고, 가히 모책을 짜주어야 할 나라에게는 모책을 일러 주었으며, 담譚나라와 수遂나라에게 군대를 보내어 멸하고도 그 땅을 자신이 소유하지 않아 제후들은 그의 관대함을 칭송하게 되었다. 그리고 제나라 어염魚鹽을 동래東萊에서 각 나라에 유통되도록 관시關市를 설치하되, 검사만 하고 세금은 걷지 않도록 하여 제후들에게 이익이 되도록 하였다. 그러자 제후들은 그의 넓은 베풂을 칭송하게 되었다.

규자葵玆·안兒晏·부하負夏·영부구領釜丘에 성을 쌓아 융적戎狄을 막아 그로써 그들이 제후에게 포악한 짓을 하는 것을 금하게 하였으며, 오록五鹿·중모中牟·개여蓋與·목구牧丘에 성을 쌓아 제후들이 중원 지역의 나라들을 보위하도록 하여 그로써 중원에 그 권위를 드러내어 보였다. 교하가 크게 성공을 거두고, 삼혁三革이 안정을 보였으며, 오인五刃이 쓸모가 없이 은장隱藏되어, 조목朝服을 입고 하수河水를 건너 진晉나라와 회맹을 하러 가면서도 아무런 두려움을 갖지 않아도 되었으니, 이는 문사文事가 흥성하게 되었기 때문이었다. 이 때문에 대국은 그를 따라 하지 못함을 부끄럽게 여겼고 소국은 제나라에 붙어 협력하게 되었다. 바로 관이오管夷吾·영척甯戚·습붕隰朋·빈서무賓胥無·포숙아鮑叔牙 같은 무리를 들어 썼기 때문에 이와 같은 패업의 공이 세워질 수 있었던 것이다.

桓公憂天下諸侯. 魯有夫人·慶父之亂, 二君弑死, 國絶無嗣. 桓公聞之, 使高子存之.

狄人攻邢, 桓公築夷儀以封之. 男女不淫, 牛馬選具. 狄人攻衛,

衛人出廬于曹, 桓公城楚丘以封之. 其畜散而無育, 桓公與之繫馬三百. 天下諸侯稱仁焉. 於是天下諸侯知桓公知非爲己動也, 是故諸侯歸之.

桓公知諸侯之歸也, 故使輕其幣而重其禮. 故天下諸侯罷馬以爲幣, 縷綦以爲奉, 鹿皮四个. 諸侯之使垂橐而入, 稇載而歸. 故拘之以利, 結之以信, 示之以武, 故天下小國諸侯旣許桓公, 莫之敢背, 就其利而信其仁·畏其武. 桓公知天下諸侯多與己也, 故又大施忠焉. 可爲動者爲之動, 可爲謀者爲之謀, 軍譚·遂而不有也, 諸侯稱寬焉. 通齊國之魚鹽于東萊, 使關市幾而不征, 以爲諸侯利, 諸侯稱廣焉.

築葵茲·晏·負夏·領釜丘, 以禦戎·狄之地, 所以禁暴於諸侯也; 築五鹿·中牟·蓋與·牧丘, 以衛諸侯夏之地, 所以示權於中國也. 敎大成, 定三革, 隱五刃, 朝服以濟河而無怵惕焉, 文事勝矣. 是故大國慚媿. 小國附協. 唯能用管夷吾·甯戚·隰朋·賓胥無·鮑叔牙之屬而伯功立.

【慶父之亂】魯 莊公의 부인 哀姜이 장공의 아우 경보(慶父, 共仲)와 사통하면서 난을 일으켜 태자를 죽이고 閔公을 살해한 사건.

【二君】태자와 민공을 가리킴.

【高子】齊나라 上卿 高傒敬仲. 魯 僖公을 세워 노나라를 보존시킨 인물.

【狄人攻邢】邢은 姬姓의 나라로 周公의 후손이었으며, 魯 莊公 32년(B.C.662) 북쪽 狄人이 邢나라를 공격하자, 管仲이 齊 桓公에게 청하여 이를 救濟하여 주었음.

【夷儀】邢나라의 읍 이름. 지금의 山東 聊城 서쪽.

【狄人攻衛】魯 閔公(愍公) 2년(B.C.660) 12월 衛 懿公이 鶴을 좋아하며 나라 일을 돌보지 않을 때, 적인이 쳐들어와서 위나라를 크게 깨뜨린 사건. 이때

의공은 피살되고 백성들이 모두 피하여 달아나자, 齊 桓公이 이들을 黃河에서 맞아 衛나라 유족 公孫申을 임금으로 삼아 나라를 일으키고 曹 땅에 머물도록 하였음. 이가 衛 戴公이며 曹는 위나라의 읍 이름으로 지금의 河南 滑縣 서남 白馬故城.

【楚丘】 지명. 衛나라 땅으로 지금의 河南 滑縣 동쪽.

【縷綦】 베로 만든 천. 옥을 바칠 때 아래에 까는 천으로, 원래 비단으로 하여야 하나 베로 한 것은 예를 충분히 갖추지 않았음을 뜻함.

【个】 원래는 '杖.' 여기서는 사슴 가죽 따위를 세는 단위.

【譚, 遂】 둘 모두 고대 나라 이름. 譚은 지금의 山東 濟南 동쪽에 있었으며, 遂는 舜의 후손으로 지금의 山東 寧陽縣 서북과 肥城縣 경계에 있었음. 당시 제 환공이 莒로 망명하면서 譚나라를 지날 때 譚子가 무례하게 굴었으며, 환공이 즉위한 뒤 譚子가 축하 사절도 보내지 않았음. 한편 魯 莊公 14년(B.C.680) 宋나라 내란을 평정했을 때, 遂國이 참여하지 않자 제 환공이 이들을 차례로 멸망시키고 말았음.

【東萊】 고대 나라 이름. 지금의 산동 蓬萊縣 부근에서 渤海 연안까지를 근거로 하고 있었으며 바다에서 나는 어염의 집산지로써 당시 국제 무역도시였음.

【葵玆·晏·負夏·領釜丘】 모두 지명으로 葵玆는 蔡. 즉 지금의 河南 新蔡. 晏은 鄢陵. 역시 하남에 있음. 負夏는 河南 濬縣 부근. 領釜丘는 靈父丘로도 쓰며 지금의 山東 滕縣 靈丘城.

【五鹿·中牟·蓋與·牡丘】 역시 모두 지명이며, 五鹿은 지금의 河南 濮陽. 中牟는 河南 中牟. 蓋與는 지금의 山西 和順. 牡丘는 지금의 山東 茌平.

【三革】 가죽으로 만든 세 가지 방어용 갑옷(甲)·투구(胄)·방패(盾).

【五刃】 다섯 가지 무기. 刀·劍·矛·戟·矢. 여기서는 환공의 위세와 문치로 인해 이들 무기를 모두 창고에 넣어둔 채 사용하지 않아도 되었음을 말함.

【朝服】 조회의 복장. 예복이며 正服. 즉 군복을 입지 않고도 다닐 수 있음을 말함.

【濟河】 제 환공이 하수를 건너 晉나라와 회담을 하러 갔던 일을 말함.

【文事】 武事에 상대하여 쓴 말. 文治의 다른 말.

【管夷吾·甯戚·隰朋·賓胥無·鮑叔牙】 모두 제 환공을 도와 그를 패자로 만든 대부들. 管夷吾는 管仲. 鮑叔牙는 鮑叔을 가리킴.

1. 《**史記**》齊太公世家

二十七年, 魯釐公母曰哀姜, 桓公女弟也. 哀姜淫於魯公子慶父, 慶父弑湣公, 哀姜欲立慶父, 魯人更立釐公. 桓公召哀姜, 殺之.

2. 《**管子**》中匡 內言

魯有夫人慶父之亂, 而二君弑死, 國絶無後. 桓公聞之, 使高子存之, 男女不淫, 馬牛選具, 執玉以見, 請爲關內之侯, 而桓公不使也. 狄人攻邢, 桓公築夷儀以封之, 男女不淫, 馬牛選具, 執玉以見·請爲關內之侯, 而桓公不使也. 狄人攻衛, 衛人出旅于曹, 桓公城楚丘封之, 其畜以散亡, 故桓公予之繫馬三百匹, 天下諸侯稱仁焉. 于是天下之諸侯, 知桓公之爲己勤也, 是以諸侯之歸之也, 譬若市人. 桓公知諸侯之歸己也, 故使輕其幣, 而重其禮, 故使天下諸侯以疲馬犬羊爲幣, 齊以良馬報, 諸侯以樓帛布鹿皮四分以爲幣, 齊以文錦虎豹皮報.

畵像磚(漢) 〈齊桓公과 管仲〉

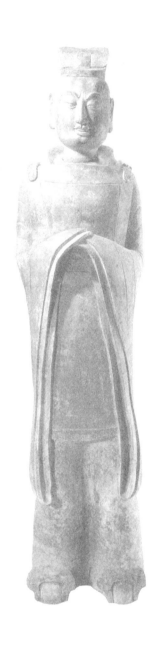

임동석(茁浦 林東錫)

慶北 榮州 上茁에서 출생. 忠北 丹陽 德尙골에서 성장. 丹陽初中 졸업. 京東高 서울
敎大 國際大 建國大 대학원 졸업. 雨田 辛鎬烈 선생에게 漢學 배움. 臺灣 國立臺灣師
範大學 國文硏究所(大學院) 博士班 졸업. 中華民國 國家文學博士(1983). 建國大學校
敎授. 文科大學長 역임. 成均館大 延世大 高麗大 外國語大 서울대 등 大學院 강의.
韓國中國言語學會 中國語文學硏究會 韓國中語中文學會 會長 역임. 저서에《朝鮮譯
學考》(中文)《中國學術槪論》《中韓對比語文論》. 편역서에《수레를 밀기 위해 내린
사람들》《栗谷先生詩文選》. 역서에《漢語音韻學講義》《廣開土王碑硏究》《東北民族
源流》《龍鳳文化源流》《論語心得》〈漢語雙聲疊韻硏究〉등 학술 논문 50여 편.

임동석중국사상100

국어 國語

左丘明 撰 / 林東錫 譯註
1판 1쇄 발행/2009년 12월 12일
2쇄 발행/2013년 10월 1일
발행인 고정일
발행처 동서문화사
창업 1956. 12. 12. 등록 16-3799
서울강남구신사동563-10 ☎546-0331~6 (FAX)545-0331
www.dongsuhbook.com
잘못 만들어진 책은 바꾸어 드립니다.

*

*

사업자등록번호 211-87-75330
ISBN 978-89-497-0554-5 04080
ISBN 978-89-497-0542-2 (세트)